愛しの盛岡

－老舗タウン誌「街もりおか」の五十年－

道又 力 編

もりおか文庫

はじめに

道又　力（脚本家）

今から、およそ半世紀前。昭和四十二年（一九六七）の春。盛岡から上京した遠山病院理事長の遠山富夫さんが、銀座のある店で横長B六判の小冊子を目にしました。ページをめくると、銀座文化の香り漂う洒落たエッセイが数多く載っています。小冊子は、銀座百店会が発行する月刊タウン誌『銀座百点』でした（百点満点の店を目指すため命名）。判型がやや変形的なのは、ご婦人方がハンドバッグに入れて持ち歩けるように、だということです。

この小冊子には、モデルとなった先行誌があります。『銀座百点』創刊に先立つこと四年、昭和二十六年（一九五一）に発行された『あまカラ』がそれです。『銀座百点』第一号の編集後記にも、「（大阪に『あまカラ』なる気のきいた雑誌があり）ポケット用にもってこいの格好なので、本誌のスタイルはそれにならいました」と率直に書いています。その後、長らく両誌は〝西の『あまカラ』、東の『銀座百点』〟と呼ばれ、タウン誌の草分けとして存在感を示しました。

たまたま遠山さんの病院には、盛岡中学（現・盛岡一高）の先輩で、新聞記者の経験があり印刷にも詳しい恩田次男さんが入院中でした。盛岡へ戻った遠山さんは、盛岡版の『銀座百点』が出せないか、と恩田さんに相談します。

『銀座百点』の創刊の辞には、こうあります。「(首都の中心街であり)人々の愛着と憧憬に支えられている銀座の持つ文化的意義は高く評価され、そして激変する現今の時世にも、尚この伝統ある繁栄を持続させねばなりません。より高い、より明るい、より美しい、より楽しい銀座、何処にも他に求めることのできない立派な銀座に育てあげることこそ、銀座をあずかる私どもの努めでありましょう(後略)」。こうした念願のもとに、銀座百店会は『銀座百点』を発刊したのでした。

遠山さんの気持ちも、同じだったでしょう。街の魅力を世間にアピールするだけでなく、同時に盛岡暮らしの良さを市民が再認識すれば、アイデンティティが確立されます。自分の住む場所に誇りが持てることほど、幸せなことはないのです。

目的を共にする人間が七人いれば、どんな大事も成し遂げられるといいます。遠山さんと恩田さんが声をかけ、次の七人が編集同人となりました。鈴木彦次郎さん(作家)、荒木田家寿さん(金田一京助の実弟)、川村徳助さん(川徳社長)、藤村亀治さん(印刷会社勤務)、山田勲さん(盛岡市史編纂委員)、遠山美知さん(医師)、そして恩田さん本人です。

病院経営で多忙な遠山さんは同人にならず、代わりに妻の美知さんが加わりました。仲間内では「(男ばかりで、むさ苦しくならず良かった)七人の侍ならぬ、七福神だな」と称していたそうです。

同人たちは『銀座百点』にならい、利益を追求せず会員店からの協賛金だけで運営すると決めます。知名人揃いの同人が積極的に動いて、その年の秋には九十七店の会員が集まりました。誌名は『街もりおか』、発行元の社名は『杜の都社』です。

待望の第一号が世に出たのは、翌年の昭和四十三年（一九六八）一月。携帯の便利を考え、判型は『銀座百点』と同じです。以来一度も休むことなく刊行を続け、歴史、自然、生活、伝統、文化など、様々な側面から盛岡という街を伝えてきました。初代編集長は盛岡では誰知らぬ者のない名士、鈴木彦次郎さん。川端康成の盟友であり、大衆小説に転じて相撲小説の第一人者となった作家です。戦時中、郷里の盛岡へ疎開。戦後も盛岡に残り、地元の歴史や人物を題材に小説を書きながら、文士劇を立ち上げたり、文学同人誌『北の文学』発行に関わるなど、岩手の文化振興に貢献しました。中央文壇にもパイプを持つ鈴木さんの尽力で、『街もりおか』の土台は固まったのです。

続いて荒木田家寿さん、藤村亀治さん、山田勲さん、遠山美知さんと、創刊時の同人が順番に就任した後、斎藤五郎さん（県芸術協会顧問）を経て、現在は作家の斎藤純さんが七代目編集長をつとめています（ちなみに斎藤両氏は親子の関係です）。

『街もりおか』の誌面を支える柱は二つあります。一つはエッセイ。投稿や持ち込みは一切なく、あくまで〝このテーマなら、この人に〟と、編集部の依頼により書いてもらいます。誌面の質を一定に保つための方針です。もう一つは座談会。身内の内輪話を間近で聞いているような親密さが持ち味の名物コーナーです。

五十年間、盛岡のことだけを伝え続け、いまだにネタはつきません。街の奥行きの深さだけではなく、街そのものが常に変化して、新しい話題を生み出しているからなのでしょう。

『あまカラ』は、『街もりおか』創刊と同じ年の五月号をもって終刊となりました。それからも全国各地で次々とタウン誌は生まれましたが、『銀座百点』は別格として、『街もりおか』ほど長く続いているタウン誌は、ほとんどありません。今や『街もりおか』は、日本有数の老舗タウン誌となりました。その創刊五十周年を記念するために、本書『愛しの盛岡』は編まれたのです。

『街もりおか』には毎号、二十前後の記事が載っています。五十年間で六百号なので、つまりは一万を軽く超す文章が掲載されたことになります。

バックナンバーに目を通し、すべての文章の中から百編を選りすぐり、本書に採録しました。どこから読み始めても構いません。盛岡の昔と今が、この一冊には凝縮されています。本書を読み終えた時、前よりもずっと盛岡が好きになっている自分に、必ずや気づかれることでしょう。

愛しの盛岡　目次

第一章　盛岡ぐらし

歴史 人物

生活 伝統

町自慢

食

祭り 神事

第二章　文化のまち

啄木 賢治

映画

演劇

音楽

アート

第三章　大震災と盛岡

凡例

・本書は、第一章から第三章まで、タウン誌「街もりおか」掲載作品から転載させていただき、まとめた作品集です。
・作品により、文意に差し支えない範囲で訂正及び加筆修正を行いました。
・数字表記は、固有名詞や原典引用以外、単位語を入れた漢字表記を基本にしました。
・執筆者、座談会出席者の敬称は省略させていただきました。
・文中の肩書（職位など）は、作品を尊重し初出のままに、住所地名並びに事業所名などの変遷も同様といたしました。
・文中に、今日不適切とされる表現も見受けられますが、時代背景、著者及び座談会出席者の意図、作品価値を尊重してそのままとしました。

カバー装画　さいとうゆきこ
イラスト　安倍文夫

第一章　盛岡ぐらし

歴史 人物

盛岡のお城

桜、青葉、蔦の紅、そして黒い梢にかかる雪。四季それぞれの色合いで市民の心なごませる場所。盛岡に住む人なら誰でも思い出をいくつか拾いに行ける場所でもあります。いつもそこにあり、見なれているからこそ気づかずにいるのかもしれませんが、私たちの中にその場所が占める割合は、思いのほかに大きいようです。

吉岡誠（旧盛岡藩士桑田理事長）　吉田義昭（文化財専門員）
司会・斎藤五郎　記録・和田貴栄子

正しくは盛岡城です

斎藤　武徳殿が無くなってあそこの石垣がすっきり出たら、市民がお城っていうものを再認識しはじめたんですね。
吉岡　武徳殿は明治四十三年にできた。
斎藤　それ以後に生まれた人たちにとっては新発見なんですね。今年、もしかしたらお城ブームが来るんじゃないかという、ちまたの噂があるんです。お城、正しくは盛岡城ですか、不来方城ですか。

吉岡　正式には盛岡城。それから南部藩っていうのは俗称であって盛岡藩です。

斎藤　殿様のお名前が南部だから南部藩っていったんですか。

吉岡　幕府の方で殿様の名字がついてる藩名を嫌ったわけですよ。だから仙台も伊達藩ではなくて仙台藩。

吉田　公儀へ届け出る正式名はすべて南部領って言葉使うんですよ。南部領はあるけれども、南部藩はない。

盛岡城は平山城

斎藤　三戸だったんですね、南部家っていうのは。それが移ってきた時、ここはどうなっていたんでしょう。

吉岡　丘があったわけです。俗には二子山っていう山があって、名前のとおり大きな方と小さな方があって、今県庁のあるあたりが小さな山。本丸を中心にした所が大きな山だったようですな。

斎藤　盛岡城になる前に不来方城っていう砦があったとか。

吉田　館の跡はあったと思います。

吉岡　最初にあそこに砦らしきものを造ったのはですな、安倍貞任の弟で不来方三郎っていうのがあそこにいたようですな。

斎藤　このお城は山じゃなく平地にある城なんでしょ。

吉田　公儀幕府に届けた城の形態は、平山城《ひらやま》。平らな所であるけれども、丘を整地してやったたから。平城《ひらじろ》っていうのは平坦地にね、堀を掘り上げた土を盛って造ったのをいう。二条城だとか松本城だとか。

築城に英知集まる

斎藤　この辺統治するのにはあそこが最適の場所だと、秀吉の家臣の蒲生氏郷《がもううじさと》が言ったという話がありますね。

吉岡　それは浅野長政じゃないですか。

吉田　天正十九年（一五九一）の九戸攻めの時、二人一緒に三戸城に入ってる。戦い終って盛岡に一週間滞在してるんです。その時、ここの方が良いんじゃないかって勧めてくれたのが彼らなんだ。

吉岡　築城許可されたのは慶長二年（一五九七）か三年。直ちに着工したもんじゃないらしいです。利直公がほとんど縄張りを決めているようで……。旅先から利直公が築城の縄張りを指図してる手紙が残ってますけども、築城に関しては詳しい人だったようですな。

吉田　二十一、二才ですでに縄張り始めて築城に入ってることになるわけです。縄張りの後見役のような総奉行になってくれたのが浅野長政ですもんね。そしてまた、利直公は加賀の前田利家の利の字をもらっているし、また蒲生氏郷の妹婿です。いろんな背景があって、金沢のお城造った前田の家来をもらい受けたり、蒲生と浅野という天下の武将の英知を集めたりして、盛岡城は造られてる。蒲生の影響もあって、大阪城や伏見城を普請した有能な江州《ごうしゅう》穴太《あのう》の工人を連れてきて石垣積みさせてるんです。

石垣の石の出どこ

斎藤　いつも思うんだけど、石垣の石、どこから持ってきたんでしょう。
吉岡　あれはですな、大部分は昔の志和の長岡村からもってきた。
吉田　北上川を舟で。
吉岡　ただしですよ。二子山を切り崩してですな、小さい方は堀やなんかにしたが、高い方も相当転石のある所なんです。
斎藤　県庁や市役所建てる時にもたいへんな石が出た。
吉岡　お城の運動場の所に大きな石ありますね。それから桜山神社の後に烏帽子岩なんてありますね。あれ、山崩した時出てきた転石ですよきっと。石割桜もそうですからね。ああいうのがあっちこっちに出たから、その石も使ってると思います。そして歯が立たない程大きなものはああやって残してしまったのですな。

吉田　花こう岩地帯が志和の長岡まで続くんだけども、その一番北側の始まりが盛岡市内、それも原さんの別邸の一山荘の庭のだということで、それらも利用された。他にも中津川上流にもあるだろうし、たたら山にしたって簗川にしたってね。そうした岩を砕いて城の材料として使ってますね。農林会館、教育会館の前の石垣はほとんど長岡の石というのは、文献の上でもはっきりしてます。

吉岡　盛岡城の花こう岩は非常に固いんですな、山梨の甲府・信玄の城跡なんかだと相当風化して角が無くなってます。あれと五十年と間はないですからね。こっちのは風化してないです。

小さいながらぜい沢な城

吉田　盛岡城造った時に、実に人使いが上手だったと思うんですが、五人の大奉行設けてるんですよ、家老級の。ということは盛岡城造るのに五方面の分担制なんです。

斎藤　五方面っていうのは？

吉田　五つの方角の。お互いに競争意識を作るような形にして仕事の効率化を図ってるんですよ。更に小奉行たちに各藩士が割り当てられて、それぞれの軍役っていう役を持って、石高、格式によって御奉公する量が決まるんですよ。人夫とか拠出金とか。

あの盛岡城っていうのは、実に良く統制とれた形でもって石垣は一つ一つ築かれていくんですけれどもね。

吉岡　そして尾去沢付近から出た金鉱が盛岡城を造る資金になった。

吉田　たいへんな財源なんですね。

吉岡　尾去沢、四百年掘ったっていうんでしょ。それなのに鉱分の少ないズリの山が小さい。いかに鉱分が多かったかということですよ。

吉田　浅野長政の子供から南部家に宛てた手紙に残ってるんですが、将軍家に大判百三十枚献上したことがあった。その年初めて掘られた金としてそれだけ献上した。そしたらめでたい初物だからといって、わざわざそれ返されてきた。とにかく、なんぼ出たんだか。

吉岡　〝南部は富、諸公に冠たり〟と言われたんです。

吉田　だからあれだけぜい沢に金をかけたお城のあらゆる要素をひっくるめた典型的な石垣積みの城ができたと思う。全国的に見たら大きさとしては小さいですが、ぜい沢な城ですよ。

斎藤　また、見た感じ盛岡城はきゃしゃな感じがしますね。秋田の千秋公園、あそこなんかのっぺりしてるし、弘前も石垣は一部ですものね。私思うに皇居と盛岡城だけがきちっとした石垣積みだと言いたいくらいだ。ただ、ほんとにこじんまりとしてる。

そして街の中央にあるっていうのは、宮城もそうだけど、すごく市民生活にプラスしてるんですね。いろいろ小鳥が集まったり空気をきれいにする役目とかですね。ただ私が聞いたのは、樹木が育たないんだ、よっぽど手入れしなければ大変なんだよと、ある樹木の専門家が言ってましたけどね。

吉田　どうしてもね、腐葉土的な、野菜植えるような黒色土が、盛岡城の中どこ掘っても出てこない。だからみんな育ちが悪い。

石垣は二間ずつの高さ

吉岡　私、熊本城へ行って見てきたことあるんですが、熊本城は慶長八年着工でほとんど盛岡城と同じ時期じゃないかと思うんです。熊本城の石垣の稜線、清正公《せいしょうこう》積みだとかっていうんですな。それがおそろしく似てるんですよ、盛岡城の稜線と。慶長の初めあたりは、まだ構城法が発達してない頃で、時期が同じだから、造りも非常に似てるんですよ。

吉田　博多に行ったらね、大濠公園、黒田藩のお城あるでしょ。観光バスガイドが石垣の特長話するんですよ。熊本にも無い大阪にも無い様式の築城方法を採ったお城であるということ。弓矢から鉄砲に移った近代戦に即した城には高さが必要じゃない、むしろ精度高めるためには、平城的な方が良い、だから福岡のお城の石垣は低いっていうんです。私にすれば冗談じゃない、おらほのお城見てけろって言いたくなる。三の丸の花鳥園のレベルと次の瓦御門の所、あれ丁度石垣の高さ二間なんですよ。十二尺なんです。ところが三の丸のレベルともう一つ上の啄木の碑のある二の丸のレベルあれまた二間高さなんです。これこそ実に考えこんだ、非常に良い曲輪《くるわ》のとりあわせのね、近代戦に備えた知恵が働いてるんですよ。ただし、教育会館側の方から見たお城は十三メートルの高さ、あれはやっぱり崖っぷちだったから仕様が無かった。かつての北上川の流れを止めてから土手であるのを直したものなんですね。

斎藤　着工後、五十年くらいかかって元禄十五年あたりにようやく出来上がった城なんだとかって。だから忠臣蔵の後あたりに完成したっていいますがそうなんですか。

吉田　石垣組みが今我々の目に映る形としてはそうなるかもしれない。元禄の前に貞享という年号あるんですが、その年号と奉行二人の名を刻んだ石が農林会館の前にある。第二期以降に造られた石垣部分なんですよ。お堀としての北上川があったからこそ、あそこは石垣必要なかった。あと花鳥園の方には宝永の年号刻んだ石があって、それはもっと新しい時代の……。

吉岡　おそらくあの城造る時一番問題だったのは洪水だったんですな。北上川が今の教育会館の前を流れてたんです。そして岩手女学校の横の堰、あれが北上川の本流の跡ですからね。北上川や中津川が洪水になるたんびに工事が中断して、三戸や福岡のお城に移らなければならなかった。で、出来上がるまでずいぶんかかってしまった。

石垣を良く御覧下さい

吉田　市民の皆さんにも注意して見てもらいたいことがあるんです。何気なく見てる石垣積みですが、お城以外も含めて日本の石垣積みの様式の標本が盛岡城には全部揃っている。たとえば切り込みハギ（切り石だけで整える）、打ち込みハギ（一部加工した石材を使い、小石で端を整える）とか、桃山時代から江戸にかけて発達した代表的なもの全部揃ってます。

斎藤　史跡に指定されたのは昭和十二年。

吉田　指定の理由は典型的な城塞としての遺構を良く保ってるってこと。そして、その回りの土塁その他結構が良く保存されているということなんです。ただし残念ながら、桜山神社前の土塁の部分がね、終戦直後のどさくさの時に壊されてしまって、一部今の鐘楼のある部分だけは残っておりますけれども。いずれにしても学術的にも歴史的にも史跡としての本質の整ってるのが盛岡城なんです。わずかに南北にすると三百メートル足らずだけれども、実際に歩くと一時間二時間で興味が尽きない情報が公園の中に含まれてる。

斎藤　しかし大分痛んできているようで……。

吉田　近い将来修理しなければならない個所がいっぱいあるんですが、それをやった時に、別の面で我々期待するものがあります。石垣の裏側に様々な情報が入ってるんです。大阪城・伊賀上野城・鳥取城・名古屋城でもそうですけど、石垣を築いた人たちの名前や印が出てくるんです。また裏組みに金石文㊟の類いのお墓とか五輪塔が出たりね、材料としてそういった中世の情報が何気なく使われている。秘密が入ってるんですよ。

斎藤　妻子の名前を書いたものとか。

吉田　築いた人たちの汗が裏に刻まれているのだろうと。

斎藤　なるほど、わかるなあ。

吉田　そういった面で、盛岡城をもっと意義づけられる情報が得られる可能性がでてくる。石垣を修繕するという場合の前提として、埋蔵文化財の発掘調査ということやらなきゃならないの。それをして色々の情報得た上で石垣の外し方を始める。寛永十一年（一六三四）にね、盛岡城の矢倉に落雷してそれが延焼して本丸に移った。火薬庫に火がついて大爆発してたくさん死者がでた。これ有名な話なんですが、本当に焼けたのはどこであるか、火元がどこであるか、それらの情報が得られる絶好の機会なんです。土を調べるとわかりますものね。

吉岡　今、ことにも桜林の方の石垣が崩れるとかで乱れてるんですな。私、推測するに、お城を造る時、本丸中心にして下の橋側の方へは土をずり出したんじゃないかと思うんですな。そこで石垣の崩れがあの部分だけ早いんじゃないかと思う。

吉田　いわゆるあの部分は盛り土だっていうことです。客土だっていうことです。そのために地盤としての安定がないためにあそこがはらみ出して狂いが出てきてる。

吉岡　私、市長時代に修理するとなんぼかかるかっていうのを調べてみたんですけど当時で一億円以上はかかるっていわれましたね。石一つ一つに番号つけて組み直す、それのできる業者は日本中に一カ所しかないって話でしたっけ。

吉田　石垣を積む技術っていうのは特殊なもんでね。直線じゃないんですよ、カーブっていうか微妙なバランスがね。

斎藤　あの稜線、石垣の積み方、あれは忍者さえも登れないカーブだっていう。まっすぐじゃないですものね、途中までは登れても、あとは行けないということなそうですね。

吉岡　大阪城とかですな、姫路城とか、みんなそうですけれども、建物の方が石垣よりも出てるんですよね。

吉田　張り出し。

吉岡　忍び込んでいくとですな、その部分へ行くと非常に困るわけですよ。

吉田　返しがあるわけですね。

斎藤　石垣そのもの見ても稜線が実にデリケートですよね。あの曲線というのは力学的に研究され尽くしてやってるんですか。

吉田　やっぱりそこに四百年の知恵があるんですね。

㊟金属や石で作った鐘や碑などに刻まれた文字

大砲以前と以後

斎藤　築城術っていうのは加藤清正に始まったんだとかって言いますけど。

吉田　朝鮮征伐のね、肥前名護屋城を造った。しかし時代的に考えても中世の館を考えるとね、そのルーツっていうか基本はもっと以前にありうるわけで。

吉岡　根本的にお城を造る方法、造る場所石垣の大きさなんかってものは、大砲ができてからとできる前で違うんですな。大砲できてから、特に徳川時代になると犬山城とかは、石垣なんかも牛蒡積《ごぼうづ》みっていって表面小さく見えるんですけども、中へ牛蒡の根のように入ってるんです。そして小口が小さいんですけれども、ぎっちりなってるわけです。大砲で撃ってもすぐは崩れないわけです。ところが大阪城とかですな、大砲が本格的に始まる前のものは、驚かすために大きな小口。

斎藤　諸大名に集めさせたという……。

吉岡　そして根が余り深く入ってないんですよ。面積をとるのに都合が良いものだから、大きな石を使うということをしてるんですな。

吉田　見かけの良さですかな。

吉岡　その点は熊本城も盛岡城もそっちの方の系統です。

斎藤　牛蒡の方ですか。

吉田　深さの方を「控え」っていうんですよね、面に対して奥行の方を控えの長さっていうんです。昭和三十七年に盛岡城の石垣が崩れて修理した時の記録があるんですよ。これは戦争中にね、丁度農林会館の前、あそこに防空壕こしらえた。それを修理した時にその記録を見ると、短いもので約一メートル二十～三十。長いのになると表面積は小さいけれど、奥行が二メートル二十センチくらいありますよ。一間以上根が長いの。あれ同じ長さでもだめなんです。石の奥行っていうのは長いやつと短いやつ組み合わせて向きと角度、仰角と方角を矯正しながらあの線を出し、積みの流れを変えていく大事な要素ですので、あの控えの長さ同じだったらつまっちゃうからだめなんですよ。長短組み合わせて、テコのように間に石をかませていくことによってソリを出す一つの大きな仕事があるわけです。

吉岡　玉石の置き場所というのもあるそうですね。ただぎっちりつめるというと、雨降ってふくれた時、城壁を押してくるもんだから、玉石のところで水を落す工夫がしてあるわけだ。

お堀

斎藤　堀の幅っていうのは、なんぼくらいあるんでしょう。
吉田　最低が五間。
斎藤　最低で？
吉田　たとえば亀ヶ池・鶴ヶ池見てもわかりますとおり、実はあのとおり今いろいろ工作しちゃって狭くなってる。あたりに盛り土して岩手日報社側なんか高くなってるけども、あれもっと低いわけですよ。あれらからしましても、大きいので十二間堀まであるわけです。
斎藤　深さはどれくらいあったんでしょう。
吉田　一間から二間半くらいまでです。
斎藤　やっぱり守るためなのかな。
吉田　最低限九尺深ければ堀としては上出来なんです。
斎藤　でしょうね。沈んじゃうものね。
吉田　馬と人が溺れればいいわけだから。ところが、逆に守る側にすれば、対岸とのバランスにおいてこっちの土塁の高さが必要とされるわけ。向うが高ければそれに見あった高さでもって、こっちは少くとも平地の六尺高ければ人が隠れる。八尺から九尺になると馬上が隠れる高さなんです。旗指物やると二間高くなきゃなくなる。そうした軍学上のバランスがあって徒歩侍が通るのが隠れる程度であれは六尺、騎馬武者が隠れる高さであれば九尺以上高くなければならない。それを造るには、堀を掘り上げた土でもって土塁を造るわけだから、場合によっては堀が深く掘られてもいいわけ。あるいは深く掘れない所は面積を広くして容量の土を得なきゃならないわけ。それで変わってくるわけです。

お城の伝説

斎藤　子供の頃、城跡の井戸から入って行くと天神さんまで抜け穴があったって聞いたんですが。

吉岡　天神さんじゃなくて岩山に抜け穴があるっていったもんだ。毘沙門橋寄りの大きな石が転がってる所が、中はつまってるけど、もともとは抜け穴の跡なんだって伝説もありましたね

斎藤　熊本城は事実抜け穴が見つかったんでしょ。一般には公開しないけれども。城にはたいていそういうのがあるとか。あと城内に虎飼ってたことあるとか。

吉岡　ありますな、中津川沿いの。やはり毘沙門橋の近所だったたって説もあります。

斎藤　で、囚人を食わせてたとかってね。盛岡城にはおばけの話とか無いんですか。

吉田　まあ、それなりの話はありますけどね。たとえば、お城の中にも例の御庭番が

いましてね。御庭番っていうのは忍者ですよ、伊賀者ですよ。彼らは城内を順次パトロールしてますしね。

斎藤　あのお城のどこかを掘れば財宝が出てこないかって思うんですが、南部家の大判小判が出てこないものですか。

吉岡　宝はどうだかわからないけれど、盛岡城の畳はゼンマイの干したのでできておったっていう話はありますな。

斎藤　山菜のね。

吉岡　要するに、籠城する時食う物無くなれば、それを煮て食おうっていうんですよ。

斎藤　なるほど。

吉岡　そういう話あったもんでしたな。ただ、それが事実かどうか確かめることはできません。

二千七百貫文のお城

斎藤　明治六年ですか、明治政府になってから壊されてますが、造るのも大変だけども、よくぞ壊したと思います。

吉田　建物そのものは、明治六年、県の広報使って一般払い下げ入札だもの。

吉岡　お城の本丸に使ってた用材やなんかですな、餌差小路の中島医院に一部使われてるんですよ。それから用材のままで転がしてるのが上の橋のたもとの昔のこうじ屋さんの所。それ見ますとね、たいした良い材料使ってるわけじゃありませんな。

吉田　やっぱり場所場所ですよ。本丸の御殿の部分は別にして、櫓なんてのは本当に物見櫓ですからね。たとえば犬山城に上ったたって、どこの天守に上ったたって、材料なんて荒削りなもんでしょ。武骨なもんです。

斎藤　造るのもほとんどは手斧《ちょうな》でやったんでしょ。

吉田　手斧でやってから、かんなかけたんですね。基本はやっぱり手斧ですよ。

斎藤　大慈寺の側の、原さん御愛用の川鉄さんの二階の天井が、お城を解体した時の木だっていうのは本当ですか。

吉田　ありうると思います。

斎藤　すごいんですね、あそこは。一枚板の天井で。

吉田　用材として買った人がわかったんですよ。十三日町の古道具屋です。建物一切、入札で払った金が二千七百貫文。たいしたことないですよ。ただみたいにして買ってるんですよ。

城下盛岡は堀の内

斎藤　城下盛岡の堀内に商家を作らせたわけですが……。

吉田　盛岡の御城下っていうのは、お堀を掘って、掘った土を盛り上げて土塁を築く、それが築地線で杉を植えた。つまり防衛線がお城の内側にあって、土塁から内側が御城下なんです。よく土手かげって言葉あったんですよね。生姜町の写真屋さんのあたり、その内側がいわゆる葺手町であり肴町であり、御城下なんです。

斎藤　そういう形でお城を築かなくてはならないことはね、攻められた際の市街戦っていうことを想定してお城を築いたりしたんですか。それとも町民に対する、あるいは他国に対するデモンストレーションでそうやったんでしょうか。

吉田　関ヶ原が慶長五年（一六〇〇）ですから、築城始めた慶長期は全くの戦国の世ですよ。慶長二十年が元和元年だから。そうすると、まだ和賀、稗貫が不穏な時代ですね。当然盛岡の城っていうのはそれを前提として築かれた。慶長期っていうのは盛岡城下に商家が無い時代。盛岡に来る前に南部氏が住んでいた三戸の住民を盛岡に移したのは、元和五年です。その時初めて自分の最も信頼する御城下の住民を住まわすことができた。

斎藤　それ以前はどうなってたんですか。

吉田　飯場ですよ、御城下の町割こそできるけれども、その時点で繁栄してたっていうのは、城を造る時の職人、それにくっついてくる商人、女たちのあぶく銭で繁盛する時代が築城時代です。

斎藤　上の橋ができたのが慶長十四年。

吉田　日本国中の街道が整備されたのが慶長十五年。それからさらに十年たってから町人を住まわせた。慶長期っていうのは、まだまだ戦塵の余韻がさめない頃。だからこそ盛岡城の石垣の高さっていうのは二間ずつで築かれている。

斎藤　やはり戦うことを前提としての。

吉田　盛岡のはね、軍事目的が優先されている。不穏な時代踏まえてね。そして普通なら戦国武将のならいとして、そこにポッと来てね、そこの殿様になったたっていう人たちは、自分の所しかお堀まわさないで、城下の住人っていうのはお堀の外という場合が多いんですよ。盛岡はお堀の内側に庶民まで抱えこんで、外堀の中に町屋もとりこんでいこうっていうところに、南部利直の慈政があるんですよ。

斎藤　守りの城としてはどうだったんでしょう。

吉田　萩でも唐津でも、片一方は海に面してる要害堅固な場所ですが、こちらは北上川に面して、やはり要害の地であることは人後に落ちない。しかし堀の内側に御城下までとりこんだ所は極めて閉塞的で時代にのりおくれてる御城下が多いんですよ。だから景観の保全はなされているにしてもね。松本城とか大阪城のように四方に城下町が開けたような所は今、近代的に発達している所が多いんですが、明治以後、盛岡のように要害の地でありながら、これだけ発展した市はめずらしいんですよ。

〔一九八三年三月号〕

鈴木舍定と加波山事件

太田俊穂（岩手放送会長）

八月も末近いある夕方、残りの暑さが、川面に、道に未練をとどめている築地河岸をザンギリ頭、白地のかすりに黒の袴をつけた四人の青年が何か話し合いながらブラリブラリ歩いている。落日が水に反映して美しい。

「そうか。君たちの話はわかった。つまり今度の戦争には率先して参加し御一新の際、こうむった朝敵の汚名を雪《そそ》ごうというのだな」

こういった青年は二十一、二才、細面の目鼻立ちのはっきりしたいい男だった。小柄だが、ひきしまった身体つきである。

「ウンそうだ。旧南部藩の若者たちは、この機会に立ち上って西郷軍と一戦を交え、十年前の屈辱をはらすのだ」

「鈴木、君もいっしょに新選旅団に応募して西南の地へいってもらいたい」

鈴木とよばれた青年は額にたれ下がる長髪をかきあげながらじっときいていたが

「俺は御免こうむるよ。君たちもそれはよした方がいい」

「何ッ」

「そうむきになるな、よく考えて見給え。仮に君たちが、西郷討伐に参加したとする戦いは勿論政府軍が勝つ。だが、勝ってその帰りには必ず、今度は政府を倒さなければならないと思うだろう」

「それはどういう意味なんだ」

「今度の戦争は、奥羽諸藩を賊軍として討伐した藩閥政府内部の争いなのだ。そんなものに加担してどうするのだ。われわれがいまなさなければならないことは、人民の敵となり果てた藩閥を打倒することだ。彼らはすでに維新の際の理想を放棄して専制政治の鬼となり果てている。これは倒さずして新しい日本はあり得ない」

舌鋒は鋭かった。この青年は、やがて東北の自由民権運動の輝やける指導者となった鈴木舎定《いえさだ》である

この一文は、昭和十一年の正月、新聞にのった続き物「自由党秘史」の書きだしである。「革命児鈴木舎定を繞《めぐ》る」とサブタイトルがついている。まだ二十六才の駆け出し記者であった私の書いた拙文である。

私はそれまで鈴木舎定に関する知識はほとんどなかった。そこへ宇都宮から盛岡の支局長になって転任してきた黒沢という人が、着任早々、「盛岡には加波山《かばさん》事件の同志で鈴木舎定なる人物がいるはずだ。調べてくれ」と私に命じた。黒沢は前任地の宇都宮時代にこの事件の首謀者の一人である栃木の鯉沼九八郎の伝記を書いており、自

由民権運動史にくわしかった。盛岡には当時まだ鈴木舎定の実弟である自由党以来の老政客、鈴木巌翁が健在であった。代議士も二、三回やり、当時は一線を退いていたが、県政界にはなお影響力をもっていた。亡き作家、鈴木彦次郎さんのお父さんである。

私はこの巌老人と大変親しかったので、早速お宅へ飛んでいって教えを乞うことになった。昭和十年の晩秋である。約二十日間、毎夜のように鈴木家へ足を運んだ。令息の彦次郎さんは東京で作家生活をつづけており、まだ盛岡へ帰っていなかったので老人だけ、一人住んでいた。

書きだしの部分は盛岡の青年有志が、西郷討伐のための新選旅団に参加しようとして上京し、鈴木に説得されて新しい意識に目覚めていくくだりである。そのとき以来、鈴木舎定は私の胸に住みついた。いまでも、舎定を思うと胸が熱くなる。

当時の自由民権運動者の約半数は地方の不平士族と地主出身者であり、近代的教養を身につけている者が少なかった。しかし鈴木舎定は、こういう連中と全く体質を異にしていた。彼は原敬と同年の安政三年生まれ、明治初年上京してミッションスクールの築地大学校でキリスト教の真髄にふれ、次いで中村敬宇の同人社に入塾して英書で政治、経済、万国史を学びとった。このころすでにルソーの「民約論」ミルの「自由論」「フランス革命史」等で理論的に武装していた。

写真で見る風貌も、きわめて端正で知的である。帰郷してまず着手したのが啓蒙団体である有名な「求我社」の創立である。それが三年後には東北における自由民権運動の拠点の一つとなる。

彼はオルガナイザーとしても卓越していた。全県くまなく歩いて遊説し、組織づくりに専念すると共に、新聞を発行して言論活動も活潑におこなう。しかし、政府権力の壁が厚いと見ると、非合法手段の行使も止むなしとして関東、東北の同志と共にその決行に踏みきることになる。それが板垣退助の「自由党史」にある、月光下の品川沖における舟上の謀議である。同書によれば「斬奸の挙を実行せんとす。岩手の志士鈴木舎定も亦《ま》た興《おこ》る」とある。明治十六年十一月半ばのことである。しかし、決行を前にして翌十七年一月一日、盛岡で病を得て急死する。二十七才であった。

残った同志たちは「舟上の決議」に基づいて福島、栃木両県令を兼ねていた三島通庸と政府大官を暗殺しようとして機会をねらい、栃木県庁の落成式に爆弾を投じて一挙に事の成就をはかろうとした。しかし事前に発覚したため茨城県の加波山に登って「挙兵」を宣言し、全員捕われ、七名が死刑（一名獄死）となる。民権運動史上最も凄惨なドラマである。

鈴木老の「語り」は加波山のくだりになると一段と熱を帯び、私はしばしば圧倒されてメモをとる手を休めた。その声がなお耳底に残っている。

〔一九八三年九月号〕

電筆将軍

湯田保司（岩手経済同友会事務局長）

東京雑司ヶ谷の墓園に「日本文字始而造侯居士」と刻まれた碑が建っている。盛岡出身、わが国速記創始者田《た》鎖《くさり》綱《こう》紀《き》翁の記念碑である。

この夏上京の折、小金井市の恩師五味当邦氏（本名正一）を訪ねた。談たまたま昭和八、九年ころ、私が日本電報通信社（現在の電通）長野支局で五味支局長から速記の手ほどきを受けながら見習いをしていたころに及び、大変懐しいひとときを過した。五味さんはことし八十八歳、米寿を迎えるのでそのお祝いを兼ねての訪問である。はずんだ話が一くぎりすると五味さんは「盛岡といえば祖師田鎖綱紀翁の出身地だが……。祖師には戒名が二つあったはずだ、どうなっているだろう……」ということであった。五味さんは田鎖祖師の直弟子のひとりで、私は孫弟子ということになる。

帰盛後菩提寺北山の法華寺を訪ね調べたが判らないので、東京目黒で速記研究所を開いているお孫さんの源一氏に問い合せたところ、一カ月位過ぎて「献学院法紀日進居士」の戒名と碑の写真が届けられた。

祖師は安政三年盛岡に生まれ、祖父は南部藩上杉流の軍学師範、その軍学講義を一言半句残らず書き取るのに努力したが思うようにならなかった。明治二年志を立て上京大学南校（東大の前身）で外人教師につき採石冶金、簿記法、経済学を習得中、同五年のある日、米人教授ロバート・カーライル工学博士の下に、夫人から見たことのない文字で綴られた一通の手紙が届き、博士から英語の速記だと聞かされた。そこで何とか日本語に適用できぬものかと思いついたのがそもそも日本速記の発想である。博士の協力でピットマン速記講義録をはじめ外国の文献を取りよせて研究に研究を重ね、漸く完成、明治十五年九月当時の時事新報に『日本傍聴筆記法』を発表。当時講談や落語など耳で聞いて楽しんでいたものを一言半句そのまま文字にし、読んで楽しむ時代をつくった。代表的なものとして三遊亭円朝の『怪談牡丹灯籠』を速記本として刊行（明治十七年）大センセイションを巻き起した。祖師の弟子若林玵蔵（埼玉）、林茂淳（東京）などにより更に改良されて今日の速記の基礎を確立したわけ。

ともかく祖師はこれに力を得て、難かしい日本文字に代えて速記文字を実用化すべきだと全国普及に飛び回った。その足跡は日本全土はもとより、朝鮮、満洲、蒙古、欧州にまで及び、そのためか祖師は数カ国語を解するまでになったという。

明治二十三年第一回帝国議会開会に当り国会議事録作成に速記術採用が決定、是非是非と交渉を受けたが門弟を出して、自らはその普及に東奔西走した。わが国議会の議事録が第一回から今日まで完全に整備されているのは全世界に類例のないことで、わが国議会史の隠れた一大功績者といえるわけである。明治二十七年にその功績を讃えられ藍綬褒賞第一号を贈られ、同二十九年には功労者としてわが国初の終身年金（当時の金で三百円＝現在の文化功労者に該当すると思われるがこの年金制度は祖師一人だけで途絶えた）を下賜され、伊藤博文公からは電筆《でんぴつ》将軍（電気のよう早く書くの意）の称号をもらった。

大分前だが、岩手放送の「明治百年をつくる人々」に祖師が選ばれ、源一氏らとTVで語り合ったこともある。岩手が、盛岡が、生んだこの隠れた偉人の一人祖師のことをいつまでも何らかの形で後世に残したいと願う一人である。

祖師には、私が見習いをしていた昭和八、九年ころ二回ほどお目にかかっている。当時既に八十歳を越し、長身痩軀、白髪美髯をたくわえ、いかにも威厳のある風格、それで子供や若者が大好きで、源綱紀として書をよくした。「わしは源義経の後えい（裔）だ」（源一氏から清和源氏からつづく田鎖家の系図を見せてもらったこともある）とか、眼を輝やかせながら「日本文字はこの速記を実用文字とすべきだ」と聴かされたことなどを記憶している。今にして想えば、祖師がもし、速記術考案にとりつかれず大学南校から官界なり、ほかの世界に進んだとしても恐らく日本を代表するような人物になっていたであろう。自ら進んで、地味ではあるが速記考案という大仕事を辛酸苦闘して成し遂げられた功績は本当に偉大なものである。

さて、話を元にもどし、祖師のもう一つの戒名「日本文字始而造侯居士」はこうなのだ。祖師は速記普及のため常に全国を歩いておられ、いつどこでどんな災禍に遭うかわからない。わしにもしものことがあったらこれを、ということで自作戒名を準備して、常に自分のカバンの中に入れていたものだ。亡くなられた時は太平洋戦争酣《たけなわ》のころだけに遂にそれが発見できずに処理されたというわけである。

この碑の裏面には「岩手県盛岡の人田鎖綱紀翁は明治十五年一八八二年日本傍聴筆記法を発表し、速記の今日の隆盛の礎を開いた。その八十周年を迎えるに当り翁生前の抱負を示す遺墨の碑をここに謹んで建立する。一九六二年七月三日、日本速記法習得者有志一同」と刻まれている。ことしは速記術発表後九十周年にも相当する。

祖師が亡くなられた頃は、私は大陸（中国）生活時代だが、昭和九年五月に祖師から書いて頂いた「国のためひろむる文字は早書の、あとこそのこれ千代に八千代に」＝電筆＝の短冊と英・仏語、日本字、速記文字、ローマ字などで寄せ書きした「老人は再度の青年なり」＝源綱紀＝の額は、いまもなお祖師の遺影とともに私の部屋に飾りつづけ、朝夕祖師を偲ぶとともに座右の銘としている。

県民会館も来春には完成する。岩手の生んだ多くの偉大な人々を偲ぶ一つのコーナーを設けてはと常々思うのである。

〔一九七二年十一月号〕

柔道の鬼才奥田翁

佐藤忠雄（元岩手日報記者）

奥田流柔道の創始者、奥田松五郎範士は明治、大正、昭和（初年）と三代にわたり岩手の柔道界に残した功績は大きい。奥田は警視庁の師範（刑事兼務）を退職し、来盛したのは明治二十八年（一八九五）の秋であった。

警察官を養成する岩手県巡査教習所（現警察学校）は終戦の頃まで盛岡署と隣り合わせであった。奥田は岩手県巡査七級俸の辞令を貰いそこの教師となり護身術を教えていた。岩手県巡査になったのは来盛後八年目の明治三十六年（一九〇三）であり、この間、市内肴町村源薬局の隣りで個人道場を開き、派手な乱取で人気を集めていた。

つい、二、三年前のこと、警察本部付だった藤原勇六段の好意で奥田の履歴書を倉から発見したが、奥田は安政元年（一八五四）六月三日、麻布区林木町に生まれた。六才のとき起倒流で有名な沢田義明（会津藩士）の内弟子となった。会津は最後まで幕府側なので後に新撰組の隊長だった近藤勇は沢田道場を時々訪れ奥田に天然理心流の剣を指南したので奥田は剣も強かった。近藤勇が三鷹で斬刑に処せられたとき奥田は僅か十二才で近藤とは可成り年令差があり、沢田道場での二人の関係から奥田も新撰組の隊員であるが如くいわれているのは誤伝である。

奥田が盛岡下りした裏話の一つとして、当時、新橋烏森で賭博団の大喧嘩があり、仲裁を買って出た奥田が誤って人殺しをしたためと噂されていた。併《しか》しこの真偽のほどは詳《つまび》らかでない。

奥田は身長百六十センチ、極めて小兵だが色浅黒く眼光は一きわ鋭かった。得意わざは横捨て身、巴投げ、膝車、隅かえしで相手に最も怖れられたのは講道館では禁止されている一突き必殺の当て身であった。剣道用の綿袴をつけ無地の羽織姿で独特の奇声を発し乍《なが》ら飄々乎《ひょうひょうこ》として日に幾度となく内丸大路を往来していた。古武士の風格があり、良い意味での盛岡の名物男だった。

明治四十四年（一九一一）、文部省が中等学校令施行規則の一部を改正し体操の項目に「体操は教練及体操を授くべし又撃剣、柔術を加うることを得」としたことで盛岡市内の各中等学校は一斉に柔、剣道を体操の一部に取り入れたので、奥田は巡査教習所だけでなく師範、盛中、工業、農業の各校嘱託となり彼の指導をうけた者は数千人の多きに達した。

村源薬局の当主村井源一氏が「父が奥田さんから貰った免許証がある」とて、それを見せてくれた。

奥田流柔術秘伝活法のうち睾《きん》活右伝授候条必ず他見他言有之間敷事

明治三十年十月　　奥田如柳斎義次
村井庄助殿

とあった。庄助とは先代源之助氏の襲名前の名である。先代の未亡人（源一氏の生母）が村井家に嫁したのは明治三十三年の春で、旧卸売部事務所だった所に奥田松五郎の道場があった。源一氏の母堂は日に三度、奥田先生に食事をはこぶのは辛かったと話している。

門弟の中には服部知事の長男、哲太郎、岡田喜助（初代盛岡ガス社長）や盛岡市長だった小泉多三郎、亀橋清蔵（瀬川正三郎氏が来る前の盛中教師）らで、宰活を免許された村源の先代は二段の腕前であった。

当時、村源の支配人に菊池文助（宮古生まれ）という人が居て、三女によしと呼ぶ丸ぽちゃの可愛い娘があった。奥田はよしに護身術を教えていた。或る晩、よしが餌差小路の自宅へ戻る途中、痴漢が現れ暴行しようとしたところ、十六歳の小娘（よし）が大の男をものの見ごとドブ堰に取って投げ、一躍勇名をとどろかした。

また、その頃、奥田は源一氏の祖父と語り合い、県で最初の音楽隊（今日のブラス・バンド）をつくった。菊池支配人の伜、文一郎が小太鼓、父は大太鼓をうち、軍楽隊帰りの円子正（陸軍）、駒ヶ嶺重隆（海軍）、工藤要助、それに伊藤某らが毎晩村源に集って、ブーカ〳〵やり出すので、肴町界隈は演奏を聞こうとする市民で大変混雑したとのことだ。日本が奉天の大会戦（明治三十八年・一九〇五）でロシヤに勝つと奥田は祝賀行列の先頭に立って音楽隊を指揮したという。

序《つい》でに奥田の武勇伝の二、三を紹介しよう。明治三十五年に行われた総選挙で盛岡は原敬と清岡等（盛岡市長）の一騎討ちとなったが、奥田は原派で仙北町方面へ偵察に出かけての帰り、明治橋（当時、現橋より五、六百メートル下流）橋上に差しかかると石燈ろうの蔭から清岡派の壮士六、七名が飛び出し奥田へ躍りかかった、奥田は「かなわん、助けてくれい」と言って相手の思う儘《まま》に、ちっちゃな体をかつがせ川原町へ入る辺りに来た時、両手が自由なので相手を次から次と片羽絞（かたはじめ）で気絶させたところ残りの壮士達は「人殺しだ――」と、叫びながらクモの子のように退散した。

それから四、五年後のことである。内丸大路で雫石出身の田舎相撲がいきなり、後方から奥田へ抱きついた。と奥田は隙を見計らって当て身を食らわしたところ魚河岸に並べたマグロ同然、きれいに道路へ伸びてしまった。もう一つは大正八年の六月、巡査教習所の教習生で咲山某（海軍出身）というのが仲間にそそのかされ。奥田のうしろに廻り転倒させようとしたところ、逆に当身を食らって口から泡を吹き、仮死状態におちいった。奥田は背活を入れると忽ち生気に返ったが、咲山は体重九十キロ、身長五尺九寸の大男で、ケシかけた連中は一時ふるえが止まらなかったそうだ。

最後に三船久蔵青年と奥田松五郎の対決をチョッピリ紹介したい。明治三十六年三月、仙台二中を出た三船は久慈へ帰省の途中市内加賀野の奥田道場を訪ね、稽古のつもりが若さも手伝って試合の態度に変っていた。奥田のわざは左《さ》ほど早いと思わなかったが勝負は十二対一で三船青年が敗れている。これが日本の柔道界を背負って立つ名人の大きな試練ともなった。このとき奥田は四十八歳、三船青年は弱冠、十九歳だった。

柔道界の鬼才、奥田範士は昭和六年十一月二十九日、市内八幡町の街路で狭心症のため倒れ、同夜十時、不帰の客となった。行年七十九歳。材木町永祥院に墓がある。

〔一九七〇年七月号〕

漱石の敬愛したある盛岡人

藤井　茂（『月旦岩手』主宰）

九月の中頃、青山町のあるおばあさんをお尋ねした。居間へ通されて初対面した時、私はあやうく「あっ」と声をあげそうになった。漱石が生涯敬愛してやまなかった親友・太田達人《たつと》を、まのあたりに見る思いがしたからである。

それでも平生をよそおっていたが、遂に不躾《ぶしつけ》にも「いやぁ、まったく驚きました。

晩年の達人翁を見る思いがします」と言った。おばあさんは「そんなに似ておりますか」とほほえんでおられたが、私は晩年の達人翁の写真を何枚か見て知っていたのである。

漱石の作品を読んだことがある人なら、『硝子戸の中』の九話と十話に、Oというイニシャルの東北人が出てくるのを知っているかもしれない。そのOこそ、盛岡出身の太田達人その人なのである。冒頭のおばあさんは、その達人翁の末娘のマスさんで、もう八十をいくつか越しておられるだろうか。

達人と漱石が初めて出会ったのは、神田駿河台にあった成立学舎という今で言えば予備校みたいな所であった。ここで固い友情を結んだ二人は、専攻こそ異なっていたが、一高・帝大の時代、他の誰よりも親密な交わりを続けた。二人はよく散歩したり水泳をしたりしたものだが、主に漱石の方が達人を誘うことが多かったという。それは、達人の性質が鷹揚で、決して怒ったりした顔を漱石に見せなかったからである。その上、漱石の及びもつかないような問題を、じっくりと考える頭脳の大きさが彼にはあった。漱石はつき合うほどにその事を感じ、達人を敬愛に価する長者として認めていったようである。

帝大を卒業し、達人の金沢中学への赴任が決まった時、漱石は心から喜べなかったらしい。物理学科を首席で終えたのに故郷でもない地方くんだりまで、との同情心だったようだが、達人の方はそんな事にはまるで無頓着であった。

　達人はその後、大阪、支那と居を移し、漱石も東京から松山、熊本果てはロンドンへと、達人と同じく西へ西へと移っていった。しかし、二人はその間にも、紀元会などの集まりでお互いの動向を知っていたらしい。漱石がロンドンから帰って間もなく、達人の方から彼を尋ねたこともある。

　支那での教習を終えた達人に待っていたのは、秋田中学校長というポストだったが、達人はそこである事件に遭遇した。それは、秋田沖に停泊中の戦艦三笠に生徒がボートをこいでいく途中転覆し、数名の犠牲者が出たという事件である。そのため、もっと雪深い横手中学に、左遷されたような形で転任していった。達人は既に見学中止命令を出していて、彼に落度はなかったのだが、転勤辞令を無言で甘受した。それを東京で知った漱石は、かつて同窓であった時の秋田県知事・森正隆を「達人のような大器をそんな土地へ追いやるとは何事だ、この馬鹿知事め」と憤慨し、満鉄のある重要な地位を達人にすすめたらどうかと、気づかった書簡をある人に送っている。

　その後、達人は北の果て樺太庁中学校長を最後に、故郷盛岡にもどって来た。地元の人たちは、そんな彼を勿論放ってはおかなかった。大正の末から昭和の初めにかけて、盛岡中学ほか幾つかの学校の講師をしている。森荘已池氏や池野藤兵衛氏などはその頃の生徒で、今でも懐しく当時の達人翁のことを語られる。特に森氏は盛中時代、達人翁に数学で下駄をはかせてもらって、ようやく落第を免れた逸話の持ち主である。「痩軀《そうく》鶴の如し」という風貌で、盛中生徒からは「サムライ」とあだ名され、一種不思議な尊敬を集めていた達人であったが、晩年、東京杉並に住むようになってからの唯一の楽しみは、南部同郷会や新岩手人の会に出席し、旧友や知人と旧交を温めあうことだったようだ。しかし、その間にも漱石の思い出を求められて幾つか語っている。学校時代一番親しかっただけに、達人の回想は漱石資料として貴重なものを提供している。

漱石は学生時代、達人から学んだことが沢山あった。だからこそ、生涯忘れることなく色々な作品の中に達人を語ったのだろう。それに対し、達人は漱石から人間的に深い影響をそれほど受けることもなく、生涯淡々とした親しさだったように私には感じられる。だから求められれば漱石の話はしたが、そうでない限りはまずしなかった。中野重治がまだ旧制四高の学生だった大正九年の夏、盛岡の達人の家を訪れ（達人の息・定康が彼と親友だった）文学論に花を咲かせた時も、達人は漱石のソの字も語らなかったという。

十二月九日は漱石歿後七十年にあたる。漱石と言えば、今ではもう知らない人がいないほどの国民的作家である。しかし、人間的広さでは漱石以上であったにもかかわらず、漱石と生涯深い友情で結ばれた盛岡人・太田達人のことは、今でも知る人は少ない。

〔一九八六年十二月号〕

鼻緒がとりもった友情

藤井　茂（『月旦岩手』主宰）

明治八年のことである。三月の雪解けの頃、創立間もない盛岡学校に通っていた一人の少年が、家へ帰る途中、足駄の鼻緒をきってしまった。何しろ、現在のように舗装された道路など考えられなかった時代のことである。まして、雪解けのひどくよごれた道路である。

少年は持っていた弁当箱の風呂敷を利用して色々やってみたが、どうにもうまくゆかない。困りに困って、今にも泣き出さんばかりであった。

ちょうどそこへ、近所の一歳年上の少年が通りかかった。彼は非常に同情し、「おれがすげてやろう」と言って、巧みに素早く鼻緒をすげてくれた。それまで困りぬいていた少年が感謝したのは言うまでもない。

少年とは若き日の山屋他人《たにん》で、後の海軍大将である。一方、鼻緒をすげてくれた少年は、日露戦争直後にハルピンで軍事探偵として捕まり銃殺刑に処せられた、あの横川省三《しょうぞう》であった。

山屋は一人っ子だったせいか、身のまわりのことは皆母がやってくれていたらしい。横川の方は、次男坊だったから母親の手もまわりかね、時には鼻緒を一人ですげたこともあったのだろう。いずれにしても、山屋は幼い頃に横川から受けた親切を非常に有難く感じ、この時の感謝の気持ちを終生持ち続けた。

山屋は横川を評して、こう言っている。

あの男はたしかに親切げのある人だった。愉快な立派な人格者だった。……横川のキリスト教信者はだいぶ有名だ……だが横川のこの親切は、あの頃はまだ十二、三だったし、聖書の教義によったものではなかったらう。持って生れた親切心の発露だったのでせう。私は今もさう信じてゐる。

その後、山屋は盛岡の猪川塾を経、上京。海軍兵学校を終え、日清戦争では大尉として軍艦「高千穂」に乗りこんだ。ここに、朝日新聞の特派員として　従軍の横川がやって来たのである。

横川は岩手中学（現・盛岡一高）中退後、少し教員をしたが、自由民権運動に奔走。加波山事件に連座して保安条例にひっかかり、追放後、同郷の佐藤北江の世話で朝日新聞に入社。日清戦争が勃発したので従軍記者として軍艦「吉野」に乗船した後、台湾に上陸して取材するため「高千穂」に乗ったところ、山屋と偶然にも乗り合わせたのである。明治二十八年正月のことなので、ほぼ二十年ぶりの再会ということになる。その時、山屋は水雷長として活躍していたが、横川を見つけるなりすぐ近寄って行き、こう挨拶したものだ。

横川さん、足駄の鼻緒をすげてもらったこと、今でも忘れずにおりますよ。

たった半月ばかりの同乗であったが、二人は食事も一緒、喫煙も共にした。戦術家として聞こえつつあった山屋も、従軍記者として名声を博していた横川も、ひととき戦争中であることを忘れ、郷里のことやお互いのそれまでの足どり、旧友のことなど語りあったに違いない。

しかし、この時がお互い親しく会えた最後であった。横川は紆余曲折を経た後、明治三十七年四月二十一日、夕陽のせまるハルピン原頭で、沖禎介とともに銃殺されてしまう。山屋はその頃、戦艦「秋津洲」および「笠置」の艦長として日本海大海戦に参加、幼友達の死を取りもどすかのような武勲をたてていた。また、以前に山屋が考案した戦術は、名参謀長・秋山真之《さねゆき》に受けつがれ応用されて東郷司令長官に進言、あの皇国の興廃を賭した日本海大海戦に、ロシアのバルチック艦隊を撃滅する戦法となり、日本の決定的勝利へと導いたのである。

その後、山屋は海軍大学校長、聯合艦隊司令長官と累進し、大正八年には遂に本県二番目の海軍大将となった。

昭和十一年退役となったが、山屋は横川のことだけは脳裏の片隅にいつも忘れないでいたようだ。横川が渡満する以前に住んでいたことがある東京市麻布区簞笥町旧宅跡に、「横川省三記念公園」が設けられることが決まった時、微力ながら影で尽力している。山屋はその地鎮祭にも参加した。公園ができあがった昭和十三年十一月の時も、その記念式に参列した。その時、山屋の頭の中をよぎったものは、鼻緒をすげてくれた少年横川の幼い顔であったという。

きっと公園ができてからも、山屋は何度か足を運んだことだろう。そして、今は亡き幼友達を偲びながら、園内を歩いたことだろう。

山屋が亡くなったのは、それから二年もたたない初秋の頃であった。

〔一九八七年七月号〕

盛岡を愛した原さん

明治維新後、百年はかぞえたが、原敬によって、日本最初の政党内閣が生まれてからは、まだ五十年――。大慈寺に眠るその原さんの命日も近い一夜、しみじみと三氏が語る〝盛岡人原さん〟追慕の弁……。

鈴木彦次郎（作家）　池野藤兵衛（木津屋本店社長）
中村七三（財団法人大慈会専務理事）　司会・山田勲

マジックナンバー？「五十年目」

山田　お命日の十一月四日もすぐですが、今晩は、原さんの人間味などを中心に、お話を伺わせていただきたいと存じます。

鈴木　原さんという方は、なんか五十年という数字にご縁があられる……明治四年（一八七一）十六歳で上京され、五十年後の大正十年（一九二一）東京駅で凶刃にたおれられた。それから五十年目が、ちょうど一九七〇年、問題の昭和四十五年安保改定の年で……。

池野　いや、不思議……そうなりますな。

山田　それで鈴木さん、お会いになられたときの第一印象などをひとつ……。

鈴木　原さんは、夏になるとよく盛岡にお帰りになられた。そんなとき、私の父はいろいろご用を仰せつかっていたようで……。私、桜城小学校の五年ころでしたか、父からの書類などを古川端のお邸（現在の七十七銀行と川徳食料品部のところ）へ届けに伺ったり、家の裏の畑でとれた野菜物などを、乳母車に載せてはお届けしたものです。そんな折り、中の口というんですか、書生部屋に近いところで、奥様が「お坊っちゃん、ありがとう。大きくなりましたね」などとお声をかけて下すったりしてね。それから、おいとましようと玄関の横に参りましたら、ちょうど原さんが、明石でしょうか、絽でしょうか、和服の着流しで立っておられ、大きなうちわを片手に……。

中村　例の鉄円の絵が画いてある……。

鈴木　そう、そう。それから、鈴木の坊っちゃんか、何年生だ、とか私の頭をなでながらいろいろ言葉をかけてくれましたが、その柔らかな口調とか、非常に人懐っこい眼差しを向けられた記憶は、今も忘れませんね。しかし、六尺豊か、などと書いてある本もあるくらいですから、大きい方でした。しかも、きれいな白髪で、こども心にも私、世にもこんな美丈夫がいるのかしらんと、感歎時を久しゅうしたものです。

池野　原さんが何をなさっていたころで……。

鈴木　ええ、年代から追いますと、内務大臣になられたころか、その前後あたりでしょうか。ま、そうした使い走りも、私の中学時代までで、大学に行くようになりましてからは、父も使いにくいだろうし、こっちもなかなか、ハイッ、とは言いませんからな（笑）。

山田　東京では？

鈴木　大正七年でしたか、首相になられたとき。芝の三縁亭で、岩手の郷党が集まってのお祝いの会に、私、学生でしたが、加えさしていただきました。

最後となった三葉の写真

山田　池野さんは、盛岡での原さんの、最後の写真を撮られたとか……。

池野　私、子供のころから写真が好きで……いま想えば、それは大正十年の八月十三日のことです。原敬日記でわかったのですが函館からの帰り盛岡に立寄られ、方々のお寺に墓参なさった。「原さんが大慈寺に来られるぞ」と親父から聞かされた私は、愛機（パック式のカメラ）を持って大慈寺に駈けつけましたよ。そこには奈良写真館のご主人（故人）も撮影にきていましたが、例の大きな暗箱でね、ピント合わせに長くかかるんです。でも原さんは、ニコニコされて偉ぶらず、羽織袴をつけ、白足袋に下駄、それにパナマ帽の和服姿で、いや、まことに写し易い立派なポーズをなさってくれましてね。

中村　天稟に加えて、外交官生活から得た垢ぬけしたマナーというものでしょうか……。

池野　山門の内側での撮影を終えてから、傍の山本悟岳さん（当時の大慈寺住職）に原さんは、杖で何か方向を示しておられたようです。そうです、そうです。ちょうど現在の墓地あたりを指しながらお話されておりましたが、三月と経たぬその秋に、棺を覆うてここに帰られるとは……。

山田　ほんとうに最後の大慈寺詣でとなられたわけですね。

池野　で、そのときのが一枚……それから二日後の八月十五日、中村治兵衛さんの岩谷の別荘……ベランダで休んでおられるところと、同じ日の園遊会で金山踊りをご覧になっておられる原さん。この三枚——盛岡での最後の写真を、偶然にも撮ることのできた私は、生涯を通じて感銘ぶかく、大切にしまってあります。その写真を、当時、サンフランシスコにおられた、浅野七之助さんに送りました。浅野さんは、東京の原さんのもとで、何年間か書生をなさったんですね……。恩師の写真有難し永く保存す、といった調子のお礼状をいただきました。浅野さんは、大正七年には、もう渡米されていましたから。

なかなかのアイデア・マン

山田　中村さんのお宅では、原さんとは、深いゆかりがあられたようで……。

中村　ええ、まあ祖父も父もですが、特に母は、原さんの奥さんのお気に入りだったらしく——私は、原さんには、その母の背中でお眼にかかっているんだそうで（笑）。父や母から聞いている話は、沢山ありますが、なかなかのアイデア・マンでいらしたことですね。郷土のためのものを形造ると申しますか、例えば、わんこそばに見られるような、一つのパターン——千段巻のそば椀など、あれは、東京の黒江屋漆器店で注文して作らせたそうですし、北国の秋を彩るのは紅葉だというわけで、いろんなもみじなどを岩手公園に寄付されたり、それも郷土愛のあらわれだと思うんです。

鈴木　あのそば椀は、沢山のお客に、薬味を配ってまわるのが大変なものだから、奥さんが考案されて作らせたんですね。

山田　あの中ぶた――気が利いていますね。

中村　昔からあった、そば料理の風習を、そば好きの原さんが、お座敷向きのスタイルに整えられたわけで、今じゃ全国に知られる名物になっていますものねぇ。議会での名答弁では異彩を放っておられた原さんでも、そば談義で絶句した逸話があるんです。盛岡に来れば、いつも自慢話を聞かされながら、そば料理ばかり振る舞われるのに、やや閉口の態だったさる要人が「そばが美味いのは碌《ろく》な米ができないことだ」とやったところ、さすがの原さんも答えに窮してグッと詰まった（笑）。そのときのお顔がおかしくてと、その宴席に招かれていた父が申しておりましたよ。

山田　その人物、なかなかのいじわるじいさんだったわけですな（笑）。

南部人の鬱懐を吐露した魂の文字

山田　維新百年を迎えたこととし、盛岡でも明治戊辰戦争殉難者の慰霊祭が行われたようですが、大正六年秋の、その五十年祭（これも五十年という数字）には、原さんが魂をふるわせるような祭文を捧げておられますね。

鈴木　ええ、ええ。こんど私、当地の士族桑田から、慰霊碑を建てるので、百五十字の碑文を頼まれましたが、どう考えても、原さんのあの祭文の言葉以外に、殉難者を慰める言葉はないいんです。そしてあの言葉で、完全に慰霊しているんですね。で、まとめるのに苦労しましたが、結局あの言葉、書きました。
　あれ以上のものはない、と。

中村　前置きが、またいいですねぇ。

鈴木　それに、私がもっとも頭の下がるのは、旧藩士の一人原敬というところ――あのころはもう、政友会総裁ですよね。ああいうところに、平民とか肩書要らずというお気持がでていると思うんです。

中村　誰か朝廷に弓を引く者あらんや、戊辰戦争は即ち政見の異同のみ――この表現は、日記にもございますね。それとあの、「焚く香の煙のみたれや秋の風」の句は、原さんの名作中の名作でございましょうね。

鈴木　まったく……もう、永年の鬱懐があそこで迸《ほとばし》ってでたという、烈《はげ》しいものを感じますねぇ。

中村　その句の直筆を、入手できる寸前で小野慶蔵さんの方にいってしまったよ、と父が残念がっていましたので、私、余計にこの句が心を打つんです。

山田　筆も、まことに素晴らしい。

池野　亡くなられたあと、岩手毎日新聞が折込みにしましたよ、あの祭文を。

鈴木　当時の新聞としては、偉いことをしたものですなぁ――大正六年の、報恩寺で読みあげられた祭文は、関係者には感銘を与えても、まだ一般には知られていなかったようで、亡くなられてからのち、だんだんと、その持つ意味が知られていったものでしょうねぇ。

六十八年前既に漢字減少論

山田　原敬日記（全六冊）も再版が発行されて、再び新しい眼で認識されつつあるようですし、記念館の見学者も、年々ふえてきているとか。ただ、その展示品なんですが、読むものばかりではなく、「見る」ものをもっと集めてほしい、という声も聞くんですね。

池野　私の取引先で、大阪の方ですが、ご案内しましたら、いやぁ感激されまして。ただ、それがご年配の方なんです。同行の若い方にはどうもわかっていただけない。ここですね、問題は。わかり易い本、わかり易い展示品……いまひとつ検討の余地があろうかと思われますね。

山田　鹿児島の西郷さんの記念館で、人気のあるのは、あの独特のシャツだというんです（笑）。ノート取らなけゃならないものばかり並べるのは、考えなければ……。

鈴木　原記念館でも、真っ先に人の集まるのは、あの、血染めのワイシャツなんですから。

中村　しかし、著書が沢山並べられてありますが、六十八年前に、もう「漢字制限とふりがな改革論」とか「漢字減少論」などを出されていますが、侃々諤々《かんかんがくがく》の漢語の美文調があふれていた当時ですから。大変な本だったと思うんです。いつか、毎日新聞にいきましてね、新聞週間か何かのとき、原さんの著書を陳列して、現在の専門家に評価してもらったら、と話したことがあるんです。このような企画が、もっと原さんを世に知ってもらうことにつながるんじゃないでしょうか。

山田　日本の閣僚級で、あれほど沢山の著書を出した人がありますかな。

鈴木　原さん四十三歳でしたか、大阪毎日の社長になられたころ、「でたらめ」という連載ものを執筆されていますね。あれなんか、もう現代の文章ですよね。

和服の似合う〝撫で肩〟

山田　原さんといえば、あの金ピカ大礼服の写真が印象的なんですが、何年ごろのものでしょう？　お若く見えますが。

鈴木　首相になられてからでしょう。ほんとうは、晴れがましい、ああした洋服はお嫌いで、ほとんど、和服をお召しになっておられましたよね。男性としては、少し撫で肩のほうで、だから和服でも気品があり、お似合いでしたね。

中村　記念館を設計された、谷口吉郎博士も、展示する大きな写真は、洋服でなく和服姿の方、というご希望だったんです。平民宰相のイメージに留意されたのでしょう。金ピカやモーニングよりも。ただ、和服姿のいい写真が見つかりませんでして……。

鈴木　世の風潮であった、飾り的なもの、肩書、いっさい徹底して嫌った方でした。若い人に、とくに申しあげたいのは、原さんは、決して世に謂《い》う天才ではなかった――。もちろん、すばらしい素質はあられたわけでしょうが……。そして、ポストポストで非常に努力されて、そのポジションを全うされた方だ、ということじゃないでしょうか。最初にほら、逓信大臣になられたときなど、原ごときがといわれ、政友会の幹事長になれば、官僚あがりの原に何ができるんだといわれ、内相になれば、地方長官連から最初バカにされたりしたんですが、あの通り立派にやりとげられた。

中村　今のお話から、例の名句「わけ入りし霞の奥も霞かな」のもつ意味の深さ――原さんの述懐がしのばれますねぇ。また、郷土のために残された大きなお仕事として「南部史要」――南部藩四十一代七百年の歴史を編年体で著わした本――菊池悟郎氏はじめ委員たちが協力してできあがり、原さんの自費で刊行されたんですがこれは藩史として重要なものですよね。この本の序文の直筆、見つかりましたよ。

山田　ああ、そりゃよかったですね。どこで紛れたものか、心配しておりましたが……。

中村　それから、日記――二十歳のときから六十六歳まで、よくまあ、克明に書き続けられたもので――最後の「十一月四日、出発」は全く劇的ですね。

鈴木　それに、ただただ敬服すべきあの遺書――あれだけの遺書なんて、書ける人ってあるかしら。あの用意周到さがあられたんだから、議会の名答弁も、さもありなんですね。

池野　四年前の十二月、文具メーカーのコクヨの社長が見えて――だいぶ、原さんを研究してこられましたが――大慈寺にお詣りした折りのこと。寒空にじっと拝んでいる初老の男の人がいたので、何か原さんと関係がおありかと声をかけたら、「原さんは、私が引張ってきた」というんです。なんとその人は、ご遺骸を乗せた列車を、一関から運転してきた当時の機関助手、中村安之助という人だったんです。その時の感慨を忘れられず、こうして始終お詣りしているというわけなんです。いや、コクヨの社長さん、感激しましてね、関西に帰られて、「岩手の人」はこういう人間なんだ、と訓《おし》えているということです。

山田　いいお話ですねぇ。それから、大慈寺の本堂の向きが、山門から真正面ではありませんね。

中村　ええ。それはね、墓所のうしろ側に金沢さんの墓地がございますね。ちょうど本堂の建築にかかるころ、その金沢さんにご不幸があったばかりで、新しい仏さんが埋葬されていたわけです。和尚の山本悟岳さんは、金沢さんに墓地の移動をお願いし、本堂は計画通り山門の真正面にしたい旨をね、原さんに申しあげた。そうしたら原さんに、本堂をずらして建てたら済むことだ、と一喝くらったということです。金沢さんは感激し、一層原さんへの敬慕の念を深められ、始終、原さんの墓所を掃除したりしていると、父から聞いております。

山田　これまた、気持のよいお話ですね。いやぁ、今晩は珍らしいお話をお聞かせいただき、有難うございました。

〔一九六八年十一月号〕

キュリー夫人と稲造先生

佐藤みさ子（著述家）

盛岡出身の国際人、新渡戸稲造博士は人間性に溢れた温かい人物だったと言われる。そこで親しみを込めて「稲造先生」と呼ばせていただく。

稲造先生は大正九年（一九二〇）五十九歳の時に、国際連盟事務局事務次長になったが、「知的協力国際委員会」を新しく設けることも大切な任務の一つだった。

そこで、ノーベル化学賞受賞者キュリー夫人に委員会のメンバーになってもらいたいと考えて、当時パリに住んでいた夫人を訪ね、委員会の目的などについて丁寧に説明し懇願したが、なかなか応じてくれなかった。

しかし、稲造先生は粘り強い岩手県人である。そんなことで諦めるはずがない。「私はこの委員会を、世界各国の学術に資すべき機関にしたいという目的を持っています。それが果たして予想通りの会合になるかどうか一度も出席せずに、見込みなしと断定されるのは余りに酷です。兎に角、初回の会合には出席して、どのような人が集まるか、どのような方法でその目的を遂げようと企てているのか見た後で態度を決めてもらいたい」と食い下がった。夫人はこの稲造先生の熱意に負けて渋々参加を承知したのである。

幸いにも第一回委員会（大正十一年）の印象が大変良かったということで夫人は翌年の委員会にも出席した。そしてその時、夫人は「この会合は思いの外結構な組織で、普通行われる委員会とは大分趣を異にし、私は少なからざる興味を感じました」と初めて笑顔で言ってくれた。稲造先生さぞかしほっと胸を撫で下ろしたに違いない。

その後、稲造先生が催した会合では晩餐も含めて一度も欠席したことがない。それは稲造先生が夫人の話相手となるべき人の選択に特別の注意を払ったからである。

例えば、ある会合で稲造先生は、夫人の隣にアインシュタイン博士の席を用意しておいたところ、夫人は最後までアインシュタイン博士と熱心に語り合っていた。その後さらに控室に移った後も楽しげに皆と談笑したというから、夫人はその場に大変満足していたのだろう。稲造先生の心憎いまでの配慮である。

ある時、会合が終わって迎えの車を待っている間に雨が降り出した。その時、夫人は「ニトベさん、国際連盟の力でも雨ふりを止めることはできませんか。戦争を止めるぐらいなら夕立ぐらいは造作もなさそうなものだ」と言った。そこで稲造先生はすかさず「国際連盟は血の雨を止めるだけはしますが、空の雨を止めるのは科学者の力を待たねばなりません」と答えた。それを聞いた夫人は「本当にそうだ。戦争をするほど愚かなことはない」などと、滔々《とうとう》と平和主義を説いたという。国際紛争の解決に苦慮し、平和を追求する仕事を任務としていた稲造先生にとってキュリー夫人の言葉は何物にも替え難いものだったろう。

当時、キュリー夫人のことを陰で、学問分野における技量は十分に認めるが、常識の面では多少欠点ありということを言う者もいたらしい。しかし、稲造先生は次のような例を挙げてそれに反論している。

夫人が関係していたある学術的会合に、某国が委員として一人の大臣を送ってきた。この人は大臣としては羽振りが良かったが、学者としては二流、三流だったらしい。しかし、会に参加していた人たちは、その人が高官だったために彼を歓迎した。

彼も得意になって挨拶の辞を述べたが、それが終わるやいなやキュリー夫人は「学問は神聖に保ちたい。それなのに大臣の職などに居る人が会員になれば、何の問題においても客観的な観察が難しくなる。政治的見地から事を決するようになっては本会の性質と目的に反するものであるから云々」と指摘した。

矛先を向けられた大臣は居たたまれなくなり、退席しようとしたが、夫人は「退席には及びません。私は貴方を一個人として攻撃するのではありません。主義としてこのような委員の選定法が誤っているのを述べているので、貴方でなくても同じ途を辿って会員になられる人に対しては、私は同じ論法、同じ反対論を述べます。また、もし貴方が純然たる学者の資格で選ばれたならば私も貴方を歓迎します。主義のために述べるのであって、貴方個人に対して何等愛憎の念もありません」と言った。

この夫人の真摯な態度に、列席していた男性たちは顔色もなく、互いに顔を見合わせるばかりだった。新しく委員として送られてきた大臣と、この人を送った政府とに遠慮して沈黙していた男性諸氏の態度が、夫人に比べてはなはだ情けなかったと稲造先生は語っている。

男性女性に限らず、厳然とした態度で真実を述べることができる人こそが、優れた人間性を備えているのだと稲造先生は常々考えていたと思う。そして、キュリー夫人から信頼されていた稲造先生という人もまた、素晴らしい人物だったのだと改めて感

〔一九九六年三月号〕

心させられた。

思い出の久慈次郎さん

山崎英三（元函館オーシャン倶楽部投手、山崎スポーツ最高顧問）

過日、ゴルフ場で福田常雄さんと偶然にお会いし、プレー中の雑談に盛岡の生んだ偉大なる球人久慈次郎さんの事が話題となり、私の社会人野球生活中に最も幸運にも、久慈さんの全盛期円熟の極致で御指導を受け、バッテリーをも組んで頂いた時期があり、そんな関係で是非、盛岡の方がたに知られざる久慈さんの思い出の一端を披露するよう依頼された。

私は東京で生まれましたが、生後一カ月位で函館に移り住み、完全なる道産子として昭和三十年まで生活し小中学校を終え、昭和十年家業に従事し乍《なが》ら函館大洋倶楽部の一員として、十年間に亘《わた》り野球をさせて頂いた。

昭和十年、函館商業卒業と同時にユニホームを着せて貰いマウンドに立ち、日本一の捕手久慈さんのミット目がけて全力投球した日々の感慨は、今でも血湧き肉躍るの感激でした。

〈思い出の1〉

久慈さんが函館に来られてオーシャンの捕手として活躍を始めたのは大正十一年の夏頃で、私が小学校へ入学の頃でした。私の父が野球好きで、若い頃から東京のグラウンドで明大や他の野球チームが青空の下白球の響きと、汗まみれになって練習する姿を見て、子供達にも野球をやらせようと思ったそうです。そしてオーシャンクラブの試合は必ず見に行ったそうですが、久慈さんが来函して二試合目位の時、その日は風の強い日で試合が終わり、選手がグラウンドを出る時、バックネット脇の五十粍《センチ》巾位の通路の板戸が、選手の通る度に閉まってしまい、丁度久慈さんがキャッチャー道具を小脇に退場する姿を父がスタンドから見ていたのですが、久慈さんが出た時もバタンと締って次の選手の出口がふさがった訳です。それを見て久慈さんが道具を置き、塀の傍の漬物石位の石を持ち、押し開けた板戸を押えて次の人の出入りを自由にし何気なく立去ったので、父がすっかり感心し、あれだけ皆に賞められチヤホヤされる人が他の人の事に気を遣い、野球だけでなく日常の立ち居振る舞いこそ人となりが良く解る、とそれ以来わが家の一員のように〝お父さん〳〵〟と家に遊びに来るようになり親交が出来ました。

早大野球部の安部イズム、飛田監督の日頃の教育が実った事で、久慈さんの盛岡人としての生まれ乍らの温厚さ、何事に対しても努力研究する真面目な態度を手本とするように父から私共三人兄弟を教育してくれたので、幼少の頃から野球に依って人生修業をして参りました。久慈さんの人格を現わす一端と思い脳裏に残っております。後年軍隊に入り将校として部下の教育にも大いに役立ち現在に至った思い出の一つです。

〈思い出2〉

久慈さんが話してくれた事ですが、学生時代から慶応の一人で素晴しいバッターが居て、全然弱点のない好敵手で何とか三振をとりたいと研究していた時、偶々《たまたま》仏教の人生訓話を聞きに行き〝人間最も得意な事をしている時、その人の最大の特技に往々過ちを犯すことがある〟という安易感を戒める言葉を聞き〝これだ〟と閃き、後日そのバッターと対戦した時、前以《も》ってコントロールの良いピッチャーに〝このサインの時全力でミット目がけて投げるよう〟指示して置き、そのバッターの最も好きなコースのボール一個分外した所に要求し見事三振させ、試合後そのバッターに頭を下げさせたと嬉しそうに教えてくれた事があり、三振一つとるのに三年掛ったそうで、その熱心さ、日頃の研究心の旺盛さ、凡《あら》ゆることに対する判断力・吸収力が久慈さんの他に類を見ない球聖といわれる所以《ゆえん》だと思います。

〈思い出3〉

私が高校の頃ある試合で、早大の二軍が遠征に来て対戦していた時ですが、試合中オーシャンの選手の打球が中堅後方塀際まで好打した時、中堅手の高辻という選手が塀際ギリギリに後退し、捕球と同時に体勢を変えず返球した素早さに驚きました。試合後久慈さんが〝おーい高辻君〟と呼びましたので、彼は大先輩の久慈さんのお声掛かりでおそるおそる傍へ来ましたが、〝君のさっきの返球は素晴しかったが、どんな風にしたの？〟と問い質し、高辻君が〝塀際で足のふみ替えが出来ませんので、捕球の際左腰をグッと入れて直ぐ投球フォームに入りました〟と返事すると〝有難う!!〟と後輩に丁寧に礼をいって帰し、次の試合の時、二塁送球の際インコース低目の捕球し難い位置の球の時、早速前述の高辻式フォームで何時もより素速い送球をしたのには驚きました。昭和七、八年の話で、その研究心は我々の練習中最大のお手本でした。

後楽園前の野球殿堂に第一回の無条件推薦で野球人として最大の栄光を担った東北人、そして北海道球人の誇りの久慈次郎さんの極く一部ですが、思い出の一端を紹介しました。

屋根付大球場に変わる後楽園球場の三階に新設の殿堂に、前にも増して立派な久慈さんのご遺影が飾られるそうで嬉しき限りです。

「盛岡の誇り、函館オーシャンの誇りです」

〔一九八七年一月号〕

盛岡空襲の日

橋本謙男（橋本耳鼻咽喉科医院長）

忘れもしない昭和二十年三月十日未明、私は当時、医専の学生で大沢川原小路（今の橋高校前）の下宿の二階で翌日の解剖学のテストに備えて勉強中だった。折しも戦時中のこと故、燈火管制中で、二十ワットの電灯の周りを黒布で覆い真下だけが明るくなるようにし、窓にも黒い幕を張り光線が外に洩れないように細工してあった。

外は雪降りで厳しい静けさのみである。突然その静寂を破って強く弱く、ある抑揚を伴って、爆音らしきものが聞こえてきた。私は、今日は陸軍記念日なので、時節柄なかなか派手にやるなぁと思いつつ、床に就こうとした。

しかし爆音は次第に大きくなり、上空を旋回しているようである。ちょっと気になるので、電灯を消して窓からトタン屋根へ出てみた。外は全く闇につつまれ、ただ盛岡駅構内を照らす照明灯が二個ついているのみだった。

爆音が頭上に迫り、上から一筋の光が落ちてきた。照明灯を目指して落としたらしい。それが途中から花火のように周囲に広がって更に落下をつづけ、そのうち最も身近かに迫ってきた火の糸！　二本のうちの一本は目前約百メートルくらいの家の軒端に落ちて燻《くすぶ》り始めた。もう一本はグングン私の方に向って来、頭上を越えて左手にそれ、横丁一つ隔てた向うの柾葺《まさぶき》屋根を貫いた。当時海軍の依託学生だった私は直感で、空襲だと判った。

前方の軒端から火の手が上がり、誰かが「火事だ！」と叫んだ。左手の隣家から「助けて！」と絶叫する女のカン高い声が聞こえた。私は直ちにゲートルを捲《ま》き靴を穿《は》いて外に出た。

隣家から煙と火が見える。主婦と思われる女性は三人の子供とともに寝巻のまま毛布一枚にくるまって雪の上に腰を抜かして座り込み、声もない。後で判ったことだが、主人は出張中で生憎《あいにく》留守だったという。

初期消火の機を失した焼夷弾は火勢をつのらせた。あたりは一面の銀世界で寒気は骨まで沁《し》みる。水をかけようにも防火用水は凍《い》てついていて物の役にたたない。やむなく井戸水をガチャガチャいわせながら汲み、バケツで水をかけたが捗《はかど》らない。

家並みは古い木造なので、障子やカーテンに火が燃え移った途端あっと言う間に屋根裏を舐《な》めた。廊下から焔《ほのお》が外に出はじめると間もなく、太い火柱の中に小屋は包まれた。誰かが「空襲だ！　敵機がまた引返してきたぞ！」と叫んだ。火の燃えさかる音で爆音を確認するいとまもなく人々は恐怖におののく心に一層拍車をかけられるのだった。木の枝に積もっていた雪が、火事の熱で溶けて落ち首筋を冷やした。

気がついて開運橋の方に目をやると一面の火の海である。こんな大火を見るのは初めてである。火の帯が途中で切れて北上川の存在がそれと判った。鮮やかな紅の焔をバックに前景の黒い家々のシルエットが恐怖を超えて美しかった。

ハッと吾に返った私は急遽《きゅうきょ》学校に向った。御真影《ごしんえい》奉護班員だったから一朝事ある時は奉安室の警護に当る義務がある。道は純白の紙の中を往《い》くようで、破れた靴が雪をくわえて鼠が鳴くように軋《きし》んだ。

この年の七月、釜石が艦砲射撃を受けた際、グラマン艦載機が盛岡上空にも飛来した。青山町の兵舎群、盛岡工専（今の岩大工学部）、盛岡駅ガス会社等を機関砲で砲撃し、ロケット弾を発射した。お世辞にもスマートとは言えない太くて短い扁平頭蓋の持ち主のようなグラマンが機体を左右に揺さぶり黒い煙を吐きながら急降下する。機銃掃射である。発射と同時に煙が出るのだが音はあとから聞こえてくるから、見ている我々ははじめ墜落と勘違いして手を叩いて喜んだ。しかし機は悠々と反転上昇して行った。水平に低空で目標物目がけて近づいてきたらロケット攻撃だ。一機で二本宛もっており発射の瞬間砲弾は機体の前方に飛行機より速いスピードで飛び出して行き大きく抛物線を描いて落下しズシーンと鈍い音が足元に伝わってくる。

ガスタンクを狙った一機は二階の屋根に触れんばかりの低空で来てドド……と機関

砲を連射した。命中して穴のあいたタンクからガスが洩れ町内一帯がガスの臭いで充満した。タンクを目がけたロケット弾の一つが北上川の川岸に落下爆発し、土砂と泥水を、広い川巾を越えて大沢川原の横丁一帯に降り注いだ。屋根はもとより家の中まで泥だらけになった。飛ばされてきた大人の頭くらいもある大石が二階の屋根を破って一階の天井裏で落ち着いた。何とも物凄い爆発力だと思った。しかし川岸の防空壕に待避していた数人の男女が危険がなくなるとゾロゾロ元気に出てきたのを見て、壕の効果を改めて見せつけられた感があった。その際自室に飛び込んできた爆弾の破片を私は今も保存している。

やがて八月十五日の終戦、盛岡も戦争の洗礼をうけて平和を取り戻し三十年余りとなる。当時を知っている人もそう多くはいなくなったようだ。そう思って昔を思い出しながらしたためてみた。

九州長崎で生まれ、全国を転々とした私も、現在岩手の風光、殊に岩手山の不調和の中の調和ともいうべき美しさに魅せられ、また盛岡衆の人柄の良さに惚れこんで岩手に骨を埋めることに決めた。以来本気で岩手の捨て石になって、少しでも皆様の御役に立てたら望外の慶びであると考えている。その為にも往時を偲び現在を最も大切にして生きたいと思っている昨今である。

〔一九七六年五月号〕

あの日からはや三十年余

荒木田家寿（脚本家）

「生きるということは唯一の不思議である。六十、七十の将軍たちが切腹もせず轡《くつわ》を並べ法廷にひかれるなどとは終戦によって発見された壮観な人間図であり、日本は敗け、武士道は亡びたが、堕落という真実の母胎によって始めて人間が誕生したのだ……戦争は終った。特攻隊の勇士はすでに闇屋となり、未亡人はすでに新たな面影によって胸をふくらませているではないか。人間は変りはしない。ただ人間へ戻ってきたのだ」（坂口安吾「堕落論」より）

そしてこの逆説的な人間復帰が戦後を創造したことになる。何を創ったというのか？　判らない。ただこの場合の人間復帰は万事がアメリカナイズ行進曲の序曲を果したとだけはいえる。

昭和二十年八月十五日、降伏の玉音を聞いた直後、

『記者は市内を自転車で廻って見た。道路から覗かれる事務室という事務室では、机にうつ伏している者、目にハンカチを当てている女事務員、郵便局の入口で子どもを背負い柱によりかかったお神さんが茫然と往来に目を向けている、戦争は終ったの

だ、敵機はもう頭上にこない、しかし彼女は泣いている。

盛岡駅の構内に応召兵が二人いた。下閉伊から青森へ入隊するのだという。「駅の放送で聞きました本当でしょうか……止むを得ません。残念です私たちは青森へ行かねばなりません」

紫波郡見前村役場の楼上では、並べてある黒枠の戦没者の写真の前で「すみません」のただ一語、みんな泣いている。なかでも兄三人、弟一人を戦線へ送っている二十三才の女事務員は、「わたしは役場へ勤めてから野良仕事が存分にできず、昼は役場、朝と夜は鍬をとって働き抜いてきました。あれほど働いてきたのに……云々』の新聞記事があった。


いよいよ米軍の進駐は予定通り九月十六日、十七日の両日に亘って、数回に分割されて総勢二千八十名が盛岡駅に到着し、指定の接収兵舎盛岡高等工業学校に駐屯した。そして三日後から外出が許可された。同時に彼等のための独自の事業や広告が新聞の広告欄に現れた。岩手県庁、仙鉄盛岡管理部の「通訳の募集」「盛岡料理飲食業組合のダンサーの募集」、ことに衆目の目をひいたのは「特殊慰安施設協会」という新設協会による「芸妓三千名（進駐軍慰安）経験者優遇、無経験者ニテモ可」という募集広告であった。

これらの募集対象の女性たちは戦争中は存在を有害視され、ほとんど壊滅寸前の状態にあったものである。それが突如として不死鳥のごとく息を吹き返したのだ。ここにも百八十度転換の新しい世相の出現を見せつけられた。

それに御婦人方に参政権が降って湧いて男女同権、選挙権も二十才に引き下げられ、いいことづくめの民主化政策関係の指令がどしどし発せられた。が、その反面市民にとって切実な現実である日々の糧――食糧事情が急角度で逼迫しはじめた。原因は収穫量と供出量のアンバランスで、供出量が多く、調査不充分で割当が不公平となり保有米に差を生じる、つまり同収穫量でありながら保有米の量差がひどくなる。さらに農民の官吏への反感である。十九年度の供出に当っての苛酷な督励、それへの反撥がつのって、もう今度は騙されるもんかと官吏への不信が供出を停滞させた。それに終戦による復員者、外地、県外からの帰還者で市の人口九万八千だったのが十一万余にふくれたことも影響した。十二月県議会で某議員の「長官自身が現在の配給量で如何にして生活しているのか」との質問に知事が確答し得なかったという。某軍人一味が揮発油、潤滑油、アルコール、グリスを盗み出して岩手林産燃料、営林署、日通へ暴利で大がかりな闇売りをしていたことが発覚したし、菜園の某ブローカー以下二十四名が窃盗、文書偽造、贓物《ぞうぶつ》故売、国家総動員法違反で送検されたなどは氷山の一角であった。インフレはとっくに始まっていた。リヤカーの修理代に金でなく南瓜二個とられた、と新聞の声欄に出ていた。南瓜のうちはよい。反対に南瓜や闇米獲得のためにタケノコ生活がやむなくなり、ついにはタケノコの皮まで食ってしまう。次の一女性の声欄に載った投書は、戦争遂行の指導的立場にあったおエライかたが終戦と同時に平然と寝返りする恥知らずに忿懣《ふんまん》をぶっつけたもので、島田衆議院議長がラジオや新聞記者とのインタビューでマッカーサー元帥を讃美したことについて「閣下を含めた指導階級はなんと教えて来たでしょう。曰く、鬼畜米人のボスとして、あいつをやっつけろと叫んで来たのではありませんか。人間の人格というものは一朝一夕でそう易々と上下するものではありません。マ元帥の人格は、閣下が言われるように風貌にまで滲み出ている上品さは、勝利者として日本に飛来する飛行機の中で一日で出来上ったものではございませんでしょ」と皮肉り、この際辞職するよう勧告している。

こうして、惨憺たる社会事情の逼迫の中で未復員の妻が経済的にも体力的にも困憊《こんぱい》の極み、十二才を頭に四人の子を道連れに市中の開運橋上から北上川の黄いろな冷たい濁流へ投身自殺した。「北上や親子とびこむ水の音」。こうして終戦最初の暗い師走が深まって行った。

〔一九七九年五月号〕

生活 伝統

盛岡と私

須知徳平（作家）

東京に住むようになってから、もう十年以上も経つ。その間、平均して一年に一度くらいは盛岡に帰っているだろうか。が、いつも二、三日の慌ただしい滞在だ。そのように自分に課しているところもある。私は、東京の自分の部屋でしか仕事ができないためでもあるが、あまり長い滞在だと、故郷の感情に没入してしまって、自分を突き放せなくなってしまい、帰京してから仕事の感覚をとり戻すのが辛くなる。それだけ、盛岡は私にとってなつかしく恋しい街だ。惚れた弱みとでも言おうか。

たまに帰郷して気がつくことは、盛岡の中心街が、その度に変貌していることだ。大きなビルディングが次々に生まれている。在京の友人の中には、そのことについてとかく言う者がいる。「なんでぇ、杜の都らしくもねえ、第一、盛岡の街にあんな建物は不調和じゃねぇか」とか、「お城跡から眺めた岩手山がすっかり変ってしまった」とか。誰でも、少年時代に持った故郷のイメージは、生涯変らずに抱いていたいものらしい。

「人間は四十も過ぎると詩を失ってしまう。それをとり戻すには、歴史に還元しなければならない」という。歴史という言葉には、いろんな意味があると思うが、私は故郷の自然やなつかしい先輩友人たちに会うことによって、努めて少年時代の詩を自分の中に還元しようとする。

私は帰郷すると、大抵一夜は親しい友人と会い、お酒を飲んで語る。飲む場所は決まっていない。家で飲む以外は、肴町周辺、菜園周辺、本町周辺、ゆき当りばったりといってもいい。すると、大体夜中十二時過ぎになる。それから私は、上田の父母の家に帰る。父母はまだ健在である。ついでに言うと、私の女房は少女時代に両親を亡くしている。そのためか、私が盛岡に行くというと、いつもうらやましそうな顔をする。時には「そんなにお父さんお母さんに会いたいの」と、嫉妬の情をありありと現すこともある。とんでもない嫉妬だ、女なんていつまでたっても仕様がねぇもんだ、と思いながら、女房の気持を考えると、ちょっとうろたえることもある。

さて、私は友人と別れて、ひとり真夜中の道をてくてく歩いて帰る。余程の雨の日以外はタクシーなんかに乗らない。帰路は大体三通りある。まず、桜山神社前を大通りにぬけ、中央映画劇場の前を日影門の方に曲ってゆく道が一つ。時にはお城跡を散歩してゆくこともある。

それから、桜山神社の石の鳥居をくぐり大手先通りを本町へ曲ってゆく道が一つ。

もう一つは、中津川の川岸をぶらぶら歩き、上ノ橋を渡って本町へ出る道。

私は、久し振りの友人との会話の余韻を楽しみながら、道々少年時代にまつわる思い出を胸に刻んで行く。たとえばこんな風だ。

〈中ノ橋〉中学時代、試験が終った日、英語の単語のカードをポケットに一杯つめていって、あの橋の上から散らばしたことがあったっけ。

〈上ノ橋〉小学生の頃、友人と競い合ってあの橋の欄干を手放しで渡ったこと。それから中学を卒業したばかりの頃だ。ある雨の日、あの橋のたもとの家の軒下で雨やどりをしている少女がいた。私の好きな少女だった。私は持っていた傘をあの少女に貸してやろうかと何度も思い、うろうろしてついにできなかったこと。

〈お城跡〉中学生の頃、あの石垣の登りっこをして、危なく落っこちそうになったこと。お城跡から眺めた街並と岩手山。たしかに今は昔のイメージではない、だが、真夜中の真黒い巨獣のようなビルディングを前景として、遥か彼方に浮ぶ夜の岩手山の眺めも、なかなかいいものだと思ったりする。

〈中央映画劇場〉中学時代よく通ったものだ。試験の前の日、参考書をかかえていったこともある。「商船テナシチー」「どん底」「大いなる幻影」……ああ、少年の日の溜息。

〈日影門〉あのなつかしい天主教会堂、小学生の頃、あの建物を画いて展覧会に出され、ごほうびを貰ってびっくりしたことがあったっけ。

〈四ツ谷〉赤川の地蔵さん。幼い頃、祖母に手をひかれて見にいったお祭りや女裸参り。それから、高橋康文氏の随筆にもあったが、あそこにはセンコパゲと称するなつかしい人物がいた。いつも子供らと輪回しやベッタをして楽しそうに遊んでいた。私は今でも、彼の顔をはっきりと思い出すことができる……など、など、文字で現わせば、なんだかてれくさいようなことばかりだが――。

翌朝私は、大抵朝早く起きて（東京ではめったにないことだが）高松の池にゆく。あそこは幼年時代からの私の遊び場所だった。戦《いくさ》ごっこ、雑魚とり、水浴び。私は二十歳の頃、身体をこわして浪人していたことがあった。毎日のようにあの周辺を散歩したものだ。池を一周して神庭山に登り、今は台座ばかりの横川省三の銅像を仰ぐ。それから赤土の小路を孤舟碑の方に歩いてやがて松林をぬけると、旧桜山の南部公の墓所に出る。時にはやぶの中の横川省三や楢山佐渡の墓前に佇むこともある。あの道を私は、何十回、いや何百回歩いたことか。私の郷土の歴史への関心は、あの散歩道から生れたと言ってもいいかもしれない。

帰郷する度に、年老いた父母にはいつも申しわけないと思っている。夕食を共にしたことが殆んどないからだ。

「まあ許してくなさんせ」と私は胸の中で呟く。

「久し振りの盛岡だもの、なつかしくってしようがないんだ」

私はこうして、盛岡の言葉で言えば「いそがしっぷりして、それで、なんとなくかなしい気持ちで、東京の仕事場へ帰ってゆくのだ。

〔一九六八年十一月号〕

盛岡のくらし

芦野斐子（音楽家芦野文雄氏夫人）　荻野貴美（荻野医院荻野勧治氏夫人）

熊谷かづ子（熊長商店熊谷長三郎氏夫人）　遠山美知（遠山病院遠山富夫氏夫人）

司会・荒木田家寿

暮らしにもっと明るい彩りを……

荒木田　寒に入って五日目なんですが、雨催《もよ》いの今宵、〝盛岡の暮らしとこれから〟といったテーマで、みなさんお話を聴かせて下さい。……まず荻野さん、熊谷さんのお二人は純粋の盛岡ッ子。芦野さんと遠山さんはさしずめ他所者《よそもの》ということになりますか（笑）。

芦野　そんなふうに言わないで……（笑）。流れ者みたいに聞えるじゃない。私たち〝半地もの〟と言ってるワ（笑）。

荒木田　芦野さんネ、雪の盛岡をどう感じました？

芦野　雪は全然初めてでしょ。びっくり仰天よ。もう……（笑）。

荒木田　盛岡に来られて冬の生活で一番困ったことは？

芦野　パッパァと表へ出られないこと。服装と履き物で手間どるでしょ。それにおふとんを乾かせないこと。窓をガラガラッと開けられないこと……そんなところね。

遠山　でも、雪の景色はいいでしょ……。

芦野　いいわねぇ。とても東京じゃ見られない。綺麗だわ。

遠山　よごれたものをみんな覆い隠して、お化粧してくれたみたい……。

荒木田　お蔭で美化運動はひまになる（笑）。

遠山　いつも思うんだけど、北国の人こそ服装などにもっと明るい色合いを選ぶべきじゃない？　何か沈んだ色調がまだまだ多いと思うわ。

芦野　そうよ。この間バスセンターの辺りで、背景は雪の白一色よ。そこに明るいオレンジのコートのお嬢さんの姿、とても印象的だった……。なんかこちらの方たちは、そうした冴えた輝いた色を避けるわね。赤でも朱色を好まない。牡丹系を選ぶのねぇ。

荻野　昔は家庭の膳の色も、くすんだ牡丹色とか、えんじでしたものね。

熊谷　明るくても精々あずき色といったところですもの……。

荒木田　それから、今は全く影をひそめた角巻やお高祖頭巾を知ってますか。

荻野　ええ、ええ、ご厄介になりましたよ。

熊谷　母のものを借りて着て、凍てついた路を雪下駄でキュッキュッ踏みならしながらよく歩いたものです。暖かでよござんしたねぇ。

荻野　情緒満点じゃない……熊谷さんなんかとくに打ってつけだったんでしょう（笑）。

遠山　子ども心に、早く大きくなってあの紫色のお高祖を被ってみたいなぁと思ったくらい魅力があったわねぇ。でも大きくなったとたん、流行らなくなっちゃった（笑）。

荻野　惜しいわねぇ。あの髪型に関係なく、こう、とがった格好が何ともいえなくて……。

芦野　あれはどんな人にも似合うから不思議よね。みんな美人に見えちゃうもの（笑）。すばらしい芸術品だと思うわ。

銀座で売ってみたいおちゃ餅……

荒木田　食べ物では何かありませんか……。

荻野　あんやき知ってます？

熊谷　ああ、あの白せんべいを三角の山型にした、最中みたいな……。

荒木田　そう。〈あんにゃき〉とも呼んだもんですが、ほら、熊長さんの近所のお店でも作っていたが……今はもう作っていないかな。でも頼めば今でもべんじゃものは作っているんじゃない？

芦野　〈べんじゃもの〉って……？（笑）

荻野　粉を湿して作るものをいうの。おちゃ餅（ウチワ餅）とか花饅頭とかね。

芦野　そうなの……あの〈おちゃ餅〉っておいしいわね。銀座あたりで売ったら売れるわよ。きっと……（笑）。

荒木田　それからこの地方独自の〈ぼだ餅〉とか〈きりさんしょ〉とか……。

芦野　ぼだ餅？

荻野　白米のご飯を熱いうちにこねて棒のようにまとめ、串に刺してお味噌などを塗って食べるのよ……。

熊谷　なんかお正月って、豊かで長く楽しめたような気がしますの。小正月とか二十日正月とかって……。

荒木田　小正月（正月十五日ころ）は二回目のお年とりみたいなものでね。例の瑞木《みずき》の枝に糯《もち》米やそばの粉で作った団子を枝もたわわなほど挿して飾ったり……。

熊谷　私の本家でも、たしか神棚の向かい側の大黒柱にいっぱい団子を挿して飾っておりました……。

荒木田　私の家の団子は算盤珠、まゆ玉、刀の鍔などを型どって士農工商を現わしていましたが、もともとは農作物や養蚕の豊穣を祈っての行事なんでしょうね。そのほか、作立てというんですが、稲穂、稗穂、粟穂、繭玉、銭花、餅花あられ、ほんにょなどで飾り立てしたもんです。そして二十日の朝、これらの飾り餅をさげて焼いて食べるんですが、埃りっぽくなっちゃって……（笑）。しかし、しみじみとした〝故郷の家の匂い〟といった味わいがあったな……。

芦野　いいわ……。幻想的じゃない……。

中津川辺を散歩道に整備を……

荒木田　盛岡というところはね、暖いうちは何の特徴もないんですよね。冬ですよ、東京あたりと違うのは……今は危なくてできないけど、スケートを履き物替わりにできたんだものねぇ……。

芦野　ほんとねぇ。こうして盛岡で暮らすようになって、思い出として強く残っているのはやはり冬の間のことよね。

遠山　雪景色はとっても素晴らしい……。

芦野　姉が初めて盛岡にきたとき、木の枝に雪がちゃんと乗っかっているのを見てびっくりした（笑）。

荒木田　写真屋さんが言っていますがね。コンクールなんかには、雪景色をテーマにした方がいいって……特に中央に出すときなんか。

芦野　私、雪にけむる朝夕の中津川のほとり、とってもいいと思うわ……第一ね、街の真ン中に、あんな綺麗な川の流れているところってあるかしら……日本でも珍しいんじゃない？　京都の賀茂川より水は多いし……。
荒木田　水と緑の全国コンクールでね、最優秀賞をとりましたよ。
芦野　そうでしょう。私、いつも思うの。こんな恵まれた良い川のほとりを、なぜもっと大切にしないかって……。
遠山　そうだわ。他所から来られるお客さんたちみんなに、口癖のように言われるの〝川の両岸に綺麗な散歩道を作ったら〟って……それで川岸ね、車を歩かせない方法ってないかしら……。
荒木田　それはね。与の字橋から市役所裏への所のように階段にしてしまえばいいわけだけれど。しかし中央病院もあることだし、できなかったんだな……。
遠山　車の通る道を知事公舎前の方に限るようにしたらどうかしら……。
芦野　それと両岸にもっと樹木が欲しいわ。サイカチなどの木を見ると、ほら、コローの絵が思い浮かぶんじゃない。中津川や北上川べりには、コローの絵の情緒ぴったりの所があるわよねぇ。
遠山　岩山もいいわねぇ。私、人を岩山にお連れするときには、頃合いをよく見計らうの。朝もいいけど夕景にはみなさん感心するわ。
荒木田　そう。暮れなずむ山と川と街の灯の情景は全くいい。

荻野　駒ヶ岳が雪解けどきに駒の姿を見せるのもおもしろいと思わない？　あの駒の形の出来具合で農家はその年の農作物の出来を占なうんですって。

芦野　残雪の恰好がそうなの？

荻野　反対よ、そこだけが駒が駈けている恰好に早目に解けるんですの。日当りの関係なんでしょうかね。

熊谷　大体五月末のころかしら。駒が南に向って首を伸ばして駈けている姿に見えますの。それが年によって前脚が一本なかったり、完全な姿にならないときもあるわけで……。

味のある盛岡ことば……

芦野　そうした民話とか伝説に根ざした盛岡言葉って面白いのあるわね。

荒木田　ありますよ。「人にかめぇなしハバキ野郎」これは利己主義者のこと。「磨き地蔵ほど鼻欠ける」とかね、お化粧するほど却《かえ》って醜くなる人のことを言うの。「ショキ張る」これは固くばかりなっている、生まじめな人のこと。「凍みた天神さん」は更にこの上をゆくカチンカチンのカタ物を指すらしい。「きっぱしねぇ」と「きりみゝず」はこ忙しくこせこせ動くこと。まだある。「猿こ辞儀」これは欲しい癖に、そうしたい癖に、もじもじ変な遠慮をしている人を揶揄《やゆ》したもの。

熊谷　でんどうめぐりは?

荒木田　堂々めぐりのこと。埒《らち》のあかぬ行動で無駄骨折るようなことですな。

熊谷　私、台所めぐりからきたのかと……。

荒木田　そうでしょうね。皿とか箸とか椀とか一緒に運べばよいものを一つ一つ持ってくる要領の悪いのに「でぇんどうめぐりばかりしてねで早くひらからど……」(笑)というわけです。

芦野　熊谷さんなんかよく使われる静かな盛岡弁ね、いいわ。よく判るもの……。

荒木田　国体で方々の人が集まるわけですが、旅館なんかで女中さんがね、標準語をわきまえての盛岡弁は、却ってサービスになるんじゃないかと思うんですよ。鹿児島の旅館の女中なんかまさに両刀使いですよね。

芦野　よござんず、などという独持のアクセントの盛岡ことばは気持ちがいいわ。

「宜しゅうございます」の使いわけ……

芦野　全国から集まる国体ですもの、気の短い人だって来るわけよ。だから盛岡の店員さん達の中に、ハキハキした受け答えのできない人がいたんじゃ、盛岡の街は悪くいわれますよね。

荒木田　それからバスだが、降りるときにやおら財布を出しにかかる人がいるけど、これは困る。岩手や盛岡の人が、他県の人から馬鹿にされる種を蒔いているようなもんですよね。

遠山 買物したとき、お釣りを貰うまでのまどろこしいこと。これも手際よくなれて欲しいわ。

芦野 まだあるわ。こちらの人、「宜しゅうございます」とよく言うでしょう。この使いわけは注意して欲しいの。「これ頂くわ」と言うと「宜しゅうございます」という言葉が返ってきたのには驚いたわ。

荒木田 まるで許可されているみたい（笑）。なぜ「ハイ有難うございます」と素直に言えないのかな。使っている意味合いが判らないのよね。きっと……。

芦野 京都でのこと。私の求めた品がなかったとき、その店の人が「誠に不調法でございます。切らしておりまして……」ときたわ。感心したわ。

熊谷 あるお店でね。毛糸買いに行き、これと同じ物ありますかと聞いたら「は、いま店にありません。蔵にあります」って売ってくれませんでした（笑）。閉店間際で面倒臭かったのかも知れませんが……。

遠山 「ない」と言われた方がましだわね。

盛岡の味を活かした街の美化を……

遠山　美化運動でもね。大きな鉢を置くのもいいけれど、一にも二にもまず徹底した間断のない清掃だと思うわ。道路の……。

芦野　どこかの市の真似ではなくて、狭いなら狭いなりに盛岡の街の味を活かした美化運動をして欲しい。それから店先ばかりでなく、その二階とか、上のぐるりにも注意して欲しい。

荻野　鉢を置いてもその後の管理がね、大事ですよね。

熊谷　青少年ホームですか、あそこの花壇は手入れがゆき届いていますよね。

芦野　私の近所の波多野先生、感心したわ。道路なんだけれど、みんなにゴミを捨てられて汚いところに、一生懸命花を植えられた。そうしたらだんだん誰もゴミを捨てなくなった。この精神だと思ったわ。

荒木田　それですよ。高価な花は要らない。花を植えることによって、雑草をとるようになる。周りがきれいになってくる。だから花を植えなさいと言うんです。……では盛岡人ってどうです？　みなさん……。

荻野　〝親切〟じゃないんですか……。

遠山・芦野　そう思います。

荒木田　表現方法が拙いというわけかな。これはやっぱり炬燵のせいで、せっこき、鈍重になってしまっているのかな。岩手山の鶯と富士山の鶯とじゃ、声が違うそうですよ（笑）。ほんと……。

遠山　善意を示す努力が足りないというのかな。

芦野　でも私、盛岡に来て良かった、と思っているわ。

遠山　私も。若いとき方々歩いてみたけれど、盛岡に落ち着いてよかった、と思っています。

荒木田　それはどうも……。盛岡ってのは街も人間もスルメみたいなものですかな。住んでつき合っているうちに味が出る……というところでおしまいにしましょう。

〔一九六八年二月号〕

めぐる季節の中、川は流れる

盛岡の街の中心部を流れ、盛岡駅付近で北上川と合流する中津川。川べりには季節を追って色とりどりの花が咲き乱れ、夏には鮎がおどり、秋には鮭が遡上します。中津川は盛岡を象徴する川と言っていいでしょう。

石田紘子（元杜陵小学校長）　越戸國雄（中津川勿忘草を育てる会）

寺井良夫（邑計画設計事務所代表）　司会・斎藤純　記録・菅原伊保子

中津川が好きです！

斎藤　自己紹介も兼ねて、中津川との関わりをお話しいただきたいと思います。

寺井　私は中津川べりを通勤しているので、浅岸から下の橋まで約三キロ、毎日、この川を見ています。一時期は遊歩道をずっと歩いていましたが、最近はさすがにしんどくなって自転車で通っています（笑）。それから「ＮＰＯ法人もりおか中津川の会」の事務局をしています。

石田　私は杜陵小学校に五年間勤務しましたので、朝な夕なに中津川を見ずしては暮らせないというほど毎日、身近にありました。私は中津川と岩手公園をセットで見るのが好きで、特に杜陵小学校は最高のポイントです。学校の子どもたちもたくさんの恵みをいただき、今でも中津川に来ると心が落ち着きます。

越戸　私は中津川のせせらぎを聞いて育ちました。春夏秋冬、川で遊んで育ち、今も毎朝、川に行って遊んでいます（笑）。

斎藤　どちらに住んでいたんですか。

越戸　上の橋の上流の川端に長屋が三棟ありましたが、その真ん中で育ったんです。一メートル前が川ですから、そこで一年中遊んでいました。

斎藤　まさに中津川で産湯をつかったという越戸さんです。石田さんはもともと盛岡のお生まれですか。
石田　いいえ、私は北上の出身ですから、川の見え方が新鮮でしたね。
斎藤　寺井さんも実は盛岡の方ではないんですよね。盛岡の活動を一生懸命されているので、ほとんどの人は盛岡の人だと思っているかもしれませんが。
寺井　アハハハ。静岡市の出身で、学生時代に東京に出て、就職で盛岡に来てから二十五年になります。
越戸　そうか、東下りだったのか（笑）。

忘れな草が咲き、鮭が上る川

斎藤　越戸さんの「勿忘草の会」は、どんな活動をしていますか。
越戸　野の花美術館にも忘れな草の会という親睦団体がありますが、私は上の橋の付近にロープを張って届けを出し、自分一人で十一年ぐらい忘れな草を育てています。
斎藤　石田さんも子どもたちと一緒に中津川の環境活動をしていましたね。
石田　杜陵小学校は昭和三年の創立ですが、昭和十一年に先生方が書いた「郷土読本」を出しており、それを二〇〇二年に復刻しました。その中に中津川のことが書かれていて、忘れな草が咲いていているとしっかり記録されています。

越戸　どこへ行っても咲いていたんだね。

石田　そういうこともあって、多分開校当初から中津川との関わりは深いと思います。今も環境学習を進めていて、鮭の卵を育て稚魚を放流し、それから四、五年経って戻ってきた鮭の観察をしています。鮭はボロボロになって戻ってきて産卵し、それが終わると死んでいく。命をつなぐ大切さや、鮭の姿に生きる強さを感じたりしながら学んでいます。川まで二、三分で行けますから、毎日観察ができる。お昼の時間、野の花美術館辺りまでの間に生きている鮭が何匹いて、亡くなった鮭は何匹かなど全部データを取り、今年は何匹戻ってきたかも記録しています

寺井　すごい統計ですね！

斎藤　鮭の死骸が汚いとか、なぜ放置しおくんだという観光客もいますが、そういう人は盛岡に来ていただかなくてもいいと言いたい（笑）。

越戸　放っておいても骨までバクテリアが食べて最後はきれいになるんです。遅い鮭は二月頃まで来ていますが、五月頃には跡形もなくなります。

斎藤　そういうふうに溶けてなくなるのは川にとっていいそうですね。C・Wニコルさんが言っていましたが、カナダで河川を復活させるためにコンクリートの護岸を壊して元に戻し、餌も撒いたけれども鮭は戻って来なかった。それで本当の鮭の死骸を川に捨ててようやく戻ってきたそうです。ニコルさんは、中津川は鮭がいていい川だ

とほめていました。

越戸　私も川が好きで、アユもクキもウナギも釣ります。カジカもいますよ。今年は大水が出て土砂で大きな石が埋まっているわけ。だから、カジカが巣作りできない。みんな死に石なんですよ。それをかなてこで起こして巣をつくるようにした。上の橋から山賀橋まで二カ月間、毎朝行って。

寺井　冬の寒い時に、川に入って一体、何をしているだろうと思いました（笑）。

越戸　日本の県庁所在地で、アユもカジカもいる、鮭が遡上してくるという川は、恐らくないですよ。

斎藤　昔の『街もりおか』を見ると魚は二十種類いると書いているんだけど、今はどうなんですか。

寺井　下の橋の釣具屋さんは八十種類と言っていましたよ。

越戸　米内川にもう一カ所。採石場をつくるという話がありますが、そうなったらひどくなりますね。泥を流すから水生昆虫が呼吸できなくなり、川が死んじゃう。水生昆虫がいなくなると魚も来なくなります。絶対ダメですね。

川遊びは子どもの特権だ

斎藤　寺井さんが育った所には、やはり川がありましたか。

寺井　こんなきれいな川はないです。安倍川という大きな川がありますが、普段は水がなくて、大水が出れば濁流が流れ出るという川でしたね。中津川のような川で遊べるのは本当に羨ましい。もし、越戸さんのように小さい頃からここで育っていたら、毎日遊んでいたと思いますね。

越戸　昔はプールがないから川で泳ぐのが普通で、川にそれぞれの縄張りがあった。ここは城南、ここからは下の橋なんてね。泳ぐにしても魚を獲るにしてもほかの学区に行く時は、そこの子どもたちがいなくなってから行ったもんです。今、川に一人で行くなと言われていますが、我々の頃は水深が倍以上あっても怒られなかった。

斎藤　僕らの頃はまだ川で遊んでいましたよ。中津川は釣竿以外で釣りをしてはいけないと聞きましたが。

越戸　カジカ網はいいんです。去年と一昨年、仁王小学校でカジカ獲りをしましたが女の子たちが上手で、一時間で十四匹を獲った。初めてなのに。

石田　獲ってそれをどうしたんですか。

越戸　私は食べるんです。だっておいしいんだもん（笑）。子どもたちはそのまま川に戻しましたけどね。五月、六月は産卵が始まっていますが、卵は獲っちゃいけないよ。法律で禁止されています。

寺井　石をひっくり返すと黄金色の数の子みたいな卵がくっついていて、感動しますね。産みやすい場所は、湧き水で石がたくさんあり、常に酸素が行き渡るところと、限られているんですよね。だから、越戸さんは泥に埋まった石を一生懸命掘っくり返していたというわけです（笑）。

越戸　さすがに腱鞘炎になりました（笑）。

石田　ダムができたせいもあり、昔に比べて中津川の水量が緩やかになりましたね。だから泥がたまってしまう。

斎藤　暴れ川と言われた頃もあったとか。

越戸　大水が出ると、こう言っちゃ何ですが面白かった。大水の一週間後ぐらいに上流から木材が流れてくる。小学校五、六年の頃かな、古い柱の角材をみんなで集めて筏を造り、山岸は山岸、城南は城南と、それぞれ年長者と一番下と二人ずつ組み、文化橋から上の橋まで激流を下る。それをまた縄で文化橋まで引いていって下る。それに飽きると今度は泳ぐ。全然背が立たない深さなのに小さな子も一緒に泳ぐ。カルガモと同じで真ん中に一番泳げない子どもを入れ、先頭がボス、二番目のボスが後ろを守る。大人が橋の上で「危ね、危ね」と叫ぶんだけどそれが快感だった（笑）。

斎藤　よく事故が起きなかったですね。

越戸　ちゃんとガキ大将が計算していたんです。

斎藤　今、小学校では川に入ってはいけないと教えるわけですか。

石田　一人で行ってはいけないと。杜陵小学校の辺りでも「中津川を語る会」というのがあり、夏に期間を決めて白旗や赤旗を立て、監視がついて泳げるようにしてくれています。　杜陵だけではなく、川に関心のある盛岡市内の子どもたちが来て泳いでいますよ。最終日にはカジカをいただくこともあるんです（笑）。お世話してくださる方々は、自分が小さい頃に中津川で遊んでいたから、今の子どもたちにも遊ばせたいという思いがあり、自分たちで全部出費してやってくれているんです。

越戸　あの辺りには昔、マスがいて、みんなそれを狙って潜っていた。そういう人たちがやっているんです（笑）。

川べりを散策すれば

斎藤　寺井さんたちの「中津川の会」は、いろんな活動をしていますね。

寺井　橋洗い、夏に水が出たときのごみの清掃、あとは夏のイベント。去年は、川べりに椅子とテーブルを設け、夜、川を見ながらおいしいビールをいただきました。

越戸　今年の一月四日には寺井君にだまされてカジカの巣作りと称して餅つきをやりました。臼と杵で餅をついて。町内会のおじいちゃん、おばあちゃんがみんな来てくれましたね。

斎藤　川原の整備も良し悪しで、緑化するために牧草にしたけれども、もともとあった植物を追い出してしまった。

越戸　このままにしていると蛇が上流から流れて来るので、ヤマカガシやらマムシもいる。だからきれいに刈らないとね。

石田　マムシもいますか、それは危険！

越戸　その代わり昔のボンツコガ㊟がいなくなったね。トンボもいなくなったけど。

斎藤　今、盛岡はお城を基点にしたまちづくりをしていますが、それはお城だけではなく中津川を含めた範囲ですね。

越戸　中津川はもともとお城のお堀だったんだもの。

寺井　もう少し、川を歩いていて面白ければいいんだけど、牧草だらけですからね。野の花美術館があるんだから、もっとたくさんの野の花が咲いていてほしい。

石田　早朝、散歩している人も多いと聞きますが。

越戸　多いですよ。犬の散歩やラジオ体操から帰ってきた人たちもいるし。昔は牛越場の所で馬や牛が体を洗っていて、追っかけられたことが何回もあるね。

寺井　牛や馬を洗っている写真も時々見かけるし、車を洗っている時代もあったらしい。牧草がこれだけあるから牛や馬に食べさせるのも一案かもしれない（笑）。イベントで馬車を走らせたとき、馬の大ちゃんを川原で休ませると喜んで草を食べていました。一頭では食べきれる量じゃないから何頭かいるといいですね。

斎藤　石垣の護岸も雰囲気がいいですね。中の橋の下流にいくとコンクリートになってしまいますが。

寺井　中津川がいいのは、石積みの護岸がきれいだからだと思いますよ。

越戸　アイオン、カサリンの台風が来ても全然びくともしなくて、この石垣は崩れたことないいんだもの。

石田　いつ頃積まれた石垣ですか。

寺井　明治四十三年の大洪水の後ですね。

越戸　川目の岩手ハツリ工業のひいお祖父さんが造ったんです。それを八重樫光行先生が中津川の絵地図に描いていました。仙台から職人を呼んできて造ったんだが、それでかまどを返した。半端じゃないですからね。

寺井　明治四十三年の大洪水から来年でちょうど百年になるので、それに合わせて何か企画したいと考えているんです。

越戸　私は子どもの頃に修理しているのを見ましたが、簡単な工法で造っているんですよね。玉砂利を入れてその上から土を入れ、きちっと組み込んでいる。ただそれだけで何も入っていないが、上からの重みできっちり積まれる。

斎藤　本当は全部コンクリートで覆ってしまう計画だったらしいですが、途中まで工事が進んだところで「何やっているんだ。ちょっと待ってくれ」と、盛岡市が途中で止めさせた。だから、助かったところもあるが、一部はコンクリート護岸もある。

越戸　その上にまた花崗岩を張ったりして。コンクリート護岸にすると五年ぐらい魚が全然来ない。アルカリの水質になるから。それは釣りなどをして実際川にいる人間でないとわかりませんね。

㊟地元の言葉で「ブヨ（虫）」のこと

一人一人が川の監視人に

寺井　去年はみんなで石を起こそうという行事を企画したんですよ。

越戸　そうだね。それと大水で玉砂利が上に上がるので、それをまた川に戻すことも必要です。私は高総体後に高校生を連れてきて毎年やらせています。

寺井　高校生を働かせているんですよ。

越戸　当然ですよ（笑）。弁当もないただのボランティアで。そうして肌で教えている。「何のためにやるのかよーく考えてみろ」と言ってね。

石田　杜陵小学校の子どもたちも川のお掃除をしていますが、それが川を大事にする心につながるんですよね。

越戸　一回やれば覚えるからね。大きくなって「あっ、俺やったけな」と思うことが大事なんですよ。たった一回でいいんだよ。

たちも中津川の水質をきれいにしたい。きれいな川にしたいと思ってい

石田 ごみが流れていない川だとよそから来た人もびっくりします。感心なことに明橋から一人、毎朝ごみを拾ってくるおじさんがいるんですよ。盛岡人の良さは、徒党を組まないで一人でコツコツやることで、そういう人がいっぱいいるんだ。カキツバタを植えているのも加賀野のおじいちゃんで、一人でコツコツやっている。

石田 カキツバタは盛岡の花だからもっと街の中で見られたらいいですね。なぜカキツバタを選んだのか、そのことによってどんないいことがあるのか考えたりします。あの紫色は盛岡の街によく似合うのに、街の中では余り見ないですね。

寺井 六月上旬はカキツバタとマーガレットもきれいです。散策路の道沿いに一面咲き誇ります。そして、夏から秋はコスモス。これも地元の人たちが守っていますね。

斎藤 陰で誰かがコツコツ面倒を見ているからきれいな花も見られるんですね。

越戸 思うに、中津川は各町内会から一人でいいから環境保護のオンブズマンが出て、何かあったらすぐに役所や団体に働きかけて対応していくべきです。普段、近くで生活している人たちが川の変化が一番わかるんだから。

寺井 川の監視人ですね。

昔も今も盛岡一の自慢

斎藤　三十年ぐらい前に何かの調査で「盛岡の自慢」を挙げているんですが、一番が中津川なんです。それは今も変わらなくて、ずっとトップでいるのはすごいですね。

石田　ほんとにそうです。南部の殿様が中津川を渡りましたが、その頃からずっと愛されてきたんですね。度重なる洪水に遭いながらも克服してきた。

斎藤　このくらいの街でこの川の規模だと、自転車が沈んでいたりするけどそれがない（笑）。

寺井　何年かに一回、たまにあるけどね。

越戸　十一月、十二月の寒い時期、川面に映る満月はすごくきれいですね。夜の十一時か十二時頃、ほんとにきれいだよ。十月頃になると高洞山の辺りが雷で美しく光り輝く。

寺井　冬は白鳥が来るし、カモもいる。

斎藤　「中津川の会」としては生き物を取り戻したいね。

寺井　寺井さんは次の子どもたちに教えるスペシャリストを育てていかないと。

越戸　カジカを増やしたいと思っても、まだどうやればいいのかわからないのが現状。

寺井　ぜひカジカ蛙を増やしたいな。きれいな声で鳴くからね。街中で聞けたら最高

越戸　一番いいのは、カジカ獲りをしてみること。どういうところにいるかよくわかるからね。子どものときから川に来て遊んだり、潜ったりして魚の生態系を知る生きた学習が必要なんです。

斎藤　すると大事なことは、もっと生き物を増やしていくことと、植物を含めて絶やさないこと、それから遊歩道を自転車も走れるように広げることですね（笑）。

石田　杜陵小学校の子どもたちは、ヨシが川を浄化するということで、宮城県北上町のヨシ原に修学旅行で行って学習し、交流しながらお世話をいただいて、そこのヨシを学校の前に植えました。でも、子どもたちはやがて卒業していく。しかも、植えても刈らないと却って川を汚してしまう。それをどう使うのか。和紙にする方法などもありますが、子どもたちだけではできないので、地域の大人たちと一緒にやらないと学習が成り立たないという問題点に突き当たったことがありました。

斎藤　その子どもたちが将来、帰ってきたときにその活動に戻れるわけですからね。寺井さん、何か考えてください。

寺井　取り組んではいますが、まだ遅々として進んでいない。リンゴやサクランボの授粉にいいというマメコバチがヨシの茎に巣をつくることがわかりました。今、中津川のヨシを刈り取ってリンゴ畑に持っていくテストを始めたところです。

斎藤　今の方が、水がきれいになっている面もあるんですよね。

越戸　水質はきれいになったけど、川が死んでいる。死に石なんです。
寺井　川底問題は今まで盛岡市民が見過ごしていたというか黙っていた部分ですね。この川がきれいだ、きれいだというのはいいんですが、みんなそう思い込んでいて、本当はまだまだ問題があることに気がついていない。
越戸　市民が中津川の流域をどう考えるかをベースにして、次の子どもたちにどのようにして残していくかが一番の問題だと思います。
斎藤　鮭も帰ってくるし、カジカもいるからきれいだと安心していますが……。
寺井　実はそうではない。
斎藤　常に関心を持って変化をちゃんと見るようにしないと。
越戸　中津川は本来、夏だけの川じゃない。春夏秋冬、見ていないと本当の中津川の良さはわからないんです。

〔二〇〇九年七月号〕

おいしい盛岡の水

工藤敏雄（気象研究家）

この話は今から十年もまえの平成二年八月のことである。東京にいる長男夫婦が孫

（当時 小学六年）をつれて盛岡にきた。盛岡にくる前、家内に孫から電話があり、麦茶を沢山つくっておくようにとの注文があった。そして本人が盛岡にきて洗面所で顔を洗ったときの第一声が「お水が冷たい！」続いて「おいしい！」であった。結局三日間の滞在中、麦茶は冷蔵庫の隅でションボリ、ほとんど出番はなかったのである。

この情景をみて、東京では水はもう水道の蛇口から直接飲んでいない、いや飲めなくなったと直感した。

もう一つ。これも二十年もまえのことだが、私がまだ盛岡地方気象台に在職中のことである。他県からの転勤者のなかで、酒はあまりたしなまなかったが、コーヒーが非常に好きで、仕事中でも自分で入れて飲むほどの人がいた。私にいわせれば好きというより、コーヒー中毒の人だったが、彼いわく、盛岡にきたらコーヒーが無性においしい。これはきっと水がいいからだ、と他県から転勤してきた人にはめずらしく「盛岡の水」を誉めたのである。噂によれば、盛岡在任期間三年のうち、市内にどのくらいコーヒー喫茶があるか知らないが、主なる店はすべて歩いた……と豪語して転勤して行ったのである。

以上は私の周辺にあった盛岡の水物語だが、盛岡の水が日本でも名の知れた名水であることがはからずもトウフによって証明された。というのは盛岡のトウフの消費量は、全国の県庁所在地で第一位という。魚などに代わる蛋白源として、いろいろな料理に使われてきた歴史的な風土が背景にあるとはいえ、裏をかえせば水がよいからトウフが美味しくなり、消費量につながるということになろう。

トウフは九十パーセントが水でできている、というだけでなく、作るのにも大量の水を使う。くどいようだが、作り方をごく簡単にいえば、まず水に浸した大豆をすりつぶし、その液を釜で煮てカスを取り除き、ニガリを加えて固める。この工程のすべてに水が必要だし、もちろん最後にトウフをさらすのも水である。このため、大もとの水がよくなければおいしいトウフができない、という理屈になる。

岩手県では戦前は大豆生産王国であった伝統がある。そのため県内では現在でも各地特有のトウフや油揚げそして凍豆腐などがある。季節がくれば、これらを使った料理が新聞紙上をにぎわすことは衆知のとおり。これら県内各地でも、大豆とともに、水がきれいでなおかつ豊富であるからにほかならない。

さて、盛岡に注目すると、清水がなんと多いことか。ざっと勘定しても十か所もある。特に御田屋清水など、大都市の真中にきれいな水が湧くなど、あまり例がないのではなかろうか。清水の一部には、都市化の影響などで往時の面影のないものもあるが、市の水道行政はこの清水の伝統を受け継いだのか、他県に比較しておいしく、綺麗な水を供給してくれる。転勤して他の土地に行けば、盛岡の水のよさがよくわかる。諺に「まずその土地の水に慣れろ」というが、現在はそのものずばりの「水」になっ

ている と思う。

いずれにせよ飲み水は「命の水」といわれるように、生命維持に必要不可欠のものである。よく新聞やテレビを賑わすことだが、山や海で遭難したとき、わずかな水のお蔭で尊い命が助かった例を数多く聞く。ロビンソンクルーソーは実在の人だと聞いて驚いたが、彼が無人島で四年四か月も生活できたのも、飲料水が豊富だったことをあげている。このように人間の生命に大切な水を、常日ごろ何げなく使うことができることはいかに尊いことであるか、あらためてお考え頂けば幸いである。

〔二〇〇〇年四月号〕

鉄瓶あれこればなし

鈴木貫爾（東京芸大助教授）

〝南部鉄瓶〟と言う呼称で、全国的にその名を喧伝されている〝もりおか〟の工芸鉄器は、遠く藩政時代にその源を発して、爾来、数百年の間、連綿として伝承せられている。

藩政の頃は、鋳物師が梵鐘、仏具、兵器、兵糧具、はては厨房具のなべ・かまを作ったその手で、時には嗜好に応じて、茶の湯の釜を作ったり、あるいは生活の用具として、手取釜、鉄瓶などの製作となったものである。

東北の僻地にあって、当時から既に、よく中央の技術をとり入れ、今日まで数世紀の間このように立派に保存伝習の出来たのは、藩の庇護のもとに、工人達の風土に根ざした純朴な気質と、きびしい生活の環境から育まれた。いわゆる東北人の粘り強さを物語るものであろうと、私は常々思っていることである。

これら先人の遺していてくれた茫洋とした鉄肌の素朴さに私共は、「日本のふるさと」をほのぼのと感ずることが出来る。

私のふるさと、こゝ南部盛岡の城下町にはいつの頃からか、からめ節、金山踊りと言う、郷土味の横溢した。歌調、舞踊が、金気に因んで伝わっている。

金が出る〳〵白金《しろがね》、黄金《こがね》
鉄もなまりもあかがねも
　ハア　ドツコイ〳〵ナア
金つる千年からめは万年
　ハア　ドツコイ〳〵ナア

金売吉次の昔から、黄金花咲く陸奥《みちのく》の地であれば、これもうべなるかな、民謡と民芸はどこかできっと繋がっているものである。

出雲地方のたまはがねと安来節もその顕著な一つであらう。

さて、昭和の今日、南部鉄瓶にまつわる文芸《はなし》はなかったかと考えてみる――。

其の一

私が東京美術学校に入学した、昭和十三年ころ、女流作家中本たか子氏によって、小説「南部鉄瓶工」という本が発表された。（今は手許になく、発行所もさだかでないが）これは現在の水沢市羽田地方の鋳物産業を背景にして、当時の半農、半工の鋳物の業態が、問屋、親方の制度から脱皮して、次第に組合組織を作り上げていく、古い制度から、新しい社会への移り変りを痛烈に風刺した当時の先端的な文学であったのだろう。間もなくこの小説「南部鉄瓶工」は「建設の明暗」と改題されて、戦前の築地小劇場で上演された。劇団の名も、俳優の名も判然としなくなったが、たしか劇中の主人公の鋳物師が蒲田研二で其の妻女になった女優さんの、たくましいばかりに、歯切れのよい東北弁が私の耳に強く、焼きついて印象に鮮やかである。

其の二

数年前のことである。岩手を縦断して悠々たる北上川を詠んで、「北上川夜曲」と言う歌が広く、多くの若人達に親しまれたことがあった。郷土の知人、菊池規氏の作詩、安藤睦夫氏の作曲になるものである。

この歌曲を主題とした映画が作られた。大映の作品で「北上川の初恋」であった。当時この映画を観て来た友人が「オイあれは、お前の若い時の映画か」と言われ、あわてゝ映画館にとびこんで見たことがある。この映画のストーリーは盛岡を背景に、南部の釜師とその息子が居り、その息子と半玉芸者になったかつてのお手伝いの娘との哀しい恋の物語りで、次第に行きづまっていく古い鉄瓶の方向を打開するために、新しい鉄の工芸の研究の為、美校をめざして、上野行の列車に身を託す、といった幕切れであったと思う。〃ありそな〃な〃なさそな〃私には全く関係のない筋書きであることを注訳する次第である。

其の三

昭和三十九年春のことである。前年、三陸海岸に取材した「春来る鬼」によって第一回吉川英治賞を獲得した作家である郷党の友人、須知徳平氏がＮＨＫのラジオドラマ用に書き下した劇作に「雪結《ゆきゆい》の釜」という作品がある。この雪結の釜が新派劇団によって脚色され、新橋演舞場で上演された。物語りは明治の初年の盛岡、南部釜師が愛妻に先立たれ、時世をきらい、自棄的な生活の中で、雪の中に幻の様に現われた亡妻とウリ二つの女性、京の女「ゆい」の名を雪と結びつけたもの。明治初年の盛岡の大火の渦中に、焼跡から取り出した釜が、焼肌美しく、今日で言う南部釜独特の焼抜の技術の発見とも結びつけて、釜作り工人の正念、職人の根性、そしてものを作る喜びを語るものであった。

私の役目は鋳物場《さいくば》、鞴《ふいご》（吹子）、鋳込の場を考証することであった。

盛岡も、その近在の農村も、日々、「生活のかたち」が改進されていることである。釜、鉄瓶に、集約されていた鉄製品も、今は、新しい室内装具の分野に、建築の装飾の世界に眼が向けられて来ているのも、けだし当然のことである。

独自な肌合を持つこれら南部の鉄工芸も、向後は郷愁を乗りこえて、更に広く清玩、賞美されねばならない。それは先輩工人の創作ド根性がもっとも必要な要素なのではあるまいか。

〔一九六八年五月号〕

消防一筋

南部盛岡藩はむかしお江戸でも名をうたわれた名火消しの多いところ。正月八日はその伝統と心意気をうけつぐ消防団の出初式……。消防一筋に生きるベテランの五氏にご登場ねがいました。

星川武司　元盛岡市消防団副団長（盛岡水産物商協組理事長）　藤村寅五郎　元盛岡市消防団副団長（藤村工務店代表取締役）　岩野秀三　盛岡地区消防本部消防次長
佐々木重蔵　盛岡市消防団本部部長　沢野義男　盛岡市消防団副団長（全日本スキー連盟公認指導員）　司会・恩田次男　記録・藤村亀治

恩田　盛岡消防の今昔、苦しかったこと、面白かったことなど、いろいろとお聞かせ下さい。皆さん、消防組織に入られたのは？
藤村　昭和四年のことです。
星川　消防組が警防団に組織替えさせられた戦時中の昭和十四年ですな。
佐々木　私は二十二年。
澤野　同じく二十二年。
恩田　お若いようでも、もう経歴は三十年。ベテラン消防人なんですな。
岩野　私は十三年。翌年警防団となり、二十三年にできた盛岡消防署に移って今日に及んでいるわけです。

三百八十年前に武家火消し組が……

恩田　盛岡に消防組織ができたのはいつごろですか。

佐々木　武家火消しは別として、自分たちの町は自分たちで守ろうという町方火消しの誕生は寛政十一年（一七九九）でしたか。

岩野　そうですね。……それより前、南部信直・利直のころですか、三戸から盛岡不来方城に移った慶長四年（一五九九）、重臣たちに地域割で消防の責任を分担させたのが武家火消しの始まりのようで、このとき方角火消しという「消防の法」を定めているんですね。下って宝暦年間、加賀の前田公のお姫様が南部の殿様に輿入れするときの従者に、加賀の鳶職人がいてそのまま盛岡に住みついた。その鳶職の内の二人と、油町の住人の一人に御用火消しを組織するよう南部公が命じた。その後、城内に火事があった際、御用火消しだった馬町と油町（いまの三分団と六分団）の火消し組の活躍が目覚ましかった。その働きぶりに対して殿様から纏《まとい》のごほうびが出、纏の上部に特に金と銀の箔を使うことが許された。ですから盛岡の消防団の纏の中で、上の方に金銀が施されているのは二つしかない。そのほかの組の纏は、みんな白い胡粉だけで作られていますよね。そうしたことがあってのち、寛政十一年に純粋の町方火消しが長町＝現長田町・第八分団＝に誕生した。これが町方の草分けなんでしょう。で、現在の盛岡消防のほんとうの基盤が固まったのは、市制施行五年後の明治二十七年、消防規則が公布された年の五月のようです。

おかみさん達の歎き……

星川　その〝町方火消し〟から〝消防組〟となっても、鳶職、大工、左官、八百屋、魚屋、床屋というような自営の職にある人たちの自発的な奉仕で成り立っていたんですな。

恩田　いくら犠牲を払っていたものなのか金持ちでなけりゃ組頭や団長さんにはなれないんじゃないかと……。

岩野　消防小頭を一代やるというと、〝かまどを返す〟とよくいわれたようですね。

藤村　とにかく、小頭になった人がみんなに飲ませ食わせして、組を盛り立てていたんですな。

岩野　昔は〝夜廻り銭〟を貰って歩いていたようで、記録をみれば三銭四銭どまり、五銭というのはなかったようで……。

藤村　私らも凍てつく夜半、金棒を引き、拍子木を鳴らしながら区域内を見廻って歩きました。

岩野　半鐘が鳴ればそれっと町内の勇ましい連中が駆けて行く。ひととき経って火事場から戻ってくるとその若い衆たちは「あねさん、漬物くなんしぇ」と私のおふくろのところに集まってくる（岩野氏の父武助氏は第五分団長でした）。おふくろは大きな皿鉢に漬物を盛って「さあさあ、お上げんせぇ」とねぎらっていたもんですが、いま考えると、組員に食わせるだけの漬物を大樽に作っておいていたんですな。

佐々木　大正六年ごろ、私の祖父も長町の小頭をつとめていたんですが、その祟りでしょう、持っていた土地を切り売りしてほとんど残っていませんな。かまどを返したようなもんですよ。

星川　今は近代化し自由消防でも手当や退職金を頂けるように政府も自治体も面倒をみてくれるような、有難いご時勢になりましたが、昔は精々茶碗酒の盛っ切り一杯頂くのが楽しみで……（笑）。そんなもんだから朝方の火事でもあると、朝から一杯ひっかける。するともう働きに出ない。おっかあたちは大弱りで歎くこと歎くこと。言ってみれば〝消キチ〟と蔭口を叩かれるほど、気違いみたいなもんでしたな。

お手当はそっくり分団へ廻れ右……

恩田　その〝お手当〟いくらなんですか。

星川　なあに自分の懐に入る分は一銭もなござんす――支給即「寄付採納」でして……。

岩野　分団長さんで六万円。

澤野　これ「年額」です。

岩野　団員の方々はさらに不遇で、年報酬が一人六千六百円。月当りで五百五十円。

火災に出動すれば一件につき五百円の手当が支給される仕組みです。

星川　ぐんと進歩した証左です（笑）。

岩野　そのほか、団員が招集されて訓練を受けたとき、これも一日五百円。こうして分団の団長さん以下副団長さん、班長さん団員の方がそれぞれ一定の支給を受けますと、直ちに寄付採納という形で市に寄付することになり、これが分団の維持費に振り向けられてご本人にはまったく手渡されないでしまうんです。

恩田　この寄付採納願、なんとも奇怪で解せないことばですよねえ（笑）。

澤野　まあ運営資金に恵まれない各分団に少しでも——一分団にざっと九万円ですか、役立てようという趣旨なんですね。

恩田　これから消防団に入る青年がいるだろうか、という危惧を私は抱いておるんですが、どうでしょう。

佐々木　いなくなってきましたなあ。

澤野　問題ですねえ。

星川　義勇奉公というか、身を犠牲にしてもという考え方はどこかに行ったんですな。自分だけ好きなことをやってればいいと……。

岩野　かつては何組、何組と各町内に自衛組織があり、自分たちの町は自分の手で守るんだという、いまでいう地方自治の精神が受けつがれていたんですね。

恩田　無意識の内にも社会奉仕への心情が根づよくあったと思いますね。しかし、何カ所かが火事になったらどうなることか、岩野さんの方の消防署の力だけでは追いつかんでしょうもの。

岩野　いやもう、とても追いつきません。で市長は、消防団員の削減ということはだめだ、地方自治は民主主義の姿だといわれるけれど、この消防こそ民主主義の最も顕著な姿ではないだろうか。何カ所かに火災が起きたり、山火事でも発生したならどうする、これ以上減らしてはいけないと厳しく述べていましたが……。

馬で泣かされた蒸気ポンプ……

恩田　私たち床から起き出すのさえ大儀な冬季は、みなさんえらいことですなあ。

澤野　結構、起きられるもんです。

藤村　火事といえば我勝ちに現場に駆けつけることが、心の底で誇らしい自慢にもなっていて、そうした意地でやり通してきているんですな。さて帰ってからの茶碗酒の味……しかし、昔はどうもこの酒、妙に水っぽい気がした。あれは販売用とは別の、火事見舞や慰問用向けの〝火事酒〟としての特製品じゃないか（笑）と勘繰りたくもなる味でしたな。それでもそいつがよくて飲むんですから世話はない。

岩野　東京がボンボン叩かれていた終戦の年、全国から消防車が供出されて帝都を守る警視庁消防隊の強化が計られたが、車がさっぱり焼かれて隊員に余剰ができた。これら消防官を三十名四十名と各県庁所在地に配置替えし、地元の警防団と一体になってやれということになった。ところが盛岡には盛岡なりに三百年からの南部火消しの伝統がある。あいつらには絶対負けるものかという意地がこちらの肚の中にあるものですから、随分と張り合ったようですよ。関口の番屋＝現愛宕町・第十分団＝に合宿していたんですが、終戦になって東京に引揚げています。

星川　大正十二年の関東大震災のときはこっちの消防が相当数、派遣されていますな。

恩田　盛岡に蒸気ポンプが入ったのは？

岩野　明治十八年。当時函館で使っていたものを買って、（このポンプは明治三年に政府が輸入した三台の内の一台で、消防技術の優れている函館に配置されていた）紺屋町の番屋＝現第五分団＝が備えた。あるとき紺屋町の町内に火災があり、まずは蒸気ポンプを押し出し、乾いた柾の木っ端を、石油を浸したウエスの上に置いて点火し、バーッとかまの石灰を燃やすわけです。その間にポンプ車を引張る馬が浅岸から駆けつけてもまだ肝心の蒸気が上がらない。しからばと蒸気ポンプを馬に引かせ、なんと火事場の前を走りぬけて中ノ橋通りに出て萱手町を廻り、はま美容院の前辺りにきたとき漸《ようや》く蒸気が「ヒョーッ」。時既に火勢は隣家に燃え移っていたんですからまあ、まったく処置なし……（笑）。

星川　ポンプ引きの馬が、ゴミ運搬車用の馬だったらこれまた大変。火事場に急行すべきポンプ車を引きながら、町内のそこかしこに置かれてあるゴミ箱の前にくるとピタリと脚を止めて動かないとくる（笑）。習い性となっていて、いくらシーッシーッ急き立てても動かばこそ。いやはや、やきもきさせること、させること……この話、吉田三五郎さんから聞かされましたよ。

佐々木　番屋の近くにあった私の家にも馬が二頭——火事用と農耕用がありましてね。半鐘が鳴るとドンドンと脚で板戸を蹴る。「俺が行かねば……」というつもりでしょ。バカ真面目なんですなあ（笑）。

纏争いならぬ、消防車争い……

恩田　消防自動車を備えたのは、八幡町が最初ですか。

岩野　はい。これにもまた余談が……。トップを切って注文したのは紺屋町。米国で造り艤装《ぎそう》したビュイックをそのまま船で日本へ運ぶ、一年余かかるという話だったがこれと契約した。当時紺屋町界隈や区域には金融機関がずらりで、資金面のメドには自信があったわけ。伝え聞いた八幡町側、盛岡の花街を抱えておりながら紺屋町に後れを取っては男が廃る、それ買えとばかり急遽東京に出かけてシボレーを手に入れ、備えたのが大正九年。紺屋町にポンプが着いたのは一年遅れて翌十年なんですね。

星川　その後、新聞社で文化投票みたいな企画があってね、消防自動車三台——紺屋町・八幡町・長町——のポンプがそれぞれ入賞したことがありましたな。

恩田　番屋から走り出すポンプ車目がけて飛び乗ろうとする男たちのあの迫力、頼もしいもんですなあ。

岩野　そのご亭主の後を、絆纏《はんてん》か何かを抱えて小走りしながら追いかけるおかみさんのいじらしい姿、絵になりますよね。

星川　シャツ姿くらいならまだいい。褌姿で飛び乗るのもいたな。

澤野　火を鎮めた後、やれやれここらで用を足すかと、手をかけてみたら前釦がない。咄嗟の身仕度でズボンなんか後ろ前も気づかず飛び乗っているんですな。

岩野　まあ、火の中の危険な修羅場へ走り体を張っての男の仕事。忌み嫌うことにはやはり気を遣うものなんですね。半鐘が鳴って親父が飛び出して行く。するとおふくろが夜半でも昼でも釣瓶井戸で水を汲むんです。その水をコップに注いで神棚に捧げ、拝んでいる。親父が戻ってくると、けがは?若い衆は?と安否をたずね何事もなかったと聞くと、よかった、さあお水をお上げんせと神棚に上げたコップを差出し、半分残して貰ってそれはおふくろが目をつむりながら飲みほしてましたな。待遇も保障もなしの時代の、この情景には胸を打つものがありましたなあ……。

予防と延焼防止に力点を……

恩田　思い出の火事といえば……。

藤村　昭和五年でしたか、紺屋町・藤沢座から出火した盛岡では大火事。『何が彼女をそうさせたか』という映画の試写会中で偶然にもスクリーンは火事の場面のとき出火したんですな。西風の強い日で、飛び火飛び火で二十二世帯かが被災しましたな。

澤野　私たちはとにかく声を大にして火災予防を叫び、ご協力を呼びかけています。それでも出火したのであれば、そのときにはまったくの善意無過失の隣りの方まで巻添えにして類焼させるということはあり得べきではない、これは何としてでも守り防いであげなければならない、ということに力点をおいた消防活動、これが本旨でして……。

佐々木　ですから例えばアパート。大家である建築主に義務づけられている消火器の設置はもちろんですが、入居者個人々々も一戸に一個の消火器をぜひ……。

岩野　出火件数の七十パーセントは一般住宅からの出火なのですから。

澤野　こうした私たちの延焼防止への努力も、鎮火した後になって「水を掛けられ過ぎた」「水害」だと恨み言をいわれたときの胸の内……。これが更に訴訟にまで持ち込まれるケースさえもあるんですから、ただもう撫然とするばかりで……。

星川　分団側でも消火消防、予防消防両面にわたって、毎月分団長会議をもち、出動作戦を練っているわけで、どの方面に出火があったならどこで食い止めるのだ、ということなど、いろんな手を打っています。こうして分団毎の任務分担を確かめ合っているわけで、集まって酒を飲んでばかりいるわけじゃありません。

澤野　盛岡の消防が優れており、実績がいいというのは、消防署と分団とのタイアップがすべての点でうまくいっているからなんです。

無線装置のポンプ車を……

岩野　まったくその通りで、市の消防署は各分団のバックアップが得られなかったらもう絶対成り立たない。予算の関係で全ポンプ車に一斉とはまいりませんが、昨年から四年計画で、昨年はポンプ車五台に無線装置を備えました。あの酒田の大火の際、二百台からのポンプが馳せ参じても、連絡用の無線を持っていないでしょ。個人プレーみたいなことになって折角の必死の活動も効を奏しなかった。ここからここまで防禦を引くのだという場合、効果的な作戦実行には無線連絡がどうしても必要。いま盛岡では方面別に無線を装置しつつあり、一旦事あればその無線を持つ分団の許に集まるようにし、地区本部の指令に基づいて最も効率のよい消火活動を実行しています。

恩田　消防のための予算がどうなっているか、こりゃあもっと関心を持たなきゃなりませんな。

岩野　消防の場合、投資効果がすぐ表われませんでしてねえ。しかし以前よりよくなりました。昔の話ですが馬町でポンプ車を買ったときのこと。五月五日の消防演習には新しいポンプ車で勇ましく放水して市民に見て貰わないことには気が済まぬ、というこれも昔の人のファイトなんですな。で、小泉市長・佐々木助役の当時、馬町はなんとしてもポンプ車がほしかった。お二人は、わかった、消防演習に間に合うようにするから注文はしておけ、となった。ところがポンプは早目に出来てしまった。馬町では面白くて到着するや否や、これ見よとばかり鐘ッコ鳴らしてピカピカの新車で市内を走り回ったもんです。折も折、三月議会でその予算審議中の矢先でしょ。これを目にしたうるさ型では名うてのY議員、「何たることだ、議会軽視も甚だしい」とばかり市長に噛みついた。市長は「まんずまんずいいんだ、買ってやれ」となだめすかして納めましたがね。そのY議員氏宅の前で火事が起きたことがありましてね。Y議員は第七分団に関係があったんですが、その七分団の車、セルモーターがきかずエンジンがかからないときた（笑）。それを、紺屋町番屋に間借り中の私たち公設消防署のポンプがその火事を消しましてね。当時、常備消防の屯所建設場所の件でY議員が横槍を入れていた経緯も絡んでいたものですから、話題になりましてねえ。

引出し「分団長」……

恩田　いつでも若い人が喜んで入ってくる消防団であってほしいと願うんですが、いま分団の平均年令はどうなっています。

岩野　平均年令の最も高いのは、岩手町の三十九・五歳。その次に高いのは残念ながら盛岡の三十九・〇歳なんです。希望すれば十八歳から消防団に入団できるわけですが、二十歳以下が盛岡にはたった三人しかおりません。

恩田　いや、安心しました。この風潮の世の中のこと、一人もいないだろうと思っていました。消防にエネルギーをぶつけるような若者って、頼もしいですよ。最後になりましたが、歴代の分団長の名前を教えて下さい。

岩野　明治二十七年の初代田鎖光順、二代藤沢三治、三代鈴木巌、四代大矢馬太郎、五代長岡長八、六代宮善次郎、七代塚沢虎五郎、八代谷藤市助、九代松島斎助、十代吉田重吉、十一代吉田三五郎、十二代瀬川正三郎、十三代関口市兵衛、十四代吉田六太郎、十五代再び瀬川正三郎、十六代斎藤勘次郎、十七代三度び瀬川正三郎、十八代及川仁左衛門、十九代佐々木卯右衛門、現在が二十代小泉久仁雄で、瀬川さんは「俺は引出しだな」と笑っておられました。

〔一九七八年一月号〕

古本屋さんの店先で

鈴木良雄（雀羅書房　上田）　千葉清彦（白神堂書店　本町）
對馬英和（小田島文庫　天神町）　東野光文（東光書店　上ノ橋）
吉田正美（キリン書房　内丸）　司会・斎藤五郎　記録・和田貴栄子

古本と古書

斎藤　皆さんこの仕事を始められてそれぞれ何年になるのですか。

東野　昭和七年頃、紺屋町で祖父が始め、上ノ橋に移ったのが十一年。私がやり始めてからは二十年ほどになります。うちのお客さんはサラリーマン、主婦が主体です。

吉田　私は八年になります。二度引っ越して、今は東大通りでやっています。百パーセント市内から集めて捌《さば》く自給自足方式をとっています（笑）。

對馬　東京と秋田の古本屋で修行して、天満宮の交差点に六坪程の店を出して三年十カ月になります。一応何でも扱いますが、個人的に文庫や新書が好きなので、珍しいものを集めていきたいですね。

鈴木　満十一年になります。岩大が近いメリットを考えて場所選びをしたつもりが、学生の多さは商売にはあまり関係ありませんでした。私としては古書の部類を扱いたいと思っています。売買は全国の古書市や通信販売でも行っています。

千葉　東京で三年程下働きをした上で、盛岡では丸三年この商売をしています。古いもので、学問的なものを扱いたいと思うのですが、あと二、三十年しないと無理じゃないかな。個人的には民俗学などに興味があるんですよ。

鈴木　混同されがちですが、古書市というのは業者同士の入札会、交換会のことで、一般の方対象の即売会ではありません。

斎藤　私などは古書店というより古本屋さんという方がピンとくるのですが、どう違うのでしょう。

千葉　古書店は基本的に一点しかないもの、世界に一冊のものを扱うという点が新刊書店との違い。また古本はただのセカンドハンド、つまり現在流通しているものでも二番目だったという意味。古書は、どこかで時代の評価をくぐり抜けた、ある種の時間に耐えたというものですね。

鈴木　便宜上、昭和二十年を境にして古本と古書を分けているんです。それから古典籍といわれるものは明治期以前のものを称している。反町《そりまち》茂雄という人の提唱によるものです。古書店毎に明治期専門とか江戸時代のものだけと時代を区切ったり全部を扱ったり様々で、それぞれに特徴があります。だから新刊書店と違ってスペース産業にはなりえない。目録を発行して全国から注文を受ける所もあれば、店を重視して新刊を安く売る人もいる。それぞれが自分に合った仕事をしているので、普通の商売に比べると気楽かもしれないが責任も大きいと思っています。

吉田　僕らの場合は、お客さんが店に何を持ってくるかわからない。何でも扱っていますが……。

鈴木　一口に古本屋といっても方針も価値の見方も全部異なります。値の付け方も需要の有無や仕入れ状況などで変わってきたりする。すべてケースバイケースですね。

斎藤　例えば一般書の場合、池波正太郎が亡くなったりすると……。

東野　うちでは買います。

吉田　動きがすごく早いので、ダンボール一箱でも一カ月で売り切ると思います。

鈴木　うちではおそらく一冊も売れない。

吉田　村上春樹の「ノルウェイの森」はロングセラーなんですね。あの類の本は大概半年一年くらいで動かなくなりがちなのに、意外に生きている本なんです。市場の動向で私たちの対応も変わってきます。

客たちの表情は

斎藤　盛岡には今古本屋さんは何軒あるんでしょう。

吉田　九名が組合に入っています。県内では十二名。盛岡は人口比では多いですよ。

鈴木　新刊書店も多いんです。

吉田　仙台で盛岡の二倍はありません。秋田で三、四軒と聞いています。

對馬　秋田は軒数が少ないから本が集中して、床面積が大きいんです。どこも十五坪くらいはありますから。

斎藤　盛岡は読者が多くて古本が平均的によく売れる所なんでしょうか。

東野　平均というのは出せないんですね。例えばうちは文庫本主体で単価が低い。他店で全集物一揃い売れれば何万円となるわけで……。

鈴木　うちは県外からのお客さんが多いですし、その店ごとに特色がありますから。

吉田　全国的な傾向だと思うのですが、女性客の比重が高くなっていますね。今や半分以上。金額も男性客を上回る。大体、中年男性は本の買い方もシビアだし、昔に比べて読む本が少なくなっているようです。それだけ仕事オンリーの生活なのか……女性は古書の分野にも進出していますよ。

鈴木　うちは女性客は一割にも満たないんじゃないかな。

東野　昔は女性はあまり古本屋には来なかったですよ。でも最近は若いＯＬ、学生、お年寄りまで店に足を運んできます。

斎藤　一度入ってみると次から慣れるということもありますが、古本屋さんは大概入りにくいんですね。戸が閉まっていたり、誰もいなかったり、暗くてオープンでない感じがするんですよ。

鈴木　私はね、入りにくくても良いんじゃないかと思っているんです。

對馬　雀羅書房さんに初めて入るには、余程古書慣れしている人でないとすんなり入れないと思います、僕の店もそういう所があると思う。なぜそういう店構えにしたかといえば、本がきちっと並んだ堅いイメージの店には、いわゆる質の悪い客が来なくなるから。学生でも靴の踵をつぶしてはいているような子は、いくら買ってくれたとしても二度目は来てほしくないとさえ思う。自分の店で一つの基準をつくるというのは絶対に大切なことですよ。

鈴木　一番嫌なのは本を乱暴に扱う人。それがうちの基準です。

東野　そういう人には注意しますよ。

吉田　本の上に物を置いたり腰掛けたり、濡れた物を置いたりしても、今や新刊書店で何も注意しませんからね。マンガ一冊を丸々立ち読みして帰っても黙認している。これは本来異常な現象じゃないですか。

對馬　僕の場合、様になっているのは好きなんです。嫌な立ち読みは二、三分で出てもらいたくなるけど、雰囲気の良い立ち読みなら何時間いてもかまわない（笑）。例えば汚ない格好していても、本を知らなくても気品のある人っているでしょう。反面本をめくっていても何も読んでいない人は古本屋ならピタッとわかる。ドア開けて入ってきた時、売りに来たか、探しにきたか、雨やどりで入ってきたか、漫然と眺めるためか、これは絶対わかりますね。

斎藤　皆さんは本の知識も豊富でしょうね。

鈴木　書肆《しょし》学という学問の要素は入っているけれど、本で読んだ学問では私らの商売はなり立たない。現物を手にすること、できるだけ多く見ることなんです。

東野　二十年やってもまだ勉強ですから。死ぬまで勉強です。一年で軌道にのるなんて不可能。気楽な商売に見えてもそうじゃない。専門分野があるし奥が深いんです。

千葉　変な言い方ですが、おしゃべりな店主っていないです。それほどの暇がない。ただし聞かれたことについては知る限りのことを話します。そのかわり知らないことは本当に知らない（笑）。

東野　お客さんのくわしい分野を聞き出して、他のお客さんに教えることもある。

墨は流れず時に耐える

吉田　私が始めた頃は盛岡でも戦前の本を結構見かけたものですが、今非常に少なくなってきていますね。

東野　まず出てこない。

吉田　しばらく前なら太平洋戦争以降のザラ紙使った本などはゴミ扱いだったけど、今はそれさえ無くて、仙花紙《せんか》の本など東京市場では貴重品扱いじゃないですか。

鈴木　本の価値を知らないというより、こんな汚ない本は捨てろ、という感覚で燃やしてしまった人が多いんだね。

東野　古本屋に持っていっても引きとらないと思うのじゃないかな。特に昔のチラシやポスターなどは。

鈴木　そういうものをサルベージするのも我々の仕事の一つだと思う。

千葉　例えば古い時間表だって価値を持つ。ただそれを求める人に出会うまで待たなきゃいけない時間がある。盛岡に電話が引かれ始めた頃の電話帳とかね、見すごされ忘れられたものが、もう一度生き返る場所があれば、この商売も何らかの意義があるといえるんじゃないかな。

吉田　昭和初期に円本というのがありましたね。一円均一の全集本など、書斎の棚にドーンと納まったようなもの。そういう文学全集等は結構出まわって、今は値段的には二束三文になっているんですね。

鈴木　全集で揃っていると良いという概念があって残る率が高い。ところが単行本、小冊子等の貴重な資料は残らない。

千葉　昔の地図等も、年代毎にその場所がどう変わったかを見れるよう、編年で全部揃えている人はまずいない。一番我々が利用し、よく見ていたものの損耗率、消去率が高い。それらをまとまった形で持っていれば、何かを再現するよすがにはなるわけで、それを求める人も少数ながら必ずいるんですね。

鈴木　戦前の話でまた聞きなのですが、北村透谷の「楚囚《そしゅう》の詩」という薄い詩集がどこにも出てこないまぼろしの本といわれたんです。それが本郷の古本屋さんが気づかず山積みにしていた。見つけた学生が買い占めて他に売り、それで立派な家を建てたそうです。

斎藤　希少価値になると骨董品扱いになることがあるんですね。

鈴木　基本的には学問の資料ですが。

吉田　安藤昌益の「自然真営道《じねんしんえいどう》」（百冊余）を大館出身の狩野亨吉《かのうこうきち》が発掘しないと安藤昌益は世に出なかった。

斎藤　学者さんたちは研究のためならコピーをとれば良いのではないですか。

鈴木　紙質とか時代を判定するためには現物でないと……初版本という言葉は和本から出発した言葉なんですね。昔は版木を削って本を刷る。減ってきたらその部分だけとりかえる。すると読めなくなった所を適当に書き直したりするから文章まで変わる場合があるんです。だから初版本と重版本と全部つき合わせてみないとわからない。そんな意味も含めて初版本は非常に大事。

斎藤　傷んだ本は買いとらないのですか。

鈴木　それが無ければ困る人が沢山いるとすれば、多少傷んでいても良い本といえるわけで、一概に決められないのが古本屋商売の難しいところ。タダみたいに買ってそれを売っているという程度の認識が多いのは残念なんですね。

斎藤　古本屋さんの場合、博物館のような薫蒸処理など義務づけられないのですか。

吉田　今は全然ないですね。昔は結核を代表とする伝染病などの予防のためで、衛生状態が悪い時代の名残りで行なわれたのではないですか。

東野　うちのおばあさんが、一頁ずつ丹念に炭で火のしのようにしていたのを見たことがありますね。雀羅さんは入ってきた本を自分で製本しなおすのでしょう。

鈴木　種類によりますが、原型が変わってもさしつかえないような資料関係は製本屋さんに頼みます。ただ和本は自分でやります。例えば泥と一緒にくっついてしまったような本は水に漬けて泥を落とします。昔の本の長所は、墨が絶対落ちないこと。和紙もそのまま。それをゆっくり乾かしアイロンをかける。製本は和綴だから簡単。

斎藤　本の紙魚《しみ》はどうですか。

鈴木　通気性が悪くて湿気が多ければつきますが、虫干しするとほとんどなくなっちゃう。でも今は紙魚も少なくなりました。

千葉　大正以降の本は四、五十年で駄目になると聞きました。圧力がかかるとバリバリになってくっついて、頁をはがそうとするとちぎれてしまう。そういう状態はこれからどんどんでてくると思う。それ以前の和紙のものなら大丈夫なんですが。

欲しい人の手に

斎藤　目につけておいた本が次にいった時無くなっているとがっかりしますが、一冊だけの取り置きも頼みにくいもので……。

東野　一週間以内なら預りますよ。そういうお客さんは沢山いますよ。ただ中には一年も預かりっ放しの人もいて、その間本が寝ているわけです。本をどう思っているんでしょうね。古本を馬鹿にしてるお客さんもいて地面に置くと汚れるからと言って本の上にバッグを置く。古本だから許されるといった考えなんですね。

千葉　本棚のあらゆる分野をガタガタにしていったり。

鈴木　値切るのに夜の十一時十二時までねばって帰らない人もいる。

東野　昔ほど値切る人はいなくなりましたね。前は結構かけひきでやったりしたが。

千葉　長く通ってくるとこの商売の内側も少しわかって、微妙な言い方をしたり……。

斎藤　その辺は常連さんの親しみでもあるのでしょうが。

東野　ただし他のお客さんがいる時に、負けろと言うのはルール違反ですね。

斎藤　古本屋さんはサービス面では気を遣っているんでしょうか。

吉田　それはありますよ。結局は商人ですから。

千葉　古本の商売で自分を表現する場所というのは、棚づくりと価格設定しかないんですね。この二つだけであとは買って頂くという世界です。他の商売なら公定値段があり、店員や店の雰囲気などでも売るという要素があるが、我々はそれはありえない。相対取引という言葉が正確のような気がします。

鈴木　煎じつめれば、京都の骨董屋さんなどの商売みたいになる。店に商品そのものは出さないで、いくつか種類だけわかるようにしておく。

千葉　場合によっては「こういう本は無いか」と聞かれて、「ありますよ、ただしくらですよ」と奥の方から出すということもあるわけです。

吉田　しかし、暗い店舗の奥でなんとなく怖いおじいさんがじっと睨んでいるという古本屋のイメージはね、これは今や時代遅れですよ。

東野　古本屋も今は若返りましたからね。昔うちのおじいさんはお客さんが入ってくると睨むんです。それが怖かったと今も言われてます。

鈴木　普通の商売より、利潤を追い求めないんじゃないかな。古本屋って。

千葉　基本的に、一番欲しい人の手に本が渡るのが一番良い。また、価格って不思議なもので、欲しい人にとっては価格は無いに等しいんです。一方で安く買いたい人は順々に各店を回って一番安い店で買う。いわば絶対というのが無い世界でもある。

東野　数年間あちこち回って偶然見つけたとなると、すごく喜ばれますね。

鈴木　そういう時は仕事冥利に尽きる。

東野　その人の感激までは伝わらないが、やはりこちらまで嬉しくなります。

斎藤　私は大概一軒で買ってしまい、他を回って比べたりはしませんね。

吉田　最近は皆さんあまり歩かなくなりました。盛岡の古本屋が揃って古本市をやれば、お客さんにはとても喜ばれるんじゃないですか。店にはいかないけど、古本市には来るという人も多いですから。

對馬　古本屋に来る時は、自分が何を読みたいか決めて来るべきですね。学生たちも何か面白いものないか、とやってくる。ファミコンとかビデオとか受け身でも情報が入ってくるけど、それを無差別に借りて見ていると、自分の興味が何に向いているのかわからなくなる。活字を追うのはそれ以上の困難な、努力を必要とすることだと思うんです。どこに行くにしろ何をするにしろまず目的を定めてからにしてほしいですね。

千葉　新刊書店なら目的が漠然としていても、とにかく万遍無く見られます。でも古本屋の場合はなかなかそうはいかない。まず求める棚がどこなのかを見極めなくちゃいけない。

斎藤　私の古本屋さん利用法というと、まず新刊書店でまだ置いているものが、古本屋さんに安く出ていれば、それを買う。また、県内出版物はたいてい限定出版だからその古いものを欲しい時は古本屋さんに行きます。これは置いてあるコーナーがたいてい決まっているからすぐわかる。

對馬　今の若い入って、しゃがまないですね。一番下、一番上に何が並んでいるかを全然見ない。自分の目の高さだけ見ながらぐるっと回っていきますよ。

東野　うちでは安い本を腰より下に置いているから、ずっとしゃがみっぱなしで買っていくお客さんもいる（笑）。

千葉　別に図書館のように十進分類法じゃないからね。そこの店の親父が胸の内のアイディアで並べている。それもまた個性が出るわけだ。

鈴木　まずは百聞は一見にしかず。

東野　まめに歩いてみて下さい。

〔一九九〇年十月号〕

機嫌気褄は伊達にはとらぬ

引きぞわずらふアヤメにカキツ……美人揃いの盛岡ッ子芸者は、また、「自前」であることでも全国に珍しい存在です。きびしい芸修業とともに、培われてきた独得の伝統をいつまでもと、ベテラン姐さんが語る、その心意気――。

都多丸（幡街）　園香（幡街）　恵美香（本街）　登志丸（本街）
村井源一（村源商店社長）　司会・鈴木彦次郎

信じてくれない文字兵エ師の出稽古

村井　本誌の十月号に、盛岡と「常磐津一門」との深いつながりについて、小笠原よし子さんもふれておられましたね。

鈴木　ええ、ええ、これも盛岡芸者気質を育て、こしらえ上げてきた花街の、伝統の一面とも申せましょうな。

村井　いつでしたか、岐阜に参りましたとき、そこの姐さんたちに、「名古屋の姐さん方と盛岡の姐さん方は幸せです、文字兵エ師匠に直接教わることができて……師匠が出稽古なさるのは、盛岡と名古屋だけなんですもの」と聞かされましてねぇ。

鈴木　たしか、博多にも出かけられたようですが、……ま、いわれてみると、それももっともなことで……。

村井　文字兵エ師の、戦前最後のお稽古となったのは、いつでしたかな。

都多丸　昭和十八年でござんすか、戦争も大変なことになって、ほら、歌舞音曲禁止令とやらのお達しがでた年の、サヨナラおさらい会……八月一日でござんしたか、そのときは、師匠のほかに、望月太左エ門さんもご一緒で。そのあと、十九年からはずうっとお出でにならなござんした。

鈴木　戦後は、二十四、五年ころから、またこられましたな。

園香　たしか、瀬川屋さんが、旅館をなさるようになってからのことで……。

都多丸　稽古場には、杜陵クラブを借り申して……そしたら師匠が「この稽古場なら、日本一と言っていい」といわれあんした。

村井　天井なども立派なもんですからな。

都多丸　そのころ、お座敷で、旅のお客さんから――常磐津の誰がきているの、と聞かれてなっす、「文字兵エ先生」とそう申したら、「ハッキリしろよ、そりゃニセ者だよ」（爆笑）。私がなんぼ言っても、ほんとにされながんした。あとで、そのことを師匠にお話したら、「おやおや」と笑っておられあんした。

恵美香　文字兵エ先生が、東北にこられているなんて、信じられなかったんだなっす。嘘だと思ったまま、そのお客さん帰られたの……あやや、まんず――（笑）。

鈴木　私も、師匠とおつき合いしておりましたが、そら、先代山口徳治郎さんなども、稽古場には、よく顔を見せていましたな。

園香　ほんとに、考えあんすー……稽古はなんでも、きびしがんしたなぁ。

恵美香　テレビなどでいま、「ある人生」だとか、「跡を継ぐもの」などは、なんたって見あんす。よござんすねぇ。
登志丸　夏でもちゃんと白足袋履いて……あのなにか修業している人の眼。グッと、きあんす。
鈴木　芸事の話になると、目の色が変わってくるところなんぞ、盛岡芸者の芸者たるゆえんかな、こりゃ（笑）。
村井　盛岡ッ妓の根性なんでしょう。それでいて、美音の清元でも常磐津でも鼻にかけず、高ぶらず、とくるし……。
恵美香　あやや、大変だこと。
園香　あんまりほめないでくなんせ（笑）。

ゆきずりのお世辞とは別の情感が……

村井　芸の修業も模範的なら、盃の方もなかなかの修業ぶりのようで……（笑）。
都多丸　こんなこともござんした――ご酒のお強い方のお相手をしているうちに、溢れてきたんだなっす。でもその姐さん、アゲル寸前さっと袂に顔をつっ込みあんしたよ――お座敷はヨゴすまい、女中さんに迷惑かけまい……と頭にこびりついているんだなっすー。それも、身繕いが、正月衣裳のときでござんしたよ。

村井　ホウ……これも話のタネですな。

都多丸　そんなに酔っていても、おかしな仕儀に及ばれるもんなら頬っぺた叩いて「ご免遊ばせ」で、サヨナラと……（笑）。

村井　どうもね。よそからのお客さんに、「待合へ案内しろ」といわれるんで困ることがある。

登志丸　あんまり、しつっこいので、駅の待合室に案内し、「ここでござんす」と置いてきた話がござんすよ（笑）。

村井　よそのように、置屋がない、だから待合もない――盛岡の特色でしょうな。

登志丸　珍しいんだなっすー。

鈴木　あと、信州の伊那がそうかな。それから、盛岡には「輸入がない」こと。

園香　下り物も、上り物もいない……。

恵美香　地物ばかりで、みなさん、面白くなござんすエか？（笑）

鈴木　いや、若いころ、東京から友だちがきて、遊ぶべぇというから、ここは地物だけだよ、と言ったら、最初は浮かぬ顔だった連中も、なんと大ハシャギで一晩過しましたよ。芸もさることながら、人情には適当にもろい、姐さんたちの持ち前の話術のせいでしょうなぁ。

村井　標準語にはない「味」かな（笑）。

登志丸　「付けたり」じゃなくって、「実をつくし」たいんでござんすの。

鈴木　それだ。若いころ、初めて盛岡にきて遊んだことのある或る人から聞いた話なんだが、――恵美香さんのことらしい。若い連中のこととて、ご祝儀も包まなかったが、それでもちゃんと駅まで送り届けてくれた気ッぷには、まったく感服していましたよ。

園香　あんまり、例になっても、困りあんすよ（笑）。

鈴木　こうなると、盛岡人は損だな。駅まで送ってもらうわけにはいかないし……（笑）。

村井　送って貰った人も忘れないでしょうが、頰ッぺた叩かれた人も、これまた忘れないだろうな……「難攻不落」ぶりが（笑）。

園香　初手《はな》から、眼尻をさげてこられあんすと、立ち向かうこっちも、粋にさばくのに、頭ッこ使わねば……（笑）。

恵美香　それよりも、あるお座敷で、お客さんがあんまり大佛次郎さんに似ていらっしゃるので、こちら大佛先生にそっくりでおでんすこと、とそう申したら、「いや、どこへ行ってもそういわれるんで弱っている」と仰《おっしゃ》っていあんしたが、なんとあとで聞いたら、ほんとの大佛先生だったそうで、ガックンときたことござんすよ（笑）。

鈴木　おとぼけにひっかかったわけだな。

日髪、日風呂に、稽古は毎日

村井　全盛時代はいつごろかな。

都多丸　昭和五年前後――百人ちかくいあんしたよ、八幡には。

園香　函番があってなっす。三味線箱や、道具ッコを、紋入りの風呂敷に包んで、銀真田の紐で結んで、冬は、そりッコさ積んで運んでもらって……。

恵美香　本町でも、七、八十人でがんしたエか……わたしも、出たばっかりのときなんぞ、さっぱり流行らなくて、母さんから、髪結い代もらうのに、気がひけて気がひけて……（笑）。

村井　お稽古は？

園香　毎日でござんしたよ。

都多丸　踊り、常磐津、清元、長唄、鳴り物など四軒は欠かさなござんした。

鈴木　その間に、髪結いさん、風呂通い。

村井　日本髪でなけりゃ、取引先のお客さんなど承知しなかったもんで……ま、私も、あこがれていなかったわけでもありませんがね（笑）。

鈴木　私もね、加賀野の家のころは、まじめ学生だったんですよ（笑）。それが、いまの所に移ってからだなぁ――休みになるとほら、東京から友達がくる、いい加減しゃべって腹がへると、八幡馬場の愛名亭まできて、例の大きな徳利でやる。木の芽田楽や干しガレエでね（笑）。さ、夕方になる。すると八幡町の灯をチラチラ見おろすことになる、家に戻るよりも、「行ってみるんべぇ」（笑）。そして僅かの金を出し合って坂の下をおりるハメとなりましてねぇ。

恵美香　あや、それでも、下りでよござんしたねぇ（笑）。

鈴木　加賀野にずうっと住んでいたら、私の人生は、変わったものだったかもしれませんなぁ。

登志丸　でも、学生さんて、楽しゅうござんしたよ。ザックバランでいて、恥ずかしがり屋で、単純そうな裏には、こう何かつつんでいるようで……。

村井　いま、それぞれ立派な地位にいる人たちで、昔の高等農林や医専生時代はよくまあ、遊んだもんだと、話題に出ますよ。

恵美香　ほんと。ひところは、お客さんといえば、カーキ色と金ボタン（笑）。何しろ安い会費で集まりあんすえ。気の毒になって、奥の旦那衆のところから下げるお銚子に、間違ってカラでないのも下げて、それを差し入れしてあげると、喜んでなっすー（笑）。試験の最中でもくる豪傑もいあんした。でも、鉢巻などして、ノートなど傍に置くような学生さんは、見事、すべったようですよ。ケロリとして、ノートなんか、ブーンと床の間に投げて飲むくらいの人は、やはり特待生クラスでがんしたなぁ。

村井　そういう人たちが、ひとかどの地位につくとか、盛岡に出張してくれば、懐かしがって、必ず顔を出すもんでね。

園香　星代を気にしているのが、いじらしくなって、いいからいいからと、角火鉢の隅ッこで、燗ざめしたのを内緒でもらってきて、ゴールデンバットの銀紙を灰の上に敷いて、お銚子を暖めてやったりしてなっすー。

村井　いいねえ――そんな所作事も、新内なり、義太夫なりが身についているから、情緒も自然ににじみでてくるんだな。

鈴木　会話もね、いまはやりの、単純な間投詞のぶつけ合いじゃあなくってね。

ドラマのヒロインの、悲しい生い立ちなどとは、似ても似つかぬ……

村井　ところで、どちらも同じ人手不足――とくに若手の不足が悩みの種でしょう。

都多丸　コサミシナクなってきて（笑）。……なにか妙手ごあんしぇか。ほんとに「若さ」がほしがんすー。

村井　手っ取り早く、稼げるほうに、みんないくから、なかなかむつかしいわけだが花柳界のしきたりとか、芸の修業のつらさ、これも、一つの壁でしょうなぁ。

園香　それよりも、テレビとか映画の、あのお涙頂戴ものの主人公――たいてい芸者でがんすえ。あれが、いま一番、気になっていあんすの。「お金で芸者屋に売られる、買われる。そして好きな人とは別れて、愛していない人の子を宿す……」お決まりの筋書――あれが芸者だ、と思われているんじゃぁ。

村井　なるほど。それに、考えてみると、お手伝いさん、BG、OLなどと、みんな「呼び名」が変わっているのに、芸者はそのまま……。

園香　テレビに現われる、インスタント芸者（笑）とは、わけ、違うんだォなっす。

恵美香　お医者さんが開業なさるように、時間かけて、きつい修業としつけのお蔭でようやく一本に……。

鈴木　芸者ガールなどと、海外に流布されている、なにかこう、しいたげられた姿のイメージね。

登志丸　盛岡の芸者は、お客さんのお家まで、ちゃんと送り申して、奥様にご挨拶し申してなっすー。奥様も、わたしらのこと、お客さん扱いなさって、親しく出入りするところって、よそにごあんすェか……。

恵美香　よそから来ていない。親子、姉妹、みんなに育てられてなっすー。

登志丸　ホステスさんだちは、どんどんお勤め先を替えられるんとも、わたしたち、どこへも行くところがない、盛岡育ちの盛岡芸者でござんすから……。

都多丸　そこでがんすの――母さんは、ご飯食べらせてからか、お結びを持たせて、わたしらを出しあんしたよ。お座敷にゆけばご馳走がでる、誰だってお腹空けば食べたくなりあんす（笑）。そこで、根性のわるい不作法などされないようにって、きつく言われて育ちあんした。

鈴木　そのしつけ、マナーのよさ。これがいのちですよ。

芸者のニュー・スタイルを……

村井　安メロドラマの批判まで飛びだしましたが（笑）、「通」の常連客ばかりがお客さんじゃない、年令層も広くなっていくわけだし、全国からお客さんが見えられる盛岡のきょう日ですから、考えなきゃなりませんな。

都多丸　頭きり替えねばならなござんす。なんじょにして増やそうかと……新聞かテレビに募集広告出しあんすか（笑）。

園香　昼働いていて、夜だけならという人もござんしたが、何か窮屈で、むづかしいものと、思っておでんすの。

恵美香　こう、時間がズルズルとなりそうなのが、若い人は嫌なんだなっす。あと、芸が揺くって叱られるんじゃないかとか……八時間労働で割りきらねばなっす。

都多丸　最初は、何も知らなくってもいいから、お座敷に出て、馴れて、習って、名乗りあげるのは、あとでもという、いき方もござんすェ。

園香　二次会の席は扱いやすござんすからいろいろ、向き向きに、使いわける方法とか、踊りも、金山なり何か一つ二つ覚えていれば、まずいいんだなっす。先輩格の姐さん方は、眼をつむって、みんなで頭きり替えあんすェ。料亭さんにもお願いして……。

都多丸　料亭さんのほうも、わたしらも、考え方同じにしないとなっす。若い人がどんどん増えて、先輩なにボヤボヤしているのって、どやされて……、早くもうラクしとうござんす（笑）。

鈴木　芸者学校といった風なものを作って養成してね、あとはお客の好みで、三味線音楽を好きな人、民謡だけの人、お酌だけで楽しむ人、というようにでもしたら……。

都多丸　いつか、みんな集まって、相談コしあんすェ。格式も、しきたりも、こだわらない大きな考えでなっすー。

恵美香　姐さん方が、固まって、若い人を迎えたなら、早くなつかせることだなっす。みんなで育てて、そして、その人がまた、友だちを引っぱってくるように（笑）。面白くて、楽だよと、いわせるムードを造りあんすェ。

鈴木　料亭さん側とよく相談されて、いい人をふやすことですな。そのことが、どちらも栄えることにつながりますものね。

村井　民謡や歌謡ブームの、この時代にふさわしい芸妓の、ひとつの「スタイル」を生みだす時期、と思われますな――それは国体を迎える町としての、宿題でもあり、観光客受け入れの面でも、盛岡に、この世界の伝統はのこしたいものですな。

〔一九六八年十二月号〕

盛岡芸者を応援しよう

赤坂　環（フリーライター・てくり編集）

縁あって盛岡芸者の冊子づくりに関わり、文章を担当した。とはいうものの、それまで盛岡芸者の芸を見たことはなく、常磐津だ、義太夫だ、などと言われてもその違いがわからないほどの知識レベル。慌てて資料を読んでみたら、驚いた。明治四十一年に福島市で開かれた東北六県連合共進会では、演芸の部で見事優勝！また、岩手日報夕刊の連載記事「盛岡　芸者今昔」をまとめた『ひだりづま』には、著者の及川和哉氏が、祇園の芸妓置き屋のおかみさんの口から盛岡芸者の踊りの評判を聞いて驚いた、というエピソードが掲載されていた。花柳界を代表する祇園のおかみさんが褒めていたくらいだから、当時盛岡芸者の踊りはかなり高い評価を得ていたに違いない。さらに時代は定かではないが、「盛岡は関東以北一の芸どころ」と評価する声もあったとか。う～ん、盛岡芸者の「芸」ってどれほど高いレベルにあるのだろう。これはぜひ見てみたい！

と思っていたら、運良くその機会に恵まれた。今年の一月十七日に開催された「盛岡ブランドフォーラム２０１０」の特別企画として、「盛岡芸者初春公演」が行われたのだ。演目は「南部音頭」、「初春」、「数えうた」、「金山踊り・からめ節」の四つ。もちろん、現役で活動している五人の盛岡芸者が勢揃いするという。

たまたま仕事の関係で興味を持った私は別としても、一般的に盛岡芸者の芸に興味を持ったり懐かしく思ったりして出かけるのは年配の方たちだろうと思っていたのだが、当日は意外にも幅広い年代の男女が集まってきていた。知名度は予想以上だ。

そして、いよいよ開演。五人の芸者さんたちは、演目によって時には三味線を弾いたり時には踊ったり。「そうか、踊るだけじゃないんだなあ」と、その芸の幅広さにあらためて感心させられた。また、紫根染の絹布を持ちながら踊るシーンにも「盛岡芸者」らしさを感じて、ちょっと感動。もちろん芸そのものについてはわからないけれど、ほんの少しの仕草にも「美しさ」を感じた。それは踊りだけではない。座って三味線を弾くその姿勢にも、凛とした雰囲気が漂い、カッコイイのだ。

このように素人の私は、踊り、長唄、常磐津、鳴り物（三味線、太鼓、鼓、笛などの総称）などすべてにおいて極めている（と私は思った）点に、盛岡芸者の素晴らしさを感じた。

前出の『ひだりづま』によると、昔は芸者を目指す女の子たちは、これらのお稽古事に毎日朝から夕方まで「はしご」しながら通って、芸を身につけたとか。しかもその厳しいお稽古は、芸者になってからも続けられたという。冊子づくりの際にインタビューさせてもらった現役の盛岡芸者・てる子姐さんが、「年末も三十一日まで稼ぎ、翌日の一日もお稽古に行っていた」と話していたのには、素直に頭が下がった。

その時思ったのは、明治時代から盛岡芸者に脈々と受け継がれているのは、高いレベルの芸だけでないということ。そんな日々の努力や芸に向き合う姿勢も、盛岡芸者の「伝統」として受け継がれているのだ。

そしてその「伝統」を未来に引き継ぐために、新しい試みが始まった。盛岡市が国の「ふるさと雇用再生特別基金」を活用して、三月から三人の新人芸者の育成を始めたのだ。

実は盛岡芸者は、一人前になるまで厳しい稽古が必要で、現代のように料亭やお座敷の数が激減している中で収入を確保しながら稽古を続けるのは難しいことから、後継者難が大きな課題だった。そこで盛岡市が基金を活用して、二年間限定ではあるものの雇用賃金や稽古費用の一部を負担することになったのだ。

応募者数二十一人（しかも全国から！）の中から選ばれた「難関突破」の三人には、期待がいっぱい。すでに稽古はもちろん、料亭での研修にも励んでいるらしい。

盛岡の「宝」ともいうべき盛岡芸者の芸の継承者として、市民みんなであたたかい目で見守りませんか。

〔二〇一五年五月号〕

町自慢

私の城下町・盛岡①

南部藩二十万石の城下町盛岡。ここに生まれ育った人達にはそれぞれに大切な町の風景があることでしょう。純粋盛岡人の皆さんが集まった「私の町」への思いを語る座談会。二回連続でお届けします。

池野亮一（木津屋食品工業代表取締役）　高橋幸市（材木町商店街振興組合理事長）
永洞一夫（いわて結いの会副会長）　松本源蔵（カメラのキクヤ社長）
村里桃苑（書家）　司会・斎藤五郎　記録・和田貴栄子

斎藤　松本さんには本誌で毎号「私の城下町」を書いて頂いているようなものですが、生え抜きの本町の人ですよね。

松本　まんつなっす（＝まあね）。あの辺の道は真っすぐ行くと必ずぶつかって曲がる。なんたってぶつかるの。ほかの町とちょこっと違うなと子供心には感じてらった。そしたら誰かに「あいづはな、五の字型都市計画といって、殿さんがやぐだり（＝わざと）こしぇだ（＝拵えた）ものなんだ。敵が来ても、どごだりサ迷うようにこしぇだんだ」って教えられたのが、私にとって城下町を意識した初めでしょうなぁ。花屋町だの油町もガッツリぶつかる。

池野　城下町って大体そういう造りをするんですね。

松本　ああいう町並みでは一軒家より長屋が多かったの。落語に出てくる長屋を肌で感じてたな。壁を叩けば返事するとかね。ほんとにそんただった。

池野　私は川を挟んで岩手公園の真ん前で育ったものですから、一歩家を出ると中津川があり、中の橋、毘沙門橋、下の橋が見えて、公園がある。そんな風景自体が私の城下町ですね。

永洞　私は松尾町、昔の新馬町育ちなんですよ。八幡町いわゆる幡街《ばんがい》の裏にいたから、その辺が私の城下町なんだなぁ……。お八幡さん、馬検場、それから遊郭。赤線じゃないですよ、遊郭ね。この間、南部利昭さんから「南部家あれこれ」という殿様の話を聞く機会がありましてね。例えば朝ごはんの席に着くと、両親と兄貴が箸をとらないうちに食べるのは厳禁だった。嫌いなものを残すと、食べるまで出してくる。そういうことは実にきちっとしていたそうです。私ら下々もやっぱりそうだったなぁ。朝、神様に手を合わせ、チンと鳴らして仏さんに手を合わせ、少し悪いことすれば、ばぁさまに「八幡さんサ行って拝んでお詫びしてこい」と言われたり。

斎藤　私も八幡育ちだけど、あの辺の子供はみんなそうだった。あの界隈の家は料理屋さんとか女郎屋さんとか、裏までずっとつながっていて、入りにくい人は裏からこそっと入ったの。

永洞　小さい頃、お女郎さんたちに「おんで（＝おいで）、おんで」って呼ばれて行って飴ッコ貰ったりしたの。きれいな姉さん方で、もっとも次の朝マ見るとがっかりしたりして（笑）。そういう時代だった。六十年前だンとも。

あの匂い、あの音が、町の風景

斎藤　村里さんの思い出はなんぼでもあるでしょう。

村里　育った町は鉈屋ッ町でしょ、なーんでもあるわけですよ。米屋、酒屋、荒物屋、こんにゃく屋。塩屋も麹屋も。産まれる時から死ぬまで全部！　ちょっと行けばガンコヤ（＝葬儀屋）もある（笑）。湧き水、風呂屋、なッてもあったんですよ。今ふっと行ってみて、あーあいいなと思うのはあの鍛冶屋の音ッコね。角ッコの斎坂さんが今でもふいごを使ってるから。

斎藤　ああ、城下町だなぁ。

村里　今は無くなったけど、ちょっと奥サ行くと鉄沓屋《かなぐつや》があって、いッつも馬の蹄鉄をカッチンカッチン打ってね、骨を削ってコテをかける。

松本　あれは骨ではネよ、爪だ（笑）。

村里　あら、そうだ（笑）。馬の爪だね。焼いて鉄を打ち付けるのだから匂いがするの。皮屋もあった。番屋の隣の家で裏さタヌキ飼ってて皮鞣《なめ》しをやってたんですよ。独特な匂いがして、今で言えば動物園の匂い。そこも遊び仲間の家だったの。

池野　盛岡の通りの中で昔から一番変わっていないのが鉈屋町ですね。部分的にお店が新しくなったりはしていますけれどね。

松本　地元の人から鉈屋町をそのまま残す運動がおきてるそうだ。盛岡らしい町は今あそこしかないからな。

斎藤　あそこを残すために、道路は広げられないから川の側を広げなくちゃならないんだな。

村里　ところがあれ以上広がらないんですって。あまり壊さないで守るように工夫してほしいね。

斎藤　仙北町が道路を広げたら、なんだか仙北町じゃなく違う町になってしまったような気がする。材木町も一変しましたね。

高橋　特に茅町方面は縦長屋になりました。

松本　縦長屋マンション。

村里　駅に近いから観光客にはすごくいい町になったようですけれど。

高橋　観光と修学旅行が五月の半ば過ぎると増えて来ます。

斎藤　例えば観光客に城下町らしい所に連れて行ってくださいと言われたら、どこに案内しますか。

松本　やっぱり鉈屋ッ町ス。

永洞　公園から歩いで行って、莫蓙九さんのあたりを川の方から見せる。

高橋　北山も。寺町辺りも修学旅行の子供達が地図を見ながら歩いていますね。

人馬賑わい、荷が集まる町

斎藤　ところで、私は昔の材木町ってわからないんですよ。

高橋　昔は夕顔瀬の所には惣門があったの。そのうち新田町ができて、今の城西町のスーパーマルイチのあたりに移ったんですが、明治維新で秋田戦争が始まると夕顔瀬に御番所を置いたんですね。そこから梨木町の方に続くのが山伏小路でした。藩政時代に山伏さんたちが住んでいたんでしょうが、お墓の跡が多い所でした。材木町は二つの町が一緒になって今の形になっているんですよ。信用金庫さんを境に旧材木町は呉服屋や買回り品の店が多かった。夕顔瀬橋寄りの茅町は雑穀屋が多くて私ら小さい時分は、朝八時頃になりますと滝沢、玉山方面から馬車が集まってくるの。問屋で荷物を下ろし金をもらって、それから「ちょっとムゲマツァ行ってくる」って仁王小路から肴町に行くんです。私らは中津川を挟んで肴町方面をムゲマチって言うんですよ。

村里　はあ、向かい町ねぇ。
高橋　簡単に言うとマヂさ行ってくる、と。
永洞　こっちから見ると材木町がムゲマヂだった。
斎藤　そうすると惣門は、南と材木町と。
村里　上田にもあったったのね。
斎藤　明治二十三年に盛岡駅の開業で開運橋ができる前は、夕顔瀬橋が主要な橋だったんですね。材木町は大変な宿場町だったんだ。
松本　だから食べ物屋だの宿屋だの、みんな並んでらんだ。
斎藤　軍隊華やかな頃も賑わったんじゃないですか。
高橋　軍隊御用の物を納める会社がありましたからね。騎兵隊がおった頃、護国神社の参拝に大部隊がぞろぞろ馬で来るわけで、馬糞が大変なんです。通り過ぎるとみんな一斉に店から飛び出して全部かき集めて。どの家も奥が深くて、裏に庭や畑があるから肥料にするわけです。そうするとものすごい匂いがしまして。普段でも旧茅町の方は馬車引きさんたちの馬糞があるものですから、しょっちゅう匂いがしたものです。
松本　昔は舗装していないから、砂利道みってなもんだもの。そごサ馬のクソ落ぢる、それが乾ぐ。風吹げば飛ぶ（笑）。
高橋　だから前を通っている堰も、しょっちゅう水が流れているようにしないと水撒きできないですよ。

村里　そういえば昔はどっこも堰があったもんだね。そこから水撒きしてたった。

松本　堰こそ城下町のころからあったんだな。いつ頃造ったものなんだか。いまは堰は無いな。

斎藤　つまりは下水道。あるいは殿様時代に川から引いた生活用水や農業用水だったりした。

松本　考えて見ればたいした工事だなぁ。

永洞　この間、南部さんの話を聞いた時に四十年かかってあの不来方城をこしぇだっていうんですよ。俺、最後に聞いたもんな、「ナンボかかりあんした」って（笑）。「記録が残ってないもんであんすか」って。北上川の流れを変えて、山を崩して、石運んで……。とんでもない工事だ。

斎藤　領民に食べさせるためにちゃんと賃金を払って働かせてた。ただで稼がせたことは金輪際ないそうです。だから城造りは一種の救済事業。

松本　公共事業だな。

永洞　その銭コをね、貯めてたのか何なのか、どこから出したべと思ってね。

高橋　鹿角の金山ですよ。それから紫波の大ケ生の金山。

斎藤　年貢ですよね。

高橋　当時は金が領内でどんどん採れたからよかったんですよ。元禄以降出なくなったの。それで凶作の追い打ちがかかったもんだから藩の経済がおかしくなった。

馬ッコが走り、象も来た

永洞　さっき馬糞の話が出て思い出したんですけどね、俺は馬検場の側だったの。子供の頃に馬市が盛んだったんですよね。いつだか、馬一頭が離れてス、餌差《えさし》小路の方サ馬がダーッと走って来たわけ。みんな「危ね！　危ね！」って言ってる時に一人の男の人がね、馬の走ってくる前にパッと両手広げて仁王立ちになって馬の首っ玉サとっついて、ギュッと手足で締め上げて止めたっけよ。俺、未だに覚《お》べでるの。

村里　子馬ですか。

永洞　いやいや大っきい馬。何に興奮したか。それを止めたのだから、たいしたもんだなと思ってね。

斎藤　講談には「夕立」という荒馬をそうやって押さえた任侠の話で「夕立勘五郎」っていうのはあるけど。できるんですね。普通は蹴っ飛ばされるよね。子供の時に、犬が襲いかかって来たら股開いて手を広げろと「少年倶楽部」の「知恵のダイヤモンド」っていうコラムで読んだが（笑）。自分を大きく見せて相手が一瞬たじろいだ所にしがみついたというのは正解なんだ。

永洞　ああいうのがやっぱり城下町の男なの。俺だば逃げる。今はそういう人もいなぐなってしまった。もっとも馬ッコも走らねがらな（笑）。

村里　馬が逃げた話から思い出したんだけど、サーカスの象が逃げて家サ入って来たことがあるんですよ。

永洞　ゾウが逃げて家さ入って来た？　ぞっとするなぁ（笑）。

村里　サーカスのＰＲに町を練り歩いたんですよ。その時、下町《したちょう》を真っすぐ降りて来た象が、ちっちゃい象だったけど、ちっちゃいって言ったたって象は象だぉんね。

松本　ハハハ！

村里　真っすぐ鉈屋町の家サ入って来たの。私が六つか七つの頃だったらしいです。うちの母はもう私のことを抱えて屋根サ逃げたそうです。祖母は蔵サ入ったんだって。

一同　ハハハハハ！

村里　店の机を鼻で持ち上げてみんな片脇サ寄せながら、座敷サ入って来たんですって。

永洞　「ごめんくなんしぇ（＝ごめんください）」ってスカ？（大笑）

村里　なんじょにも（＝どうにも）ならなくて、裏庭の隣の家の塀との間ッコさ押し込んで、サーカスの人に連れてってもらったたっていう話。

斎藤　下町ってどの辺りですか。

村里　〝あさ開〟さんの村井さんの辺り。永泉寺の前の坂になっている所。あの辺りに白岩さんっていう蚕屋さんがあったの。

斎藤　昔、町中でも蚕飼っているところありましたね。

村里　裏に広い所があってね、ずらーっと大きく蚕棚があって、あそこは湧き水が豊富で家の中の台所まで水が流れてたの。白岩商店の箱サ入った真綿を私まだもってますよ。

斎藤　蚕を飼っている家の中では寝られたもんじゃないのね。

村里　あの音でしょう。ザワザワと蚕棚の蚕が桑の葉を食べる音。大きくなって体が透き通ったようになってくると、ワラを差したようなのを置くんですっけ。そこにみんな繭をかけるんですよ。

斎藤　昭和の時代に市内にそういうのがあったわけですね。

村里　私が小さい頃までじゃないかな。

斎藤　昭和十二、三年。そのころは落下傘になってたんですね、シルクは。

松本　何軒くらいあったんだろう。

村里　そこ一軒しか知らないですね。あの辺りは山があってすぐ水原町っていう所で。

斎藤　八幡山ってね。

村里　そう、十六羅漢の所からうっそうとした山でね。

斎藤　バイパスなんか勿論なかったんだから、あそこを行けば田圃で、簗川で。

村里　神子田だってちょぴっと短かったんですよ。私ら小学校の時は全然家がなくて、後ろはずっと荒れ地で、簗川まで泳ぎに行ったころは何にもなかったですよ。

池野　紺屋町に斎坂さんのような蹄鉄屋さんがあったのは乙部街道の方からくる人達のためですね。

村里　鉄沓屋もあったし、うちの隣はモッキリ屋（＝一杯飲み屋）で、いッつも家の前サ馬車が止まってたの。

松本　昔は馬車だらけだったんだからな。

高橋　材木町には蚕を飼っている人はなかったけれども、夕顔瀬の灯籠建っているところに繭屋の店がありまして、時期になりますと近在の人たちが繭をもって集まってくるわけです。違う商売の店でも繭屋さんに貸して集荷させたりしていましたが、そうすると繭臭くてね。

村里　匂いがね、すごいですよね、あれ。

高橋　時期になると家の中は繭だらけですよね。そこに名札をつけたのを頼まれて馬車で運んで来るんです。それを見て目方かけたり、升で計ったり。昔の人は入れ方によって得をするという繭用の紙の升まで作ったんだそうです。厨川の国鉄アパート、今はマンションが建っている所に製糸工場があったんですよ。

永洞　はあ、そうだったすか。ムゲマヂのことはやっぱり分がらねぉんな（笑）。

橋から岩手山を遥拝した

斎藤　夕顔瀬橋の横の灯籠は橋の上にレプリカを置いたりしてますが、あれの由来がわからなくて。

池野　説明板みたいなのがあるんですけれど、歩いてあそこを通ることがないもので、読めないいんですよ。

高橋　慶応二年かな、大火があったんです。三ツ家から火が出ましてずっと河北が焼けて、たまたま材木町が焼け残ったんですね。これも日ごろ信仰し拝んでいる岩手山のお陰だというので、お礼申し上げようと基金をつのり、灯籠を作って橋の中島の真ん中に二基建てたんです。その後、鉄の橋になった時に乗せられないことになった。橋が構造上振動するのでね。最終的にレプリカで我慢ということになったんですよ。

松本　岩手山神社とは関係ないんだな。

斎藤　神社といえば、今年はお八幡さんのお祭りに盛岡四百年記念で山車が十台も出ましたね。お祭りで秋が来るという気がします。

村里　お祭りで思い出すのは、アセチレンの匂いとサーカス、見世物。私ら夜に遅く帰ったりすると「人さらいにさらわれてサーカスさ売られるんだじャ」って言われて。

サーカスは売られた人達がやっているもんだと信じてた。

永洞　サーカスで「大イタチ大イタチ。世界で一匹の大イタチ！」っていうから入ってみたらおっきな板サ血ッコをぺっこ（＝少し）付けたので大板血だと（笑）。

斎藤　サーカス小屋の隣には「はいはい、中のねえちゃんよ」って因果モノの見世物があって。でも今はああいうことやってると差別問題でしょ。できないわけですよね。八幡の通りも歩かれないくらい大道商人が両側へずらーっと出たものだけど、それも今は禁止され境内ばかりになった。

永洞　だからおもしぇぐねんだ（＝面白くないんだ）。

斎藤　暴力団排除で〝フーテンの寅さん〟のタンカ売りの大道商人が消えて、お祭りの面白さが無くなった。うちの子供らが中学生の頃かな、まだ空地だった山王ハイツの所でサーカスをやったが、あの時で終わったという気がする。ああいう雰囲気はもう味わえない。あそこで一カ月くらい、小林旭によく似た二枚目がオートバイで曲乗りをしていたもんですよ。

村里　そうそう、サーカスっていえばオートバイなのね。時々ちらっと幕開けて見せるのね（笑）。

永洞　ほんだほんだ（＝そうだそうだ）。ほんだった。

懐かしい昔の風景を思いながら、城下町盛岡の話はまだまだ弾んでいます。この続きは次号をどうぞお楽しみに。

〔一九九七年十月号〕

私の城下町・盛岡②

南部藩二十万石の城下町盛岡。ここに生まれ育った方々の思い出語りから未来の夢へ「私の町」の話は尽きません。二回にわたった座談会、後半です。

斎藤　盛岡生まれ盛岡育ちの皆さんに本音で話す「私の城下町」を伺って来ましたが、この街はこれからどういうふうに成長していくんでしょうね。

永洞　今年は築城四百年って盛んにＰＲしてるけど、今はやりの言葉でいうと一過性で、未来に残るようなことはやっていないような気がする。

斎藤　お祭りだから一過性でもいいけど、むしろ何も作らず、手をかけず盛岡のこの自然がそのまま百年後に残っていたら世界の奇跡。そんなふうにも思うんですが。

永洞　別に、何か立派な記念の箱物を拵ぇろというのではないのス。面白ぇことを何か始めたらどうかということ。例えばサ、盛岡市議会を一日だけ、盛岡弁だけで喋る日にする。藤川議長が「これから始めあんすよ、良がんすか」って決議で聞いてサ（笑）。議員もみんな盛岡弁で喋る。そしたらみんな傍聴に来る。俺も行ぐもの。四百年の時にこういう面白いことも始めたというようなことをやってほしいな。

斎藤　城下町と言っても、古い町の面影と人情は今どこに生きて残っているか……。八幡などはどちらかというと古い町だけど、みんなテナントだから別の所に住んでる。

永洞　すると困るのはゴミ。朝はいないから夜中に出して行くと収集車がくる前に朝マにカラスが来てつつくわけ。朝の八幡はゴミだらけだよ。

斎藤　でも、盛岡は道を歩けばゴミひとつ落ちていないという感じがするけれど、それはみんなが陰で努力しているから。富士見橋を毎朝掃除する方もいる。

松本　上の橋もそうですよ。メガネかけたおじいさんが毎朝掃除してる。

斎藤　市勢功労賞っていうのはそういう人にあげるべきだ。

村里　そうですね。

盛岡には武家屋敷がないか

池野　私ね、不思議だと思うのは盛岡に武家屋敷がほとんど残っていないこと。県都だから、武家屋敷だった所も公共用地で官庁とか何かに変わってしまったということなんでしょうか。

高橋　維新後に白石に転封になったために、色々な道具を売り払って、みんなそっちにいったわけですよね。すぐ帰ってくる見込みがあれば家屋敷まで手放さなかったと思いますが、手放してその後に買った人が別な屋敷にしてしまったのかもしれない。

斎藤　戦前まで若干は残ってた。下小路に茅葺屋根の家がありましたものね。啄木が「小天地」を発刊した時にいた辺りも下級武士が住んだ家がありましたよね。

永洞　ぶっかして（＝壊して）しまったのを今さら喋べったってしょうがないのだから、中央公民館の所に糸治さんの建物（国の重要文化財・糸治は南部藩領内唯一の紫紺染問屋、中村屋の屋号）があるでしょう。あそこの使い途がもっと何かあるんじゃないかと思うの。「あ、おもしぇそうだ」っていうふうにしなきゃ、誰も入って見ない。例えば、昔糸治さんが商っていた物を置く。盛岡名物の「ぶぢょうほまんじゅう」を売る。わんこそばをやる。木津屋の味噌を置く。記念撮影をカメラのキクヤが担当する。中村家の由来を村里さんが筆で書いてあそこに張る（笑）。なんぼでもやることあると思うんだ。そうしねば城下町は残らねよ、もう少し遊ばねばワガネ。五百年に向かって何を残すか。

池野　一方では近代化も必要だと思うし、道路も広く真っすぐにしなきゃならないでしょうし、なんぼ城下町だからといって、いつまでも全部そのままというのは無理なんですね。だけど残すべき所はきちっと残すという姿勢がないと、いつの間にか虫食いになってちょこちょこと穴があくでしょう。スポットではなくゾーンとして、ある程度のスペースとして城下町を残さないといけないと思いますね。例えば、銛屋町、神子田、大慈寺の一画。あの辺は毎年お盆になると家の前にかがり火たいていましたね。

村里　今でもやってますよね。

池野　あそこだけですよ、今は。

斎藤　角館は市が全部買い上げて、ただで貸す形を取っていますが、そこまでやらないと残りません。

村里　結局世代が変わってくると新しく建て直したくなりますからね。

旧町名はいまだ生きているか

松本　しかし、旧町名がなくなったのはもったいなかったな。

村里　昔のまま残したいね。南大通なんていわれたって、わけわからないの。

永洞　郵便配達に便利なだけですよ。

池野　効率優先の。

松本　いまさら戻らないだろうし、仕方ないから行政の呼び方と、通称と使い分ければいいんでないかな、カッコ付きで。

池野　所々に旧町名の案内板が立っていますね。
村里　旧町名マップがあってもいいよね。
池野　市役所の市民ホールの壁面に大きなセラミックで作ったのがありますよ。一度ご覧になってみてください。
永洞　去年、六日ッ町の馬頭観世音に拝みに行ったとき、「何番札所、次は油町どこそこ」って書いてあったの。祇陀寺の前サ来たっけ、そこサも残ってた。懐かしいと思った。そういう意味では旧町名はまだ生きてるんですよ。
斎藤　茸出町とか磧町とか、みんな屋根葺き職人の町でしょう。ふきでちょうの言い方も我々はふぐでっちょう、仙北町もせんぶぐちょうって言ってしまう（笑）。
池野　仙北町は秋田の仙北郡から来た人達の町でしょう。
斎藤　三戸町は青森から。六日町とか八日町とか十三日町は市日から取ってる。小人町というところがあったわけだけど、小人なんて、今は死語、差別語でしょう。
松本　なして小人町って言ったんだかね。小人町はおもしろいな。
池野　小人というのは藩政時代の下っ端階級の人達が住んでいたんじゃないですか。お小人衆なんて言葉があるから。
高橋　小人と書いてコニンと言ったの。下級の足軽以下の、もしくは人夫仕事をするような方々。

斎藤　足軽というのは侍じゃないから「足軽尻軽食いたがる、鉄砲持たせりゃ重たがる」と（笑）。あの人たちはどっちかというと「渡り」で地元の人じゃないんです。出稼ぎにあっちこっち歩いて稼ぐ人。

松本　上田組町は足軽さんたちがいた所かな。

斎藤　富士見町というのは後でつけたので、粋な名前ですよね。

村里　富士見町はね、うちのおじいさんが付けたんだって。玉山から出て来た時あそこはなんにも無かったそうですよ。あそこさポツンと家建てて、岩手山が見えて、道路も何にも無かった頃らしいですから、富士見町と付けて玉山のほんとのじぇんご（＝在郷）から同郷の人達呼んで、部落をつくったんだって。

松本　富士見橋もそいづを真似たんだな。

斎藤　菜園に鶴舞町とかってあったんじゃないですか。これも後で付けたんだろうけど、きれいな名前だなと思ってね。

高橋　あの辺りを南部さんから払い下げた時おめでたい名前を付けようとなって、そういうので考えたらしいですよ。

斎藤　南部家の家紋も向い鶴ですからね。どこかに出陣するとき杯ッコ持ったら鶴が二羽飛んで来て杯の中に鶴が二羽映ったという話は出来過ぎですよね。本来の紋は武田菱。今年四百年とは言うけれど南部家の歴史は実は八百年なんですよね。

永洞　そうそう、四十五代当主の南部利昭さんもそう言ってらっけ。「城つくってからは四百年だけど、ほんとはオラホは八百年でがんす」って。

斎藤　山梨から三戸そして盛岡に来て、城を造って四百年。初代の光行公以来、八百年続いたのは日本で薩摩と南部さんだけなんですよね。

むにゃっと柔らかいニュアンス……

永洞　今日は松本さんおでったから、ぜひ伺いたいと思ったのは盛岡弁の話。子供の頃なっす、おらほのお袋のお袋つまり、バサマだ（笑）。バサマがね、俺が夕方の頃に遊びに行く気してれば「オマドキだから行くな」と言うの。そのときオマドキってわからねがったわけだ。だんだん俺もおっきくなってサ、もしかしたら「オマドキ」に人さらいが来るとか、薄暗くなって蹴つまずくとか、逢魔が時でないかなとひょっと思ったんだが、なんじょなもんだえん（＝どんなもんだろう）。

松本　俺はその言葉は記憶が無《ね》な。調べます。字引みってな本ッコがあるっけから。

斎藤　私は今一瞬「おまんまの時」かと思った。

村里　御飯時だから行くなと。

永洞　はーァ、そいずは気が付かなかった。そういうふうに残っている言葉を集めるのも一つの文化だと思うんだよね。

斎藤　それで育てられてきたんだもの。盛岡弁の本もいくつか出たことはあるけれど、改定版で復刻すればいいんだけど。今は手に入らないでしょうから。

永洞　あと三十年もたてば誰も分からなくなるからス。活字には、いわゆるイントネーションがないわけですよ。だから今のうちに源蔵さんにCDにでも吹き込んでもらって、そしてほんとの盛岡弁ズのを声でも残した方がいいでば。

斎藤　本は発音記号ではっきり書いてもらうべきだしね。今、盛岡弁を話せる人っていないんですよ。以前に生きた盛岡弁を採集しようとしたらテープ出すと話し手が標準語風になってしまうの（笑）。

松本　ほんとに今のうちだな。

永洞　盛岡弁を守る話で座談会をやってくなんせ。松本さん、今のうちでがんすよ。

村里　やっぱりねえ、盛岡弁っていうのは活字じゃだめなんだよね。なんかこの、はっきりしない、むにゃっとしたのが多いから。

池野　いろんなところで盛岡弁を書いたのがあるけどやっぱり違うんですよ、絶対違う。絶対文字では表せない。

高橋　場面場面でちょっと違ってくるしね、同じ言葉でも。

松本　だから、いいのス。

盛岡は川の街

斎藤　盛岡に来たお客さんが河原の土手がそのままになっているのが珍しいと言いますね。町中でこんな川は珍しいって。

池野　昔は呉服町から杜陵小学校の脇を通って来た自動県が一冬に大体二回か三回は曲がり損ねて川原に落ちましたった。申し訳ない話ですが子供心に毎朝楽しみで（笑）なにせ突き当たりは川そのものですからね。カーンと凍ってツルツルで防ぐものがなかったから。

村里　子供のころはよく川があふれてね。すごかったですよね、昔の水増し。

松本　水増しか（笑）。久しぶりで聞いた言葉だな。

村里　ほんッとに、おっかながったの（＝怖かったの）。材木から何から流れてくるんです、あの北上川を。鉈屋ッ町の裏は何にもなくて、市民病院の裏も全部田圃だったから、川があふれて、川広さんの鯉もみんな流れて来たんですよね。

永洞　大清水多賀の鯉もみんな流れて来た。

村里　うちの畑で鯉捕れたって（笑）。若い人たち喜んで。

松本　そうなんだ、そうなんだ（笑）。

村里　ほんとにあの時の台風はすごかった。梨の木の上がちょっとしか出でなかったもの。お酒の樽の五十センチくらいの深さのハンギリっていうので、裏の家の間に綱張って行き来したの。アイオンかキャサリンか何かの台風のとき。昭和二十年代の初めじゃないかな。

池野　吊り橋の毘沙門橋が流された。

斎藤　今は中津川の上流もダムがあるし、北上川はダムが三つもあるし。

池野　洪水の心配はなくなった。今、中津川のコンクリート護岸に、見た目が悪いからとゴマ石を張り付ける工事をしてますね。あんなことに無駄な金を使わないで、色気の無い堤防を壊せば、元の石垣があの中にそのまま埋まっているわけでしょう、私はそうすべきだと思うんですが。

斎藤　さて、皆さんは盛岡のどういうところを残したいと思われますか。

永洞　一つはできるだけ岩手山がきれいに見えるところをいっぱい残してもらいたい。もう一つは蛍が飛ぶところをいっぱい拵ぇでもらいたい。公園の下の「蛍の里」だけじゃなくサ。

池野　昭和四十年代かな、城跡に天守閣を造ろうという話もあったでしょう、造らなくて本当によかったなぁと思いますね。

村里　ほんとだねぇ。随分そっちこっちでお城を建ててるけどね、あれは味気無い。

永洞　造った方がいいと言う人には申し訳ないが、俺から言わせるとあの台座もとっぱらったほうがいいな。

松本　昔、あの銅像造る時もあの回りを変えたんでしょうね、整地したりして。何かやる気になると、どうしったたって変わると思うんだよ。新しい何かをつくるとなるとまた変わる。

池野　お城は崩れない限り残るでしょうけれど、あんまり手を入れ過ぎてきれいになり過ぎたという感じがするんですよね。

斎藤　公園は残るとして、後は中津川ですよね。市は、観光都市でもありたい、そのポイントは中津川だという。でも川を活かしていますか。

池野　絶対に造ってほしくないものは斜めにかかる橋と道路です。下の橋のちょっと上流に高架でしかも斜めに橋を架けるというが、東京の日本橋みたいになっちゃうでしょう。

村里　中津川は盛岡人ならだれでも好きな川じゃないですか。本町で鮭の稚魚を放流してますね。やっぱり、秋に鮭が遡上するのと、あそこで雑魚釣りしてる風景はいいんじゃないですか。

永洞　良がんすな。

松本　上の橋から市役所の方までずーっと忘れな草で一杯にすると、やっぱり壮観なんですよね。その写真などを見せると、みんなびっくりしたもんです。

村里　川原には忘れな草でしたよ、私ら女学校の時。自然の忘れな草。

松本　あれは結構強い草なんでしょう。蛍とか忘れな草とか、そういうのが中津川には年中あるという考え方で、何月なら何、何月はあそこの何と、川に沿って見所を考えればいいんでないかな。花でもいいし蛍でもいいし。

斎藤　上の橋のカキツバタは六月、蛍は七月というふうに。それはいいですね。鮎の解禁月もあるし。

永洞　十二月は中津川のスガ（＝氷）とかナ。

松本　巴染め屋の洗濯物、ではないな、あの流すの、あれも河川の汚染になるって違反だづぉんな。汚染になるったって、洗剤流すよりよっぽどいいようなもんだども。観光用でいいからあれも流してもらえばいいな。八月は巴染工場の流し洗い。工場で洗い終わったのを流せばいい。かえって汚れたりしてナ（笑）。

永洞　二月は大清水多賀の庭ッコ。

池野　中央公民館も。

永洞　なんぼでもある。四季に応じて「南部盛岡城下町」と桃苑先生に麗しく書いてもらって大きいカレンダー拵ぇでサ。

斎藤　そうすると味噌づくり月なんていうのもできるかもしれない（笑）。

池野　昔なら仕込みはやはり秋から冬にかけてでしたからね。

斎藤　通年で今は作るけど特にポイントを置いて、造り酒屋さんも仕込み月を観光にして地酒を売る。カメラ月っていうのはないんですか。
松本　ないけど、鮭は十月から十一月に遡るから、必死に遡る鮭の姿をバッと写す。紅葉も見頃だし写し頃だ。
池野　「城下盛岡季節暦」ですね。
斎藤　これで中津川のポイントができた。中津川を基本にして四季の観光。
松本　いづお客さん来ても困らねな。
永洞　それを考えればいいいんだな、みんなでな。もう一つ是非残してもらいたいのは城下町の心ヨ。なんじょにかして残さねばね。
斎藤　皆さんいるかぎり残っていると思うけれど。
永洞　んだって、もう少しでいなぐなるんだもの（笑）。
斎藤　いやいや、まだまだ。皆さんには、この街に生まれ暮らしてきた人達の心ばえを次の世代に伝えて頂かないと……。城下町盛岡の味わいを大事に残したいと改めて思いますね。

〔一九九七年十一月号〕

大通商店街の今昔

かつて南部盛岡城の西側一帯に広がっていた田園が、いまや県内随一の商店街に変貌を遂げ、更に大きな商圏に形づくられようとしています。その発展への推進母体となってきた大通商店街協同組合の役員の方の中から五氏にお集まりねがい、半世紀のあゆみを語り合っていただきました。

赤松淳（松や陶器店店主）　大山栄次郎（味の大栄店主）　小島忠義（こじま玩具店店主）
松田定一（松田眼鏡店店主）　盛内政志（中央映画劇場常務）
司会・山田勲　記録・藤村亀治

山田　ふり返ってみますと、昭和二年、南部土地株式会社が設立され、菜園地区を埋め立てて道路と住宅街・商店街の造成に着工、城下町変貌の第一歩が始まったこと。六年にはいよいよ大通商店街が誕生、盛岡に新風が吹き始めたこと。戦争で足踏みはさせられましたが、二十九年、大通～肴町を結ぶ中ノ橋線の道路が貫通――中津川によって河南・河北とだけ区分されていた盛岡が、駅からのこの直線道路が中津川とクロスして町の中心部を東西に、新しく大きく分けたこと。この三つが、まず画期的な記録として挙げられましょうね。

赤松　ま、そういうことですねえ。

砂利採取船「南部丸」……

松田　少年時代、北上川と中津川の落合でよく遊んだもので、そこに「南部丸」という船がいてね、ガラガラガラガラやかましい音を響かせて来る日も来る日も砂利取りしてましたよ。そこから軌道で菜園の埋立地まで運ばれていたんですな。

山田　昭和三年秋の、陸軍特別大演習のころ盛んに工事が進められていたわけで……。

盛内　当時、内丸と仁王通り＝現中央通＝の交通緩和のため、原敬別邸前＝現七十七銀行盛岡支店前＝から御田屋清水前まで、南部土地の手で最初幅四間の仮道路が通され、夜の歩行者の利便を思って電柱を立てただけの街灯もともされた――これが今日の大通のそもそもの始まりなんですね。

大山　だんだん貸店舗なども建てられて……。

盛内　落合からの砂利は、大沢川原の大正館側を通って運ばれたようで、三丁目方面の方が埋め立ては早かったのでしょう。南部土地はまずモデル貸店舗を三丁目に九店、一丁目に一店建てた。この一店は鶴泉亭を一時移すためのもの。そして深草旅館となり、のち何度か改築されてパチンコ店――この間焼けましたがね。

由緒血統優れたる土地……

山田　南部土地の、事業開始前後の模様などをひとつ。

盛内　菜園一帯は旧藩主南部家の所有地。大通から南側の久保学園から大沢川原寄りは県有地で農学校があったんですね。

赤松　記録によりますと、三田義正・池野藤兵衛・池野三次郎の三氏連名で、およそ二万三千坪を二十五万円余（坪十一円余）で南部家から譲り受けています。

盛内　そして昭和二年設立された南部土地株式会社にその三氏から移譲され、社長三田義正、常務池野三次郎、技師長千葉省二郎という陣容で大開発事業がスタートし、取締役には中村治兵衛氏ほか財界・実業界の有力メンバーが名を連ねています。

赤松　土地分譲・住宅店舗の建売など現在なら珍しくもない企業ですけれど、これが五十年前に市のど真ん中で始められたということ、つくづく感嘆させられますねえ。

盛内　発足した南部土地の営業案内を見ますと、なかなか名文がありましてね。「土地を購《あがな》うは花嫁を迎うるが如し」の原則よりせば云々と、盛岡城の外防地帯であり、南部家の所有地という由緒血統共に申し分ない土地柄ですぞ（笑）といった調子。池野三次郎さんあたりの案文でしょうか。

七年には大通郵便局が……

松田　私の父が買ったときの価格は、坪五十円。先生の初任給が三十五円くらいの頃でしたかな。

盛内　最高はイイヅカさんの角地で、七十五円。あとの角地が六十五円内外。

大山　普通のところで五十円から五十五円で、大体三十坪から五十坪単位——三間半間口の奥行十五間がまず標準サイズでしてね。ちょっと横に入れば、三十五円～四十円程度のところもありましたね。

山田　駒井靴店さんも角でしたね。

盛内　いまの北日本相互銀行大通支店のところ、あそこが、大通の土地が高い価格で売買されるはしりとなったようです。

山田　野村証券さんの前は？

大山　盛岡タクシーさん。その前は小笠原靴店さんで、角の部分は空地でしたな。

盛内　佐々宗さんの所有地という掲示板が貼られ、「安全広場」と呼ばれてね。大通地区でタクシー業の早かったのは、真田洋服店さんのところにあったキングタクシーですね。まあ、私の家は裏通りですが昭和六年と早く、前の方を見ますと大通もまだ空地。いまのキリ金さんのところに吉田電気商会さんがポツンとありました。

大山　七年頃ですか、徳正別館さんも早かった。

盛内　一丁目には深草旅館、二丁目には徳正別館、三丁目には大沼旅館・近江屋別館と次第に町らしくなっていったわけです。

小島　丸藤さんの前、ブラザーミシンさんのところに大通郵便局が開局したのも七年ですね。それから三丁目へ。現在は開運橋通一丁目と移りましたがね。

新市街・菜園の甍に想う……

松田　松林堂さんもいい店でしたな。

盛内　小枝時計店さんのところにあった菓子屋さん。店の一部を喫茶室にしつらえて山羊ひげのご主人が自ら珈琲をたててね。大通地区では最初の喫茶店でした。

大山　松林堂の旦那さんは、公会堂多賀のお菓子を作っていたんです。

松田　ヒラノという牛肉屋さん。スキ焼では有名で随分はやったもんですな。

盛内　菜園から外れますが、旧赤川堰の仁王通側に「いちごバー」という、東根さんが開いていた店がありましてね。

小島　あったあった。大きなケヤキの樹の傍にね。

盛内　赤川ぶちにいちごを栽培していて、もぎたてのいちごを使ってイチゴミルクを出していた。それと十五銭のライスカレー。その頃はカレーライスといわなかった。

山田　多賀会館もいい店でしたね。

大山　私が「大通食堂」を始めたのが八年の八月。そのあと九月に細川睦夫さんが多賀会館を開かれました。

盛内　町並みが整っていくのと併行して菜園の住宅もふえ、しかも全部が瓦葺の屋根。公園から眺めてみて、ああ、これで盛岡も都会になったなあと、しみじみ思ったものでした。

裸足で歩いてみたアスファルト……

松田　大通二丁目のアスファルト舗装、これが県内での舗装道路第一号でしたよね。

小島　子供達は裸足で歩いてみるわね、もう珍しくてみんな見物に行ったもんです。

大山　戦争末期、中央ホールの建物の前身で岩手毎日新聞社脇にあった小屋を燃やしたことがありましたな、防空演習の名の許にね。

小島　始末してしまいたかったんでしょ。

大山　そうなんです。お蔭で道路がぐんと広くなって通り易くなりましたね。

盛内　南部土地の所有になっていた岩手毎日の建物を中劇が借り、映画館にするためその建物そっくり、向きを変えたので、あの四つ角からの交通事情がとてもよくなりましてね。

大山　先刻お話に出た十字路のもう一つの角、いまの丸正さんのビルのところには大通百貨店と称して寄合いの店がありましてね。丸正さんも出店しておられた。その店内からも私の大通食堂に通じるようになっていました。のち、東宝映画劇場を建てるために、私の店が動くことになり、百貨店を半分ほどきりつめて私の店が造り直されたわけです。

盛内　つまり、東宝のところの半分が大通食堂さんだったわけです。

大山　私は、南部土地さんから招へいされて食堂経営を始めたようなもんですよ。

盛内　大通食堂のライスカレーは、美味くて早くて安いのが看板でね。

大山　十銭から始め十二銭、十五銭と……。

映画館を配した街づくり……

盛内　昭和十年に中劇、十三年には東宝が開館。大通は商店街であると同時に娯楽街にもするという構想は南部土地設立当初からあったようです。とにかくこの二館が並んだということで、従来は河南地区に集中していた盛岡の映画界の比重が、次第に大通に移ってきたんですね。中劇を開いた頃は、まだ半分が無声映画で半分がトーキー。東京から弁士を招いて上映していたものです。

赤松　大通が発展したのは、この映画館を配したということが、大きく寄与していますよね。

山田　大通に進出された方々は、市内・県外、どちらの方が多いでしょう。
大山　県外の方も多いですね。
松田　父が、菜園地区は将来大発展するところだぞ、と口癖のように話していたのを、子供ごころにも私はよく覚えています。
盛内　松田さんのように先見の明をもたれた方が沢山おられるわけですが、当初市内からの方ではまず、本町から丸藤さん、小枝さん。仁王方面から白崎さん、第一書店さん、菅原さん。材木町口から盛田さん、及川さんといった方々ですね。
山田　小島さんのお店は？
小島　先代が大正九年頃からおったようで新築地という呼称。いまは大通三丁目ですが一時、四丁目と呼んでいましたな。
大山　小島さんの前の宮田ビルの所に文房具屋さんがあり、辺りは沼地でしたな。
盛内　武田忠一郎㊟さんのお家もあり、ピアノの音が聞えていたものです。大通開発以前は、まず、駅から県庁～肴町に向かうとすれば、開運橋通をきて福田鉄工所から左折すると右手に菜園が一望に広がる。そして柳新道を通って佐々宗の角から仁王通―内丸―中ノ橋という道順。

㊟遠野出身の音楽家で民謡研究家

支店開設を銀行に陳情……

大山　商店、映画館の次は歓楽街――バニラさんのところに祇園、それからパリジャン、千草といったカフェー。日本料理では三楽、おかめ、お多福、魚重などね。

盛内　金融機関では岩手殖産銀行が出張所を開設したのが最初ですね。これもみんなで何回か陳情を繰り返してね。それまでは本店あるいは、吉田孝吉さんに続いて米内貞斎さんが支店長なさった材木町支店まで、足をのばさなければならなくなってね。

小島　殖産銀行さんも十二年に本町出張所を開いたばかりで、大通にできたのは十三年の暮れのこと。支店に昇格したのは三年ばかり経ってからでしたね。

大山　盛岡信用金庫さんは戦後の二十一年東北銀行さんは二十六年、北日本相互銀行さんはこれに続いて二十七年にそれぞれ支店を開設されましたね。

松田　サンビルの内丸郵便局が開局したのは三十七年の夏でしたな。

大山　町内会の組織は、菜園・大通をひっくるめて菜園親和会ということで発足しています。

盛内　行政区画が「菜園」でしたし、その中のもっとも太い通りだというので大通と名づけていたわけです。

大山　商店街が格好もついてきて、売り出しとかまとまった宣伝活動するために「大通振興会」＝現大通商店街協同組合の前身＝という任意組合が結成されています。

この振興会をつくられたのは、いわしや薬店さん、開運堂洋服店さん、一丁目では梅屋婦人子供服店さん（商業学校の元先生）、二丁目では小原壁材料店さん、鈴木孫八郎薬店さん、清瀬菓子店さん、鈴木多次郎繭屋さん方が草分けですね。

赤松　振興会から協同組合に移行したのは三十二年——丸藤の佐藤又男さんが最後の振興会長さんで、解散総会をつとめられ、新しい協同組合の初代理事長には大山さんになっていただきました。

松田　赤松さんには専務をお願いしましてね。で、大山さんの次、二代理事長さんには佐藤又男さんが推されましたね。

イチョウの木は残った……

赤松　イチョウ並木は懐しいねえ。

松田　盛岡音頭にも……菜園薫る風とね。

盛内　歩車道を区分するため盛り土していた部分に一丁目にはホウノキ、二丁目にはイチョウ、三丁目にはキササゲと変化をもたせた街路樹を植込みましてね。なかなかしゃれた七間道路の大通でした。ただ埋立地の土質の関係で、ホウノキだけは根付きがわるく、あとでイチョウに植え替えました。が、戦争で手入れも行届かず、戦後は排気ガスでやられ、またアーケード設置などのためほとんど取り払われ、現在残っているものは野村証券前と、南部土地前の二本。大通五十年の消長はこのイチョウの木だけが知っているわけです。

小島　大通の記念樹。表彰ものですな。

松田　小泉多三郎＝公選の初代盛岡市長＝さんは、ほんとにこの街路樹を可愛がられておられましたなあ。

盛内　街路樹、舗装道路、アーケード、歩道ブロックのカラー化、安全十字路の防犯テレビ（今はない）、スクランブル方式の交差点と、県内初の施設や試みが大通商店街で実行されてきているんです。

赤松　私が理事長のとき防災組合をつくりましたが、それからビルが建ち始めましてね。現在建築中のも含めますと、防災ビルは三十七店舗をかぞえます。そのはしりは三丁目の第一ビル。あれが建ってからというもの、とっとことっとこ、随分ふえてきますよねえ。

松田　当局が補助しますよといわれても、はじめはなかなか踏み切れずね、助成措置の期限切れ近くになってやり始めましたよね。

赤松　第一ビルの次は佐々木電気さん、三番目が松田さんのビルですね。

抱える悩みもまた……

山田　川徳さん進出の問題はいかがです。

赤松　この四月六日、菜園一丁目に「川徳ショッピンダセンター」の建設計画を発表されましたが、大通もまた変貌を来すことでしょうねえ。人の流れがどう変わっていきますか……。

松田　大通という太い「線」が、「面」に広がる、いやその広げ方ですね。

赤松　三月に役員改選があったばかりでしてね、対応策はこれからです。

松田　赤松さんには再び理事長をおねがいしました。

小島　あの桜城小学校前の歩道橋、あれどうにかなりませんでしょうかね。

赤松　開運橋際の駅側歩道橋の問題と連携プレーで対応策を進められるといいんじゃないでしょうか。

山田　組合員は何店くらいですか。

赤松　百六十店ほど。替助会員併せますとざっと二百店でしょうか。

盛内　菜園・大通併せて戸数は千二百ばかりなんですが、実態をつかめないケースが多いんで困惑しています。大通も過疎地帯ですよ。市広報が百四十戸分きても、住宅として住んでいる人は表通りだけですと、ただの三十戸しかない。みんな他のところに自宅を持っておられる。

赤松　ビルが建って一階二階くらいまでの人はなんとかわかりますが、あとどんな人がテナントとして入居しているのか……。

盛内　町内費の徴収にホトホト参る。訪ねても使用人しかおらず埒があかない。

松田　どうしてもだめな場合は、家主さんから頂くことになりましょうか。

されど大通は繁栄の道を……

赤松　都市化の波は、町が栄えれば栄えるほどいろんな業種を招いてまいりますんでねえ。組合員はふやしたいのですが、さて大通を守り育ててきた私たちと、果たして同じ考え方に立っていただけるものかどうか、むずかしい問題をはらんでおります。

盛内　大通の繁栄は望むところなんですが、人の出が多くなりますと、道往く人のひんしゅくを買う輩もまたふえまして、「街頭での押し売り類似行為」の巣窟の観があります。勝共連合だとか、その他の組織のメンバーなんでしょう。若い娘が花とか玩具などをいきなり通行人の胸に押しつけてくる。呉れるものなのかとうっかり手にすると、幾ら幾らですとくる。署名運動と称して、これまたうるさく付きまとい、カンパ幾らとくる。折角のアーケードのある道を歩こうにもこれでは嫌になる。なんとかならぬかという苦情が、とても多いんです。

小島　それと、認可取っておれば営業は自由でしょうが、深夜営業、二十四時間営業にもいろいろあるようでしてね。わるいことの温床にならなければいいんですが、名を変え、人を替えてやられると誰が責任者なのか把握できませんものね。

大山　夜の歓楽街には、うっかりすると安全十字路がない場合がありますからね。従来からの飲食店とかサービス業の経営者の方でしたら、私たちの考え方と共通項をちゃんとお持ちですが、私たちの常識が通用しなくなっていくのではねえ。

赤松　しかし、大通には活気があります。これは大開発に決断を示された三田さんはじめ先駆者の方々の理想と開拓精神が息づいて続いている証左でありましょうし、このことを忘れてはならない。それと大通は地の利がいい。地の利によってお客が集まる。とにかくお客あっての大通りですよ。

山田　花が終れば、次は「夏祭り」の準備でしょう。いかがですか、本年は。

赤松　担当委員の間で、想を練っているところですが、なんとか、他町の方も喜んで参加できる内容、多くの市民の方もとけ込むような催しにしたいものです。

〔一九七九年五月号〕

八幡町かいわい

盛岡の人びとの心のよりどころとして造営された八幡宮。その門前町として生まれ栄えた八幡町。明治、大正期に全盛を謳われた幡街の下町情緒あふれる姿は、今は思い出の中に見え隠れするばかりになりました。かつて、盛岡で一番明るく賑やかだった町・八幡町かいわいの話です。

斎藤昭次（斎藤美工）　鈴木繁子（元芸者）　中村善一（盛岡米雑穀協同組合専務理事）
司会・斎藤五郎　記録・和田貴栄子

中村　昔は私らが小さかった。そのせいで面積が広く思えたんでないすか。

斎藤(五)　八幡様のお宮の変わり方も大変なものですが、境内の広さは昔も今も変わりないんですね。でもなんか遊び場が少なくなったような気がしますね。

お祭りが楽しみだった……

斎藤(五)　お祭りの時は境内にサーカスなんか出たでしょ。今は場所が無いんでしょ。

斎藤　今は護国神社の境内を借りてやっている。

中村　昔は境内左側全部に見世物小屋が並んだとも、今はサーカス自体来ないものね。

鈴木　木下サーカスとか、シバタ、キグレ、すごいサーカス来て、お祭り終った後も一週間も十日もやってたんだおんなっす。

斎藤　必ず猛獣連れてきてね。見世物もそのあたりでやった。
中村　操り人形とか犬、猿芝居とか。
鈴木　舞台に踊りっこもかかってね。入って右側の奥、今の参集殿あたりで芸者さんが踊ったった。
斎藤　繁ちゃんも踊ったえん？
鈴木　踊りあんしたよ。衣装つけて。学校早さがりしてきてなっす。参道のあたりまでお客さんぎっしりだった。
中村　踊る人達も張り合いあったね。
斎藤　神楽奉納するのと同じだったんだよね、日本舞踊の奉納は。
斎藤(五)　お祭りっていうとお通りが来る。お神輿が来ると二階から見ちゃいけないって皆降ろされたもんだけど。
斎藤　神様を見下ろすのはいけないから。
斎藤(五)　当時、神輿っていうとあれだけで、樽神輿なんて無かったね。
中村　それは戦争に負けた時、俺たちがやったわけだ。戦後第一回目のお祭りの時に何も無かったから、あさ開さんから借りてきて……結構おさい銭あがったった（笑）。
鈴木　青年会で血気盛んな頃なっす。
中村　他にも鳥居の側に杉の塔建てて、レコード流して、町内にはほおずき提灯張って、角行燈に川柳書いて下げたり。護国神社の神楽殿借りて、楽団編成して歌ったり演奏したり、市内の青年会の相撲大会やったりなはん。

斎藤　そういえばお祭りの後先あたりに必ず相撲が来たんだおんね。昔は大相撲は八幡さんで全部やったった。俺ら覚えてるのは玉錦、男女ノ川、鏡里、双葉山一行。

斎藤(五)　毎年のように来たの？

斎藤　まず毎年のように。戦争に負けたっけ、だんだん馬検場とか、桜城、仁王とかの学校の方に行ったんだ。

斎藤(五)　その時に今の木村庄之助が連れていかれたんだってね。

中村　小学校二年か三年の時だったとか。俺、城南小学校で一緒だったはずだ。よく覚えてないんとも。

斎藤(五)　お祭りの時って、今思えば通りはまったく前に進まれなかったよね、人出でね。

斎藤　戦前だけども、お祭りの時は少年団ってあってなはん。ユニホームちゃんと着て道の真中でロープ持って、人の整理したんだおん。

鈴木　今のボーイスカウトだ。

斎藤　坂の下あたりからずっと道半分に分けてね。あそこらへん混むから。そして少年団はお祭りの時、神楽堂に泊まったもんだ。

中村　それこそ境内の右側の方さ農家の人達みんな馬車引っぱってきて、お重下げてどんと酒盛りしてね。煮しめ食べたりして。

斎藤　山車物とかはお祭りを景気づけるものだんとも、お八幡さんのお祭りっていうと縁日的な味わいもあって、山車物は関係無しに我々楽しんだもんだ。

中村　家でもお茶餅とかかまやき作って親類の人達みんな来るの待ってるんだっけ。

アセチレンの香り……

鈴木　昔は情緒あったよなっす。左側、帰り道の方に露店が並んで。あれ楽しみでなっす。今、考えられねなっす。

中村　だまされるの承知でね（笑）。

鈴木　何メーターって計り売りする生地屋さん。私の家、昔の格子だから中からのぞいて見てれば、うまいんだっけ（笑）。買ってった人が長さ足りなかったって文句言ってくると、横っちょさ連れてってなっす、おっかねもんだなと思って見てたった。夜はそこにそのまま寝あんすの。軒下に。

中村　昔は屋根低くして、山車が来るとグーと軒上げたもんだおんね。

斎藤　よくあったのが、焼け跡から持って来た倒産会社の万年筆（笑）。

中村　家さ持って行けばインクポタポタ漏るようなの（笑）。わざと焼けたように汚して、拭けばきれいだ、金ペンだってね。

斎藤 三倍だの五倍だのに拡大して書ける機械だの、七徳ナイフだの。

中村 砂糖溶かして南京豆パラッと入れたのとかね。

斎藤 鋸。鋸っていうのは本来は切るものだんとも、これは木も割るって、バタッと板っこ割って見せるっけ。

鈴木 一日見て歩っても飽きなかったね。

中村 安い鉛筆。書いてみせたり叩きつけてみせたり。買ってくれればそうはいかねんだよね。削っても削っても芯折れて（笑）。

斎藤(五) 落ちない財布、逆毛みたいになって。

中村 甲州印伝、鹿の皮って言ったりね。

斎藤 根付、般若の面だのがい骨だの。あと、ひもっこの上走らせる飛行機。

斎藤(五) 手品もうまかったね。

中村 独楽っこもクルクルと回してね。

鈴木 お祭りでねば、縁日でねば買えない品物だったなっす。

中村 ちょっと横丁さ入れれば、五目並べとか詰将棋。賭けてやるのね。

斎藤 なんたって引っかかるっけ（笑）。

斎藤(五) 金魚すくいなんて最近だものね。

鈴木　釣るのはあったよね。

中村　鯉釣り。三十センチくらいのからね。それがまた釣れねんだよ（笑）。三銭、五銭、十銭とかって、ひもっこ丈夫になる程高いんだ。

鈴木　お祭りの時はお女郎屋さんも格子外して、お花生けてね。献花の意味だえんね。お女郎さん達自分で生けたんでがんすよ。

中村　緋毛せん敷いて提灯かけてね。おらほの親父が言ったもんだが、米屋の払いは女郎屋さんくらい良い所無い。一銭の貸し借りも無い。かせいでいる人達さ物食わせねば、かせいでもらえないから。

鈴木　人情味があったズよなっす。

斎藤　昔よくあの辺に出て縁台に腰かけてると若いお女郎さんたち出てきて、一緒に涼んで色々話っこしたもんだ。

中村　七夕の時も結構女郎屋さんで飾ったもんだよ。あの頃は肴町より八幡の方がきれいだった。

斎藤　昔風の七夕だったけど、女郎屋さんの七夕きれいだった。

中村　七夕祭りは、わらしゃどさ行燈たながせで、大きなのはリヤカーさつけて、ずっと八幡さんまで来たんだおん。

斎藤　それは俺らもやったんとも、八幡町ではやらなかった。鍛冶町でやったたった。

坂の上、坂の下……

斎藤(五)　ところで生姜町と八幡の境はどの辺なんだろう？

鈴木　黒沢楽器さんのあたりだなっす。

斎藤(五)　そこに大門があったとか。

中村　戦争前に四角な柱を両側に立てて、四角なぼんぼりつけたことある。その前に門があったそうだんとも、それはお墓さ行った人でねえばわからないんだ。

斎藤(五)　八幡っていうのはそこからまっすぐの通りだけ。それと、当時、坂ってはっきり言ったのはここだけだよね。旧市内で坂らしい坂はここと、大慈寺の所だけだったた。

斎藤　八幡町は坂の上、坂の下って言ったんだおんね。

中村　坂、もっときつかったような気する。

鈴木　私らスケートですべったたった。

斎藤　アスファルト敷いたりして、今、ならされてしまって。

鈴木　今の人さしゃべっても考えられねんともが、岩山からスキーで家まで下がってこれたんだおん。子供たち「まさか！」って言いあんすよ（笑）。

中村　繋さんの方の側に堰あったんだよ。

斎藤　桜川っていって、結構へざっこ（＝雑魚）もどじょうもいたったよね。

斎藤(五)　あれはどこから入ってどこに……。
中村　お天神さんの前に用水ごあんすべ。あれが起点。
斎藤(五)　南部さんの用水だって聞いたけど。
中村　志家田圃とか鉈屋町田圃とかあったからなはん。俺の親父さ言わせると、あの川さみんな水車かがって精米機で米つきしてたったたってね。
鈴木　馬検場でせりが盛んなあたりなはん。

馬市の盛んな頃……

斎藤　おせりはお祭りの後、十日位やったんだおんね。
鈴木　それこそ屋台かかってなっす。
中村　在郷《じゃんご》のおがさん達が来てお酌して。
斎藤　馬検場の前の通りにズラッとよしず立てて。大藤旅館とかあったたな。
斎藤(五)　高峰秀子の「馬」のロケのあったのは「やな川屋」でしたかな。
中村　あの時、学校休んで見に来たな。商業学校さ行ってた頃だから、昭和十四、五年頃だかもしれねな。
斎藤　結構この辺にはロケが来たよね。小山明子も来たった。
斎藤(五)　「花くれないに」。高橋貞二と。

斎藤　八幡さんでかなり長くやったんだおん。随分きれいな人だと思って見てらった。
鈴木　おせりには飲み屋さんの他に生地売りなんかも出してたったなっす。
斎藤　馬具師とか雑貨屋。瀬戸物の布袋さんの置き物みたいなのも並んだった。
斎藤(五)　そういう商人とか馬喰さんたちは八幡の料亭には行かなかったろうけど、お女郎屋さんには行ったでしょうね。
斎藤　建物も八幡で一番大きなのは女郎屋さんだったね。
斎藤　田中楼とか南部楼が三階建。
鈴木　何軒くらいあったかなっす。
中村　新栄楼、長岡楼、南部楼、大黒楼、松葉楼、第二松葉楼、玉楼、吉田楼、錦楼、田中楼……まだまだあった。
鈴木　左側にいっぱいあったなっす。
斎藤(五)　料理屋さんの方はどうなんですか。
鈴木　そのあたりには澤田屋、多賀支店。
中村　八幡多賀って言ってなはん。
鈴木　三条、小原家、かねた、藤家、一力、川広。
斎藤(五)　じゃあ、料亭の方が少なかった。
鈴木　芸者さんはそれでも百何十人いあんしたったよ。

中村　お女郎屋さん二十軒くらいあれば五、六人ずついたとして百二十人くらい。昭和ヒトケタの頃ね。
鈴木　終戦後、黒沢楽器さんの所さ進駐軍ずっと立ってるもんだっけね。
中村　錦楼の所に小屋があってＭＰが衛兵みたいに立ってて。オフ・リミットって書いて入られなかったんだおん。
鈴木　おっかなくて小走りで通ったもの。
中村　遊廓は昭和三十三年三月三十一日まであったからなはん。一年間猶予期間があったから、末期の時には一斉に増えたった。それは進駐軍いなくなってからね。
斎藤(五)　八幡山に笠森稲荷さんってあったでしょ。あそこによくお女郎さんも拝みに行くんですっけね。
鈴木　やっぱり稲荷さんだから商売繁盛でがんすえん、一日と十五日と必ずなっす。
中村　今、笠森と書くんとも、昔は瘡守と書いたんだ。だからお女郎さん、皆拝んだ。
斎藤(五)　病気の方のね。なるほどね。

産婆さんからガンコ屋さんまで……

斎藤(五)　八幡って、商売やって儲かる所だったろうか。遊びの町の面と職人さんの町の面とあるようだけど。

中村　下駄屋さんの所に〝あんにゃぎ屋〟ってあったったね。富士山の形した餅の皮の中に小豆入ってるの。あの辺、染屋、タバコ、石油屋、石版屋もあった。豆銀糖とか羊羹のレッテル類を大理石で刷ってた。

斎藤　おこし屋さんもありましたよね。

鈴木　あったなっす。タンキリとか。

斎藤(五)　中村さんの隣組は生まれるから死ぬまでの商売があるって言われたってね。

斎藤　産婆さんからガンコ屋さんまで。桶屋、酒屋、八百屋、床屋、魚屋、そして米屋さん。

中村　十軒ばかりの間にね。

斎藤　葬式ダンゴの饅頭屋もあった。

斎藤(五)　おまけにお女郎屋さんもあった。しかし紅灯の巷の割にヤクザがいませんね。

中村　料理屋とか女郎屋、みんな顔のきく番頭さんたちいたからね。昔は番頭さんたち客引きしてね。将棋の駒みたいな格好した下足札まとめて鳴らして、柱をパンパン！と叩いて、チュチュチュとねずみ鳴きして店開きして。

鈴木　あまり近い方って行かねもんでがんしたえん（笑）。

中村　俺、隣だったからなはん。だから毎日見てたんとも（笑）。店開ける時必ずそうするんだっけ。

斎藤(五)　八幡で育つといろんな事覚えるね。盛り塩っていうのも必ずやるものだっけ。

中村　あれは昔、中国で王様が牛に乗って後宮めぐりをする時、何千人って女性が自分の所に寄ってもらうために塩を置いて牛を止めようとした。そんな話あるし、この辺だと牛方が牛を引っぱってくると、牛が塩なめて動かない、そうすればお客さんがそこに泊まることになる。

鈴木　モリモリお客さん来るようにとも言いあんすっけね。

斎藤(五)　やっぱり今もお灯明とかあげるんですか。

鈴木　夕方、店開けた時なっす。新しい一升瓶開けて。必ずやらなきゃ気持悪がんす。

八幡飯はメッコ飯……

斎藤(五)　八幡は治安の良い町でしたね。

斎藤　いわゆる花柳界っていわれてたけども、他所と違って皆自前の芸者さんたちだから、ヒモ的な人間は必要なかった。

中村　大きい小さいはともかく、騒ぎは毎晩あるもんだっけ。

鈴木　今は昔ほどには無くなったなっす。八幡は昔から火事が無いところ。ということは夜通し人が歩いてるから。

中村 夜廻り歩かなくてもよかった。いわゆる炊けてないメッコ飯のこと八幡飯っていうのは煮＝寝＝てないってこと。

斎藤(五) 八幡では男が生まれるとムスクレて女の子生まれると喜ぶって本当ですか。

中村 それは繁ちゃんたちの世界のこと。

斎藤 どこでだか男わらし生まれたら赤飯炊かなかったって（笑）。

斎藤(五) 芸どころではあるわけですよね。

鈴木 他所からいらした方になんぼ説明しても、娘を芸者にするなんて考えられねって……。

斎藤 感覚違うんですよ。盛岡の芸者さんのこと知らないからね。

鈴木 昔は、そこに生まれればなるもんだと思ってるんだおんね。私だって市役所に勤めたんとも、芸者さん足りないからなっておくれって言われて、良がんすよ、ってなったんだおん。でも、これからはもう増えねんだなっす。

中村 減りこそすれ、ね。

斎藤 昔のように踊りっこだの三味線だのの芸を楽しむ人無くなってきた。

中村 自前で飲める人が無くなった。

物が一番売れた町……

中村　俺がわらしの時、辻占がよく来たった。「淡路島ー、通う千鳥の恋の辻占ー」って来たったなっす。子供がね。

斎藤(五)　おみくじですか。「八卦判断、恋の辻占ー」っていうのだな。

鈴木　子供の時に芸者さんの仮装大会あって、私、辻占になって八幡の通り歩いたったなっす。

中村　夜鳴きそばもあったなはん。チャルメラ鳴らしてラーメン売って。八幡町は物一番売れた所だから、よく物売りは来るっけ。「たきぎ売ろうー、たきぎ売ろうー」とか、お節句のあたりは「とごろーや、とごろー」って。「とごろ口とおなご口は売れ残りが無い」ってなはん。物売りの声も様々あって、お盆の頃の「寒天、寒天、お寺の寒天」だとか、飴売りの「銭飴、長飴」、花売りの「はーなーら、はなー」、「金魚ーエー金魚ー」、夏場は風鈴屋さんだの虫屋さんも出たったんとも。

鈴木　昔の話っこすれば懐しなっす。昔の話ってよく出てくるもんだなっす。

中村　今も良ければそんなに出ねんだんとも、あまりにも活気無くなったおんね。

鈴木　いずれ、さびれたなっす。

斎藤(五)　肴町からすぐの所なのに。

鈴木　一方通行っていうのも商売に関係ござんすえん？

中村　そうだと思うな。一番華やかなりし頃はバスが往復百七十二本走ったってね。盛岡で一番バスの通りの多いのは八幡町で終点が八幡宮。駅からの中央線だった。それが今一本も無い。最後の簗川線が二、三年前に無くなって。

斎藤　八幡さんのお祭りあって人が出ても、八幡町の実入りは何も無いんだよね。

鈴木　はっきり言って、お祭りとかさんさ踊りとかいえば、店は暇でがんす。

斎藤(五)　それにしてもお祭りの時の人出っていうのは今と全然違ったね。他に道無くて八幡町通るしかないし、道には露店商が出て、道幅狭められるし、とにかく前の人が動かない限り進まれなかった。

中村　今は露店はみんな境内へ並ぶけれども、また道に出させれば良いのに。

斎藤　そうすれば、やっぱり八幡様のお祭りだという、縁日みたいな懐しい昔の感じになるんだろうけどね。

斎藤(五)　今や、八幡の大正以前からのことわかってる人って二、三人しかいないようで八幡ももう昔じゃなくなったってことでしょうね。

〔一九八三年九月号〕

町家暮らしもゆかし鉈屋町

城下町の歴史が息づき、清水の井戸が湧く鉈屋町界隈は、そぞろ歩きが楽しい。古き良き町家の暮らしも、それを守り伝える人々が住んでいるから。毎年四月に旧暦の雛祭りが開催されます。町家の通りはひと際、賑わうことでしょう。

小川力（鉈屋町住民）　小川チヨ（鉈屋町住民）　坂田裕一（盛岡市ブランド推進課課長）
吉田政弘（町家サロンピッピ店主）　渡辺敏男（設計同人・盛岡まち並み塾事務局）
司会・斎藤純　記録・菅原伊保子

朝ドラのロケ地に

斎藤　今、鉈屋町は、盛岡でも最も脚光を浴びている町です。今日はここ（町家サロンピッピ）にお住まいの方をはじめ、鉈屋町とつながりの深い方々にお集まりいただきました。鉈屋町の魅力はどんなところなのか、ぜひ読者の皆さんに知らせていただきたいと思います。最初に自己紹介からお願いします。

坂田　盛岡ブランドとは盛岡の歴史、文化に価値を見つけ出して光を当て、育てていくのが仕事です。そういう意味で、鉈屋町は盛岡ブランドの「暮らし物語」というテーマに沿った価値がたくさん眠っている町であり、歴史的な町並みと暮らし文化に光を当てようと、四年前にブランド推進室ができた時から重要な仕事の一つとして関わっています。

渡辺　私はもともと調査でこの界隈を歩いていたんですが、実際にこの町に関わるようになったのは六年前で、ある会で町家について話してくれないかと言われたのがきっかけでした。盛岡にとって町家は大事なポジションを持っている。城下町は武家屋敷と町人の町家の軸形態が基本なので、盛岡が城下町を誇りたいなら、これをなくしたらおかしい。特に中心部は、「盛岡は空襲があったんですか」と言われるくらい、古い町並みがなくなっている。たまたま駅に向かって重心移動をしたおかげで、この界隈がうまくというか、皆さんが嫌にならずに（笑）維持していた。生活があるから残ったと思いますが、住民の皆さんのお話を聞いているうちに、これは何かお手伝いしたいと思いました。

吉田　私は東京で仕事をしていましたが、家内がすぐ隣の生まれで、四年半前にまち並み塾のお雛様に参加するようになりました。その前から盛岡が好きで、老後は盛岡で暮らそうと家内と話していました。でも、人通りもない町で喫茶店を開いても大変だし、〝老後〟はいつにしようかと話している時にお誘いを受けたんです。毎月第二土曜日がイベントでしたから、金曜日の夜に盛岡に入り、日曜日に東京に戻るスタイルを約四年続けました。そのうちに、ＮＨＫの朝ドラ『どんど晴れ』でこの辺りがロケ地になったが、休む所もなくて不便だから喫茶店でもやったらという話をいただいた。盛岡、鉈屋町とも馴染んでいたし、仕事の区切りも良かったので、会社を辞めて一昨年、『どんど晴れ』に合わせて喫茶店をオープンしました。

小川(チ)　生まれた時からずっと、六十八年間、鉈屋町に住んでおります。初代のご先祖様はそこの惣門の番人だったと聞いています。私が知るおじいさんは材木屋で、戦死した父もその商売を営んでいました。冬の寒い時は馬橇《そり》で材木を運び、杉土手に転がしていたそうです。

小川(カ)　二十七歳の時に鉈屋町に来ました。片原堂の前の育った家はなくなったので、ここがもう自分の町です。

斎藤　お婿さんということですか？

小川(チ)　そういうことです。祖母も曾祖母もお婿さんでしたね。母は嫁に来ましたが、父が戦死したので育ててくれた父がお婿さんに来て、この人もお婿さん。それでつながっている不思議な家です。

斎藤　小川さんのお宅も昔ながらの町家ですか。

小川　（声を揃えて）そうです。

宝が眠る鉈屋町界隈

斎藤　そもそも渡辺さんはどうして鉈屋町に着目したんですか。

渡辺　平成元年に岩手大学で教えることになって、授業で始めたのが古い建物の調査でした。城南小学校を壊している時で、調査に入ろうとしたら教育委員会からノーと言われた。でも、校長先生の裁量で学生や子どもたちと一緒に調査することができた。それから毎年、テーマを決めて古い建物調査を始めたんですが、八幡の番屋を調査していた頃、テレビ局の企画で古い建物を紹介する番組があり、八幡町から鉈屋町まで一軒一軒入って話を聞いていくうちに雰囲気が違うことに気がついた。

斎藤　そこで発見したわけですね。

渡辺　鉈屋町で十二軒ぐらい、川原町でも数軒見せてもらいました。行けば半日は話を聞く方に回り、それぞれの家の歴史がわかった。それが下地になりましたね。

斎藤　昔は町家があちこちにあったわけですが、まとまって残っているのは限られています。この辺りは渡辺さんが再発見したといえるのではないですか。

渡辺　紺屋町や本町界隈の町家は点在しているが、ここは少なくとも二、三軒はつながっているし、一軒置けばまたつながる。通っているうちに、ここは多いぞという印象でした。ただ早かったね、昭和五十年以降の壊れ方が。特にまとまったところほどマンションに変わってしまいました。

斎藤　坂田さんは鉈屋町に脚光を浴びさせた張本人ですね。

坂田　谷藤市長の就任直後にブランド推進課のセクションができて、鉈屋町界隈をブランド化しようという話になったんです。その前から観光に携わる者の間では、原敬、米内光政をはじめいろんなものが眠っているこの一帯を活用できないかと話していました。盛岡劇場に勤務していた頃、俳優さんが来盛した時はよくこの辺を案内して歩いたんですが、皆さん「落ち着くね」と言われました。でも、町家開放や町並み保存までは、個人としては思い至らなかった。皆さんの活動が先にあり、それを通じて私たちも気づかせてもらった、再発見したという感じです。

斎藤　皆さん改築しているので、表から見ただけではわかりませんでしたが、それを元に直したところを見て、古い歴史的な建物だとわかるようになりました。

小川(カ)　ここら辺はみんな商いで、通りに面してお店が並んでいました。私が来た頃は表から裏まで土間があって靴のまま路地に出られました。

小川(チ)　みんな似た感じの造りですから、夫が来た頃は向かいのお風呂屋さんに行って、帰りは隣の家に入っていました（笑）。ほんとに同じ造りなんです。

渡辺　小川さんの家は右側が通路で、隣も右側が通路と間口が全く同じ。

小川(チ)　隣もうちもガラス戸が四枚とすっかり同じだから、私の父も酔っ払って帰ってくると隣に入っていった（笑）。

町家を活かす決断

斎藤　吉田さんが一番先に町家を活かしてご商売を始めた方ですか。

渡辺　鉈屋町の通りではそうですね。島村さんのお宅も十年以上前に直しているし、手入れして住んでいる方は何人かいらっしゃいます。道路改修の話がある中で、古い家の修理にお金をかける決断した早期の人という感じですね（笑）。

斎藤　「住んでいる人は寒くて大変なんですよ」というお話を聞いたことがありますが、実際はどうですか。

小川（チ）　前は寒かったですよ。常居にこたつをして、そばにストーブを置いていましたが、ストーブのそばにいる人だけが暖かい。こんな家、嫌だとばかり思っていました。どうにも困ったなと思って、でも、新しくするのも嫌だ。ここにこのまま住み続けたい。どうしたらいいか考えて、神様の上を歩いてはいけないからその上の天井だけを張って、手前は物置にして。そうしたら暖かく快適になりました。

小川（力）　渡辺さんから元に戻しながら暖かくすることもできるんだよと言われ、それはいいことだなと思いました。

小川（チ）　それを向かいの大沢さんの家で体験できて、これだったらうちもお願いして直していただこう。やっぱりこの家はいいよな、素敵だよなと。特に娘は大好きで、新しく建てるのは嫌だと言うんです。

小川（力）　私は建て直したいと当時は思っていて、なのに娘は直さない方がいいというし、決断できずにいました。そのうち、まち並み塾の活動に参加することになり、私たちだけでなくよその方々が「何だか気持ちが落ち着く」「癒される」と喜んでくださった。そういうものかと、段々今の家、古い建物に価値観を見出していったんです。

渡辺　地味だけどみんなでこの町を見直し、よその人たちにも見てもらって、大事なものを失わないようにしようと、まち並み塾が五年前にスタートした。普通はそれで終わってしまいますが、町の人たちもこだわりがあって、今に至っている。これは全国的に見ても稀だと思います。ここに住んでいる人たちの意識が、五年間の中で徐々に積み上がってきたのだと思います。

暮らし文化の保存

斎藤　以前は月に一度のイベントでしたが、今は年間にどれぐらい活動していますか。

吉田　まず五月の第二土・日に四十軒くらい町家を開放して、それぞれのお宅でお雛様を飾るのが一番大きなイベントです。お盆には黒川さんさを踊って迎え火の行事もやります。

坂田　迎え火は、町家に限らず通りの人が一緒にやれるのがいいですね。

ようと。

吉田　皆さんがそれぞれバラバラにやっていたので、それをなるべく同じ時間帯にし

小川(カ)　最初はどうかなと思ったけど、回覧板を回して町内に呼びかけたら協力してくれました。

小川(チ)　道路が舗装になってから、よそでは迎え火が廃れてしまったのではないですか。銃屋町には鍛冶屋さんがあったから、舗装になった時に町内で一斉に迎え火の道具を注文した。だから、みんながずっと続けてこられたと思います。

斎藤　小川さんのお宅でもお雛様は飾りますか。

小川(チ)　おばあさんが集めた古いお雛様があって、私はそんなすすけた、五人囃子の首がもげたようなお雛様は、人前に出せないと思っていたんです。

小川(カ)　新しい雛壇を買おうと人形店に行って、古いのをどうしたらいいかと話したら、「古くても捨てないで見てください。新しい人形と古い人形を比べると目の作りから違いますよ」と教えていただきました。改めて見ると、いかにも昔の職人の手による丁寧な作りでした。

小川(チ)　ちょっと埃をかぶっていましたが、大切なお雛様だとわかってからは粗末には扱えません。

吉田　そういう古いものを見直し再認識したのは、このまち並み塾に出してからで、

それを見て皆さん、うちにもあるよということになった。お蔭様で年々参加するお宅が増えています。

斎藤　そこには価値の見直しがあるし、住んでいる町が誇らしく思えますよね。

小川(力)　いろんな行事をやるたびにつながりができてきますね。全然知らない人とも知り合いになれて、私は何か直したいものがあると、こちらの吉田さんに頼んでいます。吉田さんは器用な方で、木彫りのお雛様も作っているし、絵も描かれるし、大したもんです。

渡辺　お茶のお点前もなかなかだし、本業よりも合っていたのではないですか(笑)。

吉田　まち並み塾をやって、町の人たちがみんな親しみを持って仲良くなりましたよね。

小川(チ)　そうですね。ほんとにありがたい活動です。

小川(力)　鉈屋町もよそみたいに近所の人との関わりが薄らいできていたんです。ところが、行事を通してお互いにいろんなことを話し合えるようになった。それが良かった。

吉田　私も東京から移り住んで一番心配したのは町の人たちとうまく馴染めるかということでしたが、まち並み塾の活動を通して皆さんとしょっちゅう交流しているうちに、よそ者扱いではなく、仲間になれたことに一番感謝しています。

斎藤　渡辺さんは景観の保存活動に取り組んできましたが、それだけではなかったんですね。
坂田　景観だけではなく、暮らし文化の保存に着目した。
小川(力)　その部分がたいした大きいですね。
渡辺　僕みたいな存在が地域に入ると、そっちをやってしまう。だからうまくいかない。というのは、住んでいる人たちの了解を得ないことには何もできない。それを自分はプロだからと入っていって、プロの領域だけでやってしまうとそこでおしまいですね。僕は最初、職業は?と聞かれても答えませんでした。仕事と、まち並み塾の活動はまた違うことですから。年齢的にもこれが最後かな。元気なうちにやらないと、たぶん僕らの年代と一緒にこの暮らしや文化の保存も終わってしまうだろうという危機感がありました。

〈神〉のいる町家

坂田　渡辺さんは盛岡の町家の特色として、高い明かり窓のある天井と、大きな神棚があり、それを「神のいる町家」と名づけられました。それがとても印象に残っています。
渡辺　中央公民館に移築した糸治を調査・修理した東京の人たちが、常居を神座《かんざ》にして、奥の部屋を常居と呼んだんですね。それはおかしい。神座が生活の中に入り込んで、神座ではなくて常居と呼んでいる。

斎藤　こちらでは一緒なんですよね。

渡辺　常居を神座と呼ぶのはおかしいというのもあったし、それをどうわかりやすく説明するか。京都の町家と違っていることは確かなので盛岡町家と言っていいのではないか。それをわかりやすく言うために最後にたどり着いたのが「神のいる町家」だったんです。

坂田　わかりやすくてすごくいいネーミングですよ。「稀人《まれびと》」という言葉があるけど、いろんなものが集まって交流するには神という存在が大きく、城下町の入り口であるこの町に集中して残っていることは本当に大切なことであり、神のいる町家は、それをよく言い表していますね。

斎藤　城下町の入り口というのは、この辺一帯はかつて奥州街道、宮古街道、遠野街道と三つの街道の入り口であり、北上川の水運の起点としても栄えたところです。

小川(チ)　うちでは生まれた時から今の神棚はありましたね。

渡辺　置き式が古いタイプで、それが段々収納タイプになっていくのは、間違いなく明治後半ぐらいからです。

小川(チ)　箱型のものが押入れの上にあり、おばあさんから真ん中は天照大御神で、あとは山の神さんと明神さんだと聞いていましたが、お掃除する時に見るとそんな風に入っていなくて、わかりません（笑）。竈《かまど》のおくどさま、台所に大黒様、常居の二階の押入れには天神さん。

渡辺　町家の暮らしは、江戸時代の信心深さが家の形と一緒に残っていると思えばいい。それは、京都でも一緒なんだと思う。朝、水をやったり、ご飯を上げたり。それが主婦の朝一番の仕事ですよね。

若者を惹きつける町家

坂田　年配の方は「町家は懐かしい」と言ってくれますが、若い人でも、逆にモダンだ、おしゃれだと感じている人もいますね。

吉田　若い人も結構いらっしゃいますよ。県外からも若い旅行者がいらして、「いいな、落ち着くな」という感想が一番多いです。

小川(チ)　うちの娘たちは大好きだと言います。私より気に入っているみたいです。

渡辺　団塊の世代が壊したんですよね。戦後の成長期に都会の文化に触れ、物も手に入って、古いものが嫌だとなったけど、その子どもたちはまた新鮮な目で見られるようになったのではないかな。

坂田　でも、保存運動の中心になっているのは団塊の世代では？

吉田　それは反省の上に立ってのことで（笑）。ホームドラマなどでアメリカの文化的な生活をどんどん見せられて、それがいい暮らしだと思い込んで古いものを壊してしまった。今になって、しまったと思っているんじゃないですか。

渡辺　私は「隠れ町家」と呼んでいますが、表は時代に合わせて直していても、中に入るとそのままというお宅も多いですよ。今は建売住宅も全室暖房するために吹き抜けにしていますが、それまでは平面的な造り上げの二階でした。当時、若い建築家は吹き抜けを取り入れた家造りをしていたから、早い人たちはそれが新しい家だと思っていた。そういう人たちがここの町家を見ると、盛岡の人たちはすごく進んでいると驚きます。若い子たちがすっと入れるのは、そういうところがあるかもしれない。

坂田　モダンだと映るんだ。

渡辺　造りが立体的なんですね。大きな部屋がどーんと吹き抜けていることによって、表と後ろがはっきりわかる。それで上から光が落とせるし、夏は熱を上に抜くとか。現代の住まいとしては、ものすごく進んだ形なんですね。みんな最初は怪訝な顔をしているけど、真ん中まで来たときに、神棚のもっと上を見上げると「すごい！」と感嘆します。

斎藤　普通の家より大きくて天井が高く、はるかに開放感があります。

渡辺　建築家の学生なんか、新発見したような顔をして帰っていきます。

守りたい町家の暮らし

斎藤　ここはたまたま残ったというより、都市計画道路の関係で残らざるを得なかった事情がありました。将来的にはどうなんですか。

坂田　すごく話しにくい面もありますが（笑）。今、市では都市計画道路の再検討をしているところです。都市計画道路は計画からできるまで大変な時間がかかるので、今々しなければならないことをきちんとやっていくこと。歴史的な町並みや暮らし文化がここに残っている。それを今守るにはどうしたらいいかという視点で見ていかなければならないと、個人的には思っています。

渡辺　ここで一緒にやっている方々は暗黙の了解でやっていて（笑）僕たちも道路がどうのとは、余り言ったことがありません。ただ、はっきりしているのは、まだこの通りに直せば使える町家が四十軒残っている。その中には大慈清水や青龍水の井戸も入っている。それを残すべきなのか、道路を拡幅すればなくなるわけだから、さてさてという感じです。

坂田　国も大きな道路をドーンと通すことから、「美しい国づくり」へと百八十度考え方が変わった。去年は環境庁の「平成の名水百選」に大慈清水と青龍水が指定されたし、外からの注目は、都市計画道路云々よりもっと大きなところから見ていただいた価値であると、我々も力に思っています。

斎藤　鉈屋町が盛岡市民から注目されているのは、市民に自分たちの町もそうありたいという思いがあるからですよね。
渡辺　都市観光という言葉もありますが、別な言葉に置き換えないと。
吉田　観光というと薄っぺらな感じがしないでもない。
渡辺　観光という名前がついていると、自分たちがよそに行ったとき、似たようなことをやっているからね。イベントがあるときはいっぱい来てほしいが、日常的にはもっと層の厚いつながりができるように、ここの町の人たちの中に混じってくれるような、入り込んでくれる人が来てほしい。まち並み塾の活動もスタートしてまだ五年だから、これからだと考えています。

〔二〇〇九年三月号〕

食

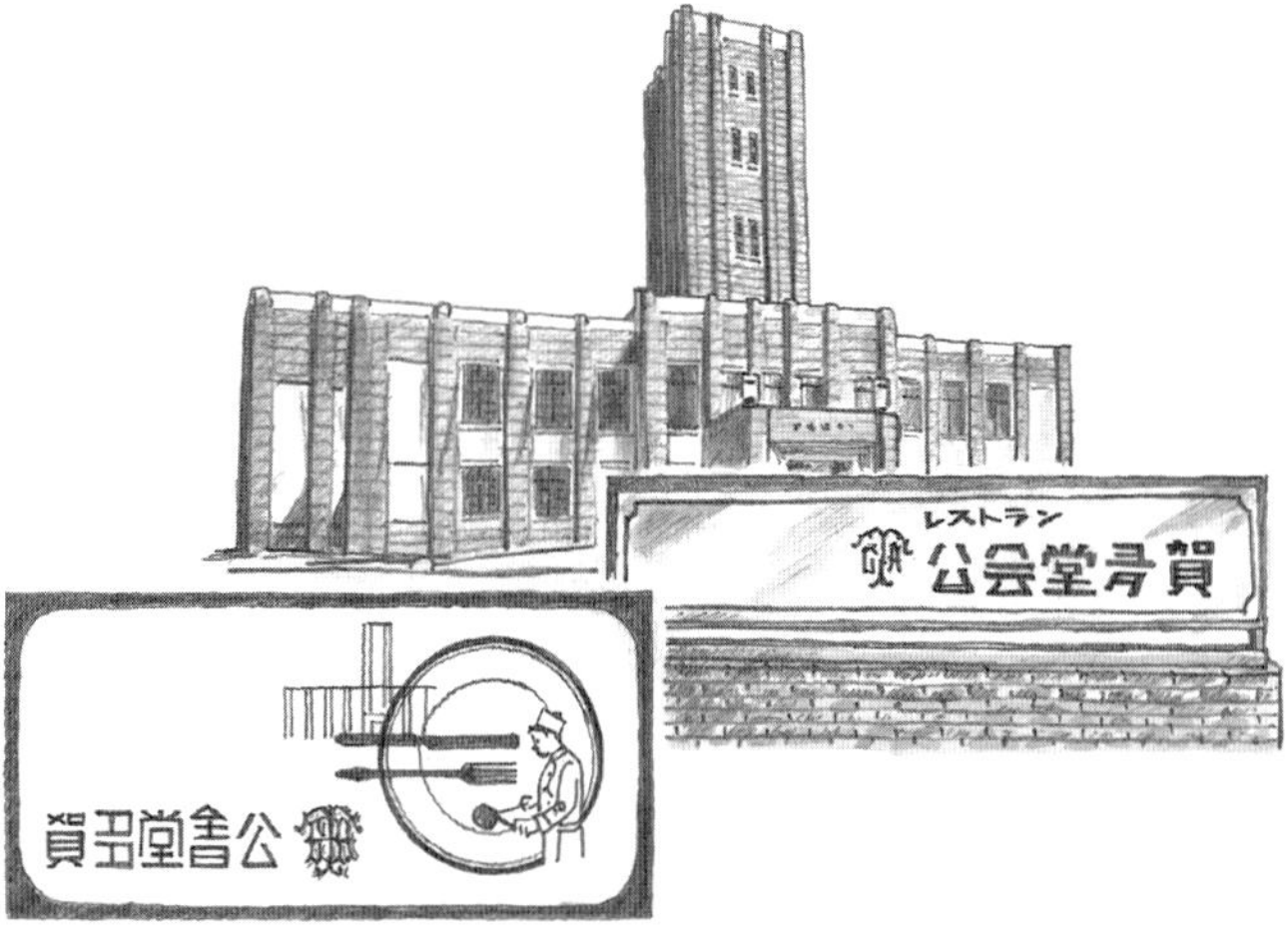

洋食よもやま話

来城捷造（ニューヤマト店主）　大山栄次郎（味の大栄店主）
細川磐夫（公会堂多賀支配人）　村上一夫（むら八店主）　司会・荒木田家寿

カレーライスは丼飯なみ

荒木田　洋食といえばライスカレーだ（笑）と思いこんでいたものでしたが、盛岡あたりで一般家庭でもカレーを作るようになったのは、いつごろなのか調べてみたけど、はっきりしない……。

来城　家庭向きに、カレー粉というのが出ていましたね。カレー粉はあっても「ルウ」がない。これは、つなぎに使う材料で、商売人でなければできないんですが、これにカレー粉を入れ、いろんな薬味も混ぜますから、家庭のものとはやはり味が違うんです。

荒木田　ぼくが大正九年に上京したとき、新宿の中村屋で食べたカレーが三十銭かな、五十銭だったかな。ところが一円というのがあってね、それには、店で飼っているシャモを殺して使うのだ、というんです。その一円のライスカレーを一度食べてやろうと思いながら、とうとう食べかねた。貧乏していたんだな（笑）。

来城　ぼくが東京にいた時分に始めたんです。例のインドのチャンドラ・ボースが、中村屋にいて、日本人向きに——豚や牛は使わず、鶏やエビを主体に使いましてね、鶏のスープでもってルウをといて作ったもので、からいには、からかった。

荒木田　ライスカレーだと思っていたら、最近はカレーライスと呼ぶようですな。

来城　同じですよ。大体、日本のカレーライスは丼飯なみで、一杯いくら……（笑）。

大山　あちらものとまず米の質が違う、それに、バターで炒める、スープでたきあげる、肉類もカレー粉でまぶす……そしてこっちのように、ぶっかけるものじゃない。いまのカレーは、日本人のライスカレーでしょうな。

来城　単価の問題もある（笑）。

荒木田　家のやつはメリケン粉ばかり多くって、おまけに粒状のままでいたり……。

大山　なまの粉をそのまま使うのは無理なんです。やはり油で炒めますと、なまの匂いは消えるし、よくのびる。昔は小麦粉も使ったのでしょうが、澱粉をつなぎに使ってましたものね、家庭では……。

本格派の草分け＝細川睦夫氏

荒木田　われわれは、西洋料理といえばフランスだと思っていたが、調べたら、日本に入ったのはオランダが最初なんですね。

来城　次にポルトガル料理、そしてイギリス、フランス、最近になってアメリカ、イタリーという順……はじめはフルコースで入って来たものじゃなく、一品か二品の肉か魚の料理なんですね。

荒木田　四ツ脚を食べなかった日本人だから肉がつけば西洋料理――やぐらのほかは食べるようになった（笑）と書いてある……。ところで、盛岡の西洋料理店といえばまあ日盛軒、精養軒、秀清軒あたりが最初でしょうが、どこ式だったのかな。

来城　系統とすればイギリス、フランスのまぜこぜですね。コロッケとかメンチボールあたりから始まってね……。

荒木田　すると、細川正太郎氏がはじめられた公会堂多賀さんが最初ですね、フランス料理と銘打ったのは。

大山　業界としては最初でしょう。

来城　なにしろ、細川さんの伯父さんにあたる睦夫氏が、東京の中央亭に五年、ベルリンの大使館に三年、パリに三年――ホテル・リッツ、カフェ・ド・パリ、レストラン・ポォアザンなどでフランス料理を研究してこられている。そして県公会堂ができるとき、中央から誰か呼ぼうかとの話が出たとき、ちょうど外国から帰られた細川睦夫さんに白羽の矢がたち、チーフとしてはじめられた。私も一緒に参りましたが……

というようないきさつがあったんですよ。

荒木田　昭和二年ですね。

来城　大体、盛岡の街は、地方の割合には洋食の盛んなところなんです。というのは当時、大使公使といった外交官や、陸海軍の将官が沢山でているんでしょ。そういう、あちらの人と接触の多い方々の出身地ですから、公私ともに、影響をうける面が多分にあったからだと思うんです。

カフェーレストウラン

荒木田　そういえば、ぼくの結婚式は公会堂多賀だったな。

細川　これはどうも（笑）。あの、二階の広間でございましょう。あの二階は洋式の披露宴などに、ずいぶんお使い頂いたようです。

荒木田　洋式のところが余りなかったもの。

来城　あとは、大洋軒だとか、今の三田さんのビルのところに、岩手食堂というのもありましてね――角に土蔵があって、その裏にニュースタイルの木造二階建でね。その建物は、いま七十七銀行の向い横丁にその面影を残していますよ。あとは、本町に田屋食堂なんてありましたな――カフェースタイルでしたが……。

荒木田　大正末期の肴町に、カフェー・レストウラン（笑）というのもあったんだね。

その次が文化……。

来城　シュークリームがうまいという評判でしたな。

大山　詳しくはわかりませんが、大清水多賀の先代の五三郎さんが、肴町の熊長さんのあたりに、洋食屋を出されたことがあったらしいですよ。

礼で始まり乱で終わる

荒木田　一体、料理の主体は何でしょう。

来城　洋食は肉・魚が柱でしょうが、日本料理では定食という言葉は使わずに、本膳、二の膳、三の膳などといって五品とか、七品とかをつけますね。日本食は、主体性は飲むようにできているが、あちらのは、余り飲まない――食事中は。そりゃ好きなのはいますが、食事が終わってから飲むんです。日本料理は「礼で始まり、乱で終わる」といいますね。

荒木田　洋食屋はあるが、日本食屋というのありますかな。料亭は別として。

大山　まあ、小料理屋――これも飲むのが目的――酒が好きなんですなあ（笑）。

荒木田　洋食屋さんだって、酒を飲む客がないと儲けが少なくなりませんか。

大山　そんなことはないんですが、定食のお客ばかりですと、次から次へ運ばねばならず、続けて用意するのが大変。飲んで頂くと余裕がでるわけで……（笑）。扱いが宜しいんですね、営業上は。

ネーミングの裏話

荒木田　みなさんの店に入って、さてここは何がうまいだろうと初めての客は思うわけでしょうが、私なども大きなメニューを見てもわからない、本日の特別ご献立というのね、あれなら自慢のもので、無難なんですか。

来城　そうでもないんです。あれは季節的にピックアップしたものなんで、毎日変わるわけじゃあなく一週間くらい続けます。

大山　まあ、材料の仕入次第でしょうね。

荒木田　お集まりのなかでは多賀さんが古く、その次は……。

村上　父・倉三の代に、トンカツを売りものにして開店したのが昭和十二年。お蔭さまですっかり看板になっております。ただ今は、本店横に陣屋、水産会館地下、農林会館地下、駅前スバルボウル、東京日本橋にそれぞれ店を出さしていただいております。

細川　父が肴町に味のデパート多賀を開いたのが、やはり昭和十二年だったでしょう。ただ今は、公会堂のほか、県庁屋上にスカイルーム、県議事堂にレストラン、清水町の多賀園のほうもやっております。

荒木田　しかし、立派な第二世の代になりつつあるんだなあ、昭和も四十五年だと、つくづく思いますな。

大山　村上さんは、東京の日活ホテルで十年間、細川さんも丸ノ内ホテルでみっちり修業されていますからな。

細川　町なかでの商売は、応用が多いわけですが、やっぱり基礎を身につけないと……勉強するなら一流ホテルと思いまして。

来城　私のところも昭和十二年でしたか、あの、古いほうの店開きは。

荒木田　ヤマトという名前はいいですね。大和と書かれると、読むのに迷う。

来城　戦争のお陰でね。なにしろ敵性語の看板は塗り替えろという時代でしょ。満鉄にいた友人が、子供でもわかるカタカナがいい、それに開店が当時の紀元節の二月十一日ときた（笑）。別に深い意味はないんですが発音もしやすいし、ヤマトと……。

大山　私は昭和八年八月、大通食堂として始めましてね。そのすぐあとの九月に細川睦夫さんが多賀会館を始められたんです。私はいま医大ホールと、同じ医大の教養学部の食堂の方もやらせて頂いております。

粗食では育たぬ味への勘

荒木田　みなさん調理もおやりになります？

大山　もちろんやりますよ。何かあれば、いつでも庖丁持って陣頭に立ちますよ。私なんか庖丁一本持って盛岡に来たもんですから……。今の若い者は自分の庖丁を持っていませんよ、店のやつを使っている。庖丁は武士の刀なんですがねぇ。
来城　そうなんです。陣頭に立ってよい慣行をつけないと、気合いがかからない。
荒木田　愛着がないんだなあ……。
来城　若いときからの育て方ですよ。ある程度、舌の訓練のため口を肥えさせないとうまい料理を作れない。粗食に慣れた口には何でもうまいと感じ満足してしまって、腕があがらない。お客は口が肥えている、これでは勝負にならないでしょ。
荒木田　これはいいお話をお聞きしました。

時間帯に応じたご注文を

荒木田　調理師の資格をとるのには?
大山　いまの国家試験は学科だけで、実地がないんです。まあ、食堂の主人か、組合長の証明はもちろん添えます。しかし、食品衛生法ができて、業者もお客も助かります。設備もよくなりましたが、いい調理師が作った料理からなら、まず食中毒などは起こりませんから、ご安心のほど……（笑）。
荒木田　レストランの場合だと、日本料理屋と違って、長っ尻でドンチャン騒ぎがないからいいですな。ヤマトさんは何人くらいはいれます?広間の場合は。

来城　詰めれば百四、五十人、まあ百人。

村上　私のところは八十人くらいと、あと五十人程度。

細川　多賀園ですと結婚披露宴のばあい百人程度です。

大山　私のところは、二階ですが、三十人くらいですね。

荒木田　ところで、いま盛岡で一品で一番高いのは?

村上　やっぱりステーキで、千八百円。

細川　そうですね、千五百円から千八百円くらいです。

荒木田　いかがです、客の傾向とかマナーなどは……。

大山　外国なら肉は残しても野菜は食べます。日本の人は、野菜を残しても肉は食べる(笑)ようですね。

来城　食事には時間帯がありますよね、夜十時ころ、ランチくれ……(笑)。これには弱る。お断りすればいいんだが、そうもいかず、遅いぞと怒鳴られる。あるホテルでの話ですが、グリルならば時間帯をはずれても、まあ出せますが、ダイニング時間でない二時ころにワンコースだ、ビフテーキだ、何だと注文されても時間はかかるし出来ないことだってあるわけで、その辺わかって頂ければ、と言ってましたがね。

〔一九七〇年七月号〕

盛岡の洋食店よもやま話

吉岡誠（前盛岡市長）　細川正次（公会堂多賀店主）　米田豊（よねだ店主）
坂下陽市（和かな専務）　司会・恩田次男　記録・藤村亀治

肴町の「陸奥軒」……

恩田　それでは吉岡さん、盛岡の洋食店のうつり変りといったところからひとつ。

吉岡　私が小学生だったころ、肴町の交番所の南隣り――いまの永卯ビルのあたりに「陸奥軒」という洋食屋がありましてね。その店でポークケチャップみたいなものを食べましたが、うまいもんだなあ、と思った記憶がありますよ。この陸奥軒が古い方でしょうな。

恩田　その陸奥軒以前――明治の初期ころ料亭「丸竹」さんの前身が内丸のフクベコ山や、三田商店付近に店を出したという話がありますね。

吉岡　旧公園（内丸）で餅や汁粉などを出す茶屋だったんでしょ。

恩田　丸竹さんの話では、なんでもその茶屋を改造して盛岡で初の洋食店を開いた。が、当時は肉を食べる客も少なく、それでこんどは料亭を開くことにし、その洋食店を解体した木材も使って現在地に料亭を建てた、ということです。

吉岡　私が大正十四年にサラリーマンになったころ、いまの三田商店ビルのあたりで丸竹が洋食屋をやっていたことかありますね。ただ、洋食がかったものを食わせた記録としてなら、もっと古い話がある。明治二年に内丸の桜山神社の鳥居のあたり――戦前、連隊区司令部があった付近――は県有地だったんですが、そこにすき焼屋を開いた人があるんですよ。が、長くは持たなかった。余りハイカラ過ぎたんですな。すき焼の話のついでに、何年か前のこと中央通の橋又肉屋のおじいさんと、茅町の肉屋の竹花さん＝お二人とも故人＝から、盛岡で牛肉を売り出したころの模様を聞いてみた。どちらも岩泉町の出身ですよね。東京でもすき焼屋が繁盛しだしているということから、盛岡で牛肉屋を開いてみようと明治十年代にそれぞれ現在地に店を持った。当時、牛一頭つぶしてその半分しか売れなかった。なにしろ冷蔵庫もない時代……半分売って一頭の元を取らなきゃならなかったといってましたな。そしてね、開店当時、肉を買いにくる客の言い分がいい。――家に病人がいるんで、〈精〉をつけなきゃならないので買いにきた（笑）と一々申しわけをしていたというんですよ。

恩田　わかりますな。牛肉は、まだ大手を振って買ってこれない、人の目を気兼ねするそのころの世相……ね。

本格派レストウランは……

恩田　そのあとは、どんな洋食店が……。

吉岡　精養軒のつぎは三田商店のあたりに丸竹で出したお座敷洋食店。それから日盛軒、秀清軒が大正から昭和前半まで。昭和に入って二年に公会堂多賀、八年には多賀会館と……。

米田　つづいて十二年に、味のデパート多賀さん、むら八さん、ヤマトさんですか。

恩田　太洋軒というのも……。しかし本格的なレストウランは公会堂多賀さんが始まりでしょうか。

吉岡　まあ、そう言っていいでしょう。県公会堂を建てる際、県当局は意識して一大社交場をつくろうという考え方で、公会堂多賀へ非常な援助をしているんです。

細川　多分、家賃なんかも徴収されなかったんでしょう。

吉岡　公会堂多賀が開かれてから、盛岡の洋食業界のメニューにディナーなどというのもはじめて本格的になっていったんですな。それ以前は、結婚披露宴なんかのときには秀清軒もディナーのようなものを出してはいた。日盛軒も二階での集会のときディナーに類したものを出してもらっていましたが、あとはほとんど一品料理でしたからね。公会堂多賀ができてからというもの、普通の宴会の場合でもディナーが出るというふうになって……。

恩田　多賀会館はレストウランといってもどこかちがった感じがありましたな。

吉岡　カフェみたいな雰囲気ね。

米田　多賀会館の建物は当時、外部が十万円だったそうですが、内部にも十万円かけたという話で、なんでも仙台以北に多賀会館あり、と東京方面の業界仲間にも風説が伝わるほどだったといいますね。

恩田　派手なスタイルの女給がいてね。まるで当時の盛岡の、文明開化の先端を行く感じ。あこがれてせっせと通った手合いも仲間にいますよ。

吉岡　多賀会館も異色なら、太洋軒も相当に流行ったの。なにせ、料亭で芸者をあげるのにも飽きると、太洋軒に入って洋食を食いながら芸者と遊ぶ、といった異端者もあらわれたりしましてね（笑）。

罪な間違い電話……

米田　当時を知っている人はいまでもいいますね。太洋軒のライスカレーや多賀会館の合の子弁当がうまかったとか。

吉岡　先日の公会堂多賀の五十周年記念の座談会でも、公会堂多賀の合の子弁当やライスカレーのうまかった話が出ましたよ。

恩田　その合の子弁当で、細川さんにざんげ話があるんですよ。――私が岩手日報におった当時、公会堂多賀と日報の電話番号が似ていたんですな。しょっちゅう間違い電話がくる。大抵は違いますよと応答しているんですが、仕事でこっちがいきり立っているときなど「合の子弁当何個」とくると「ハイ」ガチャッ！（笑）という仕儀になることも、たまにあったようでして……相済みませんでした。

細川　いえ、いえ、どういたしまして。

米田　ヤマトのご主人、来城捷造さんは山梨県のご出身ですよね。

細川　公会堂多賀開店のとき、盛岡にきましてね。

吉岡　細川睦夫さんの弟子なんでしょ。

恩田　米田さんは盛岡のご出身ですか。

米田　東京生れの東京育ちでして……。九段坂上の左側にある富士見軒——五階建の洋食店でしたがそこで修業しました。歴史の古い店で、明治九年の創業といいますから上野の精養軒と大体同じころなんですね。明治三十年版の『東京新繁昌記』にも、市内屈指の洋食店にして云々……と紹介されている店でした。

恩田　七、八年前でしたか、本誌の仲間の山田同人が水沢にいたころ、水沢にカタツムリを食べさせる店があると私に知らせてきた。私たちはエスカルゴとはなかなかいわず、デンデンムシとかカタツムリといってましたがね。で、わざわざ水沢まで出かけて食べました。てっきりあなたのお店かと思ってましたが……。

米田　息子です。

恩田　それでね、岩手県でも遂にエスカルゴを口にしたとかなんとかいって（笑）。

米田　私が生姜町に住んでいたとき、川徳の英三さんや行三さん＝お二人とも故人＝や川島さんに「三越でもお惣菜売り場を設けているが、やってみないか」とすすめられましてお引き受けし、当時としては珍しい〝白衣〟を着けたりしてやりました。

後継者に恵まれて……

坂下　私は富士見町の生れで麹町小学校に通ったんですが、そうですか、米田さんは富士見軒で修業なさったんですか。

米田　朝は三時半起床。休みなんて全然ありません。当時は石炭ストーブですから三十分も遅れたら大変、コンソメなどすぐわかりますよね、煮え立ち方がちがう。今日の当番は誰だッとくる。ストーブの火付けに新聞と炭俵と薪を置いてあるんですが、俵や新聞紙に水をかけておく意地悪な先輩などいたらもういけません（笑）。泣かされながらも、まずストーブ焚きから鍛えられていったもので……それからコック服の洗濯もみんな自分持ちでしょ。ですからその辺を頭に入れて裏では左前に着ていましてね——汚れると表に出られないでしょ。表に出るときは右前に直してね（笑）。

恩田　息子さんはどちらで修業を？

米田　私のおとうと弟子が東京の小川軒におりましたんで、同系統の方がよかろうというので小川軒で修業させました。

吉岡　私が県庁づとめのころ、よく県南各地にも行ったんですが、洋食店はほとんどお座敷洋食でしたね。椅子にかけてディナーを、なんて地方にはなかったんですな。

米田　やっぱり座って日本式に召上った方が落着きますし、それにどうしても日本酒が主体となる場合が多いですから。

恩田　こうしてみますと、みなさんのご商売はそれぞれご子息たちがちゃんと跡目を継いでおられる。恵まれてますよね。和かなさんはちょっとちがいますな。

全国平均下回る洋食業軒数……

坂下　はい。まあ素人なりに考えましてね、肉料理をおいしく召上って頂くにはどうしてもワインは欠かせない。で、ワインを中心にしたメニューを組み立てております。

恩田　坂下さんご兄弟も立派ですよ。しかし、盛岡にいまでは何店あるか知りませんが、レストウランと名のつく店のまあふえたこと。大した洋食ばやりになって、日本人も開けたもんですな。ライスカレーを食べて感激していたころとわけがちがう。

坂下　店をはじめますとき市場調査をやってみましたが、全国では洋食業種が一番おくれていますね。日本食の業種とそばやさんは全国平均を上回っています。洋食は低く、中華料理も低い――営業軒数ですね。しかし生活様式は年々欧米風になっていってますから、食べるものも変るだろう、という観点からはじめました。で、大先輩であられる公会堂多賀さんはじめ、むら八さん、米田さんでも研究させて頂きました し、コック長を名古屋に出向させ、新しい洋食のスタイル――グルメだとかそういうものを一年間勉強させました。いま盛岡でおやりになっている洋食店を真似したところで、経験のない私たちでは勝負は目に見えること。どこかに特徴を持たせ、かつ若い人にも向く店をと……。

米田　ご着眼がいいですね。名古屋は東京と関西の接点、あそこの味は一番むずかしいんです。すし屋にしても、うどんにしてもそうですが。まあ中国の料理では四川がもっともうまいんですね、インドに通じる道で旅行者が集まるところでしょ、そのいろんな人の口に合った味つけを上手にこなすからなのでしょう。名古屋でも同じことがいえますものね。

坂下　どうもありがとうございます。

客の味の好みを聞く……

吉岡　渡欧した際、食堂でね、ウエーターがきて何それは甘い方がいいか辛い方がいいかとか、添え物は何をとメモ取りながら聞く。こっちもブロークンな英語ときているんで（笑）もう食べるのも嫌になってしまうくらい、しつこく聞くもんですな。客のお気に召す、口に合った味つけで提供しようという商売熱心さからでしょう。そこへいくと、日本のレストウランのなかには、味の好みなんてものは無視無関係、出したものは有難く食えといわんばかりなのにぶつかることがありますな。

恩田　ビフテキやカツなんか特にひどいですね。私は肉には塩か油しかかけない。それなのにケチャップなんかを持ってきていきなりかけていく。そんなときには私は、それは注文した覚えはないからと取り替えさせますよ。大きな肉なんかの場合だったら、あれは大変な損でしょうな、店にとっては。

吉岡　いいレストウランに行くとバーがありますな、外国ではバーに入ると、これからディナー食べるのか、食べるなら余り飲んじゃいかんとか、この酒はいけないとかむずかしいことをいいますな。

坂下　料理を食べるための酒なんですね。

恩田　デザートも気にかかりますな。私はもう食べたくなくてもバナナにする。これならおっかなびっくりせずに切って食べられますからな。あの鈍刀の見本みたいなナイフで（笑）桃やリンゴの皮を剥けといわれても汗をかくばかりですものね。

吉岡　いつか町村長や議員連と訪欧したとき、隣りのテーブルでサービス中のボーイを呼ぶ手合いがいる。ボーイは聞こえないふりをしますな。するとテーブルをゴツンゴッツン。日本式なんですな。周囲の客が顔をしかめているのにね。まあ私も外国へ行ったお蔭で、ソースというものを使わないことにしたし、他のテーブルで仕事しているウエーターを呼んではいけないもんだ、ということを覚えましたな。

コックの社会的な地位は……

恩田 洋食屋さんももちろん調理師の資格が要るんですね。
米田 はい。昭和三十八年から。
坂下 その国家試験で資格をとっても、いま調理師さんたちの権威とか格式とかが薄らいできて、どうも地位が低いような感じを受けるんですがいかがでしょう。
米田 日本のコックが世界のコンクールに参加のためロサンゼルス空港に着いたときロサンゼルスの市長がちゃんと出迎えに出ているんでびっくりしたというんです。いまフランスでは調理師学校を出なければ就職できません。向こうでは調理師の資格は非常に高い。
坂下 例えば大統領直属のコックもおりますしね。盛岡でも調理師の社会的な地位が高められると、もっとおいしいものを提供しなけりゃならないという自負心・責任感といったものがと……。
吉岡 それ逆じゃないんですか。もっとうまいもの食わせるようになれば、社会的地位もあがっていくんじゃないですか。
坂下　私の申しあげたいのは、スナック喫茶やバーで無資格で何かをつくっている人と、免許を取っている人と同列に見倣されていることがどうも残念で、もう少し差があってもいいと……。
米田　それを県に働きかけないことには……。
恩田　吉岡さん、こういう洋食を盛岡で出してほしいとか、出したらどうだろうといったものなにかございませんか。
吉岡　イタリーでなかなかいい卵料理を出されたことがあるが、あれなら岩手でも沢山材料はあるし、卵料理をもっと工夫したら何か新味が出ると思うんだけれど。ハンブルクで食べたソーセージは、これがソーセージかと疑いたくなるほどのうまいソーセージがありましたな。
恩田　何か新しいメニューを考えてます？
坂下　私のところで十一、十二の二カ月、仔豚の丸焼を出します。これはまあパーティ用ですけれど、みなさんが喜ばれるのであれば本格的に取り組んでみたい。それからアメリカ西海岸をまわってみましてシーフッドというんですか、洋食の磯料理の多いことに驚きました。岩手県も海岸線が長く、この海の幸を生かしてシーフッドなるものも少しやってみたい。

細川　話はちょっと変りますが流行ればのってしまうと申しますか、いつでしたかマカロニ料理が流行したときも、味ではなしに誰かが食べているから、わたしもといったような傾向は、私たちにござんすね。

マナー談義……

恩田　しかし洋食って、食べ方わからんときは困りますよ。
吉岡　むかしのことですが、まあ国分知事はいろんなところに出ているからいいんですが、奥さんが問題なんです。進駐軍の軍政部長のところのクリスマス・パーティに招待をうけましてね。恥をかくようなことがあってはと、洋食の食べ方を習って頂こうということになったものの、まさか知事夫人にあなたに手ほどきを、というわけにもまいりませんでしょ。で、多賀園にお連れして心得のある人を奥さんの前に座らして食事した。気をつけて見ていたようだから、まあなんとかなるだろうというわけ。
　さて当夜。軍政部長のところでいざ食事という段になったら、なんと「わだすハァ、お箸でいだだぎアンスゥ」（爆笑）。
恩田　立派々々。
吉岡　そしたら軍政部長、いちいち肉をはずして食べ易いようにしてくれる、奥さん喜んでね、箸で食べていましたよ。

米田　皿に盛られたご飯ですね。誰がはじめたものなのか、あのフォークを逆にしての食べ方ね。あれだって皿を手にもってフォークは普通の持ち方で、日本式にして食べて構わないと思いますよ。

恩田　醜い食べ方、他人の目に不快感を与える食べ方さえしなければ、いいんじゃないかと思いますね。

米田　刃物を人に向けないように、スープ皿の底を人に見せないようにといった点がマナーのはじまりなんでしょうから。洋食のマナーはそんなにむずかしくはない。

坂下　ほんとは合理的なんですよね。

米田　私たち、椅子の立ち方、座り方で馴れておいでかどうかわかります。座るときあれは左から入るんですね。それから日本人の水の使い過ぎ、洗剤の使い過ぎ、これは注意しませんとね。フライパンなどの油での黒光りを落としてしまったら、次の揚げ物はくっついてしまう。新聞紙で拭くのが一番いいんですね。コップなんかでも口をつけるのはふち一センチくらいのところでしよ。そこから洗う。それから重ねないこと。重ねるとヒビ割れを起す。若い人はコップを割って手を切ったとき、大抵手を切りましたと切ったことの方を先に報告する。割りました、ご免なさいは決して先にいいませんねえ。私たちは指をけがすることは恥として隠しておいたもんですが……。

〔一九七七年十二月号〕

わんこそばの発見

長岡輝子（女優）

先日盛岡で発見したことは「わんこそば」の本当の意味でした。

私の本家は今でも紺屋町にある「向半」事向屋半兵衛と云う家で私が子供の頃は鍛治町と云っていた様な気がします。維新までは煙草を製造していたらしく、盛岡の古い史実にはお上に御用立した金額とか煙草屋の鑑札みたいな物が載っています。明治になって煙草が政府の専売になった時その権利と引きかえに北海道の富良野地方と云いますから十勝地方の一部をもらったそうです。私の家は分家でしたが男は外向的でなかったらしく、釣とか書画とかを愛して余り働く事が好きでなかったので没落したのですが、私の家から向半に嫁いだおばあさんは三人の多額納税者を産みました。それが日詰の平六と盛岡の糸治と大迫の後藤と云う三軒なのだそうです。三人の男の子は長男でなかったのでそれぞれ養子に行ったのでしょう。そのお婆さんは信心深いお婆さんで毎朝店の者と家人を集めて仏間でおつとめをし、親類縁者は勿論の事手代から丁稚女中の一人々々について、誰それの病気の事から子宝が恵まれる事まで祈願するのでみんなはお腹をグウ〳〵云わせ乍《なが》ら早くおばあさんの拝むのが終らないものかとそればかり祈っていたと云う話を、おばあさんからきいたことがあります。

その本家に今年も泊りに行ったのですが、古い家を若夫婦は少しでも便利に住もうと工夫して且《かつ》て私が子供の頃今の若い弘子夫人の亡父の善ちゃんとかくれんぼをした渡り廊下や土間の所をダイニングキッチンにしているのですが、そこでわんこそばのごちそうになり、若夫婦が代り合って私や子供達のお椀の中に次々におそばを入れて呉れるのをみて、初めてあゝそうかと思ったのは、「愛情」がわんこそばの由来だと云うことです。

つまり少しでものびない様においしくおそばを食べさせ様とすれば一口ずつお椀に入れるにしくはない。まして、且ての様に古い大きな屋敷で台所と客間がはなれている所で一口ずつサービス仕様とすれば成程本家の弘子ちゃんの云う通りわんこそばのお客の時は新類縁者が呼び寄せられて、前の日からおそばをうつ下ごしらえから、当日は長い廊下や土間を大勢がマラソンで右往左往させられたとなると、そうした心遣いがつまり何よりのごちそうになり、お客に対する何よりのおもてなしと云う愛情の表現がわんこそばと云う型でのこっているのだ。古い〳〵昔乍らの本家の土蔵や中庭に囲まれて初めて発見した事でした。

あの橋のたもとのわんこそばで後から〳〵入れられて食べる忙しさがどうしても私には解らなかったのが、昔乍らの古い物に囲まれた一隅のダイニングキッチンで若い本家の当主達が私に示した愛情が、こうして初めてわんこそばの本性を曝露《ばくろ》したわけで、そこに如何にも盛岡の人達らしさを感じて嬉しくなりました。

確に昔は台所と客間はどんな家でもはなれていたのですから大して広い家でなくても一口ずつ一番おいしい所をサービス仕様とするとかなりの人手が要るわけです。

もう沢山と云うしるしにお椀をバタンと伏せるのですから本当におつゆも何もかも入っていては出来ないのですから正真正銘一口ずつサービスするわけですもの、考えてみればこんなに人手をぜい沢に使うと云う事がその家の主人の客に対する何よりの裏にかくした心遣いなのだなあと、私は今更乍ら盛岡の昔の人達の優しさに胸を熱くし乍ら私が子供心に知っている今の当主達が全く知らない昔の本家の人達の面影を思わずにいられませんでした。

私と幼稚園時代同級生だった弘子さんの父親の善ちゃんが、どこかでこうしてわんこそばの意味を教えてくれた様な気がします。そう云えばあの日はお盆の日でしたものね。

〔一九六八年十月号〕

冷麺のあやしい魅力

久美沙織（作家）

軽井沢という町は、北上市にほぼ等しい、なかなか広大な面積を持っていながら、人口わずかに一万五千人。過疎と言ってもいいくらいの『イナカ』であります。うちなんざ、本来別荘地にしかならない山ン中。タヌキは出る、キツネは出る、リスやムササビ当たり前、クマの糞さえ落ちている。ドカ雪が降りゃ電柱がぶっ倒れ、新聞配達区域外、ついこの間まで速達もダメだったという弩《ど》僻地であります。

それでも、クルマで七分の麓には駅と町（かつては『沓掛《くつかけ》』という素敵でイカニモな名前の宿場町だったのに、いまじゃ、中軽井沢。東隣りの軽井沢のオマケみたいなトコになってしまった）があって、日常の用はここらで十分に足ります。

雑貨屋さん、薬屋さん、写真屋さん、電気屋さん。銀行は『八十二銀行』ただ一種類だし、私らにとって、とっても重要な書店もまた、とっても可愛らしいのが、たったの一軒しかないけど。夏場には、軽井沢プリンス・ホテルの駐車場がドライブ・イン・シアターになるのよね、それが、唯一（唯半分？）の映画館だったりはするんだけどさ。

食糧品関係は、びっくりするぐらい充実しています。スーパーが二種類、他に農協とコンビニ。お肉の専門店など、数多のペンションを支えるためにか、こんな『イナカ』でどうして?というほど、立派なモンだったりする。

が、しかし。

しかし。

軽井沢にはご家庭用冷麺は売ってない。とても残念である。東京だって、そこらでは普通売ってない。デパートとかに行けば、例の『北緯40°』があることもあるけど、私はこないだママが送ってくれたP社のヤツのが好きだ。ただ、あれは賞味期限が短いので、買いだめができなくて困る。P社には是非、がんばって全国展開して欲しい。お願い、軽井沢のスーパーでも売って!……これが言いたかったのであります。


生まれてはじめて冷麺を食べたのは、大学生の時。帰盛していた夏休み。とある夜中、イトコのおねーちゃんのクルマで、いったいどこだったやら、郊外への道ぞいの、そのスジのお店に連れていってもらった。

ツユの表面が、血の池地獄のように真っ赤だったこと、食べた後三十分は、歯医者さんで麻酔でも打たれたみたいに唇が痺れて、全然喋れなかったことを覚えております。

美味しくて感動した？　いえ。スミマセン。正直言って、

「こんなもの、どこがいいんじゃ⁉」

暴力的なほど否定の気持ちが強かった。

が、しかし。

しかし。

初体験から二日、三日。なんだか、どうも忘れ難い。だんだん思いが募って来る。

「あれはいったい何だったんだろう」

「もう一度食べてみようか」

「今度は、ただビックリしてるだけじゃなく、もっとちゃんと味わってみたいものだ」

「ああっ、どうしよう。食べたい、食べたい、ううっ食べたいぞぉ‼」

今度はいきなり暴力的に肯定の気持ちになって来るんだから、不思議な食べ物だよなぁ。

夏休みが終って東京に戻っても、面妖な味わいと被虐的快感は、マボロシのように頭を過《よぎ》り続けておりました。そんな折、とあるシゴト（小松左京先生の『さよならジュピター』の試写を見て、座談会に出るシゴト）を引き受け、その打ち合せのあった日、担当のかたと、んじゃま、お食事でも、ということになった。

「何でも食べたいものを言ってください」

ニッコリ笑ってくれた男性に、思わず叫びました。

「冷麺が食べたい！」

「冷麺?ああ、韓国焼肉ですね」

そう。東京のひとは、冷麺屋と言いません。焼肉屋といいます。東京のひとは冷麺を食べにゆきません。焼肉を食べにゆきます。

はじめてあった男のひとと、いきなり焼肉屋に行っちゃうなんて変だ、なんてことを、当時私は知りもしなかった。ましてや、キムチってぇモノは、ビールについて来るツキダシではないので、いきなりひと皿平らげると、ヒトを驚愕させるものだなんてことも知るはずもなかった。

この時連れてってもらったお店は、グルメでグルマンな小松先生ユキツケの超高級焼肉屋さんで、お肉はそりゃあもうホントに美味しく、かつ高かったみたいですが、冷麺は。

「……違う……」

三皿めのキムチを全ブチコミしながら、なお物足りなさを隠せぬ私に、相手の男性はコトバさえなくし、胃の痛そうな顔をしてたっけ。

それにしても。わんこ蕎麦もそうだけど。盛岡で美味しい麺関係って、どうしてこう『食べる格闘枝』なんでしょうか。誰か、教えて。

〔一九九三年三月号〕

じゃじゃめん

赤沢正直（岩手めんこいテレビ）

最近、盛岡のじゃじゃめんは全国レベルにランクされる呼び声がするほど好評である。

グルメ・ブームに呼応して、各テレビが競って特番を組んでいるのも、ブームに拍車をかけている。

昭和三十年の初頭、盛岡で、じゃじゃめんを唯一のメニューとしているところは、白竜（パイロン）しかなかったが、いまではメニューにのせている店が十指に余るところからも、人気のほどがうかがわれる。

じゃじゃめんは、手元にある一九六三年八月、全国友の会・農村生活研究所（編集兼発行者・吉田幾世）発行の「手軽でおいしい家庭料理」の中で、炸醤麵（ザアジャンミエン）という中国名で紹介している。だから、じゃじゃめんという呼び名は日本語化した中国語というのが正しく、炸醤麵は中国料理のひとつとして認知され、全国的にも登録されているものと思う。

中国料理には、冷麺（ロンミェン・れいめん）、餃子（チャウズ・ぎょうざ）、焼売（シゥウマイ・しゅうまい）のように中国語では舌を噛むような発音が日本語化して身近なものになったものが多い。炸醤麺も、ザァジャンミェンと発音するよりも、じゃじゃめんの方が飾りっ気のない親近感を覚えるし、あの家庭的ふいん気にふさわしい。

今は昔。大通りから中の橋に向かう道路が、亀ヶ池を跨《また》ぐようにして通っており、その両側に店舗が並びいわゆる東大通り商店街を形成していた。じゃじゃめんの元祖・白竜は、大通り方面からきて右側の、岩手公園の上り口あたりにあった。間口は一間半ほどで、主人の高階貫勝さんとテルさんの、おしどり経営。

貫勝さんは戦後、大陸から引き揚げてきてから、いっとき電気関係の仕事をしていたが、間もなくテルさんと二人で白竜を開業した。髪の毛を短く刈り込み、色浅黒く、眼光の鋭い、精悍で重厚な職人気質の人。いまテレビで話題沸騰のキッチン・スタジアムを舞台とする超人気番組「料理の鉄人」に登場する和の鉄人・道場六三郎に似ていた。

その頃、私の昼食は、ほとんど白竜のじゃじゃめん。今や遅しと待つ、正午のサイレンが鳴ると同時に白竜に直行。中の橋を渡ってものの五分とかからなかった。

白竜の前には、すでに四、五人の人が屯《たむろ》しており、食べ終わって店内から出てくる人と入れ替わりに入ろうと待っている。

店内の状況を分析して、入れ替えが早いようだと判断した時は一緒に待つが、店の前で待機している人数と店内の進行具合からみて時間のかかりそうな時は、後回しになることを承知の上で岩手公園を散策する。当然のことながら休憩時間オーバーとなり、じゃじゃめんを食べたあとの強烈なニンニクの匂いを発散させながら言い訳をして上司を辟易《へきえき》させる始末となるのである。いつも混んでいるので貫勝さんと話をすることは滅多になかったが何故か心の通う暖かみのある人だった。カウンターは六席、テーブルは三席ほどあったろうか。めんは原則として五人分を一単位として鍋に入れる。煮上がるのを待つ間、きゅうりとねぎを、きっちり五人分だけ、そのたびに刻む。頃合いをみてちょっと水を差してから、めんを皿に盛り、きゅうりとねぎを、その上に手際よく乗せる。それを受けてテルさんが、貫勝さんと手間暇かけて仕込んだ、白竜特製のみそをかけ、紅ショウガを添えて一丁あがり。まさに阿吽《あうん》の呼吸の、おしどりじゃじゃめんである。

待っている客の、どの人がその五人分の配分を受けるか……それはテルさんの頭の中にちゃんと入っている。誰もその配分に文句をいう人はいなかった。テルさんが「お待たせしました」というだけで貫勝さんも客も無言。貫勝さんは、しゃべる暇もなく、次のめんを鍋にいれる。そして、きゅうりとねぎを刻む繰り返しが続く……。まさにじゃじゃめんを作る芸術家である。

宮仕えから解放され、久しぶりに白竜に行ったところ、貫勝さんの姿が見えなかった。

平成四年七月、医者の来るのを待たずに亡くなったとのこと。享年八十才、仕込み中の突然の死で、一人っ子の岑子さんも死に目に会えなかったという。「父は過労死でした……」と岑子さんがポツンと一言……。

じゃじゃめんは上品さに欠けるので好きになれないという人がいるが、そういう人はじゃじゃめんを食べる資格がない。じゃじゃめんは豪快に、めんとみそを天地返しして、自由裁量のニンニクをたっぷりと入れて、よく攪拌《かくはん》しなければ本当の味がでない。まさに、清濁合わせ食う心がなければならない。

じゃじゃめんの「通」は、おおらかでこせこせしない人。スポーツならラグビーというところだろう。そういえば、白竜に入り浸り盛大に食いながら営業活動をしていると噂されている我が社のホープN君……。彼こそ、まさにじゃじゃめんの申し子というにふさわしい。

〔一九九四年九月号〕

盛岡のお菓子

阿部謙吉（長沢屋店主）　金田信一（ゆうきや店主）　北田政蔵（花月堂店主）
佐藤又男（丸藤店主）　栃沢政次郎（まつばや店主）　司会・荒木田家寿

洋菓子のはしり

荒木田　私たちが子供のころ、クラス会用の菓子といえば、キャラメル、せんべい、駄菓子など、ごちゃまぜでしたよね。中学を出た大正九年からずっと盛岡を離れていたので、私よくわからないんですが、「洋菓子」が盛岡に出はじめたのはいつでしょう？

佐藤　あれは、公会堂多賀さんが食堂をおやりになったとき——昭和の初めですか——小さいケーキとシュークリームを、コックさんが厨房で作って、喫茶用として出されたのが始まりだと思いますね。

荒木田　菓子屋さんからではなかったんですねぇ。

佐藤　盛岡の女学校にいた私の姉妹が、休みで帰省するとき、その洋菓子をよく買ってきましてね、私も食べたもんです。私がまだ盛岡に出る前の話ですが……。慣れないせいか、最初は、あまり食べる人がいなかったそうですね（笑）。

荒木田　私の父も、シュークリームを、大仏さんの耳糞みたいだ（笑）といって、はじめは食べませんでしたよ。しかし、洋菓子が日本に入ってきたのは二百五十年ほど前といいますから、古い歴史があるんですね。享保年代――八代将軍のころ――京都で、菓子の作り方の本が出ているんです。和菓子のことはもちろんですが、「カステラ」「ボール」「カルメラ」という項目が載っている。また「コンペイトー（金平糖）」の作り方の本も出ていますね。それから、羊羹も最初は蒸し羊羹だけだったのが、「トコロテン」の作り方を覚えてから、練り羊羹を考えだしたといいますね――ずっと後の寛政時代らしいですが。

金田　「練り羊羹」は、日本人の独創というわけですね。

荒木田　引きものによく使われた、和菓子の「桃山」とか「きみしぐれ（黄身時雨）」とかいうのは蒸したものなんですか。

金田　桃山は焼きあげ、きみしぐれは蒸して作るんですが、上手に作られたものは、お茶請けにはなんともいえない、とろりとした口あたりのよい味ですね。

荒木田　和菓子の名前には、立派な銘が多いのに感心しますなあ……釣られてつい買ってみたくなる。（笑）

啄木とお菓子屋さん

荒木田　黄精飴はいつごろからのものです？

阿部　もう百何十年になりましょうか。黄精飴、ぶどう飴、きな粉と豆で作った豆銀糖、片栗の落雁、松の実、はしば実糖――これは私知りませんが――例の巌谷一六居士の書いた、盛岡銘菓の金看板に、草の根や木の実を使ったこれらの菓子の名がありましてね。これについて「草の根も木の実も君が家宝かな」という、読み人知らずの歌が書いてある五つ重ねの重箱が家に遺されています。

荒木田　菅江真澄の旅行記にも出てきますから、アマドコロの黄精飴は、古いもんでしょうねぇ。……お菓子の話からそれますが、阿部さんのお兄さんの康蔵さん（故人）から聞いた啄木の借用証の話――石川啄木が借金の証文を大きく認《したた》めて長沢屋さんに持っていったとき、啄木の職業が詩人だと聞かされたお父さんが、「詩人ってお金になるのか、ま、お金のやりとりというのは、むつかしいもんだから、お断りしなさい」といわれてオジャンになったが、あの証文を取って置きゃあなぁ――と笑っていました。そして啄木は「そう……」と言い、あっさり証文をうけとって帰ったよ、と康蔵さんが私につけ加えていましたがね。

阿部　兄貴に、もう少し商売気があれば、長沢屋の店も、もっと大きくなっていたでしょうがなぁ……（笑）。

島崎藤村の小説に豆銀糖が

荒木田　どちらでも、新しい銘菓や洋菓子をさかんに出されているようですが、「豆銀糖」や「からめ餅」も売れていますか。

栃沢　どうしてどうして、店頭に切らすことのできない、盛岡の看板菓子――やはり二大銘菓だと申せましょうな。

荒木田　花月堂さんの新しいお店の近くに住んでいるためか、娘が来るたびに――この間は佐藤好文君までが「原敬日記」一折り下げてきましてね、わが家のお茶請けは、ここしばらく原敬日記責めですわ（笑）。あの菓子の由来は？って、来客に聞かれるんですが……。

北田　一山饅頭というのが、以前から出ておりますし、まあ、原さんは饅頭がお好きだったようですから、ほんとうは饅頭の字を使いたかったんですが、先輩の出されたものと紛らわしくては、と考えまして、材料にも趣向をこらし、盛岡ゆかりの原敬日記にしたわけです。

荒木田　豆銀糖はいつごろ出たものかな。

北田　明治の初期じゃないでしょうかね。

荒木田　とにかく、島崎藤村の小説に出てくるね、豆銀糖は。

阿部　からめ餅はその後のようですな。

荒木田　和洋のほかに、中国菓子というのありますか。
佐藤　盛岡セントラルホテルさんで、中国菓子を作っていますね。
栃沢　あと、支那饅頭とか、「月餅」――特別注文で、ときどき、凄く大きな月餅を作ることがありますんですよ。くるみとか、さまざまな材料が入って、やはり、日本ものとは違いますね。
荒木田　げっぺいと、名前を聞いただけでも支那風で精力的な響きがありますな（笑）。初めて盛岡で、ケーキと銘打って出されたお店は？
佐藤　昭和七年、私のところがはじめでしょう。シュークリームは最初からシュークリームです。本町の店で、かけ紙にも宣伝にもケーキとして出したんですが、当時、一般は西洋菓子と呼んでいましたな。
荒木田　和洋それぞれ設備は違うんでしょ。
栃沢　はい。真似はしますが職人は別々なんです。工程も材料も、系統が全く別ものですから……クリスマスケーキなどの場合は、総動員しますけれど……。

シュークリーム入りみそ汁

金田　しかし、あのカルメラね、昔はよく法事菓子に使われたもんですよ。
荒木田　これは面白いお話ですな。あのカルメラねぇ。一つ一つ形が違いませんか。

金田　いえ、結構同じに仕上げたものです。白ザラの材料で、真っ白くて、ご進物用に作ったものです。形といえば、シュークリームね、今こそ立派にそろって仕上げますが、昔は失敗続きで、それを味噌汁にまで入れて（笑）食わせられましてね、しまいには飽きて、棄てたもんです。

荒木田　丸藤さんが売り出されたその西洋菓子ね、最初から捌《さば》けましたか。

佐藤　いやあ、とてもとても。皆さん、なじめないんですね。そのなかで、ケーキに入りますか、あのスイートポテトね、あれがよく売れましてね（笑）。

荒木田　カステラはいかがでした。

金田　初めは、東京の製法による釜カステラでしたね、あの土管みたいに山になった……一本一本焼いたのですね。

佐藤　うちでは最初から長崎式ではじめましたが、長崎式のは、ねっとりしており、東京式のほうはパサパサしているんです。嗜好は、ところ時節で変わりますんで苦心するものなんですよ。柔らかに仕上げると例のガンジキと五十歩百歩、同じ口あたりになりますしね（笑）。それにカステラといえば病人のお見舞用専門と思われていたんですから、売り上げは最初、伸びませんでね……。

北田　いまでは、どなたも召し上がりますがね。

佐藤　東京の釜カステラは、むき出しで焼いたものですし、長崎のは蓋をして焼く製法ですから、乾燥度が違うんですよね。ソロソロした、パサパサした感じのものがよいか、しっかりしたほうがよいか、これはお好みでしてねぇ……。しっとりしたものでも適当にナイフを入れておかれますと、ソロソロとなりますから、そのとき召し上がればよろしいんですね。

栃沢　材料の良いことで、栄養面からも、主食にも、間食にも、デザートにも向く。カステラの用途は広くなりましたな。

まんじゅうの神様

荒木田　いったい、日本の和菓子の代表といえば、やはり羊羹でしょうか。

北田　需要高から選ぶか、イメージの面から選ぶのか、ですねぇ……。

佐藤　羊羹とカステラ――カステラはもう和菓子の部ですよね――が代表的なものといえましょうが、私は「まんじゅう」だと思いますねぇ。

金田　私もまんじゅう説に手をあげます。

佐藤　それも「麦まんじゅう」。

北田　皮をうすく、上手に作った麦まんじゅう……これはいいもんですな。

荒木田　大福まんじゅうではなくってねぇ……ただ、まんじゅうという漢字の語源からすれば、ちょっと日本的じゃない気がして……。

佐藤　「まんじゅう」とよぶことで、極めて「日本的」ですよ（爆笑）。

北田　羊羹といえば、各地にあるようですが、全国的にみた数からしますと、まんじゅうのほうが多いでしょうな。

金田　奈良にね、林神社といって、まんじゅうの神様があるんですよ。古い社らしいんですが、毎年四月十九日がお祭りでしてね、知らせが来ますものですから、私、毎年つけ届けは差上げております。

荒木田　まんじゅうの神社とはねぇ（笑）。

佐藤　羊羹はもともと、あつもの――よせものですからね。

金田　「日本ゼリー」ですな（笑）。盛岡に進駐軍がいた当時、アメリカ兵で羊羹を好きなのがいましてね、ニッポンゼリーないか（笑）と、しょっちゅう店に現われたもんですよ。

国体みやげの本命

荒木田　アメリカ兵には羊羹が珍しかったでしょうが、さて、全国から集まる国体のお客さん向きの菓子は、どういうことになりますか。

佐藤　もう、郷土的に名を売れる原料とて今更ありませんし、出尽くしていますものねぇ。

栃沢　まず豆銀糖からめ餅の二つですか。
北田　この二つなら、素朴な形をしていて、お茶請けとしても、高級品でしょうな。
金田　しかも、手作りでね。
佐藤　そう、機械化ではあの味が出ないところが、豆銀糖の良さでしょうか、あの格好――棒のような形で、しかもひとちぎりのあの大きさが、一番よい味を出すんですから……。
阿部　平たく、薄いと味が落ちるから、不思議ですな。昔の人って賢いもんです。
栃沢　からめ餅にしても、岩手のくるみは関西方面のものと、ずっと違う独特の味なのが強味なんですねぇ。
佐藤　豆銀糖は、未亡人の方には、夫を憶い出させる、という方がおりましたよ（笑）。これを金山踊りにひっかけて、黄金糖と名づけられたこともありますが、駄目でしたな（笑）。
金田　やはり、豆銀糖でなけりゃだめなんですねぇ。あの味は……。
阿部　長いキャリアから生まれた名物の名物たり得るところでしょうか。
荒木田　豆銀糖にしても、からめ餅にしてもお店によって、それぞれ秘伝があるわけでしょう――固さ、味、持ちなどでね。
金田　丹念に作ったものは、相当長持ちしますし、かえっていい按配《あんばい》の味わいが出てきますから、立派なもんです。

「製菓衛生師」さん続々誕生

荒木田　市内に菓子屋は何店あります？

金田　百七十六店――これは、盛岡保健所に登録されている製造業者で、日詰地区も含まれている数字ですが……。

荒木田　菓子職人の方にも、国なり県なりが与える資格か何かあるんですか。

佐藤　これはむしろ、私たち業者側が監督官庁に働きかけて実施されたものなんですが、県単位で「製菓衛生師」の資格認定制度というのがありましてね。どちらのお店にも、この資格をとった方がいますし、どんどんふえていっております。

北田　みなさんへの一番の義務であり、ご奉仕でもある、という考え方から進めましてね。

佐藤　床屋さんの剃刃と同様に、お客さんの信用がなかったら一日もやっていけない商売でしょう。とにかく、みなさんが焼いたり煮たりするんじゃなく、ストレートに召し上がるものなんですから。しかし有難い商売だと考えております。貧富を問わず、あらゆる層の方に食べていただけるものを作っている、ということを思いますとね……。

荒木田　どちらも、お店は立派になる、豪華な新製品をつぎつぎ出される、将来とも益々うま味のある、甘いご商売ですな（笑）。
金田　食いっぱぐれがありませんからな。売れなくても、ご飯がわりに食べられるもんですから（笑）。
荒木田　菓子の種類とか質は、どう変わってゆくでしょうか。
北田　お好みがもっと多種多様になってまいりましょうから、嗜向に合わせて研修もやっておりますが、〝甘くない菓子〟も出てくるんじゃないでしょうかねぇ。
栃沢　洋菓子系に一本化したほうが、能率はあがるんですが、まだまだ、引き物とか法事用とかの需要が、減ってゆく様子もございませんですから……まあ、日本独特の、米で育った日本人好みの、和菓子は残っていきますでしょうね。
荒木田　法事用といえば、あの落雁ね、のっこりと引き物につけられると、参る……。
金田　昔のお年寄りは賢いもんです。あれをよく粉にして、酒なり、焼酒なりに適当に入れると「白酒」になるというんです。
荒木田　なるほど……生活の知恵ですねえ。お話では、和菓子系は機械化して量産というわけにはいかないらしいんですが、おみやげとして出すときなど、ケーキ一つの値段で、和菓子なら二つは出せるし、お茶で済む……ケーキだと、コーヒーというわけで高くなるんでね（笑）。
佐藤　いや、ケーキなら一つでも立派ですから、そう仰らずに……（笑）。

北田　砂糖には殺菌力もありますし、ケーキには栄養のある材料がうんと使われているんですから……。

佐藤　まあしかし、ゆくゆくは「天ぷら」とか「まぐろ」などを載せた菓子も、お目見えするんじゃないですか。

〔一九七〇年五月号〕

福田パンの思い出

赤坂　環（フリーライター・てくり編集）

福田パンの人気がすごい。

もともと「盛岡人のソウルフード」として安定した人気を誇り、平日のピーク時や週末には本店に行列ができるほどだったのだが、ここ半年、全国放送のテレビ番組で立て続けに取り上げられたこともあり、その行列が尋常でないのだ。市内北部の店舗にいたっては、殺到した来店客の駐車問題で今年冬から閉店しているほど。この福田パン人気、いったいどこまでいってしまうのか……。

かくいう私も福田パンファンの一人。昭和四十三年早生まれの私が、福田パンを最初に食べたのは、中学校に入ってからのような気がする。もしかすると小学生の頃も食べていたかもしれないが、中学校の記憶が強烈すぎて、その前のことがあまり思い出せない。ただ、十年前に発行した「てくり」二号の福田パンの記事によると、このコッペパンサンドが大々的に登場したのは昭和五十年頃なので、当時市街地から離れたところに住んでいた私の福田パンデビューは遅かったと思う。どちらにしても、今のように街なかにできたてのパンを売るパン屋さんがほとんどなかった時代、ふかふかしたコッペパンにクリームや具がたっぷりはさまれたコッペパンサンドは、特別な食べ物だった。

実は私が通っていた盛岡市内の中学校では、お弁当を忘れた人のために福田パンを購入できるシステムがあり、毎朝係の人がまとめて注文をとると、午前中のうちにできたての福田パンが届けられ、昼に食べることができた。確か種類は「あんバター」や「ピーナッツバター」といった定番に限られていたと思うのだが、それでもできたてを食べられるのだから、なんと幸せなことか！　当然私は時々母の弁当を断り、福田パンを注文したものだ。そしてもうひとつ忘れられないのが、係の男子が注文を忘れて大騒ぎになった「事件」。皆に責められて青くなっていたその子の顔は、三十年以上経った今でも脳裏に焼き付いている。

先日、福田潔社長とお会いする機会があり、その話をしたところ、「ご出身はA中学校ですか？」と聞かれて驚いた。福田社長によると、当時そのような形で配達していたのは、私の中学校と別の中学校の二校だけだったというのだ。三十年以上も前のこととはいえ、「特別待遇」に感激した。

さて、中学校三年間ですっかり福田パンに魅了された私だが、実はこの時は「数十種類のクリームや具の中から好きなものを選んで組み合わせる」という福田パンの醍醐味を体験していない。それを知るのは高校生になってからだ。

私が通った高校は本店に近い場所にあり、当時は昼休みに学校を抜け出して買い物に行くことも大目に見られていたので、お弁当を食べ終わると「デザート」として買いに行くのが楽しみだった。友人たちとじゃんけんで買い物係を決め、係は皆の細かいオーダーをメモして出かける。私はなかなか決められなくて、係の時には店でクリームの現物を見ながら決めることにしていたのだけれど、結局定番の「ピーナッツバター」を選んでいたような気がする。

その反動か、今は「新しい味の組み合わせ」にチャレンジすることが多い。本店にはなかなか行けないので、たまの週末に近所のスーパーにやってくる出張販売でそれを楽しむ。今はまっているのは、「ホイップクリーム＋●●●」だが、「ぬり手」の女性におすすめを聞くことも少なくない。全種類制覇はまだまだ先のことだが、じっくりのんびり食べ続けたいと思う。

〔二〇一六年九月号〕

醸造所とビールのある風景

小林ヨウスケ（ドイツビール紀行家）

ビール王国と呼ばれるドイツ。

その大きな理由は、生産量や消費量もさることながら、地域に根付いたビール文化があることだ。近年、その数は少なくなってきたものの、ドイツ国内にある全醸造所の大半は、小さな醸造所。そこはただビールを造るだけではなく、集落文化の中心地として存在している。

隣接する直営レストラン（というより食堂）は、昼間はカフェ、夜は居酒屋、ときどき公民館のような役割を果たしている。また、ほとんどが教会近くに位置しているため、冠婚葬祭事の食事会場として使われるほか、中庭や裏庭は夏から秋にかけて開催される村祭りのメイン会場として使われることも多い。

醸造所は、まさに集落の人々にとってはなくてはならない存在なのだ。

地元の人々は、そんな醸造所の周りで暮らし、そのビールで喉を潤している父親を見て成長し、大人になったらやはりそのビールを飲む。そんな歴史が数百年に渡って繰り返されている。

「俺の街のビールは世界一だ！」

そんな気持ちを持った人々が醸造所の煙突を望むビアガーデンに憩う姿は、僕の好きなドイツの風景である。

実を言うと、盛岡はそんな風景が描かれつつある街。なぜなら、そこにはベアレン醸造所がある。

「ベアレンビール、知っていますか？」

日頃ビール好きを公言している僕が、盛岡出身の方にお会いすると必ず質問される。笑顔で、そして誇らしげ。

「もちろん、知っていますよ」

こう答えると、さらに誇らしげな笑顔が返ってくる。

盛岡駅に降り立つと、目にするのは「盛岡のビール　ベアレンあります」と書かれたノボリ。街を歩いていても、あちこちにそのノボリが見える。居酒屋でビールを注文する際に、店員さんがオススメしてくれる場合もある。

それぞれの人に、ベアレンは盛岡のビールだ、という認識があるのだろう。

ベアレンビールが一番消費されているのは、やはり市内二カ所にある直営店「ビアバー　ベアレン」だろう。

片や岩手山を眺め、アートな香りが漂う材木町。片や岩手公園や旧岩手銀行にも近く、歴史に浸る中ノ橋。まだ開店して何年かしか経ってはいないけれど、それぞれの場所の風景にすっかり溶け込んでいるようだ。

一歩中に入れば、カウンター席で黙々とグラスを傾ける人、テーブル席で仲間と談笑する人とさまざま。店内の棚にズラリと並んだ名札付きのジョッキグラスは常連サンたちの「マイグラス」で、これでビールを一杯、晩酌代わりに引っ掛けて帰る人も多いとか。

いつものグラスでいつものビール。そこにはベアレンビールを中心に、人が集まる風景がある。

醸造所の敷地内でときどき開催されるフェスティバルも忘れてはならない。市内各地から三々五々と集まってきて、旧友やご近所さんなどと挨拶を交わしながらワイワイとビールを飲んでいる。それはベアレン醸造所を中心に盛岡のビール文化が育っていることを認識させる風景だ。

「ベアレンください」

市内の飲食店で、そう注文するとき、僕もその風景の一部分になれる気がする。

〔二〇一三年六月号〕

祭り 神事

盛岡さんさ踊り四十年

盛岡の夏を彩るさんさ踊りの大パレード。「見せるお祭り」から「参加するお祭り」へ、現在のスタイルになるまでは、いろいろな苦労もあったとか……。

浅沼久志（盛岡さんさ踊り振興協議会会長）　佐々木秀子（初代ミスさんさ踊り）
鈴木稔（盛岡さんさ踊り実行委員会副委員長）　盛岡商工会議所（オブザーバー）
司会・斎藤純

「盛岡さんさ踊り」の始まり

斎藤　そもそも四十年前、どういう経緯で「盛岡さんさ踊り」は始まったんですか。

鈴木　その頃、盛岡市と盛岡商工会議所、盛岡市観光協会、そして盛岡青年会議所が共同で主催して「盛岡川まつり」というイベントを七年くらいやっていまして、私は青年会議所のメンバーでした。三つの川の合流地点となる北上川公園の広場を会場として花火を上げたり、灯籠を流したり、さんさ踊りを踊ったり。これはいわゆる「見せるお祭り」であり、二回目、三回目くらいから「参加するお祭り」にしようという話が出てきました。そこで、さんさ踊りを中心にしたところ、とても盛り上がって「盛岡さんさ踊り」の前身となるんです。さんさ踊りは盛岡で四百余年の伝統があるし、団体もたくさんありました。そういう方々が実行委員会を作って、準備して始めたのが昭和五十三年、第一回の「盛岡さんさ踊り」です。当時の市長、工藤巌さんを先頭にパレードを行いました。

斎藤　一回目から中央通が会場だったんですか。

鈴木　そうです。千五百人くらいが参加したと記憶しています。

商工会議所　去年は三万四千五百人でした。

鈴木　参加団体数は第一回が三十団体、昨年が延べ二百五十四団体です。

商工会議所　見物客数は、最初の年は十五万人でした。これまでの最高は一昨年の百三十八万人です。

鈴木　最初は二日間でした。それから三日間になって、現在は四日間です。

斎藤　浅沼さんが所属している「盛岡さんさ踊り振興協議会」とはどういう団体なんですか。

浅沼　伝統さんさ踊りの団体の集まりです。私は大宮さんさ踊り保存会に所属しています。

斎藤　私は山岸さんさ踊り保存会に弟子入りしていまして、まだ見習い中ですが

（笑）。「盛岡さんさ踊り」は、最初から今のような大きなパレードにしようと考えていましたか。

鈴木　あの頃は一年一年が勝負でしたが、継続することは決まっていました。

斎藤　このさんさ踊りのパレードのことを聞いたとき、保存会のみなさんの受け止め方はいかがでしたか。

浅沼　私たちはあくまでも伝統さんさ踊り団体ですので、パレードでも統一さんさではなく、伝統さんさを踊ります。パレードもまた違った味わいでいいものです。

斎藤　現在パレードに参加している伝統さんさの団体はいくつくらいですか。

浅沼　協議会に参加している団体だけで十八あります。そのほかの参加していない団体もパレードに出ていますので、三十団体弱というところでしょうか。

斎藤　パレードを行うには、もちろんあの中央通を通行止めにしなければいけないんですが、よくできましたねえ（笑）。

鈴木　町の真ん中でやることで、中心部の活性化になるだろうと。観光客をたくさん呼びたいとなると、広さからいって中央通しかない。通行止めにする距離については警察と調整になります。市役所と商工会議所の方々が苦労したところだと思います。

商工会議所　記念誌によりますと、初めは警察から「中央通を使うのは困難」と言われたようです。ただし、次の年からは「中央通を使ってほしい。なぜなら交通規制がしやすいから」と言われたと書いていますね。

浅沼　最初の頃は映画館通りまで使いましたよね。

斎藤　もし公道を使えなかった場合……。

浅沼　運動公園か盛岡城跡公園ということになります。当時はその案もありました。

鈴木　やはり町の中でやることが大事です。当時、東北では始まった順番に東北三大祭りというのがあって、さんさ踊りは新しいほうでしたからね。

斎藤　今は三大祭りと遜色のない、肩を並べるものになっていますね。

浅沼　むしろ追い越していますよ（笑）。

鈴木　震災をきっかけに「東北六魂祭」というのが仙台を皮切りに始まりました。私も行きましたが、見に来る人の数も大変なものです。そこで感じたのは、お客さんは、青森のねぶた、山形の花笠踊りなど、いわば「祭りの国体」のように見ているんですね（笑）。パレードしているとそれを感じるんです。浅沼さんも太鼓を叩きながら感じられたと思うのですが、さんさ踊りに対する反響がものすごかったんです。やはり生の太鼓の迫力、しかも叩きながら踊る。踊り手の笑顔がいい。さんさ踊りはここ十年くらいでとても盛り上がってきましたが、特に「東北六魂祭」で各地を回って手応えを感じました。

浅沼　東日本大震災後に、各地の大きなイベントに招かれたことで、さんさ踊りの知名度はかなり上がったと思います。

伝統さんさと統一さんさ

鈴木　「盛岡さんさ踊り振興協議会」は、第一回の前年に、栃内松四郎さん、初代会長の藤原仁右衛門さん、山岸さんさの阿部利弥さんなどが立ち上げて、準備を始めました。各地の保存会などに入っていただいて、市民が簡単に踊れるよう、第一、第二の踊りを作っていただこうと。

佐々木　川まつりの頃に、盛岡城跡公園でさんさ踊りをやっていまして、統一さんさはその時にはありました。協議会で伝統さんさを元に統一さんさを作ったんです。

斎藤　伝統さんさそのままでは、ちょっと難しいですものね。

浅沼　ええ。各団体のいいところ、そして簡単なところを取り入れながら作りました。今、統一さんさは四つあります。

鈴木　三十回目以降、保存会がいい踊りを見せようと、競うようになったことで盛り上がってきましたね。お互いに切磋琢磨して年中稽古をするようになりました。

浅沼　それと今は市内のほとんどの小学校でさんさを教えていて、運動会で披露することが多いです。

佐々木　あれはいいことですね。

斎藤　底辺がひろがりますものね。

浅沼　保存会を中心にして各校に指導に行っています。そのほかに、協議会では今年四回目になる「さんさ踊り子ども発表会」をキャラホールで開催しました。これからのさんさ踊りを担う人を育てるために、ステージを設けて楽しんでもらう、そういう場も設けています。出演した子どもは二百人を超えています。

斎藤　企業や病院など参加団体も多種多様ですが、学生の参加は？

鈴木　盛岡市近郊の大学は全校出ています。ほかに学校以外にさんさ踊りが好きな同好会、チームの参加も多くなりました。今年は四十回目の目玉として「盛岡さんさ踊り高校選手権大会」というのをやります。

斎藤　それは燃えそうだなあ（笑）。応募状況はどうですか？

商工会議所　現在五校がエントリーしています。

斎藤　最近は同好会などを中心に伝統さんさでも統一さんさでもない、オリジナルな踊りを踊る団体が増えてきましたね。浅沼さんは苦々しく思っていらっしゃるんじゃないでしょうか？

浅沼　いえ、まああれはあれで面白いと思います。実行委員会では、さんさ踊りからまったく外れたものは困るとしていますが、アレンジしたものは観る人も楽しいと思います。

鈴木　実行委員会では問題になることもありますが（笑）。浅沼さんがおっしゃったようなことで収まっています。

ミスさんさの役割

鈴木　ミスさんさ踊りも第一回から始まりました。佐々木さんの頃は手を振るだけでしたね。

斎藤　えっ、踊っていなかったんですか！

佐々木　実はそうなんです（笑）。

斎藤　佐々木さんは第一回のミスさんさでいらっしゃいますが、応募した動機は？

佐々木　もともと踊りが好きだったんです。川まつりで一番の統合さんさを踊ったりしていました。第一回「盛岡さんさ踊り」のときに第二番の「七夕崩し」が加わったんですが、あいにく手を振るだけで（笑）。

斎藤　披露できなかったんですね。

佐々木　ええ。でも最後に輪踊りがあって、そこで踊りました。

鈴木　当時は盛岡芸者さんも参加していました。芸者さんの方が待遇が良くて、オープンカーに乗って手を振っていました（笑）。

斎藤　審査会でミスさんさに選ばれた後は踊りの練習や講習会があったんですか。

佐々木　今と違って当時はまったく何もなくて、当日、現地集合ということでした。

斎藤　すると、衣装も自前ですか？

佐々木　イイヅカデパートってありましたよね。あそこの浴衣売り場に行って、好きなのをどうぞ、ということで（笑）。それを着付けしてもらって集合場所に行くだけ。その浴衣は今も大事に持っています。

斎藤　本誌でミスさんさの方々の座談会をしたことがあり、そのときに伺ったのですが、ミスさんさは踊りだけではなく、盛岡の観光を含めたさまざまなことに答えなくてはならないから、覚えるのが大変だと……。

佐々木　さんさ踊りの歴史はもちろんですが、郷土の歴史も覚えなくてはならないんですよ。

鈴木　県からの派遣も多いので、盛岡のことだけではなくて、岩手県全体のことも知らなくてはならないですから。

佐々木　今は座学のほかに、二カ月間、月曜から金曜まで毎日、踊りの稽古を重ねて本番を迎えます。見せる踊りが完成されていますので、見る側に与える感動のインパクトがとても強いと感じています。第一回当時から比べるとうらやましいなあと思います（笑）。

鈴木　大宮さんさや山岸さんさなどの保存会が、交代でミスさんさの踊りを指導しています。

斎藤　ミスさんさは海外への派遣もあるんですよね。

鈴木　最近は年に数回はあります。

佐々木　カナダ、ロンドン、最近は台湾やイタリアなどに行っていますね。私の頃は、第一勧業銀行の宝くじの立ち会いとか、テレビのキー局が来てわんこそばのPRをしたりとか、アップダウンクイズに出たりしました。それと、宮尾すすむさんとドラマで共演したこともありました。

斎藤　それはほとんどタレント業ですね。

佐々木　はい。当時は一人での活動でしたので、心細かったです。そういえば今年は、盛岡出身の大友啓史監督の映画『3月のライオン』にミスさんさ踊りが出演しましたね。そういうチャンスもあるんですよね。

鈴木　佐々木さんには、「おへれんせ師匠」として活躍していただいています。実行委員会では十年くらい前から、県外からさんさ踊りに参加したいというお客さま向けに、さんさ期間中、「おへれんせさんさ」を企画していて、ネットなどで募集しています。

斎藤　観光は体験型というのがポイントになっているようですから。

佐々木　まさにそれですね。

斎藤　それと各地のイベントにミスさんさ踊り、ミス太鼓が派遣されていて、盛岡の観光情報を提供しつつ実演をして見せていますよね。どこでも大変評判がよくて、こんなすごいお祭りがあったのかと興味を持ってもらえると聞いています。

鈴木　震災以降、そういった派遣のオファーも多くなっています。三倍くらいになっているんじゃないかな。

商工会議所　年間八十件くらいのオファーがあり、多い年は百件を超しています。

斎藤　全国からオファーが来るんですね。

商工会議所　かつてはPRキャラバンとしてこちらからお伺いしていたんですが、今は招聘《しょうへい》されるほうが多くなっています。ミスだけでは足りず、保存会の方々にもお願いしています。

盛岡さんさ踊りの太鼓の魅力

斎藤　さんさ踊りと言えば太鼓ですが、最初は何個くらい出ていたんですか。

鈴木　第一回の時は百五十個というところですね。実行委員会で太鼓購入に補助金を出すことにしたんです。当時、太鼓は一個五万円くらいでしたので、太鼓の登録が一千個に達するまで半額の補助をするというもので、一年に十個くらいずつ、たしか十五年くらいまで続けましたね。

斎藤　そして、いよいよギネス記録に挑戦となるわけですが……。

浅沼　一回目の挑戦は二〇〇七年、オーロパークでやりました。記録は二千五百七十一個。その後、二〇一一年の東日本大震災の年に「東北の復興を応援しましょう！」ということで行われた熊本市の記録に破られました（笑）。

鈴木　そこで実行委員会にも火がつきまして（笑）。再度挑戦しましょうとなった。谷藤市長からの檄も入り、「よし、やるぞ！」と（笑）。あちらこちらに声をかけて太鼓を集めました。

浅沼　企業などが持っていた、使っていない太鼓も貸し出ししていただき、叩ける人を集めて、記録を大幅に更新しました。

斎藤　ギネス記録の規定を見て驚いたんですが、ただ数を集めればいいのではないんですね。サボってる人がいても駄目だし、ちゃんと揃っていないといけないとか……。

鈴木　チェックマンがいまして、なかなか厳しいんです。全員集まって練習というわけにもいかないですから、団体ごとに練習をして、当日、ある意味「ぶっつけ本番」でした。

浅沼　あの日は雨が降っていましてね。

斎藤　ああ、太鼓にとっては嫌ですね。

佐々木　本番の一瞬だけ晴れてくれた！

斎藤　佐々木さんも参加されたんですね。

佐々木　太鼓を叩きました。初めてだったんですが、娘が昔使っていた太鼓がうちに眠っていたので。受付の時点で雨でしたから、応募していた方々が来てくれるのか、とても心配でしたが、皆さん、ちゃんと来てくださいました。太鼓はすごい迫力でしたね。大集団ですから音を聞くとずれるので、リーダーの手の動きを見て、必死に合わせました。

斎藤　鼓笛隊の指揮者みたいな感じですね。

佐々木　そうですね。一瞬にして一つにまとまったように感じました。

鈴木　結果として、三千四百三十七個でギネス世界記録を奪還しました。

斎藤　ギネスの認定はその場でやるんですか。

商工会議所　その場で行いました。実はその場でやると、当日認定してもらうために人を呼ぶので、申請料が少し高くなるんです（笑）。前回はビデオで送って、後日、認定してもらう方法でした。

鈴木　でもその分、参加者みんながその場で感動を分かち合えました。本当に記念になるイベントでした。

四十年を振り返って

斎藤　今年はいよいよ四十回ですが、それなりに苦労話もおありなのでは……。

鈴木　そうですねえ、初期は「踊りがワンパターンだ」とか「うまくない」とか言われたものです。反省会では「変化をつけなければならない」、「見ているお客さまにもっと感動を与えなくてはならない」といったテーマを設けて話し合ったものです。旅行会社や広告会社などの方々を集めて、プロの目から見た「盛岡さんさ踊り」へのご意見を伺ったりもしました。課題を一つ一つクリアして、第三十回くらいからさんさ踊りの魅力が見直されて、日の目を浴びたと感じています。各団体がよく練習して、技を競うようになっていますね。見せる踊りとしてレベルが上がって来ています。ここまで来るのが大変でした。

斎藤　お天気の苦労もあるのでは？　雨が降って中止になると大変ですよね。

商工会議所　観覧席ができてからは、雨で一時中断はありましたが、中止になったことはないんです。ところが、なぜか「さんさのときには雨が降る」という噂が都市伝説のように言われています。

鈴木　去年、大雨の日、十人くらいの判定委員に私も入っていましてね。

斎藤　だって、鈴木さんは「何があってもやるべ！」派でしょう（笑）。

鈴木　まあそうなんですが（笑）。「何か事故があってはいけない」と慎重な方もいます。去年のあの日は決行となりました。結局、見事に晴れましたからね。まあ賭けですね。

浅沼　四時頃は土砂降りだったもんねえ。

佐々木　その土砂降りの中、「おへれんせ集団」に県外のお客さん四十五名が参加されました。中止にならずに本当に良かったです。

斎藤　浅沼さんは四十年を振り返っていかがですか。

浅沼　鈴木さんが言われたように最初はパレードの問題がいろいろあったんです。正しい踊り方、太鼓の打ち方を知らない人が指導している団体もありました。私たちが指導に行くと「今までと全然違う」と言われたり（笑）。振興協議会では、平成三年、四年に指導員の実技試験をして、実行委員会長でもある市長名で委嘱状を出すようにしたんです。その中にもさまざまな人がいますので大変でしたが、最近になってレベルが上がってきました。パレードの列の並び方、間隔の取り方も最近はとても良くなってきました。

斎藤　これだけ大きな祭りですと、型が完成するのにそれだけかかるということかもしれませんね。失礼ですが、四十年続くと思っていましたか。

浅沼　それは思っていましたよ。この「盛岡さんさ踊り」が始まって、四百年の歴史のあるさんさ踊りが他県の人にも知られるようになりました。派遣でさまざまなところで披露してきましたから、盛岡の知名度を上げるのにも役立ったと思います。

鈴木　去年の国体の開会式での演舞は、全国への発信になりました。

斎藤　ああ、あれは素晴らしかったですね。

鈴木　ほかの芸能に比較しても、迫力があって圧倒していました。

浅沼　ニュースで見ましたが、碁盤の目のようにきれいに並んでいて感動しました。

そして、これからの「盛岡さんさ踊り」

斎藤　今後の夢などを語っていただきたいと思います。佐々木さんいかがですか。

佐々木　「盛岡さんさ踊り」には伝統さんさという軸がありますので、ぶれないという確信があります。県外のお客様は、「盛岡さんさ踊り」を通して、伝統さんさにも目を向け始めていますので、いい循環をしているなと思います。私は統一さんさを観光客にお伝えすることで、さんさ踊りの入り口の部分を担っていますので、一人でも多くの方々に体験してもらって、みんなで盛岡のお祭りを盛り上げていくよう、少しでもお役に立てればと思っています。

斎藤　佐々木さんのような美しい歴代ミスさんさに教えていただければ嬉しいですね。何しろ、ミスさんさは全国のミスの中でもレベルが高いと言われていますから。

鈴木　今、さんさ踊りは盛岡の観光資源になっていますよね。ですから、もっと質を高めていって評価されたい。伝統さんさを含めて観光資源として質を重視していきたいです。遠大な計画はないんです。やはり積み重ねだと思います。いったん盛岡から出ていった方も、さんさのときには故郷の祭りを楽しみに戻って来るとか、交流人口を増やしていきたいですね。

斎藤　「盛岡さんさ踊り」がいいのは、まず参加者が楽しんでいる、そして、それを見る観光客を楽しませている、どちらかだけじゃないのがいいんですよね。

佐々木　観光客の方々も、盛岡市民との一体感がすごくいいとおっしゃっています。盛岡にすんなり溶け込めるって。

斎藤　観光面で言えば、例えば越中八尾の「おわら風の盆」では、年中踊りが見られる会館があるのですが……。

鈴木　盛岡には「もりおか歴史文化館」がありますね。ああいった施設を利用して毎日じゃなくても定期的にできたらいいですね。会館内じゃなくて外の広場でもいいかもしれないですし。

浅沼　いいと思いますよ。修学旅行の生徒からさんさ踊り体験をしたいという依頼もありますし。

斎藤　体験をしたいという依頼にはどう応えているんですか。

浅沼　市内の各所で踊りを教えています。太鼓は難しいですが、踊りなら一日で覚えられます。

佐々木　盛岡駅での「おもてなしさんさ」もたいへん好評です。

商工会議所　いつでも市内のどこかでさんさ踊りが見られるようになればいいですね。

〔二〇一七年七月号〕

ミスさんさ踊り

古川寛子（二〇〇八年ミスさんさ踊り）　八重樫舞（二〇〇九年ミスさんさ踊り）

阿部由依（二〇一〇年ミスさんさ踊り）　司会・斎藤純　記録・菅原伊保子

みんな「さんさ」が好き

斎藤　今日は念願の「ミスさんさ踊り」（以下ミスさんさ）の皆さんとお会いできて、編集長冥利に尽きます（笑）。それはともかく、読者の皆さんもミスさんさはどんな活動をしているのか興味があると思います。まず初めに、ミスさんさに応募した理由からお伺いしたいんですが。

古川　私は会社の同期の同僚が二〇〇六年のミスさんさ踊りだったんですね。会社にはミス太鼓のリーダーも務めたさんさ大好きの方もいて、「さんさ好み」という団体を立ち上げていたので、入社と同時にさんさにはかかわっていました。二〇〇七年には「うたっこ娘」と言って、ミス太鼓連のほうで歌を歌っていましたし、ミスさんさが身近にいたこともあって、私もやってみたいと思いました。

斎藤　古川さんはミスさんさになったときは藤尾さんでしたが、その後結婚されて古川さんになったんですよね。八重樫さんはどうですか。

八重樫　いろんな理由があるんですが、私は北上出身なので最初は盛岡のお祭りに参加したいというのもあったし、さんさ踊りを通して盛岡や岩手県のことを知っていければと思いました。それに、就職活動で一発芸をやってくださいといわれると聞いていたので、さんさ踊りは強いかなと（笑）。

斎藤　阿部さんは今年のミスさんさです。

阿部　私は以前に一般応募でさんさ踊りに出ていました。就職と同時に離れたんですが、やはり見ているだけでなく、私も踊りたいという思いが強くなったので、今回会社を辞めて応募しました。

一同　ええっ！　すごい。

斎藤　今年は何人の応募者があって何人選ばれたんですか。

阿部　四十二人の応募者があって五人選ばれました。

古川　私たちのときもそれぐらいでしたね。多いときは七十人ぐらいの応募があったと聞いています。

斎藤　審査はどんなふうに行われるんですか。

阿部　まず一次審査は集団面接で、「体力がありますか」などを質問されました。その中から十一人選ばれて、おでってで公開の二次審査があり、準備された浴衣を着て自己PRをしたり、舞台を一周したりする課題があり、その日のうちに決まります。

斎藤　水着審査はないんですか（笑）。

古川　あったら落ちていました（笑）。二次審査はそれぞれに応援団が来ていたり、マスコミ発表もあるので結構盛り上がりますね。

ミスさんさは一番ハードなミス？

斎藤　例えば踊れなくてもミスさんさになれるんですか。

古川　大丈夫です。二カ月の猛特訓がありますから。

八重樫　六月から平日は毎日、午後六時から八時頃まで練習します。踊りは五種類あり、最初は商工会議所の中で練習して、踊れるようになったら太鼓さんと合わせて外で練習します。

古川　そりゃ、踊れるようになるよなって（笑）。夜八時になったら終わりますが、近所の人は毎日毎日、大変だと思います。

斎藤　お祭りは四日間ですが、パレードには毎日出るんですか。先陣を切って踊る気分はどうですか。

八重樫　はい、毎日です。もう、最高ですね！　沿道の方がとても温かくて、気持ちがいいです。

古川　特に私の位置は端のほうだったので、お客様の顔が見えて最高に楽しかったです。踊りが早いのでちょっとハードで大変ですけど。

斎藤　巷では、ミスさんさは一番きついミスだという噂もありますが。

古川　そうですね。二カ月も踊っていると脚に筋肉がついてしまうし、私たちの代では膝を痛めた人もいました。なので、サポーターを巻いていないとダメですね。練習もきついですが、祭りの期間はマリオスのステージとパレード一本やった後に、パレードカーに乗ってもう一回あるので結構大変です。

斎藤　筋肉がつくと言われましたが、四日間やると痩せるでしょ。

古川・八重樫　それがなぜか全然痩せなかったんです（笑）。

八重樫　ほかの四人はみんなゲッソリしたんですけど、私は朝、昼、晩と出されるお弁当をすべて完食してしまって、それで四日目ぐらいには顔がふっくらしてきてしまった（笑）。みんなは帯がきつくて食べられないといっているのに。練習が一番痩せると思いますね。

古川　浴衣が絞れるくらい汗になる。

八重樫　家に帰るとご飯も食べられないくらい疲れていますね。

斎藤　あまり脅かすと阿部さんがやめてしまうかもしれない（笑）。

八重樫　あっ、でも楽しいですから、全然大丈夫（笑）。練習が終わると部活が終わったみたいで淋しいんですよ。

斎藤　普通、ミスというのはニコニコ笑っていれば済むんですが、ミスさんさはずっと踊りっぱなしで、しかも笑顔を絶やしてはいけない。ハードですね。

八重樫　でも、知っている人がいると素の笑いができますね。それまでは頬もピクピクしていますが（笑）。

休みも返上で派遣事業

斎藤　お祭りの四日間のほかにはどんな活動をしているんですか。

古川　物産展や企業の誘致活動などにも行ったりと、年間を通じて派遣事業にも参加しています。五月頃から前年のミスは土曜も日曜もないくらい、県内外のあちこちを回っています。行って何をするかというと、もちろんさんさ踊りをご披露しますが、その前にトークで祭りの紹介をしたりと、岩手や盛岡をＰＲしています。

斎藤　祭りだけで終わるのではなく、大体一年間ミスさんさとしての役割があるわけですね。

古川　さすがに十一月から三月までの冬は少ないですが、春頃からまたどっと忙しくなります。本当に寒い時期以外はずっと踊っている感じです。

八重樫　私も北海道から沖縄、台湾まで行きました。沖縄は八月の終わり、北海道は真冬にデパートの前で踊りましたが楽しかったです。出る前までジャケット羽織って、踊るときに脱ぐ。冬でも踊ると汗が出てきます。

斎藤　練習があるので残業もできないし、派遣に行くときは休まなければならないし、会社の理解と応援がないとできませんね。古川さんはカナダから帰って間もないんですよね。

古川　私は二月に香港で旧正月のニューイヤーパレードに参加してきて、先日はカナダのビクトリア市に行ってきました。新渡戸稲造先生のご縁でビクトリア市と盛岡市が姉妹都市関係を結んでから二十五年周年の記念になるんですね。さんさのメンバーは二十人くらい行きましたが、ちなみに私は踊りではなく、太鼓を叩きました（笑）。

八重樫・阿部　えっ、そうなんですか！

斎藤　古川さんは太鼓も叩けるんですよね。

古川　派遣事業でいただいたお金をためて太鼓を買って、マイ太鼓で出ています。歌もできますよ。

斎藤　歌もあるんだ。サッコラ、チョイワ、ヤッセー。
古川　いえ、それではなくてちゃんと歌詞があるんです。
♪盆も八月ぁヤーイ　正月から待ちだ～　サッコラチョイワヤッセー（と、ひと節、披露）。
斎藤　伝統さんさは振り付けなど違うようですが、皆さんは踊りますか。
古川　伝統さんさはやりませんが、去年はその流れが濃い団体さんの方が先生だったので、それに近い踊りだったかもしれません。
八重樫　二年交代で先生が違うので、団体の先生によって踊り方も多少違います。
古川　だから、一緒に踊ると若干違いますね。腰を落としがちだとか、回り方のスピードが違うとか。

研修を経て活動開始

八重樫　阿部さん、机上研修は終わりましたか。
阿部　はい、終わりました。
八重樫　お疲れ様でした。
斎藤　何ですか、それは？
阿部　四日間の机上研修があり、立ち居振る舞いとか言葉遣いなどを教えていただきました。

斎藤　そういう研修もあるんですか。

古川　自分がおしゃべりしているのをビデオに撮っていただき、それを見たりとか(笑)。

斎藤　阿部さんは六月の段階になるとスケジュールが大体わかってくるんですか。

阿部　何となく派遣に行かれたりしているのは知っていましたが、ここまで回数が多いとは思いませんでした。審査のときに去年は六十回ぐらいあったとお聞きしました。

古川　毎回、全員が行けるわけではないので、自分が参加するのはその何分の一かですが。ビクトリアに私が行けたのも、前年の人で参加できない人がいたからで、人数が足りないときはその前のミスの人たちがカバーすることもあります。

斎藤　研修ではさんさ踊りの由来からやるんですか。読者の皆さんにちょっと教えてください。

阿部　はい、それでは……。

　さんさ踊りには幾つかの説があるんですが、一番広くいわれているのが藩政時代から伝わっている三ツ石神社説です。その昔、岩手山が大爆発し、大きな岩が飛んできて人々はこの岩をありがたい岩だと崇めるようになりました。その頃、盛岡城下では鬼たちが暴れていて、困り果てた人々は三ツ石の神様に鬼退治をお願いに行きました。神様はその願いを受け入れて鬼を退治し、その大きな岩に閉じ込めてしまったんです。鬼たちは「もう悪さをしないから山に戻してくれ」と懇願しました。神様はそれを聞き入れ、「悪さはしない」という約束の証しに岩に手形を押させ、鬼を山に帰しました。それが岩手の由来伝説であり、喜んだ里の人々は「さんさ、さんさ」と言って岩の周りを踊りました。

古川・八重樫　（拍手して）すごい！

八重樫　私は派遣に行きながら徐々に覚えていったので、机上研修が終わってすぐにはこんなに言えませんでした。

斎藤　先輩のお墨付きもついたし、どこに行っても大丈夫です。三ツ石神社には行きましたか。

阿部　はい。鬼の手形を探したんですが、見つけられませんでした。

斎藤　僕が小学生のころはもう少しはっきりと見えた。雨上がりにボヤッと出てきますよ。

古川　踊りのデビューが三ツ石神社で、ここで祭りの成功を祈願するんです。ちなみに去年の『街もりおか』七月号の表紙には私が写っていたので本を五冊買いました（笑）。

阿部　今年の三ツ石奉納さんさは七月二十一日です。

八重樫　幼稚園の子どもたちが遠足気分で来たり、近所のおじいちゃんおばあちゃんが来たり、結構たくさん見にいらっしゃいますね。

ミスさんさは得難い経験

斎藤　八重樫さんと古川さんは、ミスさんさを経験して何か変わったことはありますか。

八重樫　もう、充実していました。それは二十二年間生きてきた中で一番。いろんな派遣に行ったり、毎週何かスケジュールが入っていて忙しく、この一年は本当に充実していましたね。

斎藤　古川さんと八重樫さんは、奇しくも盛岡文士劇にも出演され、僕は共演しました。

八重樫　文士劇では普通だったら出会えない方々ともお会いできました。それが一番大きいですね。皆さん、すごい上手なんで驚きました。

古川　そうなんですよね。商工会議所の方からは、そこそこ練習に行っていればいいと言われていたんですけど（笑）。行ってみたら、かなり本格的で、私などとても出られないって思いました。

阿部　私も今年はぜひ声を掛けていただければ（笑）。

斎藤　去年の「源義経」に出た八重樫さんは静御前の役。泣かせる役でしたね。

八重樫　ああいう経験は一生ないと思いますね。

古川　私は知らない人に会ったり、知らない土地に行けるのが大きかったですね。私はもともと営業職で話す仕事なんですが、ミスさんさの経験がプラスになって、いろいろコミュニケーションが取れるようになったことが良かったです。外国に連れていってもらい、世界の人と触れ合うこともミスさんさにならなければできなかったことだと思います。

斎藤　ミスさんさになるとあちこちからいい縁談のお話もあると思います。古川さんは、ご主人との出会いはさんさがきっかけですか。

古川　実は八年前から付き合っていました。むしろ、ちょっと結婚を待って、というくらいの気持ちで（笑）。

八重樫　残念ながら声が掛かることはなかったです。

斎藤　そうなんですか。独身が条件だからそういう話も殺到すると思っていました。読者の皆さん、意外と盲点ですよ。

古川　ミスさんさの人も、ミス太鼓の人も任期が終わるギリギリまで結婚を待ってもらう人も多いんですよ。

斎藤　勤めている会社の理解だけでなく、お付き合いしている男性の理解も必要なんですね。

さんさ踊りをもっと知ってほしい

斎藤　皆さんの派遣は国内にとどまらず、海外にも行っているんですね。

八重樫　以前はロンドンなどヨーロッパ方面にも行っていたようですが、最近はアジアが多いですね。

古川　台湾などでも人気があるみたいですよ。鳴りものなので、太鼓や笛の音がすると、何だろう何だろうと人がたくさん集まってきます。

八重樫　浴衣やタスキも人目を惹くようですね。

斎藤　去年、内蒙古の首都・フフホトに行ってきましたが、そこの博物館のガイドはとてもきれいな女性たちなんですね。「あえて美人を選んでいるんですか」と聞いたら、「いえ、ちゃんと試験を受けてパスした人たちです」と言われました。専門教育を受けていて、歴史、文化などきちんと答えられる才色兼備なんです。きれいな人でお客さんを集めるのは、一つの手なんです。日本もミスさんさの皆さんのような方が各地でガイドしていて、内容に詳しければお客さんはいらっしゃると思いますよ。盛岡に行けば楽しいぞって。

古川　私たちも行った先の派遣によっていろいろ勉強しています。例えば、盛岡をアピールする物産展なのか、岩手を宣伝する催事なのか、その都度勉強させていただく感じなんです。平泉のことを話してほしいと言われたこともあります。なので、一年経ったところが一番、知識が入っているかもしれません。

斎藤　一般の人は、ミスさんはただ踊っているだけだと思っているかもしれない（笑）。

古川　県外からいらした方たちからは、さんさ踊りは思ったよりすごいねと言われます。どんなものかわからないで来たけど、面白かったって。

八重樫　いろんな場所にＰＲに行くと、見に行ったよと声を掛けていただくこともあります。

斎藤　しかし、みちのく三大祭りには入れない。

古川　五大まで広げるとさんさも入るんですけどね。せっかく素敵なお祭りで迫力も技術もあって、見どころはいっぱいあるのに、知名度がまだまだなのは、私たちもＰＲしていて残念だと思います。いろんな人に見てもらうにはまだＰＲが足りないかもしれない。

八重樫　仙台に東北六県のミスが集まり、夏祭りのＰＲイベントをやったときにさんさを踊ったんですが、その中では人数も多かったせいか一番盛り上がったんですよ。

斎藤　お祭りの伝統という面では、さんさの歴史は古いけど、パレードの歴史はまだ浅いですから。

古川　今年は三十三年、まさに「さんさ年」なんです。だから阿部さんは三十三代目のミスになりますね。初代の方は子連れで参加されています。初めは、川の街だから川祭りにしたけれども、その時に踊ったさんさ踊りがとても良かったのでさんさ踊りの祭りにしようということになったと習いました。

祭りの本番近し

斎藤　当日のお天気も気になりますね。太鼓を鳴らすお祭りって雨が降る確率が高いといわれているんです。曇っていると太鼓の振動で雨になるとか。だから、昔から太鼓は雨乞いに使われているんです。

古川　私のときはちょっとぐずついたりしたけど、パレードのときは晴れました。

八重樫　去年もパレード直前まではどしゃ降りだったんですが、さあ、スタートと外に出たら晴れていました。

斎藤　古川さんは今年も出ますか。

古川　今、入っている団体では太鼓で参加したいと思っていますし、歴代ミスさんさのパレードが今年もあるのなら出たいですね。

八重樫　私は新しい仕事が決まって引っ越すので出られないです。羨ましいなあ。終わりだと思うと淋しいです。

斎藤　八重樫さんはキャビンアテンダントに転身されるとか。ミスさんさの訓練で鍛えられているから大丈夫ですよ。ついでに、機内で踊って見せてください（笑）。

古川　祭りの期間は午後二時から二時半くらいまでマリオスで競演会をやり、そこでは舞台構成された踊りを披露したり、伝統さんさもたくさん出ます。

八重樫　その後、駅の滝の前広場で踊り、そしてパレードになるわけですが、ステージは構成された踊りに変化があるし、滝の前広場はぐるっとお客さんに囲まれていてどこを向いてもお客さんという感じでそれぞれ楽しみ方が違いますね。

古川　新幹線のホームから眺めていたり、降りてきたお客さんが立ち止まったり、観客もたくさんいらっしゃる。

八重樫　六月にはキャラバンで私たちも仙台でＰＲしました。

阿部　私たちは三ツ石で踊ったあとは七月の二十四日・二十五日と上野の夏祭りに参加します。

八重樫　上野の祭りでは大江戸さんさの方々も一緒に参加してくださるんですよ。

斎藤　東京でも少しずつ広がっているんですね。そのうち、東京さんさが始まるかもしれない。

古川　その時は招待してほしいですね。

斎藤　先輩から後輩へ、何かアドバイスはありませんか。

八重樫　本当に一年間はあっという間だと思うので、楽しんでほしい。体調を崩さないようにいっぱいちゃんと食べて。

古川　私のときは結構大変な人もいました。点滴を打ったり、膝の痛み止めの注射を打ってパレードに出たりとか。

八重樫　整骨院で膝にテーピングしてもらうのは必須事項ですね。私たちに教えてくれた先生は、もっと膝を深く折るようにすれば良かったといっていましたから膝痛に要注意（笑）。

古川　八重樫さんが言ったように体調管理をしっかりして、一年間大変なことなどがあるかもしれないけど、こういう機会はそうないと思うので、何でも楽しんでやってほしいですね。

阿部　一番気になっていたんですが、ミスさんさの方はどんなに暑くても涼しい顔で踊っているイメージがあるんですね。パレードで汗はかかないんですか。

八重樫　汗をかかない体質の人もいるかもしれないけど、私は目に入って切ないほど汗が出ました。でも、なかなか拭けないんですよ。

斎藤　鉢巻をするわけにもいかない（笑）。

古川　横を向いたときに素早く拭くくらいで。

八重樫　あとは顔を振って汗を吹き飛ばすしかない（爆笑）。もう、浴衣が汗で重くなります。

古川　なので、私たちのときはいつも集まって、どの化粧品が溶けないか情報交換をしていました。

斎藤　今日のまとめは、ミスさんさは「満身創痍で汗みどろだぞ」ということになりますか（笑）。いや、冗談はともかく、皆さん涼しい笑顔で華麗に踊って、盛岡のさんさ踊りを盛り上げてください。

〔二〇一〇年七月号〕

舟っこ流し

川のせせらぎを消すように、火のはぜる音がする。爆竹が鳴る。黒煙があたりを包む。炎をあげて舟が川を下るとき、川岸に橋上に見つめる大群集の中に一瞬の静寂が生まれるようだ。精霊を送る日の行事として盛岡の町に古くからうけつがれている舟っこ流し。

海野一義（久昌寺住職）　小枝指博（玉桜堂）　佐々木勝弥（佐々長商店）
高橋征一郎（会社員）　藤村利也（藤清商店）　司会・斎藤五郎　記録・和田貴栄子

斎藤　舟っこ流しの起源については色々あるらしいけれども、二百五十年以上の歴史があるそうですね。

佐々木　我々が良く知ってるのは、津志田の郭の〝大時《おおとき》、小時《ことき》〟という二人の美人の話。

藤村　南部藩主に可愛がられた。お呼びがかかって行った時に雨が降って、帰る時に北上川がすごく増水してた。それで無理に渡ったら転覆した。

佐々木　そしたら、その後津志田遊郭に夜な夜な怪しい事がおこったとかでね、それで施餓鬼も兼ねてお盆の十六日に盛大に供養をするようになったら治まった。でも、それより前に別な話もあるんでしょ。

海野　南部藩のお姫様がたまたま御病気で亡くなったらしいんですな。で、大慈寺のお坊さんに相談がかかった。それがちょうどお盆で、水の関係の精霊供養なさったら良いんじゃないかというようなことで、始まったらしいですな。

斎藤　お盆行事はどこに行っても灯ろう流しがあるけれども、盛岡のはでっかいでしょ。舟にもろに火をつけて流すんだから。

高橋　雫石や大釜あたりでも作ってるけど小型だしね、盛岡の舟と全然違うわけ。もっとキンキラしてる。

小枝指　石鳥谷でもやってるね、でもそれらは此頃でしょ。

佐々木　やっぱり二百何十年の伝統から言えば、こちらでしょうね。

斎藤　北上川みたいな大河が無ければできないことでしょうね。

今はベニヤ板の舟

斎藤　舟っこは町内単位で出すんですか。

佐々木　様々ですよ。大概、町内の青年部が主体。かつては事業所もあった。お寺もありますしね。段取りとしては、皆お寺参りし始める十三日以前に飾らなきゃならないから、一週間前から作業にとりかかろうということで始めるわけです。寄附集めから、舟に使う麦殻集め。小さい鶴折ったりするのは子供会でもやらせたりね。

斎藤　折鶴の他には何を使うんですか。

佐々木　短冊、吹き流し。爆竹は一番最後。

小枝指　竜頭もね。あれはうちでは発泡スチロール使って立体的に作りますが、ベニヤで作っただけ、ポスターカラーで描いただけ、とか色々ありますね。

斎藤　仙北町の場合は一そうだけですか。

佐々木　仙北地区には十一町内あるんです。その中で出してるのが青物町、駒形町、仙北町、仙北組町、立正佼正会、この五つが必ずいつも出しますね。南町が出したり出さなかったり。

斎藤　大体が河南の松尾町からこっちの方で作って出すんですね。全体でいくつくらい出るんですか。
藤村　十二、三でるんじゃないですか。
斎藤　麦殻って何に使うんですか。
小枝指　ヘリです。舟の横。
藤村　昔は全部麦殻か杉の葉でしょ。
斎藤　木の舟じゃないんですか。
高橋　要するに長木を組んで麦殻をつけていくわけです。今はベニヤ使ってますが。
藤村　麦殻で軽くする意味もあるし、パチパチする音の効果ね。あと、昔ですと土台の舟を何年も使ったからそれを保護するために使った。今、麦殻も前もって頼んでおかないと手に入らなくなりました。
斎藤　流した後も大変ですよね。
佐々木　必ず河川敷に残りますから、十七日の朝、各組から出て撤去するわけです。今、みんな針金使ってるから全部絡んでる。重油かけて燃やしてもなかなか無くならないし、ゆるくないですよ。

舟っこ流すのもゆるくない

斎藤　皆さんも担いで水に入るんですか。

佐々木　入るんですよ。

高橋　大変ですよ、担ぐのは。

藤村　お寺さんから持ってくる時も、うちは一番近いから担いでくる。

佐々木　軽いようにに見えますけどね、ゆるくないもんです。

海野　色々飾るから重くなりあんす。

佐々木　川原に運ぶ時はまだ中にタイヤなんか入れてないけどね。

斎藤　タイヤって何ですか。

高橋　演出です。黒い煙出すために。昔は竹筒入れたんだよね、爆竹のかわりに。

佐々木　自転車のチューブ入れて重油かけて、爆竹ぶら下げて。

斎藤　川原に祭壇を飾るんですね。

海野　祭場を作って舟を全部集めて供養してから流すんです。ただ流すわけじゃなくて、その辺にまた特色があるわけだなっす。

斎藤　川へ流す時も皆で担ぐんでしょ。

佐々木　あれはバランスとるのに大変ですよ。綱を四本つけましてね、火つけるのに二人つくかな。

斎藤　何人位で支えてるんですか。

藤村　十二、三人は必要だね、少なくとも。人数は多い程良いけどね。

斎藤　みんな褌一丁で入る。

小枝指　ガラスとかあってひどかったんですよね。今、怪我しないようにワラジか足袋をはいて入ります。

斎藤　火をつけるのは？

藤村　川の中央の所定の場所まで担いで行って、そこへ一度おろして体勢を整えてから火をつけるわけですね。

佐々木　火玉は別に持っていくんです。それをつけるタイミングがね、ただつけるんじゃなく、それぞれ趣向を凝らして。例えば竜の口から煙幕を出すようにしたり、後の方に煙出すようにセットしたり、花火があがるようにしたり。ところが持ってるのが松明でボーボー燃えてるのだから、うまく煙幕の所にいかない。飛び火したりとんでもない所に火がついたり。失敗したとかうまくいったとか言いながらやってます。

高橋　やっぱりいくら火ついても流れなきゃだめだおんね。スーと流れないで横になったりすればだめだ。

佐々木　舟の近くにいてやけどしたり、川の中だから潜れば良いようなもんだけど。

高橋　一度にボッとくるんだし、舟を支えようと思ったりして無理するわけだ。

小枝指　せっかく作ったものだし、ひっくり返ったら終りですから。

佐々木　川の状況を良く知らないと怪我するね。

藤村　旧明治橋の跡にゴマ石の角のついたのゴロゴロあるし、浅いし。
高橋　地元の人達は一段目二段目三段目って言ってわかってるわけですよ。三段目が流れが良くなってるわけ。二段目が一番急なのかな。だから三段目を流せばひっかからないけど、それがうまくいかないと体を擦ってしまったりする。
藤村　四十四田ダムができてから水の量が変わってきてね、少なくなった。
斎藤　水はある程度あった方が良いんでしょうね。
小枝指　今、建設省に頼んで、その日だけ放出してもらってるんですね。
斎藤　舟っこ流しの時、雨は降らないの？
藤村　寒くはなるけど比較的降らない。
佐々木　延ばしたことあったかな。
高橋　無い。どうするか騒いだことはあっだけど。俺が溺れそうになった年ね。火つけようとしたら急に胸まで入ってしまって。
佐々木　あの時はすぐ岸から流したね。
高橋　舟は流れて行くし、火はこっちで持ってるし、火つけられないんだものね。水増えるとどうしても負けるものね。
海野　川の中って、かなり冷いものらしいおんなっす。
小枝指　その年によって様々なんですよ。

佐々木　十六日になると結構寒い時多くてね。終ると皆、戸塚孝さん経営の〝力の湯〟に行くんですよ。当日は貸切。舟にタイヤ入れてるし、爆竹を何百発ってぶら下げる。重油はかぶってる。風呂屋さんはいい迷惑じゃないですか。戸塚さんは舟っこ流しの事務局長だから、その辺は断わるわけにはいかないわけだ（笑）。御好意に甘えてるわけです。

樽っこも流した

斎藤　舟っこ流しの時花火あげたりしましたね、あの組み合わせは良かった。

高橋　子供の頃はすごかったね、何万人と人が出たこともあって。樽っこ流しっていうのもやったんだおんね。岩手川の酒仕込む樽だの、農家で使う大きな樽だのに、〝蓮華の中の孫悟空〟とか、様々に仮装して乗って川を下った。

佐々木　二十五、六年前かな。その頃が全盛だったね。

藤村　色つけた水あげたり、色々な余興やったんだ。

佐々木　そして舟流す頃になると明治橋はもう大した人だったものね。本宮あたりから弁当持って見に来るんだっけ。

斎藤　戦争中も続けてやったんでしょう。

海野　数は少くてもやりあんしたね。中のお墓の形したものに軍馬と書いてみたりなっす。軍人関係のが多かったんですよ。

佐々木　今、交通事故の戒名ですからね。

小枝指　全日空の遭難の時は、どの舟っこも供養しましたね。各舟の戒名、今百五十位になるけど、年々増えてるようです。

斎藤　舟の中に石仏の形を置くんですか。

佐々木　必ず置きますよ。

高橋　五重塔作ったことあるけど、塔だと高いから舟がひっくり返るんだよ。昔の石仏は必ず傘をかぶった形だった。

斎藤　石仏も張り子でしょ。

藤村　やっぱり燃えやすく作るんです。

海野　よくどっちが前だ、正面だって聞かれますな。舟は向こうさ行くから行く方が正面なんですが、そうすると見えなくなるから、拝んでいるうちは正面を横にして、流す時は向きを変えます。

舟っこが陸で燃えた

佐々木　私ら、昔に灯ろう流しやったんですが、あれも夜見ればきれいなんですよね。火がボーボーと流れるでしょ。板っこさボロきれやったり、洋服屋の紙についた生地見本もらってきて舟形に作ったり、明治橋の下でそれに火つけて流してた。毎晩油くるめになって。十年以上前だな。

高橋　昔の面白い話って言えば、舟っこ作って十三日から飾るわけですよ。テント張ってね。見張り番のために一泊すれば五十円もらえた。昭和三十五年頃かな。雨降らない時はテントの上に寝てるんだよ（笑）。スイカ、お菓子を飾ってるのを持っていかれたりするんだよね。すると、こっちはまだガキだからテントから下りて、百メートルも二百メートルもぼっかけて、スイカ返してくれって言うと、返すんだっけ。

佐々木　舟の前に祭壇作ってさい銭箱置くんですけどね、その中味盗られたことあるね。箱だけ戻って来たけど。今は夜も誰も舟につきませんね。夜は近くの人が電気を消して祭壇を片づける。それだけですね。いたずらされることも今は無いね。

小枝指　一度燃やしたことあるね。

佐々木　流す前に燃やしたんですよ。

小枝指　前夜祭みたいにしてね（笑）。ロウソクの火に〝南無阿弥陀仏〟と書いた短冊がなびいて、それに移ったんだね。

高橋　みんな近くに氷食べに行ってたったの。明るくなったなって話してたっけ、もう舟が燃えてたったた（笑）。

斎藤　今もロウソクやってるんですか。

藤村　今は電気の行灯やってますね。

高橋　燃えた頃はどっこの家でも迎え火なんか焚いてた時代だったからね。

小枝指　次の日からまた大変で、作り方からまた始めたんだもの。

斎藤　やめないでまた新しいの作ったの？

高橋　ちゃんと新しい舟出したんです。

子供の舟っこ

佐々木　私、皆よく毎晩来てくれると思いますよ。お酒っこがなんぼか出るのも良かったかもしれないんとも、集まってくる連中がおもしろいんですよ。大学教授もいますしね、公務員、警察官、大工さん、商店主。いろんな人種が集まってくるから話がとっても面白い。作った後で毎晩お互いに話しながら一杯交わすっていうのが良いことじゃないかと、私思ってるんですよ。

斎藤　仏の供養っていうのは、我々考えると何か年寄りじみてるって感じになるけど、舟っこ流しに関する限りは若者のエネルギーの世界のような気がするな。

佐々木　いや　それは、どこまでが若者かっていう問題ですが……。

斎藤　佐々長さんまで（笑）。

小枝指　理想は先輩が後輩に引きついでいくのが一番良いんでしょうけど、若者が入ってくるサイクルが二十年サイクルぐらいで、続かない面があるんですね。

佐々木　だからこうやって五十才近くなってもまだやってるわけですよ。ただ、この舟っこ流しがね、地域の活動として二十代から三十代の人達が集まる良いチャンスだって思ってるんです。

斎藤　後継者は結構いるんでしょ。

海野　今、子供の舟っこが立派な後継者なんです。彼らはなっす、一回でやめない。必ず二度か三度手をかけてるはずです。大体三回手がければ印象にずっと残っているもんですからなっす。ある年令にきて恥ずかしいとか忙しいとかで離れても、また戻ってくるんですおんな。そういう面では立派な後継者をいつの間にか作っておるんです。

高橋　知らず知らずのうちに入ってくるっていうのが一番良いんだよね。

海野　それが本当の姿だと思いますね。まあ、昔に返したい気持もありますけどね。私が小さい時に、うちの親父、爺様たち舟流したからなす。その頃、大体一間半位なもんだから大八車さ積んで、山門からずっとドンジャランとさせながら歩いていった。

斎藤　今も鳴り物入りで運ぶんですか。

佐々木　今はしませんね。

高橋　舟っこ流し囃子でも作ればいいんだけども（笑）。大体、昔は公園にも行ってパレードしたんだものね。今のに何かをつけ加えなきゃ、舟っこ流しそればっかりじゃどうしようもないと思うし、これだけでやるなら百そう二百そう流すとか、何か新しいことをそろそろ考えなきゃならないと思うの。

藤村　皆、どの舟も同じような格好だものね。何年か前に竜の頭じゃなくて、馬の頭出した所あったっけ。うちでは木彫りの鳳凰やったことあるね。竜じゃなくても良いと思うんだ。

舟っこ流しのこれから

佐々木　この二百何十年続いた舟っこ流しの歴史は絶対無くならねと思うんですよ。たとえちょっと様子が変わってもですよ。変わることによって観光客がいっぱい来て盛岡のお祭りだって言われた方が、仏事にこだわってじり貧になっていくより良いと思うんだけど、でも、あんまりこんなことしゃべると仏心が無いっておこられるけどね（笑）。無いわけじゃない。

海野　仏心もそこにあるんじゃないですか。十六日は地獄の釜の蓋も開くんだからなっす。鬼たちもいたずらしないことになってるんだから、騒いで良いような日で、むしろドンチャン賑やかに送るってこともなっす、良いんでながんすか。

高橋　やっぱり観光というのも考えた方が良いと思う。

佐々木　今度えんま大王の舟っこ作るか。
海野　そういった発想も良いと思いますよ。
佐々木　いつも同じ屋根かけた石仏じゃなくね、えんま大王の舟とかね、二そう三そうと流す。
海野　片や地獄、片や極楽。良いんじゃながんすか。えんまさんには、お付きの武官で十王って裁判官が付くんだからなっす。それらの人達のもこしらえていけば、みごとな地獄の裁判所ができるわけだなっす。
佐々木　今度は燃やすのもったいなくなるんじゃないかな（笑）。やっぱり燃やして火がパーッとあがるのが迫力あるからね。
藤村　舟っこも、今の倍くらいでるようだと良いんだけどね。
佐々木　一度に向こう岸とこちらと、二そうずつ流せるようだとね。
斎藤　盛岡人って舟っこ流しが終わらないとお盆を送ったような気がしないんですよね。だけど、今はテレビで見て、わざわざ見に行かない。ＰＲが悪いんですね。
高橋　舟っこ流しの前後にも何か考えないとね。
佐々木　一日だけじゃなく、盆中、二百そうだり三百そうだり毎日流せば良い。
海野　もう少し小型に、手軽に作って出せるようにすれば、隣近所の人たちで作れる場合もあるからなっす。

斎藤　これは、すたれはしないですよね、盛んにはなっても。
全員　それは、絶対すたれませんよ。

〔一九八三年八月号〕

盛岡山車・祭りの季節

伊藤吉之助（盛岡山車音頭研究会会長）　小原忠志（盛岡市下町史料館館長）
司会・斎藤五郎　記録・和田貴栄子

夏から秋へ祭りの賑わい

斎藤　今回は盛岡の祭り、中でも八幡宮の山車を中心にお話を伺います。祭りといえば昔は神楽が賑やかだったのが思い出されます。
伊藤　夏祭りは七月一日山開きの岩手山神社から始まったわけで、その日から八月の十日まで多賀神楽が二十数カ所の祭りを歩いたものです。神楽堂のない所では空き地に屋台を組んで、道路が観覧席になるのね。民謡が盛んな時代には、長屋の二階の格子をはずして一階の屋根にちょっとした桟敷ッコ作って、そこに尺八と追分の歌い手を乗せたりした。名人の福田岩月（二代目）は盛岡弁丸出しの漫談もうまかったね。

一時間も二時間も立って聞いていたもんだ。みんな辛抱強かったんだなぁ。

小原　金毘羅さんの祭りで多賀神楽を見た時、子供心に面白いと思ったのはタコ入道がおならをしてその匂いでびっくりする演目だった（笑）。

斎藤　露店も並んで賑やかで。

伊藤　馬町の馬頭観音でも二十軒くらい並んで見事なもんだった。

斎藤　お祭りというと小遣い銭もらって遊びに出掛け、サーカスとか見世物も楽しみでした。

小原　私が小学校に上がる前の昭和三、四年に殴り込み事件があったの。サーカスの荷物を運ぶ際のいざこざで、生意気だと叩かれたのが仙北町一分団の分団員だった。番屋でみんなに話したら酒の勢いもあってか、夜中にポンプ車で肴町からサイレン鳴らして八幡宮のサーカス小屋に乗り込んだ。それから何年とサーカスは盛岡に来なくなったんですよ。「盛岡ズどこはおっかねどごだ」ということになってね。

斎藤　この辺の人達はそれくらい気が荒かったそうですね。南部の侍は江戸でケンカするので有名だったの。

伊藤　馬町でも、昭和の「め組の喧嘩」と言われてやはり警察が入った事があった。山車に等級つけていた頃の事です。それ以後はつけないことになったの。

斎藤　祭りに酒は付き物で、山車が通る所には必ず酒が並びましたね。

伊藤　とにかく本町通、材木町、通り一本抜けるのに半日かかったもんですよ。店という店が酒と茶碗を用意しているから。

小原　歩けなくなるくらい酔っ払う人も多かった。最後はリヤカーに乗せて運ばれる（笑）。一緒に歩いていた人がいつの間にかいなくなって、後で探したら大きなゴミ箱の中にズッポリ入って寝てたった（笑）。

伊藤　今は、親方たちは「番屋に帰ったらなんぼでも飲ませるから、歩きながらはあんまり飲むな」って言っているから、酔っ払いはいなくなりました。

山車は祭りの華

斎藤　今年は山車は何台出ますか。

伊藤　九台です。

斎藤　結構な数ですね。基本的に消防団が出すんでしょう。

伊藤　消防は祭りと山車と梯子乗りを守っていこうと申し合わせているそうです。二十分団ありますが、四年おきくらいに出せば一年に五台は揃う。他に観光協会や城西組なども出すから全部で十台近くなるという勘定です。

小原　冷害や不景気の時には祭りの山車を出さない地方もありますが、盛岡は関係なく出しますからね。

斎藤　花巻祭りは山車の数が多いですね。

小原　花巻は町内会で出すのが殆どで町内費に上積みして祭り資金を集め、それが基本になる。市長さんが祭りの実行委員長で、市がスポンサーから集めたのを山車に配分するんです。女の子の冠などは子供会で作り、花などを作るのは老人クラブのお楽しみ行事になっています。

斎藤　すると盛岡みたいに寄付を集めて歩かないんですか。

小原　一切ありません。

伊藤　京都の祇園祭は、毎年同じものを組み立てて出すから案外金がかからないといわれている。しかし「お祭りをやるのは資金調達の苦闘史だ」と言います。どのお祭りでも金を集めるのは苦労でしょう。

小原　盛岡山車は花も半纏もいつも新しいのが自慢だったんですね。運営費を含めて経費はどうしても七百万円以上はかかります。ただ、寄付を戴いた所の旗や名入りの提灯を並べてせっかくの見返しが見えなくなるような山車はどうかと思います。酒樽を乗せるのも山車の表現ではないと私は思っていますけどね。

伊藤　文明がおこり文化が発達するにつれて都市に人が集中し、色々な災いが起こる。それにより死んで行った人達の霊をなぐさめ鎮める為に山車が引き出される。だから終わったら焼却し、出すときはいつも新しく作るというのが本来の山車の姿。それを守っているのが盛岡の山車だ、とよそからほめられているんですよ。

小原　八幡町のように地元ということで毎年出す所もある。手古舞から何から自費で出るわけで、寄付もありますし大変だと思います。

伊藤　負担をかけない運営の仕方がないか。それも課題でしょう。

太鼓の響きが風にのる

斎藤　子供達の太鼓の練習が八月から始まりますね。聞きながら気分がだんだん高まっていきます。

小原　昔、盛岡の山車は「お盆も過ぎた、今年は米っこも取れるようだ、なんじょだ、お祭りしねが」というような威勢で決まったわけですね。みんなで山車を作り十三日まで完成させる過程も一つのお祭りだった。最近は請負で作る所が多くて自分たちで作るところは何件も無いのではないですか。

伊藤　長町の八分団くらいでしょう。

小原　毎晩酒飲みながら花を拵えたりして自分達の手で作り上げて行くのが妙味だったし、知識や技術の継承にもなっていたんです。

斎藤　山車には約束事があるんでょう。

伊藤　「天人《てんじん》地海《ちかい》」の法則です。「天」は天然自然のことで、春から秋までの花や松。

「人」は人形。「地」は岩。「海」は滝とか飛沫。それらを付けるのが盛岡山車の鉄則です。人形は、まず柱を真っすぐ真ん中に立て、手足を曲げながらそれにつけて行く。どんな人形でもニョキッとした感じがするでしょう。心棒が真っすぐだからなんです。太鼓は叩き方が四色。笛の穴はさんさ踊りは五つだが山車は七つです。

斎藤　作れる人もだんだん減ってきたでしょう。

小原　山車はお盆という直径九尺の丸い物の上に山車人形が乗っているんです。元気のいいことを「盛岡山車のようだ」って喋る人があるが、盛岡山車を飾るものは威勢のいいもので、桜でも枝の立っている山桜を使う。枝垂れ桜では盛岡の山車ではないわけです。牡丹の枝もピッピと立っている。飾る時に岩肌が見えないように空間に蕾を付ける人がいるが、蕾は一番のてっぺんに付けるものです。そういうところがだんだん崩れて来ていますね。

伊藤　松も天井が隠れるくらい屋根をかけたみたいにすると人形に被ってしまう。それはよくない。

小原　藤だけはその可憐さで他の威勢のよさを引き立てるために使う。ところが藤蔓のない山車がある。蔓がなくて藤の花が咲くわけないですよね。松にいつから藤がおがるようになったんだ（笑）。

斎藤　そういうことを言い伝えてもらわなければね。

小原　波は荒々しい日本海の波を選んでいると思う。描き方にも基本型があるのですが、今はあまり守られていませんね。

斎藤　人形を作る人や人形の化粧師はいるんですか。

小原　いるにはいますが、隈《くま》を一筆でぼかしながら描くようなことがなかなかできない。

伊藤　衣装は京都あたりからきれを探して来て作ります。

小原　各番屋に残る古い衣装を見本にすると素人でも縫えるんですよ。ただし、時代考証をきちんとしないまま付ける場合も多い。歌舞伎をきちんと見れば分かるんだが。

伊藤　なんとかいいものを後世に残したいという気持ちから言うのですが、今は笛も音頭も太鼓も練習が足りないと思う。子供の練習にも親がついてくるから、目の前で叱るわけにいかないし（笑）。昔はバチで頭叩《はた》かれた事もあるんだけど。

小原　私が子供の頃、仙北町に吉田仁右衛門という音頭上げのうまい人がいました。仙北町武士ですからちょんまげを結っていましたね。その人の教え方は一回声をつぶさせるんです。次に出てくる声で本格的に教えて行く。するとサビのある声になって聞いていてホロッとするような音頭になる。マイクいらずの声ですね。

伊藤　北上川の落合で波の音に負けないくらいに声出して発声練習するんだもの。

斎藤　盛岡山車はお揃いの半纏、法被《はっぴ》で、スカッとしている。あれは鮮やかだと思うな。

伊藤　ところが問題なのは足袋と草履。黒足袋と白足袋、黒緒と白緒。この組み合わせが様々出てくるが、これだけでも纏《まと》まらないものでしょうかね。

小原　腹掛けも胸元を開けて着るんではだめ。首が苦しくなるくらいピシッと締めて着るものなの。股引きだと思い違いをしたまま乗馬ズボンをはいている人もいる。本来は草履をはかず、底にズック地を縫い付けた足袋のまま歩いたんです。いま贅沢になって草履を履くようになったが、大体神田祭りの服装が盛岡の服装ですから。

伊藤　手ぬぐいを首にかけているのも、だらしがない。もう少し各組で盛岡の山車のスタイルを教えてほしい。

小原　掛け声も「ヤーットセヤットセ」なんて言う人が出てきたわけで、とんでもない話です。盛岡は「ヤーレヤーレ」ですからね。

伊藤　山車人形も、単に今まで出ないのを出そうというのではよくないし、見る方の理解度を深めて行く工夫も必要でしょう。

小原　最近いいなと思うのは、浴衣一枚の侠客の山車が出なくなったこと。八幡宮の祭りのお祝いですから、いわゆるヤクザの人形が乗っていたんではかっこが付かない。

斎藤　皆さんのようによくご存じの方がいなくなると、今に「鉄腕アトム」のような山車が出て来たりするかもしれない。

小原　戦時中、「爆弾三勇士」「荒木大将」「広瀬中佐」などが出たことありましたね

（笑）。でも、やはり風流物ですから、いくら偉い人のでも現代物は合わないですね。

軋む車に心が騒ぐ

斎藤　盛岡の山車は大きくて男性的です。車は二つだけ、ぎいぎいときしむ音はほんとにいいですね。

伊藤　見る方や聞く方は喜ぶが、組の頭が一番心配するのが、心棒が折れずに三日間無事に終わってくれということ。木の車の内側にゴムのタイヤをはめて、できるだけ負担をかけないようにするとか、それぞれ研究しているようです。

小原　本当は補助車など付けず大八車だけで歩きたいわけですね。私らもだいぶ苦労しました。点滴からヒントを取って心棒に油がタッタッタッと落ちるようにしたから、まず今は心配無がんすね。

伊藤　ギーギーきしむ音は油が切れたから。ひどいのは煙まで吐いて焦げている。そうなると折れるわけですよ。

小原　昔はわざと音を出すために馬車油をかけて水をかけたんですよ。摩擦が強くなってギイギイと音が出たもんです。で、ドンコドンコと太鼓鳴らして鉦ならして笛ならして回って歩いて、家さ帰ってくるときはもう気分爽快！　それなのに今はベアリングを入れるか、なんて言う人がいるんですよ（笑）。

斎藤　昔、女性は乗れないものでしたが、女性の大太鼓は色気があっていいですね。ああ、お祭りだなと思います。

小原　例えば男二人女子《おなご》二人乗せて太鼓を打たせるとお互いハッスルするんですよ。鉢巻キュッと締めればかっこもいいもの。

斎藤　女性も上手ですものね。

小原　熱心ですし。

伊藤　でも、叩き方をきちんと指導しなければ。ただリズムが合えばいいのでなく、四人で叩いても常に真ん中に当てなきゃいけない。太鼓の縁を叩いているのではワガネの。

斎藤　太鼓の叩き手に希望者が随分多いようですね。

伊藤　山車にはまだまだ面白い場面があるということだね。ただ太鼓を叩き、山車についで歩いて三日間過ごすだけでなく、祭りの意味や心のありようも分かってもらいたいんだが。

小原　山車の内容を聞かれて「さあ、何でがんすかねぇ」と言っている参加者がいっぱいいいるから。

伊藤　由来を知ればもっと面白味も増すはずです。

小原　テレビの放送でも解説者をつけるとか、大通りのパレードで山車を説明しながら運行するような工夫があってもいいですね。

斎藤　これからの課題だと思います。今は自己発散、ストレス解消、パフォーマンスの楽しさで参加する。見られているということは楽しいことで、それだけでもいいと思いますよ。

小原　寄付を戴いたときに差し上げる番付（山車絵）には由来も書いています。寄付集めの門付けの必要がなくなり、参加者全員が山車の側にいることができ、あの番付を観衆に配れるような時代が早く来ればいいと思いますね。

祭りの味わい

斎藤　パレードは八幡下りと大通ですね。その時以外は個々に歩きますが、これは目立たない。パレードをもっとふやしたらどうなんでしょう。今は寄付を戴くために町なかを歩かざるを得ないが、それさえ解決されると可能でしょう。

小原　初日は市役所から明治橋までとか、翌日は大通とか、場所を変えて三日間パレード制にすればいいと思っているんですよ。また岩手県中の山車を一台ずつ集めてパレードに参加してもらうと非常に勉強になると思うんです。いいものがありますから。

斎藤　今、祭りに山車を出す町というと、どんな所がありますか？

小原　花巻、日詰、石鳥谷、大迫、沼宮内、川口、一戸、二戸、軽米、葛巻、久慈、種市。それから昔の南部藩ということで八戸も特別参加させるといいですよ。大迫のあんどん山車もいい。

伊藤　パレードに各祭りの代表者が参加する。すると家族親戚も見に来る。そういう所から合同のパレードに結び付けられればいいと思うんだが。

小原　お互いに切磋琢磨していけるんじゃないかと思いますね。

斎藤　各地の山車が一堂に会するパレードは市民にとっても観光客にとっても大きな魅力になりますね。

小原　みそ汁でもダシのいいのはおいしさが違う。子供でも「やめろ」と言うまでご飯を食べます。お祭りも山車がよければますます盛《さか》りますよ。

〔一九九八年九月号〕

盛岡八幡宮の奉納神事

大森康次（盛岡南部流鏑馬会師範）

盛岡八幡宮の神事「流鏑馬《やぶさめ》」は、例年九月十四日に神輿渡御が行われ、十五日は手組の儀、そして、十六日に流鏑馬が朝六時から川原祓いの儀で始まり、午後一時からは馬場祓いをして本儀が実施されます。一年間の五穀豊穣、天下泰平、家内安全を祈願し、三人の射手と三人の介添奉行が御奉仕申し上げます。

一の射手奉行が一の的、二の的、三の的と射って、三人の射手が三回それぞれに射った後に介添奉行が「ようー射たりやー」と声高らかに、扇子を舞うがごとく的の前で高く上げて射手を誉めたたえて三の的を通りぬけた後、射手とともに二頭が揃って乗出しに戻って来ます。これで神事流鏑馬が奉納されて終わります。

私は十八歳の時、弓の先生から流鏑馬を見に行こうとさそわれ、その勇壮さに魅せられて始めることを決心しました。弓の先生が流鏑馬をやっていたので自分もやれるものと思って八幡宮に行きましたが、流鏑馬どころか馬に乗ることもできず、そのうえ、流鏑馬をする三週間も前から埒《らち》（走路の柵）作りや走路作り、また、的受作りや矢止（矢が人に当たらないように）と周りの環境づくりが仕事でした。諸先輩の方々は楽しそうに今年の作柄はどうこうなどと話しながらの作業で、毎日がやりがいがあって、できた後は清々しく感じたことを今でも思い出します。

二十〜二十九歳までは中央に就職して流鏑馬を離れていましたが、その間ラグビーをしていました。再び故郷に戻り、三十〜三十五歳までは、乗馬馴らしで馬の廻し運動くらいでした。

流鏑馬に携わって四十年くらいになりますが、毎年口伝で伝えられた馬の乗り方、止め方、矢の番《つが》え方が練習の割には上手くなれなくて苦労しています。また、会員の皆さんが練習時に出席数が少ないことを心配しています。

神事流鏑馬は南部流の勇壮、華麗な射手奉行の形と、介添奉行の声高らかに舞うがごとく扇子をひるがえす形が見どころです。また、馬のスピード感も迫力があって楽しめるところです。

口伝伝承である所作一つ一つが現代にも通じる内容で、これからは口伝ではなく、文章にして次世代に残したいと思っています。それは、一緒に奉仕している副会長の菊池茂勝さんの協力と教えによるものです。一人が覚えているものではなく、皆が共有することが良いのではないか、と言われたのです。

流鏑馬に使われる馬は一日の神事に出るために年間の中で三分の一は、乗り手の意のままになるよう、日々鍛錬です。思うままの動きになるよう、自分以外の人には、触れさせたくないほどかわいいものです。

次世代の方々への文化の継承について、伝承される所作は鍛錬の毎日で身に付けられますが、馬と練習する時間も必要なことなので、会社の理解をいただけるかが心配です。流鏑馬を継ぐ若者を後押ししてくれることを期待します。

〔二〇一七年九月号〕

二度泣き橋

「二度泣き橋」の名前

濱岡正己（日本銀行盛岡事務所長）

盛岡駅の正面、北上川にかかる開運橋の別名を「二度泣き橋」と聞いたのは、当地に転勤して間もない頃だった。

東京から新幹線で二時間半とはいえ、今でも関西では「もりおかってどこ？」と訊く人が多い。北の街に降り立ち、盛岡駅から市内に向かうとき、「遠くに来たな、とこの橋の上で涙を流す。しかし、時が経ち命が下って盛岡を離れるときには、去りがたくてこの橋の上で再び泣く」という二度泣き橋の話に、大いに興味を惹かれた。

その名づけ親が、第二十代日銀盛岡事務所長、古江和雄さんだと知った。古江さんは平成三年から六年まで三年間盛岡の人であった。私は第二十六代目であるが、それまで古江さんの名前は知らなかった。しかし、今も古江さんを懐かしむ地元の方から、彼が在任中に自費出版した本が非常に好評で、その中に二度泣き橋の話が出ていると聞き、事務所の図書の中から、岩手賛歌という副題のある書籍を見つけだした。在任中の講演や新聞への寄稿などを集めたものであったが、文面からは、岩手を愛する思いがしっかり伝わってきた。今は日銀を退職され、故郷の下関に戻り、北九州市で活躍されていることもわかった。早速、古江さんに著書の感想を送ったところ、すぐに丁重な返事をいただいた。

そこには、「岩手の人々のすばらしさは、付き合って自分で感じるしかないのですが、他県では経験したことのない文化の香りと人間としてのマナーの良さに、私は惹かれました。上品でしかも気骨のある人が多いのです」とある。また、「夕方の講演は『おばんでがんす』で始めました。『みなさん、今晩は』よりも気持ちがこもります。九州で働いているのに、今でも『おばんです』の方がシックリきます」と当時を懐かしんでおられることも窺われた。

余談になるが、私も真似て、講演で「おばんでがんす」と挨拶したところ、「今時おばんでがんすと挨拶するのは、かなり年輩のおばあさんぐらいですけどね」と軽く笑っていただいた。ここ十数年の間に、地元の言葉はすっかり標準語に近づいたようだ。

しかし、私の中では二度泣き橋に関する疑問が残っていた。古江さんは、なぜ開運橋に別名をつけようと思ったのか。この話は、ご自身のことなのか、それとも、誰かに聞いたか、何かで読んだものなのか。

思い切って昨年の暮れ、電話をして訊いてみた。

返事は次のようなものだった。橋は、長崎の思案橋や東京の言問橋など、物語を絡ませることで、観光の名所になりうる。当時の古江さんには、盛岡の表玄関に観光スポットを作れば、地域の活性化に繋がるとの考えがあったようだ。開運橋は明治の中ごろは私設の橋だったため、利用者は通行料を泣く泣く払って行き来をしていた。この話から「二度泣き橋」という名前が浮かんだという。しかし、物語は、当時の自分の心情を表現したものだそうだ。著書では「われわれ転勤族の多くのものが、特に冬場に単身赴任で引っ越してきたりなどすると、タクシーで開運橋を渡りながら、北上川を眺めて涙する。そして、再び命を受けて旧任地盛岡を離れようという段になると、今度は別れ難く去り難く、橋の袂から岩手山を望んで涙するのである」となっている。

二度泣き橋が、いまだに転勤族の心を捉えるのは、古江さんが指摘した岩手の人々の素晴らしさが今も盛岡に残っているからであろうが、同時に、転勤族の多くが一度目に泣くのは、今も盛岡が全国的には十分に認知されていないことでもある。

長崎の思案橋は、遊郭に行こか戻ろか、橋の上で思案する男の心情が名前の由来と聞くが、橋も遊郭もなくなった今でも名前は残っている。盛岡の良さが全国に知れ渡り、理想の転勤場所になって、二度泣き橋の名前も、かつての時代を偲ぶように変わっていくことを願っている。

〔二〇〇九年二月号〕

盛岡　春夏秋冬

谷口　誠（前岩手県立大学学長）

世の中は不思議なもので、全く予期せざることが起こるものである。これまで岩手県とは何の縁もなかった私が盛岡に住むことになって、もう四年の月日が終わろうとしている。毎日盛岡と滝沢村の間を往復していた私が盛岡の街について語る資格はない。率直に言って、ましてや無趣味で観光にもあまり関心がなく、夜の街を飲み歩くタイプでもない私にとって、語ることは限られているが、私の知る盛岡の街、そして盛岡近辺の春夏秋冬についての印象を語ってみたい。

まず、一年を通じて言えることは、盛岡近郊の自然がすばらしいことである。特に、盛岡から滝沢村に通う途中眺める岩手山はすばらしく、色々な悩み事があってもこれをすべて忘れさせてくれるほどの魅力がある、滝沢村にある岩手県立大学の学長室から間近に見る岩手山には圧倒されるような迫力があり、見とれていると仕事にならないので十分楽しめないのが残念である。

盛岡近郊の春はやや遅れてやってくるが、私の最も好きな季節である。リンゴの白い花が咲き香り、本当に牧歌的な世界が訪れる。県大のあたりの景色も一変する。桜の白、ピンク色と唐松の若葉の淡い緑色の配色のすばらしさは、えも言えない美しさがある。モネが描けばすばらしい作品になるであろう。

私にとって盛岡の夏は、「さんさ踊り」の季節である。七月末まで大学の方は期末試験があり、学生諸君は試験と「さんさ踊り」の練習とが重なり、大変なようだが、私にとっては盛岡の夏の最もエキサイティングなイベントである。普段、学生諸君とは授業で接することがあっても「さんさ踊り」のように一緒に県大チームとして参加することはない。私はただちょうちんを下げて「サッコラチョイワヤッセ」と叫んで歩くだけだが、学生諸君と一体感をもって参加したという満足感が湧いてくる。学校ではジーパン姿の女子学生もピンク色の浴衣、足袋と草履姿に様変わりして、一層女性らしく見える。いつも優秀賞に終わり、最優秀賞を逃しているが、各チームがそれぞれ色とりどりの浴衣を着て競い合う緊張感、笛、太鼓の響きは忘れられない。

盛岡の秋で最も印象深いのは、中津川の鮭の遡上である。中津川にかかる橋の上から鮭のカップルが浅瀬をやっとの思いで遡上して力尽きていくのを見ると、自然の摂理を目の当たりに見る思いがする。秋は「人生の秋を知る」などと言われて、いささか心寂しい季節であるが、散策がてら材木町まで足を伸ばし、光原社で宮沢賢治を偲ぶのも悪くない。

東北の冬は確かに厳しいが、白雪を抱く岩手山の霊峰は圧倒されるほど美しく、かつ厳しさを増す。

ある時、県大の会議室の窓から見る姫神山一帯の雪景色にすっかり見とれてしまって、つい「すばらしい冬景色だなあ。ヨーロッパのスキー場の雪景色に負けないなあ」と言ったら、先生たちから「岩手の人々は屋根の雪下ろしをやったり、雪で散々苦労している時にそんな呑気なことを言ったら叱られるよ」とたしなめられた。

先日、家内は家近くの氷の上ですってんころりんと滑って、したたか腰を打ったため、盛岡の冬の厳しさを味わったと言っていたが、それと同時に、助けてくれた盛岡の人の親切さ、心の温かさを身に沁みて感じたようだ。

以上、盛岡の春夏秋冬について印象を述べた。盛岡は決して派手ではないが、古い文化と歴史に富む静かで清潔な街である。私はこの盛岡の佇まいがこよなく好きである。私はこの三月末で県大の任期を終え、慣れ親しんだ盛岡を去ることになったが、盛岡はいつまでも私の好きな盛岡であってほしい。

〔二〇〇九年五月号〕

緑の町に舞い降りて……

今回のご出席は、岩手のテレビ局で活躍中の女性アナウンサーの皆さんです。全員が東京以西の出身で、最初の頃は盛岡の言葉も、冬の寒さも〝未知との遭遇〟だったとか。巡り来る季節をこの街で過ごす中、今では盛岡をこよなく愛し、熱烈なる岩手の応援者になりました。

奥村奈穂美（IBC岩手放送）　小林ゆり子（テレビ岩手）
坂口奈央（岩手めんこいテレビ）　登田真由子（岩手朝日テレビ）
司会・斎藤純　記録・菅原伊保子

故郷の山河に育まれて

斎藤　読者の皆さんはよくご存じだと思いますが、全員県外のご出身なんですよね。初めに、出身地のご紹介からお願いいします。

小林　私は東京都八王子市の出身です。山梨に近い東京で、盛岡に負けず劣らず緑が多い所です。夏は四十度近い暑さになり、冬は三十センチぐらい雪が降ることがあります。八王子は意外に山が多く、久保山町という町名の「久保山」が家のすぐ後ろにあります。盛岡に来て何が嬉しかったといって、自転車でサイクリングしやすいこと。八王子は坂が多く、向かい風のときはこげなくて大変（笑）。坂の少ない盛岡は自転車をこぐのが楽しいですね。

奥村　私は滋賀県の出身で琵琶湖しかありません（笑）。隣がすぐ京都で、県都の大津市の隣の駅が京都というくらい近い。だから、買い物も遊びも飲みに行くのも京都です。盛岡に来て思ったことは、ここには何でもある、よその県に行かなくてもいいということです。盛岡にはアミューズメントスポットも百貨店も映画館も何でも揃っているから、一度住むとほかの街にいちいち出たくなくなって、盛岡に引きこもりになりつつあります。

坂口　出身は静岡県富士市です。名産はシラス、みかん、お茶、お風呂の窓を開ければ富士山が見えます。静岡と言えばサッカー、幼い頃からサッカー教育が盛んで、同級生には川口能活君がいます。彼は隣の小学校でしたが、五、六年生からスターでしたね。静岡県民にとって年明けは全国高校サッカー大会。あの応援をして、今年も新しい年が来たなと実感するんです。

登田　愛知県清須市出身です。数年前に合併して清須市になりました。名古屋駅から電車で一駅、家から歩いて十分ぐらいで名古屋ですが、でも名古屋市ではない。全国的に有名になったのは、六、七年前の東海豪雨です。私の家は二つの川に挟まれていますが、一つの川が氾濫してしまって一帯が浸水し、私の家も床上まで浸かってしまった。電気もガスも使えない体験は初めてでした。

盛岡の心地よさ

斎藤　盛岡の印象はどうでしたか。

坂口　盛岡に決まったとき、知人から盛岡といえば、松任谷由実の「緑の町に舞い降りて」が有名だよと言われました。それから私の中の盛岡のイメージは〝緑〟なんです。初めて盛岡の街に降りた時、まだ三月中旬で雪に覆われた寒い朝でしたが、緑の気持ちのいい場所だなと思ったことを覚えています。

小林　私は試験を受けに来た時、会社まで歩いてみました。その途中、大通で止めてある自転車を五台ぐらいダダッと倒してしまったんです。アーッと思ったら、知らない人が走って来て、一緒に直すのを手伝ってくれたんです。一通り直してくれると、何事もなかったように去っていってしまって……。

奥村　何も言わずに去っていくのが、盛岡ですよね。

小林　何てあったかい人たちなんだろうと、それがすごく印象に残っています。東京だったら絶対にない。

斎藤　ミステリー映画祭にいらした作家の宮部みゆきさんが中の橋で鮭が上るのを見ていたら、通りすがりのおじさんが、ここよりももう一つ上の与の字橋の方がよく見えるよ。なぜ、そこに鮭がいるかというと川底から水が湧き出ていて、そこに産卵するんだよと教えてくれたそうです。観光ガイドかなと思ったけど、どうみても普通のおじさん。それなのに親切に教えてくれたと、感激していました。半面、お店などに行って、無愛想だなと感じたりしませんでしたか。

坂口　逆に心地よかったです。ほどよくかまってくださって、その時の言葉が盛岡訛りだったりするといいですね。雰囲気として着物をまとっている感じ。表現が何かおしゃれだなって。盛岡弁に魅せられて、「盛岡弁に親しむ会」に入ったこともありました。

全員　へエ～！

斎藤　小林さんは盛岡文士劇の現代劇に出ましたね。方言で演じたわけですが、大丈夫でしたか。

小林　大丈夫じゃないですよ（笑）。入社して二年目の時で、しかも主役に近い役。いっぱい台詞があって、最後まで続けられないのではと思いました。「あいや～」と驚くにも、普通には驚けない。イントネーションが違うんですね。

斎藤　熱心な余り、仕事の時につい方言が出ませんでしたか。

小林　逆に仕事で使えるようになったのが財産になりました。何を言っているかわかるようになったので（笑）。今、方言を話している若者は少ないですよね。その時はめんこいテレビの高橋裕二さんとコンビでしたので、ファミリーレストランに行ってけんかするシーンを練習していたら、周りからすごい変な目で見られて、恥ずかしかった（笑）。

登田　私は「したった」と、過去形にするのが全然わからなくて、一体どっちなんだ。今やっているのに何で過去形なの？って。

小林　私も電話で「出かけてました」と言われ、今はいるんだと思ったから「じゃ、お願いします」と言ったら、「だから出かけてました」「でも、今帰ってきたんですよね」と気まずい雰囲気になりかけた。現在過去形はいまだに疑問です（笑）。

坂口　この前、普通に話していて、「奈央ちゃん、訛っているよ」って。でもそう言われて嬉しかった。私、方言はおしゃれだと思うんです。

斎藤　本当の盛岡の言葉は柔らかくてきれいなんです。今は本当の方言がなくなって、変な汚い言葉が使われている感じがしますね。

小林　私も地元に方言がないので、文士劇のときは嬉しかった。うまくできなかったけど何となく伝わるような気がして。東京に行くと、皆さん方言を使わないようにしますが、関西人のようにもっと話せばいい。こんな可愛らしい言葉なのに。

斎藤　それは支配した側と支配された側の千年以上の歴史的な関係があるかも。明治時代、原敬が盛岡中学（現・盛岡一高）を訪れたとき、学問と一緒に標準語を覚えなさい。東京で何か事を起こすには田舎の言葉を話していてはだめだと演説した経緯もあります。関西はニュースも関西弁ですか？

奥村　ニュースはさすがに共通語ですが、情報番組はアナウンサーも普通に関西弁で話しています。若い人が盛岡の言葉を話さないのはもったいない。思うに、親世代が盛岡弁を嫌いなのではないですか。ラジオのお便りで、「幼稚園で訛った言葉を覚えてきたので、どこでおばあちゃんみたいな言葉を習ってきたのと言いました（笑）」とありましたが、私にしたら笑えませんね。

しばれる冬にも慣れました

登田　盛岡に来て、窓が二重になっているのには驚きましたね。それがかなり衝撃的で、相当寒いんだなと覚悟しました。

全員　そう、びっくりした！

坂口　スタッドレスタイヤのタイヤ交換も初めてだったし、水抜きもしなければならないなんて……。

登田　水抜きという言葉を知りませんでしたよね。マイナス十何度なんて初めてでしたから、すごい世界に来たなって。

奥村　滋賀県は結構雪が降るので、雪は慣れていたけど、寒さが痛かったですね。一年目は早番があり、朝五時に家を出ましたが、最低気温が出る時間帯。歩いて会社に行く途中、顔が凍ってきてエライ所に来たなと思った（笑）。ただ、縁もゆかりもない土地だと思っていたんですが、盛岡の街は近江商人との関わりが深く、酒造会社などに取材に行くと、大体が近江商人だったりして、滋賀県出身というだけで親しみを持ってくれるので得しました。

斎藤　冬はじっと家にこもっているんですか。

小林　私は休みのたびにスノーボードに通っています。安比や岩手高原に行くことが多いですね。雪がいいですねぇ。東京に住んでいた頃、安比はあこがれの場所でした。ボーダーにとっては聖地みたいな。その安比にすぐ行ける。

坂口　私はボード、スキー一式を揃えました。はまったのはスノーモービル。あれで会社に通いたいと本気で思った（笑）。道なき道を走る爽快感はほかにない。たまに田んぼで乗っている方を見るとウラヤマシイー。

小林　もう雪ウサギになった気分ですよね。振動もあるけど、フワフワ。フカフカの柔らかい雪だからこそ味わえる爽快感。

奥村　雪の質が全然違いますね。滋賀もスキー場が多いけど、盛岡の方がはるかにスキー場に近い。体一つ、自分の車でスキー場まで行って、レンタルして滑って帰ってくる。そんな手軽さはなかったです。

斎藤　僕は子供の頃に合宿があったり、昔のスキー靴は足が冷たかったりしたので、あんな寒い思いは二度とごめんだと冷ややかな思いで見ているんだけど。

小林　盛岡の友達はそういう人が多いですよね。

岩手に胃袋をつかまれた

斎藤　関西の味とは違うと思うので、食べ物は困りませんでしたか。

奥村　いや〜、私は岩手に胃袋をつかまれた感じです。滋賀の友達は「岩手は遠いし寒いから大変でしょ」と言うんですが、「ご飯がおいしいから全然大丈夫」といつも答えるくらい、何でもおいしい。

小林　ほんとにびっくりしたのは野菜に味があることです。甘いし、みずみずしい。私は岩手に来て好き嫌いがなくなりました。苦い、辛いだけではなく、奥深さを岩手の食材は伝えてくれました。例えば、舞茸は軽くてフカフカしたものだと思っていたけど、採れたてのものを持った時、重くてびっくり。こんなにおいしい水を吸っているんだなって。食べ物の概念がすっかり変わりましたね。産直が大好きです。

登田　野菜に元気がありますよね。東京や名古屋で売っていたのとは全然違う。野菜ってこんなに生き生きしているんだと思いました。

小林　日本テレビの「どっちの料理ショー」で、大船渡の赤崎のカキと、北海道の対決がありました。北海道は絞りたての牛乳で、クリームコロッケ対カキフライの対決。その時は絶対勝たないと会社に帰れないと思って、頑張ってPRしました。番組では全国各地のいい食材をリサーチしているわけですが、岩手は何でもある。海のものも山のものも、豚肉、牛肉もいい。「困ったときは岩手だ」と、制作者は言っているそうです。ちなみに対決は、一人が北海道支持でしたが、あとは全員が岩手。圧勝でヤッターと思いました。

岩手をもっとアピールしよう

斎藤　盛岡で暮らしてみていいことばかりではないと思うし、盛岡には何もなくて不便だと言う人もいますが。

坂口　変だなと思ったのは、南部藩か伊達藩かと分けること。これには参りました。南部藩か伊達藩か。さっぱりわからない。

斎藤　さらに青森に行くと南部藩と津軽藩という分け方がある。

坂口　「めざましテレビ」の中継で青森に行った時は、岩手で手こずったのは全然大したことがないっていうくらい、南部藩から行った私たちは、津軽藩で苦労しました（笑）。

斎藤　司馬遼太郎が「お互いの悪口をまとめるだけで何冊もの本になる」と書いています。昔のことだと思っていたら、そうでもないいんですね。ま、それも一つの文化といえば文化でしょうか。

登田　みんな岩手山を見て学校や会社に来ますよね。それが最初すごく不思議でした。

斎藤　えっ、何が不思議？

登田　岩手山を毎日見ることが。私の故郷は山がなかったので、山を見るという習慣がなかったんです。何でこうみんな岩手山、岩手山と言うんだろうなって。でも、いつの間にか自分も毎日見るようになっていましたけど（笑）。

小林　春になると鷲の形が現れるという発想は、素晴らしいですね。

斎藤　岩手山は、盛岡の人たちにとって美意識の基本だと言われています。ドカーンと大きいわけでもなく、形・姿もほどよく、シックというか、街との距離もちょうどいい。巨大で間近に仰ぐようだと、また美意識も違ったと思いますね。

奥村　「県民性スペシャル」の第一回放送で、岩手県は「お人好し」ナンバーワンになりました。岩手の原宿・映画館通で実験があったので、覚えている方もいると思います。ちょっと話題になっていまだに「お人好しの県でしょ」と言われます。

登田　私がちょうど盛岡に来るときの放送で、友達に「人がいい県だって出ていたから、大丈夫だよ」って言われました。

奥村　いいところがあるのにアピール下手だなと悔しく感じますね。関西人は前へ、前へと出るので余計そう思います。実際、私も来るまでよく知らなかった。何てもったいない県民性なんだろうと思いますね。

斎藤　何十年もＰＲ下手だと言われ続けている。こんなに世代交代しているのにいまだにそうなんです。

小林　岩木山は知っているのに、岩手山は知らないというのは悔しい。

笑顔でさんさ踊りに参加

斎藤　今年もさんさ踊りの季節が近いですが、皆さんは踊れますか。

坂口　基本的な踊りはできるし、伝統さんさも見れば大体踊れます。去年、内モンゴルロケの最終日には、大勢の前で踊りました。一人でこっ恥《ぱ》ずかしかったけど（笑）。日本の若者たちと一緒に旅するロケでしたが、さんさ踊りを見た彼らがとても感動して、盛岡ってこういう素敵な踊りがあるんだ。来年の夏は見に行きたいと言ってくれました。みんな知らないんですよね。

奥村　知らないんです。その知名度の低さが悔しい！　会社でパレードに出ますから私も参加しますが、あの距離は結構疲れますよ。

坂口　ミスさんさに踊ってもらって、どれだけカロリーを消費するか、調べたことがあります。ご飯一杯分と聞くと大したことないと思うかもしれませんが、実際はジョギングで五、六キロ走った距離に相当するそうです。

奥村　ミスさんさが日本一きついミスという話もあります（笑）。私たちでさえ、ずっと笑顔で踊らなければならず、頬が痙攣します。

小林　私は二年前から踊り始めましたが、やはり踊ったほうが楽しい。見ている人たちがもっと参加できるようになるといいですね。

番組で伝えたいこと

斎藤　では最後に、担当番組をご紹介ください。

奥村　私は「じゃじゃじゃＴＶ」の中継レポーターをしています。岩手を元気にするテレビという冠どおり、岩手を元気にしていきたい。ラジオは「ワイドステーション」の火曜日のパーソナリティーで、生の声を聞きながら県民の皆さんとキャッチボールできるのが楽しいです。

登田　土曜日の「楽茶間（ラクティマ）」を担当しています。「イワテヲオモシロクスルテレビ」がキャッチフレーズで、毎週県内の謎や不思議を調べたり、岩手の食材を使って美味しいものをつくったり、岩手の良さや魅力を引き出す番組です。最近は巌手屋と一緒に「三千粒のゴマ」の南部せんべいをつくったり、福田パンと一緒にスパゲッティ・ノ・ポ・リ・タンを作りました。

坂口　土曜の「あなろぐ」を担当しています。固定観念にとらわれることなく、やれることはどんどんやるという殻破り的なスタンスで面白いことを追求している番組です。岩手のいいところに気づくきっかけを届けることができればいいなと。

小林　夕方の「5きげんテレビ」は今年十二年目になりました。この時間帯の生放送はこの番組だけなので、何かあったときに速報で伝えられるという意識は強いです。岩手を元気にすること、視聴者の皆さんとのキャッチボールは当初から変わらないテーマです。

坂口　この四人は特にそうですけど、県外出身者の人ほど岩手の良さがわかる。それを伝えるのが私たちの仕事だと思っていて、どこまで伝わっているかはわからないけど、同じような気持ちを持ってくれる人がここ数年で増えたと強く感じます。ようやく、盛岡に来て少しずつ自分の思いが伝わるようになってきたと感じることがあって、それが嬉しいですね。

斎藤　私たちは外から言われて気づくことも多いので、今日は皆さんのお話を聞いて勉強になりました。ありがとうございました。

〔二〇〇八年七月号〕

第二章　文化のまち

文学

明治の作家山田美妙と盛岡

山田公一（会社役員）

盛岡市山王小学校近くに年々朽ちていくかのような塚がある。盛岡ゆかりの明治期作家・山田美妙にかかわるものだ。

百二十年前、初の言文一致体（話すことばをそのまま表記すること）の先駆となり小説以外にも辞書を編纂、民族独立闘争にも関心をしめした文人であり、四十年前にはその先祖が南部藩士だったことから、ＩＢＣ岩手放送でも特集番組を組んだことがある。

山田美妙研究の第一人者である浦田敬三先生の著作などで詳しく知ることが出来、また『街もりおか』にも過去三十八年の中で何度か寄稿がなされてきた。

私が遠縁（？）にあたりそうだ、というのは近年知った。母方の叔母飯島みえが美妙の父吉雄の継子徳次郎の妻となり、かつその縁で私の母が嫁に来た。こう書いても私自身未だによく判らないが、要は美妙の先祖吉風らは多賀の神官として代々南部盛岡藩に仕え、天保時代には失脚し江戸へ出た一族とのこと。盛岡にも直接の縁戚があった筈だが、今は東京方面のご子孫しか知らない。

私の亡父山田勲の実家は大矢でありこちらも天保時代に藩主と公開意見書・答弁書合戦をした町奉行や藩政批判書を編纂した中村友ノ進、山田募《つのる》などが所蔵古文書にみえる。無論、創作だろうが大江匡房を遠祖とする点も山田美妙と共通である。

南部殿様とはあまり仲が良くなかったようにみえるが、十八世紀末から十九世紀初頭にかけての南部利敬公時代は重用され神官としての頂点にあったらしい。殿様も初の御国入りには農民一揆の手荒い出迎えがある等して長く藩政改革に力を注いでいた。家老多賀頼母はその政策の中心にいた人である。

神官山田が中野村、大矢は大沢川原、中村が加賀野に住んでいたこの時代はそろそろ西欧の知識も入ってきて、蝦夷では南部藩士がロシア海軍艦長ゴローニンらを捕縛した事件が発生したりしている。幕末の藩政はペリーの来航した嘉永六年（一八五三）には大農民一揆によって大転換するが、欧米流の市民主義的意識が庶民に芽生えてきた結果ともいえよう。後の平民宰相原敬の祖父が当時の家老だった。

明治維新の年一八六八年に美妙（本名武太郎）は江戸神田で生まれた。父吉雄は千葉周作道場に通い、やがては島根県で警部などをしていた。秀才の武太郎は東京で活躍、新しい形の詩作などにも取り組むが、言文一致の作家として著名となったことや、欧米型の生活が災いしたものか、保守的な文壇から追放された。

進歩的な山田美妙はフィリピンの独立戦争に題材を求めた小説も発表した。辞書の分野では金田一京助も功績を認めている。美妙の「日本大辞書」が完成してきた明治三十九年（一九〇六）には相馬藩士の子孫・半谷《はんがい》が新渡戸稲造、後藤新平、原敬らの序文を得て「将来之東北」を発刊した。東北人の消極性こそが「白河以北一山百文」を成り立たせている原因とするような原敬異色の論文もあって寒冷な東北はあまり農業にこだわらずに商工業に基礎を置くべき、など現代でも通用しそうな論が展開されている（東北振興の原点）書籍なのだが、この中でこれからも有望な人物リストに山田美妙が載っている。

著者半谷氏は天保飢饉の際に二宮金次郎の営農指導を相馬藩が受けたことを伝え聞き発奮して実業を起こした人であり、原や新渡戸、後藤新平らから直接間接の指導を受け出版に至った。つまりは岩手三大偉人も美妙を認めていたことにもなる。

しかし、盛岡は違った。美妙は病弱な浮気者、どこで死んだか判らないなどと私自身聞かされてきた。何か判らない新しいことをする者を遠ざけてきた要素が何であるか原因は様々だろうが、現代においての都市間競争では市民自身の観光都市への自覚が求められる。

山田美妙も盛岡に深い縁を持つ先人であって、より広範囲な人々に理解されるような環境造りをはたしていきたいと思う。

〔二〇〇六年五月号〕

中学以来の親友

鈴木彦次郎（作家）

「おう、いよいよ日程をきめたぞ。八月下旬に、息子のくるまで、陸中海岸をまわって、盛岡へゆく。息子がなあ、おれのからだを心配して、ずうっと附き添ってくれるというんだ。知事にも、よろしくいってくれ」

「ようし、千田さんも、しきりに待っている。ことしこそ。ぜひ断行しろよ」

　去年の七月末、逗子の佐藤得二からの電話の応答である。附き添ってくるという彼の長男は、精神科専攻の医者だが、心臓を病む彼としては、専門外といえども、医者の長男がいっしょなら、道中も心強いことだろう。

　だが、それが、息子の都合で、九月中旬に延び、さらに、九月上旬の電話では、

「彦さん、おれは明日入院して手術するぞ。腹に瘤みたいなものができて、にがいゲップがでてかなわんのだ。癌じゃァないらしいが、盛岡行きは退院後になる……千田さんにも、きみからよろしくたのむ」

　にがいゲップがでるというのに、相変らずの明るい電話だ。だから、はなはだ月並みながら、はなはだ情けないことながら、神ならぬ身の私は、秋深き陸中海岸も盛岡

もすばらしいぞ。ぜひ元気になって、やって来いと、景気よく誘ったのであるが、ついに、この夜の電話が、彼の明るい声の聞きじまいになってしまった。

もう七年前の秋だったろう。佐藤夫妻は、久しぶりで郷里を訪ね、千田さんの好意もあって一週間ほど滞在し、むしょうに岩手の秋の風物を気に入って帰った。それ以来、毎年、岩手に再遊したいと、電話のたび、口ぐせのようにいいながら、心臓の持病のために果たせず、去年の約束も、とうとう永久に反古になってしまった。

——ああ、せめて、もう一度、岩手を、そして、盛岡の土を踏ませたかったと、彼と永訣した今日、胸が痛くなるほど、切なく思うのである。

佐藤得二とは、盛岡中学にお互い入学して以来、すなわち明治四十四年からの友人である。彼は秀才、私は鈍才。しかし、得二君は、決して、ガリ勉の秀才ではなく、つねに、野党の先陣を切って、ずばりと不勉強な教師をやっつけるといった野性味たくましかったから、妙に私とはウマが合った。

盛中卒業の年、二人とも一高を受験したが、鈍才の私が見事に落っこちたのは当然ながら、どうしたはずみか、秀才の彼も同じ運命に陥ちこんだ。だが、翌年は、二人ともパスして、ともに、本郷の寄宿寮に入った。ところが、彼は一高二年の時、ろくまくを患って、休学したため、私より一年おくれた。しかし、私は東大に入ってから、川端康成などと同人雑誌をやり、へたな小説に凝っていたので単位が足りず、結局、一年待って、彼といっしょに、大正十三年春、学窓を出たのである。このようにお互い、待ちつ待たれつ、行を共にしたというのも珍しかろう。

しかし、哲学専攻の彼が、晩年、胸と心臓の病気を療養しながら書き下ろした大河小説「女のいくさ」が直木賞になり、いつの間にか、私の畠に入ってきたのも、ますます奇縁というべきだ。

得二は、すばらしい頭脳の持ち主だった。彼の本来の道は、哲学者である。若いころは内村鑑三に私淑して、西欧哲学と対決し、その後は、道元研究から入って、仏教の教法を探求した。彼の遺した「仏教の日本的展開」「国民的教養の出発」「道元と現代学生」は、いずれも、その道の名著として、高く評価されている。終戦後、病いを得て、療養生活二十年をせずに済んだら、彼は本来の道で、もっと輝かしい業績を、かならず挙げたであろうし、作家としても、心臓の持病がなかったら「女のいくさ」につづく名作（事実、三年前から、スケールの大きい超大作の戯曲と取り組んでいた）を世に問うていたであろう。惜しみてもあまりある男だった。残された私は、まったく空しい思いである。

頭も身体も大ぶりな彼は、その肉体にふさわしく、直情豪放。学界でも、つねに野党で反骨稜々（これで、彼は随分損をしている。若いころ、横浜高専の助教授時代、教頭が陰険な男だったので、薬鑵の水を頭から浴びせて即時免職になったり、朝鮮の水原高農教授でラグビー部長の時、試合で相手校に卑怯な振る舞いがあったので部長が真っ先きに相手の応援団席に殴り込みをかけて、新聞に叩かれ、教育界の問題になったり……）握り太のステッキをついて、のっしのっしと歩む姿は、まさに、北方の王者の風情があった。

そのくせ、実に、神経がこまやかに行き届いていて情にもろく、友達思いで、ことに不遇な友人や教え子などに対しては、献身的な友情をつくした。自説を強硬に主張もしたが、一旦、誤れりとさとったら、それこそ、あの大きなからだをちぢまるだけちぢませて、率直に自分の非をわびた。その態度は、まったく竹を割ったように爽やかだった。

小誌「街」にも、心から協力してくれた。

創刊号には「北上川のアユ」去年の八月号には「盛岡中学校」――病苦に悩んで、どこにも書かないのに「街には、これからも書かせてもらうよ」と、いってたのに……昭和四十五年二月六日、私は、中学以来の親友、約六十年の交友だった佐藤得二に先き立たれてしまった。痛恨やる方なき心情の昨今である。

〔一九七〇年三月号〕

生きてゐる鈴木彦次郎

今　東光（作家）

いくら鈴木彦次郎が死んだと言はれても僕には彼が死んだと思はれないのだ。

想ひ起すと彼が一高生になつた初一年の学期はじめ、同級の川端康成、石浜金作、酒井真人等と共に僕の家へ来て以来、吾々の交通は絶えることがなかつた。それは細い絹糸のやうだつたが断続して彼等は自らの道を歩きつつ僕とは何等かの繋《つなが》りがあつた。

鈴木といふと相撲小説といふ風に人は思つたが、角通としては尾崎や舟橋よりも上だつたと思ふ。鈴木が横綱審議会に入らなかつたのは遠い盛岡の地に居たためだと思ふ。若《も》し東京に住んでゐたらと思ふのは彼を知る人の誰もがの実感ではあるまいか。

鈴木は意外に早く泉鏡花などを読んでゐたが、彼の芝居好きはまるで江戸の下町つ児みたいだつた。僕は案外、小説よりも脚本を書くのではないかといふ希望を抱いてゐたくらひで、彼は長唄・清元・常磐津ばかりでなく一中節や河東節なども好きだつたし解つたが、新内節の好きな僕とはその点でもよく話があつた。江戸文学は当時、欧化思想の横溢した時代の影響で英佛独伊などの文学に押され、頗《すこぶ》る軽蔑されたものだ。しかしながら鈴木や川端と共に江戸文学を高く評價した吾々は、ヨーロッパ文学を修めた作家の力量の貧弱さを見ると吾々の志向した文学の方が数倍好いと判断して失望しなかつた。鈴木は飽くまで正統派の文学を志してゐた。

第六次新思潮の同人となつた彼等に異分子の僕が参加して何となく文壇に足掛かりを得たが、石浜と酒井は教師として文学活動から身を退いて仕舞つた。彼等は自分の才能の可能性を疑つたのだが、僕の見るところでは少しあきらめ方が早かつたかと思ふ。文学は四十、五十、六十になつてはじめても遅くはないからだ。

しかしながら鈴木は五人の中で一番の人情家で、あきれるほど親切だつた。その彼の世話焼き振りに甘えたのは川端と僕だつたやうに思ふ。

ある意味で無軌道な川端の身辺をよく世話してやつたが、僕が先輩と喧嘩し同輩と仲違ひする度にこの厄介者を慰め勵《はげ》ましてくれたのは彼だつた。石浜などに言はしむるとこの鈴木の過剰な親切は彼を不利にするといつて憤慨したが、今にして思へば石浜の批判を肯きたくなるのだ。

大東亜戦といふ悪夢は吾々を遠く引き離した。酒井真人は信州に隠れて仕舞つたし、石浜はその家庭を破壊して蒸発して仕舞つた。そして鈴木は郷里に引込んだ。

鈴木ほど盛岡を愛し、また南部人を愛したのは少ないだらう。彼は郷党のために骨身を惜しまなかつた。彼の親切振りは生れ故郷で遺憾なく発揮されたが、南部人があまりに彼をしつかと摑まへ過ぎたために彼の東京で活躍する足手纏《まと》ひになつたと言ふと南部の人々は怒るだらうか。

川端でさへ盛岡で鈴木と会つて帰つてくると僕に「もう好い加減にしろ」と言ひたかつたと語つたくらひで、この好い加減にしろといふのはあまりに作家鈴木を煩らはせ過ぎるといふのだ。冠婚葬祭をはじめ何でも鈴木を引張り出すと、彼の世話好きな性分は黙つてゐられなくて世話を焼いて仕舞つたらしい。川端や僕みたいなヅボラな人間は人が世話を焼いてくれるのが当り前だと思つてゐる方だから、彼を見てゐるとやきもきしてくるのだ。

僕が中尊寺の住職になつた時、鈴木と川端ほど喜んでくれたのはない。そのくせ仲々お互ひ忙しくて会へなかつたのは何とも心残りなことだつた。

今度、二戸郡の天台寺といふ廃寺同然の寺の復興に当ることになつたが、それこそ鈴木の絶大な援助が欲しい時に彼が居ないといふことは僕にとつて右腕を喪つたよりも大きな打撃なのだ。今その復興の構想を日夜練りながら、こんな時に彼がゐてくれたらと屢々《しばしば》想つてゐると、実際彼が時々夢に現れてアドバイスしてくれるのだ。彼の提案は奇想天外なプランだが、僕はそれを夢物語とは思はないのだ。何とかしてそれを現実のものとしたいと考へてゐるのだ。

(註)東夷の沙門と自覚してゐる僕は夢なりとも彼の手曳きによつて一世一代の天台寺

再建をなしとげやうと思つてゐる。されば誰が何と言はふとも、僕には鈴木彦次郎は死んだのではない。

川端は死に急ぎをしたが、鈴木だつて天寿を完《まっと》うしたとは思はない。彼等は幽界から下凡の僕を扶《たす》けてくれること生前と変りはないからだ。

㊟東北人として修行する僧

〔一九七六年七月号〕

岩手県詩人クラブ

大坪孝二（詩人）

早いもので、クラブを結成してからもう十五年になる。昭和二十九年二月二十八日、当時内丸にあった県立図書館のせまい部屋に、二十人ばかりの詩人たちが集まり、全く粗末な規約をつくって、みんなでいい詩を書こう立派な仕事をしようと誓いあったのは、かなり前のことだ。それからは毎日、暇をみつけて詩を論じ、社会を評し、中央と地方の文化について考えたりなどした。クラブの発案者は、阿部三夫、斎藤彰吾、大坪孝二の三人であった。

一国一城の主人公たちであるから、表面は賛成の顔をして、内心全然反対というのが当り前の世界である。三十一年から始まった秋の岩手詩祭には、いつも議論百出、理想と現実を調停するのに苦労した。中央の詩人たち、及川均、山本太郎、江間章子、秋谷豊、村野四郎、木原孝一、関根弘、長谷川竜生などを呼んで、講演と詩劇、詩の朗読など、かなり刺戟を与えたり与えられたりしたが、金を持っていない我等のやること、講師へのお礼は一番やすい鉄びん、会食はヤキトリ屋というのがお定りのコースで、それでも毎年赤字になった。

仲間の素質は全国的にみて優秀である。この十五年間にだされた詩集二十余冊、堅実な風土の中で、こつこつと書きつづけた成果が吉田慶治、中村俊亮、村上昭夫の晩翠賞となり、村上昭夫のH氏賞ともなってあらわれた。昨秋村上昭夫が亡くなり、淋しくなったが、これから多くの仲間が飛躍すべき時期にきている。相不変《あいかわらず》、酒をのみ、ホルモンをかじりながら、岩手の山脈に埋没する宝石を採掘するだろう。

例えば、花巻に住む大村孝子、一関の北川れい、遠野の平野春作、釜石の長尾登、宮古の盛合要道、盛岡にいる連中、岩泉晶夫、内川吉男、本宮正保、そして我等が忘れることのできない大先輩佐伯郁郎の青春詩集を期待出来るだろう。

ともあれ、四十六名の会員諸君、若き日の青年たちは中年となり、子供は反抗期となり、家計が益々苦しくなれば、クラブ会費を払う余裕はある筈がない。このところ二年、会費のないクラブも珍しい。体力はおとろえ、酒量僅かになったとはいえ、往年の詩的情熱をもやして、素晴しい詩を創造しようと意気込んでいる。おお、ともに期待しよう。

〔一九六九年十月号〕

髭のある少年

村上善男（美術家）

盛岡の大通りの裏手、昔は菜園と呼ばれていた一角に、「モンタン」という、洋酒と喫茶の店があった。ざっと三十余年前である。

小瀬川了平氏の経営になるもので、一九六〇年代の盛岡に風靡《ふうび》した。（昭和三十五年から四十五年頃である）

二階のカウンターに中村俊亮が立つようになったのは、昭和三十五年からで、若干スノビズムを漂わせた若い客層に、人気のコーナーとなっていた。白色の仕事着が、中村氏によく似合っていた。そしてシェーカーを振った。

美術を志す者、詩、音楽、とりわけジャズの愛好家がたむろして、そこに行けば、誰かが居た。その誰かの先に、中村俊亮が居たのである。二日とあけず、そこに通った。

ある夕刻、思いがけない人物とそこで出会った。中村氏が、階段をまだ上り切らぬ私に声をかけた。

──待っていましたよ。善男さん、珍しいお客様です。

カウンターに座していた一人の男性が、すっと立ち上がった。眼鏡をかけた温和な人物。

──岡田隆彦です。突然ですが、おじゃまに上がりました。

岡田隆彦さんって、『美術手帖』（美術出版社）の。なんということだろう。二、三日前から、東京の美術関係者が、そちら（盛岡）に、岡田君が行っていない？という問い合わせがあった。怪訝《けげん》である。何故私に。

私は岡田氏本人と、まだ面識がなかった。取材がらみの手紙のやりとりが数回あって、『美術手帖』編集部の所属とは知っていた。後に東野芳明（美術評論家）氏から、〈岡田君が、君のところに隠《かく》れたんだって〉といわれて驚いたことがある。

岡田氏の軽い遁走《とんそう》劇の真因は知るよしもないが、あのときは、私だけでなく、中村俊亮氏に会いたかったのだと思っている。つまり中村・村上の居る盛岡に、とりあえず行き先を定めようとしたのだと考えてみた。

では中村氏をどうして知ったのだろう。恐らく詩誌『ユリイカ』ではないか。昭和三十二年に、「汚れた悲しみ」他で第一回『ユリイカ』新人賞選外佳作となり、中村名が、詩誌にとどめられている。三十三年には、九カ月にわたる『詩学』の投稿があり、「ひとびと」「悪い夏」「愛」など六編が入選し、掲載されている。中村詩は光っていた。

九月には、「ロンリーマン」で、第二回『ユリイカ』新人賞候補となっている。三十四年にも『詩学』に加えて『現代詩手帖』にも発表された。「中村俊亮（盛岡）」が、中央の詩人たちの目に触れぬわけはない。

岡田隆彦氏と三人の会話は、うまく噛み合わなかった。それは、村上昭夫氏との三人の場合に似ていた。

あろうことか、中村氏は寺山修司を話題にする。詩集『史乃命《しのいのち》』の詩人・岡田隆彦は、寺山世界と遠い遠い位置にいた。ごく最近、当時『美術手帖』編集の、宮澤壮佳氏（現池田満寿夫美術館長）にうかがったところによれば、岡田氏の、あの東北遁走行《とんそう》は、夫人・史乃女史との心理的すれ違いにプラスして、編集部内の人間関係のトラブルによるものだったらしい。

中村・村上組に会ったとて、とうてい癒《いや》されたとは信じがたいが、東京から盛岡迄の距離の移動が、岡田氏になにものかをもたらしたとすれば、それはそれで嬉しい。〈汚れっちまった悲しみに／今日も小雪が降りかかる／中原中也〉を引きながら、中村俊亮はこう綴った。

——もう　ぼくは絵本を読めない髭のある少年になってしまい／ながれだす血のざ

わめきをくすぐったくきいている（『イエスタディ』）
「モンタン」店から「窯《かまど》」（内丸・菊屋ホテル内）に転じ、そこから「まつばや」に勤務する際に、私は氏の就職に動いた。それがよかったかどうか、判断は難しい。詩人は、たえず、なにかを考え、宙を見ていた。

〔二〇〇一年七月号〕

芥川龍之介の初恋人

遠山美知（遠山病院理事長）

「あなたの病院に芥川龍之介の初恋の人が入院してますよ」と。「街もりおか」の同人仲間である故荒木田家寿氏からきいたのは、昭和四十六年の初秋でした。お名前は金田一弥生さん。金田一京助先生の末弟の家寿氏は同族として知っていたかどうかは確かめないでしまいました。

既に日本で初めてノーベル文学賞を受けられた川端康成氏を存じ上げており、鎌倉のお宅に幾度かお訪ねしお会いしているので文豪に対する免疫はできている筈でした。然し、芥川は異質の存在。その名の賞の作品を興味深く数多く読んでもいました。彼が作った賞ではないが文壇への貢献は大きく、また若くして自ら世を去ったことも印象を強くしている。荒木田氏が「芥川龍之介の初恋」の文章を図書館からコピーしてきて下さった。

初恋という、心の芯に響く思いは誰の胸にも秘められている切ないものです。

病院の私の部屋に弥生さんをお招きしたのはそれから間もなくでした。何故よばれたのかと弥生さんは戸惑いの面持ちで入ってこられた。満七十八歳とは思われない、しわのない白い皮膚、鼻筋が通り、ふくよかな頬、すずしい目、中肉中背の申し分のない美人です。

茶菓をすすめながら話の糸口に迷うが直接切り出す。「芥川龍之介さんを御存じでいらっしゃるそうですね」と、なる可《べ》くさり気なく話した。弥生さんの顔色がちょっと変わり顔をあげられた。あっ、いけない、と思ったが黙ってお返事を待つしかなかった。

少し間を置いて弥生さんは「小説を書くような人は、物事を大袈裟にされるので迷惑いたします」とはっきり仰る。長話は無用の雰囲気。あとは差し障りのない会話で終わりにする。

随分迷った末、数週間後に再びお誘いした。来られるかどうか賭けめいた気持ちも生れていたが、すぐに来室されホッとする。弥生さんも前のようなぎこちなさがなく、ゆったりされている。ご自分から「先日お目にかかりました後、若い時のことをいろいろ思い出しました。過ぎたことはみんな懐かしゅうございます」表情は優しく軽い微笑が浮かんでいる。「私の学校の友人に芥川さんの親戚の方がいらして、そこのお宅でお目にかかりました。唯《ただ》、それだけのことでございます」静かな口調だが、物問いたげな私の口を封ずるような力が最後の一句にあった。前回、初対面者から予期せぬ質問を受けたショックから脱し、青春の日々を心に甦らせている感じが漂う。半世紀以上前のことながら、つい先日のことのように鮮やかに。

昨夏、新聞で芥川龍之介全集が発刊されるという広告を見て、昭和四十八年二月二十一日に逝去された弥生さんのことが思い出された。二回お会いした後、荒木田氏から、弥生さんが盛岡在住されていることを調べた人が取材に訪れた時、ご主人光男氏が激しい口調で玄関払いをされたと聞かされた。度々お会いすると私に書く目的があるのではと思われることは避けたかった。御主人は弥生さんとお会いした半年前に亡くなられていたが（うちの病院で）弥生さんのお心の中に御意志が残っていらっしゃることは間違いのないこと。

広告を見た直後に、偶々《たまたま》用があって朝日新聞調査研究室長の村野坦氏の夫人にお電話し弥生さんの件を付け足した。村野氏が昭和三十八年入社後すぐ盛岡勤務となり、二年半後の御結婚の時は頼まれ仲人をお引受けするようなお付き合いになり現在に至っている。付け加えた弥生さんの話に夫人の驚きが大きいので、問い返すと、芥川の作品を興味深く読んでおり芥川の研究家である都留文科大学の関口安義教授の著書も読み講演も聞かれて面識があられるとのこと。初恋の人弥生さんは没年不詳になっている由。「早速関口先生にお知らせ致します。喜ばれますわ」といわれ、同教授の岩波新書「芥川龍之介」が送られてきた。芥川を作品でしか知らなかった私に前の荒木田氏からのコピーと共に人間芥川を理解させて下さった貴重な御本となった。

初恋に破れた失意に加え、人間愛への不信を芥川の心に残した。芥川も弥生さんも共に養子、養女であり彼女が非嫡子の点を芥川家では表向きは士族の家柄でないことを断りの口実にしたことを、芥川は見抜き、やりきれない気持ちになったと思う。美貌で頭がよく青山女学院英文科出身の弥生さんを諦めねばならなかった苦衷は深い。弥生さんは養家先と同郷。金田一光男士官と結婚されるが式の前日、富田砕花宅㊟で芥川と会ったという事実が伝え残されている。

村野夫人から「関口先生が弥生さんのことを是非書いて下さいと仰ってます」とのお電話を受け、没年不詳にされていること、何か私にも責任があるように感じられてきて思い出を辿り、書くことになった経過を綴りました。

㊟盛岡生まれの詩人

〔一九九六年三月号〕

一つの詩碑に寄せて

砂子沢　巌（火山弾同人）

四月二十九日、盛岡市高松の池畔市立図書館の傍らで一つの詩碑の除幕が行なわれた。風は少し強かったが、よく晴れた日で池畔の桜も丁度見頃であった。家族連れでお花見を楽しむ人々が、もうチラホラと思い思いの場所を占め、池にはボートを漕ぎ出す若い人達の姿も見えた。そんな中で詩碑の除幕は粛然と執り行われた。

碑は昭和四十三年に四十一歳の若さで他界した村上昭夫さんの詩業を記念するもので、彫りこまれた作品は、昭夫さんの師である今は亡き村野四郎先生の選、題字の書は草野心平先生の手になるものであった。それにしても昭夫さんの詩碑は多くの人々の善意にかこまれて建った。詩碑建立までの一切の費用を受け持たれた、沢野起美子さんを初めとして、生前昭夫さんと何らかの関係のあった人々は、除幕式に到るまでの労をとる事を、少しも厭わなかった。詩碑の立派なのはもちろんの事、昭夫さんの詩碑はその意味においても一際光を放っていると思う。式に参列した人も都合で出られなかった人も、それぞれの想いで、新たに生前の昭夫さんの人柄を偲んだのではなかったろうか。

一般参列者の中には詩人、評論家の伊藤信吉さんの姿も見えた。別の所用で来盛中の氏に、岩手日報社の多田代三さんや、詩人クラブの大坪孝二さんが連絡したもので、忙しいスケジュールのさ中、列席されたものであろう。昭夫さんが四十三年にわが国詩壇の最高ともいうべきH氏賞を受賞した時、日本現代詩人会の会長の任にあった伊藤さんの名で表彰状が出されている事を思えば、これも単なる偶然とばかりではすまされないような気がした。本来であれば正面の来賓席に座ってしかるべき伊藤さんが、人々の中にまじって感既深げに式の進行を見守っている。そして佐藤好文さんも、後方の図書館入口の階段の上から手すりに身を寄りかからせて、式全体を一人静かに眺めていたのも印象深かった。

式が無事終了し、私と大坪さんは懇親会の会場準備のために一足先に出かける事になり、工藤市長、八重樫盛岡市教育長と一緒の車に便乗させてもらう事になった。いざ出発する段になって工藤市長が「ちょっとだけ待って下さい」と言って、高松の池の土手をスタスタと登り、池畔の桜を眺め始めた。「市長さんは忙しいからこんな時でもない限り、花見などする機会はないでしょう」とすかさず大坪さんが口を開いた。

車の中でも詩碑建立の場所が当初岩山が候補にあがっていた事や、その後のいきさつなどが、二、三話題になった。その中で、観光とか営業用ではなく、昭夫さんの詩碑も含めて、〝盛岡の文学史跡案内〟といったようなパンフレットがあれば便利なのだが、という話が出たが、これなどはぜひ実現させて欲しい話題であった。

翌三十日は除幕式のためにわざわざ来盛下さった故村野四郎先生の奥さんと、御令息を駅にお見送りする事になった。大坪さんがお二人を名物の〝わんこそば〟に案内したあと列車の時間まで大坪さん宅で休憩、という事になり、大坪さんの奥さんをまじえ五人で暫らく村野先生の思い出話が続いた。「どの詩集にも一、二編気に入らない作品が入っているが、この『芸術』だけはすべての作品に納得がいく」という御令息から聞いた先生の最後の詩集への気慨や「だんだん年を取るにしたがって批評が厳しくなり、かえってまわりの者がハラハラするほどでしたが、主人は『私にはもうあとがない、というつもりで評をしてるんだ』といって、最後まで妥協するという事がありませんでした」という奥さんの言葉から、今さらのように、詩への厳しい姿勢を生涯崩さなかった先生の、その精神の強靭さに頭の下がる思いがした。岩手日報の詩欄を通じて、四十六年から三年間、私が投稿した約九十編の作品は、掲載された二十近くの作品は勿論の事、他の作品もほとんど厳しい先生の評をいただいた。時にはもう二度と詩など書くまいと思う程、先生の評に反撥を感じた事もある。だが今は、たとえ短い期間の、投稿を通じただけのつながりであったにしろ、先生と「詩」を共有出来たという事を私は誇りに思う。そして二十一年間も岩手の詩壇のために詩の選を続け、岩手から多くの詩人を育てられ、その頂点ともいえる昭夫さんの詩碑を見る事が出来ず三月二日に死去された先生の胸中はいかばかりであったろうかと胸の痛む思いを禁じえなかった。

話題が尽きないままに、列車の時刻となり駅へむかう事になった。駅にはすでに栗木幸次郎さん、宮静枝さん、中村俊亮さんの三人が来ていた。この方々も、故村野先生、昭夫さんとは、切っても切れない縁で結ばれている人達なのである。

〔一九七五年六月号〕

石上さんのこと

佐々木　篁（岩手県文化振興事業団理事）

二〇〇一年九月七日、テレビ番組出演のため弘前に行った帰り、石上玄一郎さんは北山の法華寺にある祖母・綱の墓参りをした。この日が綱の命日だった。

石上さんは三歳で母光子を、五歳で父寅次郎を亡くして札幌から盛岡に引き上げ、祖母の綱によって育てられた。その祖母は、石上さんが治安維持法違反容疑で検挙され釈放された翌々年、石上さん二十五歳の時に八十八歳で亡くなった。

「幼いころ両親を失い、祖母の手一つで育てられただけに臨終を目の前にすると呵責は容赦なく私の心を噛んだ――悔恨はいきなり鋭い棘となって私を突き放した」（石上玄一郎「わが心の自叙伝」神戸新聞）。

英子夫人によると、祖母のことは最後まで石上さんの心を離れなかったようだ。祖母の死が転機となって、石上さんは文筆の道を志すようになったという。そして生まれたのが「乾《げん》闥《だつ》婆《ば》城《じょう》」である。盛岡藩奥方付き女中だった祖母が話してくれた維新当時の不来方城大奥の様子を書いた小説で、佐藤春夫の推挙で「文芸日本」に載った。

石上さんの全集を出そうという話が持ち上がったのはその年である。なにが発端だったのかは思い出せないが、盛岡出身のエッセイストみやこうせい氏（去年ルーマニアの芸術騎士十字章を受章）と我が家で飲んでいて、その話が出たことは確かだ。みや氏はすぐに、友人でいい本（森荘已池さんの「浅岸村の鼠」や「カエルの学校」もこの出版社から出た）をたくさん出している未知谷の社長飯島徹さんにこの話をした。そして一決、未知谷で石上玄一郎全集を出そうということになった。早速、飯島・みや・私の三人で神戸の石上さんの所に行って相談すると、石上さんは大変喜んでくれた。

石上さんには既に「石上玄一郎作品集」全三巻が、一九七〇年から七一年にかけて冬樹社から出版されている。このとき編集に当たったのが谷真介（赤坂早苗）さんで、今回も谷さんが編集に当たることになった。谷さんは古くからの石上文学の理解者で、七宮涬三さんの友人でもある。

石上さんには「エジプトの死者の書」など古代宗教の問題、「彷徨えるユダヤ人」などユダヤ人問題、「輪廻と転生」など仏教思想、フッサールの哲学、「ヌンの海から来た人々」など東洋と西洋の起源の問題など、膨大なエッセイがある。それらのエッセイまで含めるとなると、全集はかなりの冊数になる。

このため当初計画した全集は小説を中心としたものとすることになり、最終的に題名も「石上玄一郎小説作品集成」となった。

既刊の「作品集」に載らなかった小説が、「緑地帯」など十六編収められた。なかでも太宰治に衝撃を与えたといわれる「予言者」や「灰色なる思弁哲学への訣別」など、石上文学の原点となった弘前高校時代の小説やエッセイが収載された。弘高時代の作品は弘前大学図書館に保存されていた。「弘高新聞」や「校友会雑誌」など、石上さん関係の資料を司書の人に揃えてもらい、図書館のコピー機を借りて大量に複写してきた。

「石上玄一郎小説作品集成」は出版大手の取次店倒産の影響もあり、当初の予定よりかなり遅れて二〇〇八年五月に全三巻が完結した。三千ページを超す大きな本で、谷真介さんの詳細な年譜がついている。石上さんのご存命中に刊行できたことが何よりだった。

神戸市甲南町の石上邸に、私が最後に伺ったのは二〇〇三年九月だった。石上さんは九十四歳になっていた。お土産に持って行ったイタリアのワインを空け、石上さんがもう一本栓を抜こうとすると、英子夫人が強くたしなめて、山ブドウ液に代わった。そのときの話題は、一戸町小繋の入会権問題「小繋事件」と若者の自殺のことなどだった（石上さんは一九五八年に小繋事件を題材にした小説「森の怒り」を中央公論に発表。この年二〇〇三年、関西の劇団がこれを劇化して上演している）。二時間ほどお邪魔して帰ろうとすると、ご夫婦で雨の中をバスの停留所まで送ってきてくれた。

「道きわまるところ　道あり　１９９０年弥生吉日　石上玄一郎」

居間の書棚のいちばん目につくところに、石上さんの色紙が置いてある。波乱の人生をくぐり抜けてきた石上さんの書いたものだけに、重いひびきを持つ言葉だ。

〔二〇一〇年四月号〕

ラストシーンは「開運橋」で

内館牧子（作家・脚本家）

私は二十年ほど昔から、いつか定年後の男の小説を書きたいと思っていた。というのも、定年の年齢は人間としてあまりに若い。六十歳から六十五歳だろう。まだ現役として働ける年齢だ。だが、二十代、三十代はどんどん台頭してくる。また、「老害」だのとされて居づらくなることもある。結局、現実には定年と同時に「終わった人」とならざるを得ないことが多い。

彼らは定年退職の日、笑顔で言うのだ。

「第二の人生が開けるのが、本当に嬉しい。これからはゆっくりと旅をしたり、趣味のサークルを楽しんだり、孫と遊んだりできます」

だが、一カ月もたてば気づく。

「旅も趣味も孫も、忙しい仕事のあいまを縫って時間を作ったから楽しめたのかもしれない……。毎日が大型連休の今、何も楽しくない」

そして「ああ、仕事がしたい」となる。だが、「終わった人」に仕事はない。とはいえ、本人は確信している。俺はまだやれる。終わっていない。

私の最新刊小説『終わった人』は、そんな男、田代壮介を主人公にしている。彼を盛岡出身にすることは、かなり早くから決めていた。七年前の光景を思い出したのである。

それは私が「死んで当然」とされた急性の動脈と心臓疾患から生還した日のことだ。私は盛岡で倒れ、岩手医科大学附属病院に救急搬送された。奇跡的に助けられ、計四カ月の入院を経て退院した日、車は開運橋を渡って盛岡駅に向かった。

開運橋の上に澄んだ青空が広がり、堂々たる岩手山と清らかに光る北上川が見えた。運転手さんが、「秋には鮭が帰ってくるんですよ」と優しい盛岡訛りで言った。ああ、この町には故郷の原風景がある。私は開運橋からそれらを眺め、泣きそうになった。そして、「開運」という名の橋がある町が、私を再生させてくれたのだと思った。

主人公が再生するラストシーンは、開運橋にしよう。七年前のことであり、まだ構想さえ立てていない小説なのに、開運橋のラストシーンだけは、くっきりと絵が浮かんでいた。

盛岡は私の亡父の故郷である。杜陵小学校から旧制盛岡中学に進んだ父は、東京での生活が五十年、六十年となっても、心は常に盛岡を向いていた。東京育ちの私からすると、それは理解できないものでもあった。

だが、今になるとわかる。だから、私は主人公が東京でひどいめに遭い、自殺しても不思議はない状況の時、年老いた母親に言わせている。

「帰《け》って来ればよがんす。何十年も他さ住んでいたたって、郷里《くに》っつものは、ちゃんと居場所を作ってくれるもんでござんすンだよ」

八十九歳の母親は、夕焼けの岩山に六十五歳の息子と並び、盛岡の町を見ながらそう言うのだ。

故郷を持つ幸せは、「自分には帰るところがある」という力を与えてくれることだ。根拠もないのに故郷に帰れば大丈夫！と力がわく。きっと、啄木もそうだったのではないか。

この小説を書き終えた今、私はほんの少し優しくなった自分を感じている。

〔二〇一五年十二月号〕

啄木 賢治

有望なる一文学市

山本玲子（石川啄木記念館学芸員）

「盛岡が実に有望なる一文学市たることを繰り返し申上候」と、明治三十八年十月十八日、石川啄木は川上賢三に宛てた手紙にこうしたためた。

川上賢三は東京都出身の新詩社同人。啄木より五歳年上で、新進歌人として啄木と同様に注目された人である。

明治三十八年十月——このころの啄木は、帷子小路《かたびらこうじ》の家から引っ越して、加賀野に住んでいた。中津川にかかる富士見橋を渡ってすぐの所である。と言っても、啄木がいたころはまだ富士見橋はなかったから、啄木は上《かみ》ノ橋を利用していたのであろう。

加賀野の家での暮らしは終夜、中津川の水の音が涼しげに枕に響き、蚊も少なく、やかまし過ぎる蛙の声もなく、あるときは近くの水車の音が、秋めいた虫の音を織りまぜて耳に届いたという。

畳も襖も障子も壁も皆新しくて、薔薇も咲き、紫陽花も咲いている居心地よき家であった。それでも以前のむさ苦しい四畳半の家を懐かしむのは、「過去はこの世において最も己れを知る者であり、過去を慕うのは現在、また未来につながる自己の面影を認めようとする気持ちである」という、前向きの考えによるものであった（「閑天地」より）。

加賀野の家で書かれた川上賢三宛の手紙には、盛岡の特色が紹介されている。たとえば盛岡の趣としては「峻峭《しゅんしょう》、素朴、深刻、沈静に富み、そしてまた特別の温味ある、優しき、のびやかなる空気があり、このような東北の気象が一つのふぜいをひらいて一種異様な文芸の花を醸し出している」と表現している。

南部藩の名産としては南部馬、鉄瓶、金、鉄をあげ、同時に当時の一般的文学であった俳句、及び和歌漢詩などにおいても上位を占める、と記している。

また、市の中央を流れる中津川にかかる上ノ橋と中ノ橋には、古色蒼然とした古銅の擬宝珠があることも忘れずに紹介され、「これら幾多の趣味ある事共を有する盛岡は、住む人の心に何らかの詩情を養ひ来るべき事」とも記すのである。

他に人口は三万五千人であること、電燈はちょうど一カ月前から初めて市を照らしたこと、四種ある新聞のうち二種は目下休刊中であることなども紹介されている。当時「岩手日報」と「岩手毎日新聞」が盛岡の二大新聞として競っていた。

これらは啄木の目に映っていた盛岡の姿であり、風情であった。そして啄木が何よりも紹介したかったのは、「この不景気の中に一つ奇怪なる現象と申すべきは、市内に七ケの書店あり」ということであった。

店頭は主として文学書類を美しく飾り、地方には読者の少ないはずの「明星」も三十部は確かに市中に入り、「白百合」でさえも十部はあるという。文学雑誌と名のつくものの売上げは少なくとも三百五十あるいは四百部あるともいうのである。

そのころあった盛岡の書店といえば、紺屋町の便益堂、肴町の久保田屋、中ノ橋通の東北堂で書籍、新聞、雑誌などが売られていたという(『盛岡四百年』より)。また、新穀町の木津屋では児童の教科書、商売往来、実語教をはじめ四書五経も売り、ほかに仏書も売られていた。

新聞売捌店を開き、あわせて新版書籍も売っていた紙丁の沢田正助という人は、明治八、九年から店を開いていたというから(橘不染著『明治舶来づくし』より)、啄木の時代にもあったであろう。

このころ啄木もまた文芸雑誌「小天地」を発行した。盛岡を拠点にして文学活動をしようと試みたもので、「明星」に似たような体裁の雑誌である。川上賢三も「櫻翠」という筆名で「さびしみ」という詩を寄稿している。この雑誌の販売所も前記の便益堂と東北堂の他、紺屋町の小田嶋書店であった。「小天地」は資金難のため、残念ながら創刊号のみで終わってしまったが。

こうして啄木は「文学書の講読力においては、全国はいざ知らず東北地方にては先づ第一位と申して間違なく候」と自慢するのであった。

盛岡の姿を瑞々しく紹介する十九歳の啄木――こんな啄木から深い愛郷心の一端をうかがうばかりか、新しい盛岡を敏感に、そして明確に把握する、頼もしい青年の姿が彷彿される。

〔二〇〇〇年九月号〕

文士劇

山本玲子（石川啄木記念館学芸員）

初冬の風物詩となっている「盛岡文士劇」。もし石川啄木が出演のご依頼を受けたとしたらどうしただろうか。

もちろん啄木は二つ返事で引き受けただろう。でも、ご安心くだされ。主役の座を高橋克彦さんから奪おうなどという考えは毛頭持たなかっただろうから。啄木はそれまでの経験からしても、端役でも充分満足する人なのである。

啄木は二度、文士劇出演の経験を持つ。一度は明治三十八年四月十五日のことである。この頃、処女詩集『あこがれ』を発行するために東京にいた啄木は、江東伊勢平楼で行なわれた東京新詩社の演劇会に、端役ながら出演したのである。演目は高村光太郎脚本の「青年画家」。出演者は岩田郷一郎、高村砕雨（光太郎）を始め、新詩社の社中では与謝野鉄幹、伊上凡骨、平出修、石井柏亭、山本鼎、啄木、博文館の竹貫某、生田葵山、美術学校の彫塑科を出た佐々木某（名取）、美術学校のモデルという狂気染みた香山という女、植木貞子（明治四十一年八月二十七日の日誌より）。

啄木の役は墓の影から鶯の声を出すことであったとか。しかし、当時満十九歳の啄木にとっては、一流の文士と同じ舞台に上がるだけで満足だったのかもしれない。当時の心境を金田一京助さんに宛てて次のような手紙を出している。「兄は新詩社の演劇を何と思ひ玉ふや、小生は時々俳優たらむと思ふことあり……」得意満面とした啄木の姿が見えてくるようだ。

この新詩社の芝居は大変好評であったらしいが、その舞台裏では芝居をめぐって与謝野夫妻のちょっとしたトラブルもあったようだ。というのは、十五日間の稽古の間、鉄幹さんは晶子さんの着物を売ってその経費に回し、最後の帯まで取り上げようとした。晶子さんは「芝居も見に行けぬ」と断ったところ、鉄幹さんが怒ったというのである。

芝居をやることに晶子さんは反対だったようだ。それに対して鉄幹さんは「芝居も歌も下手な事は同じだから、芝居をやめる位なら歌もやめる」と駄々をこねたというのである。

鉄幹さんも熱中した文士劇は、明治三十年代後半から盛んになり、文士のほかに学生なども文士劇を披露するようになっていた。明治の文士たちは近代文化が急速な勢いで入ってくる中で、演劇にも深い関心を抱いたのである。

啄木の二回目の文士劇経験は、明治四十一年二月十六日のことであった。その頃、釧路新聞社に勤めていた啄木は、釧路新聞、北東新聞合同の文士劇に出演したのである。演目は「無冠の帝王」、別名「新聞社探訪の内幕」。全三場の内、啄木は第一幕及び第三幕に新聞社主任記者として登場し、第二幕には大山師の乾分《こぶん》となって出ることになった。つまり一人二役である。そもそも芝居が決定したのは前日のことで、具体的な役柄が決まったのは当日正午の稽古の時であった。どうやら台本らしい台本はなく、大筋だけを決めておいて、ぶっつけ本番で演じたようだ。

芝居当日、会場の釧路座には三時半頃から観客が詰めかけたという。新聞に「定刻前に来なくては入場することが出来ぬ」と掲載したためだという。八時頃から芝居が始まった。啄木は顔に少し白粉を施して、眉を書いて出演した。三年前の新詩社の文士劇の時とは違って、この時の啄木は経験を生かし、大変な活躍ぶりであった。「芝居は一回の稽古だにしなかったのに不拘《かかわらず》、上出来であった。十時頃に済む」と啄木のその日の日記に記されている。

さて盛岡の演劇の近代化はどうであったろうか。啄木が盛岡にいる頃はまだ演劇とはご縁はなかった。だが、啄木が去ってからの盛岡の近代化ぶりは目覚ましいものであった。

先ず、明治四十四年秋に東京に帝国劇場ができると、その二年六カ月後の大正二年九月に、早々と東北初の演劇専用劇場「盛岡劇場」が開場している（『盛岡劇場ものがたり』より）。啄木と十歳違う宮沢賢治は何度となく盛岡劇場に、演劇やチャップリンなどの洋画を見に足を運んだという。

一時は「俳優たらむ」という思いを抱いた啄木であった。盛岡の演劇と文士劇のますますの発展を見守っていることであろう。

〔二〇〇二年一月号〕

啄木記念館開く

鈴木彦次郎（作家）

かにかくに渋民村は恋しかり
おもひでの山
おもひでの川

かねて、玉山村渋民に建設中だった啄木記念館が落成して、四月十三日――すなわち、啄木五十九回忌の当日、その開館式をおこなった。

この記念館の建設には、全国の啄木愛好者から浄財が寄せられたが、しかし、何といっても、玉山村全民をあげての熱意と献身があったればこそ、その見事な結実を見たといわなくてはなるまい。

開館の当日は、春まだ浅い山風に小雪が舞い狂うという情景だったが、啄木の令孫玲児さんや建設委員長秋浜三郎さん（啄木の代用教員時代の教え子）らによって、記念館前のテープが切られた時、私は、石をもて追われるごとく立ち去ったふるさと渋民へ、いまこそ、啄木が六十何年ぶりで帰ってきたという感慨に、胸あふれる思いを禁じ得なかった。

はるばる関西や東京からの遠来の客もまじえて、三百名あまりの参列者のうちには年老いて腰も曲った、かつての教え子の姿も、三、四見えたが、秋浜さんはじめこの人たちも、おそらく私同様の感を抱いたことだろう。

記念館は、鉄筋コンクリート平屋建ての百二十メートル、五面の展示ケースをめぐらした六角形の展示室と正面小ホールに事務室を添えた小ぢんまりした建築だが、旧渋民小学校裏の高台という位置にふさわしく、清楚で感じよくできている。

展示ケースには、啄木の遺品……はかま、羽織、机、オルガンや手紙、写真、それに吉田孤羊さん提供の啄木に関する資料などが、手ぎわよくならべられている。

啄木研究者や愛好者にとっては、願ってもないメッカが開設されたといってもよかろう。また観光という見地からも渋民には大きなプラスを加えた。私が最初に渋民をおとずれたのは、たしか大正十一年の夏、学生時代のことであった。先輩の新藤武先生（音楽家）にお願いして、ご一緒していただき、秋浜三郎さんのご案内で、その年の命日に建てられたあの「無名青年の徒之を建つ」の歌碑（私は、その後、続々と建てられたどの歌碑よりも、この〝やはらかに〟の歌碑が、もっとも啄木にふさわしくすぐれていると思っている）宝徳寺、そして彼が代用教員時代、一家が間借りしていた斎藤佐蔵氏宅（この萱葺きの家も、村で保存をはかることになった）を見ながら秋浜さんから旧師の思い出を、しみじみとうかがって帰った。

それ以来、こんどの記念館開設まで、渋民の観光ルートにのっている啄木関係のものは、ほかになかったのである。その点からも、啄木記念館の開館は、玉山村の……いや、岩手としても、意義深いものであろう。

閑古鳥
渋民村の山荘をめぐる林の
あかつきなつかし

そのなつかしの渋民へ、啄木は、かつての教え子や村人にさし招かれて、帰ってきたのだ。ほんとに、いいことをしてくれたものである。

だが、村人たちは……その教え子すらも石をもて追うごとく、啄木を村から去らしめた、かつての村民たちの仕打ちを、ひどく恥じている感じが、当日のあいさつや会話からも察しられた。

そして、その啄木を、名声が定まった今日になって、村へ迎え入れること――すなわち、記念館を建設したことに、何か払拭しきれない矛盾を感じているような節もうかがえなくもなかった。

しかし、私にいわせれば、現在の村人たちは、いささかもその矛盾を感じる必要はないと思う。

啄木の芸術開眼は、村を去って、北海道内を遍歴したあげく上京して、金田一京助先生の下宿へころげこみ、小説を書いても思うように受け入れられず、傷心の果て、例の三行に書き分けた歌集「一握の砂」に収められている新しい生活の歌を作りはじめたころからである。さらに、大逆事件を契機として、時代相を凝視する眼がするどく冴え、歌集「悲しき玩具」の歌、詩集「呼子と口笛」の詩、そして、評論「閉塞された時代」など（私は、啄木のこの時代の社会評論、文芸時評を高く買っている）に至って、彼の作品は、今日の名声にふさわしい光芒を放つようになったのである。

ところが、渋民の代用教員時代までの啄木は、どうであったか――。詩壇の一角では、年少にして、その詩才を一応認められてはいたものの、未だ先進の器用な模倣にすぎず、個性の発掘に至らぬ才人の域を出なかった。

しかも、彼自身は、つねに大言壮語、天才気取りで、俗人を踏み台にするのが、詩人の特権みたいに考えて、村人にさんざん迷惑をかけている。そして、大してミスもない平凡な校長に対し、生徒を煽動してストライキをやった。世の常人である村人らが好意を持ち得ないのは当然である。こんな青年の秘めた才能を、当時の村人が見抜けなかったことを責めるのは、責める方が無理である。そのころの啄木のすぐれた芸術的資質を認めて、寛容につきあいつづけたのは、金田一先生のみではあるまいか。だが、そんなふるさとでも、あんなになつかしがり、すぐれた数々の作品をのこした啄木である。だから、石をもて追った当時の村人も当然であり、いま記念館を建てて迎え入れた村人も、また当然で、そこには何らの矛盾もないのである。

〔一九七〇年五月号〕

賢治の方言短歌とチャグチャグ馬こ

森　三紗（詩人・賢治研究家）

宮澤賢治の文学は短歌に始まり短歌に終わるというのが近年の定説である。明治四十四年盛岡中学校入学時に寄宿舎に入寮時の歌。［歌稿B］

中の字の徽章を買ふとつれだちてなまあたたかき風に出でたり

父よ父よなどて舎監の前にしてかのとき銀の時計を捲きし

藍いろに点などうちし鉛筆を銀茂よわれはなどほしからん

これらの三首は日記代わりに回想して書かれた短歌で、入学を単純に喜ぶのみの短歌とはいえず、青年期特有の複雑な心理を詠っている

短歌のなかでも方言短歌に異色の作品があるのに着目したのは森荘已池である。賢治は生前、佐一に、「おめにかけるほどのもの（作品）ではありません」と固辞していた。没後に十字屋版『宮澤賢治全集』刊行の際に編集委員だった父が提言し、遺族

を説得し、刊行にいたったと言われている。なかでも方言短歌の「ちゃんがちゃんがうまこ」は「チャグチャグ馬こ」を題材にして八首あり、多行書きで、私も出色と思う。

「ちゃんがちゃんがうまこ」　四首

夜明げには
まだ間あるのに
下のはし
ちゃんがちゃんがうまこ見さ出はたひと。

ほんのぴやこ
夜明げがゞった雲のいろ
ちゃんがちゃんがうまこ
橋渡て来る。

いしょけめに
ちゃんがちゃんがうまこはせでげば

夜明げの為が
泣ぐだあいよな気もす。
下のはし
ちゃんがちゃんがうまこ見さ出はた
みんなのながさ
おどともまざり。

（『あざりあ　第一号』所収）

「チャグチャグ馬こ」という響きではなく「ちゃんがちゃんがうまこ」という響きは、「盛岡人」ではなく「花巻人」の音の表出で、私は驚きを感じる。夜明けを迎える悲しみも詠っている。早駆けの観衆の「みんなのながに」弟清六もいる。玉井郷方に下宿している弟や親戚の子供達の世話をしている慈愛の眼もこの短歌には感じられる。

チャグチャグ馬こは私の幼年時代や少年時代の、盛岡の年中行事の最も懐かしい思い出の一つである。早朝に早起きして、旧カネボウのあった惣門の角で、じっと、ご蒼前神社までお参りにいく着飾った馬が鈴を鳴らして通り過ぎるのを、今か今かと待っていた。

春の農耕の後、蒼前神社まで感謝の祈りを捧げるため、美しく馬を着飾り鈴を鳴らし誇らしげに、愛おしそうに、馬を曳く飼い主。時折、馬上に可愛い幼い子供達が乗っていて、中には、少し、朝早く起こされて、眠そうな子もいる。居眠りしている子もいる。時には、何も着飾らない裸ウマが通ることもあった。そのときはガッカリして、ウマを見送った。

賢治短歌の四首を、チャグチャグ馬この季節が来る度に素晴らしい名歌だと、私は鑑賞に浸るのである。

ひと昔まえ、馬は馬車を曳き、塩や魚、米、麦など重要な生活必需品を沿岸から内陸へ、内陸から沿岸へ運ぶ重要な交通手段の役割も果たしていた。小学生の頃、「チャグチャグ馬こ」の由来を調べて来ることが宿題に出された。父は丁寧に由来を説明してくれた。また、国語の意味調べの宿題がでると、即座に何も辞書は調べずに「理解」は「物事がわかること」だと、次々に答える。何故か、作家や詩人仲間から「壊れた百科事典」という、あだ名を頂戴していた。母は、分からない字があると、桐のタンスから使い慣れた辞書を出してきて、調べてから教えるのであった。

父は大枚をはたいて、子供たちに平凡社の『児童百科事典』を予約購入してくれた。私は、宿題がでると、「壊れた百科事典」の父に尋ねたり、兄や姉に尋ねた。しだいに、事典を開いて調べて解決することを覚え事典を調べて、読む面白さを知ったのであった。

〔二〇一四年八月号〕

「注文の多い料理店」出版の思い出

及川四郎（光原社主人）

私が宮沢賢治の童話集「注文の多い料理店」を出版したのが大正十三年、その年彼は詩集「春と修羅」を自費出版しています。賢治の生前の著作はこの二冊だけです。生前の賢治はほとんど無名であり、ごく一部の人々がその才能を評価していたにすぎません。今日、賢治の作品が世に認められ、各種の全集が刊行され、賢治研究が盛んになっていますことは、その生前を知る者にとって実に感慨に堪えません。不朽の名作とされる「注文の多い料理店」出版に携わった私は、それが非常に苦労を伴った仕事であっただけに、深い想い出として心に残ります。

賢治は大正四年、盛岡高等農林学校に入学していますが、私はその一年後輩でした。彼は在学中から「アザリア会」という文芸同好会を作るなどして文学活動をしておりました。私は同人ではありませんでしたが、その有力なメンバー河本義行と親友だった関係や、寄宿舎の同室者が三人もそのメンバーであることなどから、賢治のことは良く識っており、そのおっとりした風貌や、誠実な態度に親しみをもっておりました。

この頃から法華経に帰依していた彼は童話の創作を通じ法華精神の高揚を決意していたようです。

卒業後、私は親友近森善一と厨川に「東北農業薬剤研究所」の看板をかけ、農業薬剤の製造と農業関係の本の出版の仕事をしておりました。二人で書いた「病虫害防除便覧」という小冊子は実によく売れ、気をよくした私達はいろいろな農業図書の出版に手を拡げて行きました。

そんな時たまたま近森が花巻の賢治を訪れ、童話の出版の話をもちかけられて来ました。近森と私で相談しましたが、未知数の作家の童話集、しかも私達が文学的にも素人ということで、危険は百も承知、採算をとるなどということなどまったく自信もありませんでした。しかし賢治の人柄と才能への尊敬は私達をその仕事に踏みきらせました。早速賢治を囲み、書名の選択から開始しましたが、九篇の童話の題名にそれぞれ意見がわかれ、結局私が推した「注文の多い料理店」に落ち着きましたが、賢治と近森が飲食店経営の本と間違われやしないかとためらっていたことなど思い出します。

やっとのことでスタートしたこの仕事も、急に近森が郷里高知に帰る事態が起こり私一人でやらざるを得なくなってしまいました。できるだけ美しい本を、という賢治の希望を生かし、用紙にコットンペーパーを使い、挿絵を福岡中学の教師菊池武雄氏に依頼するなどいたしました。印刷は、私と同郷で東京の出版社につとめていた吉田春蔵氏に委嘱し、初版千部で出版いたしました。

出版はしたものの資本も乏しく、情熱のみしかない私は、早々に出版の費用八百円で行きづまりました。苦心惨澹、農業図書を各地の農学校に売り、その代金を十冊、二十冊分と回収する度に、東京に送り、それは実に一カ月で六十数回にも及びました。八百円を送り終えてほっとしたのも束の間、さらに三百円の追加請求が来ました。ついに万策つきた私は、高農時代の恩師で当時盛岡商業の校長をしておられた稲村要八先生を訪れました。先生にとっても当時の三百円は大金でしたが、私の真剣さに打たれたと仰って、快く三百円を貸して下さったのです。

とにもかくにも「注文の多い料理店」は刊行の日の目を見ましたが、さて発売となると、この定価一円六十銭也の本は、頭をしぼった宣伝広告も効を奏さずまったく売れずに〝注文の少ない童話集〟という皮肉な結果でした。稲村先生の恩借の返済のメドもたたずに困ってしまいましたが、賢治が、売れゆきの不振を察して二百部程現金で買ってくれ、漸く虎口を脱しました。

こんなわけでこの仕事は幕を閉じましたが、この出版を通じて、うず高い返本の山のほかに私の手元に残った貴重なものがあります。一つには、この名作の出版をやりとげたというかけがえのないよろこび、二つにはこの仕事を通じて平和と人間愛を祈願してやまぬ賢治の精神にふれ得たということでしょうか。それに「光原社」の社名も残りました。出版に際しふさわしい名前をと、賢治に頼んだところ五つ程の名前を考えてくれました。私はその中からためらわずにこの名前を選びました。戦争によって出版の仕事はやめましたが、現在でも、材木町で諸国民芸品の店を「光原社」の名のもとにつづけております。

四十一年七月、私は自宅の庭にささやかな「注文の多い料理店」の出版記念碑を建てました。決して立派でもないこの碑なのですが、それを見る時、私は四十年前のあの頃を思い出します。何かと苦労の重なった仕事でしたがやはり青春の一ページであったという想いです。その石碑には賢治の肖像と共に次のことばが刻まれています。「ああマヂエル様どうか憎むことのできない敵を殺さないでいいように早くこの世界がなりますようにそのためならばわたしのからだなどはなんべん引き裂かれてもかまいません」（烏の北斗七星より）

〔一九六八年九月〕

愉快な宮沢賢治

牧野立雄（宮沢賢治研究家・写真家）

今秋の完成をめざして整備が進んでいる材木町商店街コミュニティー道路の一角に宮沢賢治のブロンズ像が設置された。新聞に載ったその写真の若々しい姿に誘われてさっそく足を運んだ。

旭橋より交差点から商店街に入ってすぐ右側に背中が見えた。

「だあーれだ？」

坊主頭の後ろから目隠しをして、

「僕だよ」

と手を離して正面に回った。新聞の写真ほど若い感じがしなかったが、三つ揃えのスーツにネクタイ。帽子を傍らに置いて左足を上に膝を組み、おだやかな表情でみかげ石に腰をおろしている、賢治さんがそこにいた。

「今日はどちらへ？」

「ちょっと、花巻の印刷所に頼んでる詩集の活字が足りないんでね、内丸の活版所まで行って来たところなんだ」

「詩集を出すのですか」

「小岩井農場を歩いたときや岩手山に登ったとき、それから一昨年の夏にサハリンへ旅行したときの心象風景をスケッチしたんだよ」

「タイトルは決まっているの?」

「『春と修羅』にしようと思っているんだ」

「ハルとシュラ。変わった名前ですね。でも面白そう。いつ出るの」

「四月中に出したいと思ってね」

「じゃあ、もうすぐですね」

「ああ、出来たら送ってあげるよ」

「ほんとうですか。ありがとう。楽しみに待っています」

こんな会話が生まれそうな、今から七十年ほど前の、二十八歳の賢治の姿をしのばせる彫像である。

岩手日報夕刊の記事によれば、この彫像の作者は神奈川県藤沢市に住んでいる三十五歳の彫刻家・宇野務さん。多摩美術大学時代に舟越保武さんの指導を受けた縁から制作が依頼されたのだという。

しかしそれだけではないだろう。着眼点の新しさといい、彫像のもつやわらかな生命力といい、宮沢賢治によせる作者の並々ならぬ思いが伝わってくる。素晴らしい彫像である。

というのも、宮沢賢治はほんとうは、じつに愉快な人で、いつもほほえみをたたえ、まわりをパッと明るくするような、天性の美質をもつ人だったからである。盛岡高農時代の学友も羅須地人協会時代の教え子もそう証言しているし、かれの詩やイーハトヴ童話を読めばそれがわかる。

なのにかれが残した写真はパッとしない。天性の美質を表していない。ために、農民の指導者、宗教家、あるいは石灰肥料のセールスマンとして東奔西走したころの、思い詰めた様子の写真が賢治の写真を代表し、イメージを暗くしてきた。またそれが戦中、戦後の日本の社会状況とも重なって土の詩人、自己犠牲の人という賢治像を補強してきた。

「そうじゃないんだよ。賢ツァンの笑顔は、男のモナリザなんだ」

賢治に音楽の手ほどきを与え、賢治没後は宮沢賢治全集の編集に加わった同い年の親友・藤原嘉藤治は、そう言って、賢治の実像と写真との違いを残念がっていた。

私もそう思う。宮沢賢治は、笑顔の素敵な、じつに愉快な人だったと思う。なぜなら宮沢賢治の生き方はたしかに厳しさをもっているけれど、しかしその反面、どんなに苦しい状況にぶつかってもかれは、

「いづれ、明暗は交替し、新しいいい歳も来ませうから……巨きな希望を載せて、次

の支度にかかりませう」

と呼びかける大きな心――すべての生きものに究極の幸福をもたらすであろう宇宙意思にたいする信念をもっていた。

愉快な賢治と厳しい賢治。両者を同時に表現することは至難の技だが、この新しいブロンズ像はその二つの顔を見事に造形していると思う。

コミュニティー道路には他にも宮沢賢治の世界を表現したモニュメントがたくみに配置されている。この新しい街並みが、「よ市」や酒買地蔵さんのお祭りで賑わうときのように、いつでも全国から訪れる観光客や買い物に集まる盛岡市民によって活気のある町になることを願ってやまない。

〔一九九三年五月号〕

映画

活動写真時代の思い出

赤沢勝三郎（杜陵映画クラブ会長）　荒木田家寿（岩手映画通信社社長）
太田俊穂（岩手放送社長）　鈴木彦次郎（作家）　司会・盛内政志

活弁の古典？　春や春、春、南方の……

盛内　それでは、盛岡に活動写真小屋ができてから、トーキー時代に入る前あたりのところまでに、一応しぼることにして……。

赤沢　常設館としては、紀念館が早いな。

盛内　紀念館は、大正四年（一九一五）に円子正さんが海軍軍楽隊から帰られて、生姜町（現在南大通り一丁目）に開館したんですね。そのころの記録は見つけかねていますが、同十四年の十一月に、開館十周年興行――これは、足かけ十一年目ということばが挨拶文にはっきりある――をやった記録が手許にありますから、紀念館の開館をもって、盛岡の映画館の歴史ここに始まる、というわけです。

赤沢　大正五、六年ころかな。円子さんは本妻も二号さんも、とにかく一族を従えて画面に対し、女形だ、敵役だとみんなで分担して場面を構成する役をきめ、映画解説ならぬ、「掛け合い」をやったもんです。

太田　演芸部総出演という形だな。

鈴木　円子さんは、少し、舌ッコタレでね。発音がおかしい人だが、それで弁士もやれば楽士もやっていたもんです（笑）。

盛内　ここに、紀念館開館十周年記念プロ第一号で「新ウィークリーの発行に際して」という一文がありますから、まあ正式プロの第一号でしょうな。

荒木田　ぼくが中学生のころ――大正七、八年――には洋画も併映していた。そして終ると、弁士が舞台にみんな出て、挨拶したもんです。行儀がよかったな。

赤沢　中野英治最初のマゲ物（時代劇）で「生霊」というのがあったが、生姜町界隈は、弁士の前宣伝の声で賑やかだった。――サァ来週は中野英治主演「生霊」でございます。生霊とは、生きた幽霊でございます――（笑）。まじめな顔で生きた幽霊ときたもんで……。

盛内　太田さんの通われたのは？

太田　家が近いので、長町の第二紀念館なんですよ。新聞に五銭の割引キップが入ってくる。それを持って毎週通ったが、開館はいつだったかな。

盛内　第二紀念館（現在銀映座＝長田町）は、調べたら、大正十一年のようです。内丸座は中心部にありますから、第二紀念館は、河北地区としては最初のものですね。

荒木田　そのころのマゲ物は、まだ尾上松之助オンリィだったかな。

太田　大正十三年ころは、後退気味だった。特別出演という格好で、片岡松燕、中村吉十郎、それに実川延一郎といったところがのしていた。河部五郎とか大河内伝次郎の出る前だったから……。その吉十郎のもので印象的なものは「高野長英夢物語」。はじめ地球儀がでてきて、傍で塾生か学生に講義している場面につづき、汽車が走り汽船が走ったりしながら、だんだん夢物語に入ってゆくんだな、当時としては、たいしたものだと感心して観ていたものだね。それと、中学校の生徒がみんな連れられて観に行ったのが「イントレランス」……。

赤沢　盛岡劇場（元谷村文化センター＝松尾町）でやった。グリフィスの大作品だ。

太田　あと、「オーバー・ザ・ヒル」。

赤沢　それは最初、紀念館でやった――あの丘越えて、養老院へ、という調子の解説でね。

荒木田　東京の弁士も、その調子で同じことを言っていたな（笑）。あのグリフィス監督の「イントレランス」は、今ならオムニバス映画でしょう。

鈴木　これが評判になってね、改造社の世界大衆文学全集――あれに、尾崎士郎がひきうけたんだが、話が短かく、三つ四つにわけられた、つまらない原作なんで、読ませるようにデッチあげるのに、えらい苦労したというんだな（笑）。いまも、ありますがね。映画が余り有名になったんで原作がいかにいいものだろう、と思われてしまった例の一つですな。

太田　そのころユニバーサル会社のブルーバード映画――これもなかなか味のある作品を出していた。

鈴木　そう。私、高等学校（旧制第一高等学校）時代――大正七年ころかな、川端康成と石浜金作の三人で、浅草の帝国館に行ったところ、あの林天風の大当りした、春や春の、「南方の判事」でしたよ、偶然にも……。

赤沢　「……恋こそ誠なれと、相擁する二人の上に、しづ心なく、花は散る――。朧々《ろうろう》たる宵闇《よいやみ》に、千村万落、春けたて、紫紺の空には星の乱れ、緑の地には花吹雪――。あ、春や春、春、南方のローマンス――。南方の判事、全巻の終りでございます」（拍手）。

太田　出たな、出たな……（笑）。

鈴木　あの林天風が、電気館を追われた人で、憤慨していたんですね。映画界には陰謀があって甚《はなは》だけしからん、と前置きし、それから「南方の判事」に入るんです。この〝春や春〟は、生駒雷遊とどっちが元祖だ、といえば、天風でしょうな。

荒木田　一般には、生駒が先だと思われているが……。

赤沢　機関誌「弁友」も、天風説だね。

代引のフィルムも引取れぬ初日

赤沢　ところで、活動写真を盛岡にほんとに定着させた功績者といえば、駒田好洋も入るだろうな。

鈴木　あゝ、藤沢座（現在国劇のところ＝紺屋町）で聞きました。それも五銭でね。大きな下足札を貰って入ると、弁士が、ガウンを着ましてね。

荒木田　大学教授なみの風采でね（笑）。

鈴木　伴奏や休憩時間に、駒田好洋が挨拶をし、十数人のマンドリン合奏したのにはびっくりしたな。元禄花見踊りかなんかをね、いい楽士や弁士をそろえて、映画ファンをふやそうという、熱意なのでしょうねえ。トーキー以前の、無声映画時代は、盛岡の映画館はいくつかな。

盛内　二つの紀念館に、内丸座。大正十四年には帝国館（のちの御園座＝焼失）ができ、開館興行に、マキノ映画の「影法師」をやりましたね。

赤沢　大正の末期から昭和の初期には、「人口十万に三館」というのが経済的常識といわれたが、昭和三年、盛岡の人口は五万三千で、四館でしたな。

荒木田　苦しかったろうな……。マキノの話がでたが、マゲ物が面白くなったのは、マキノの作品が新風を吹込んでからだね。

盛内　それまではマゲ物は旧劇と称して、テンポがのろかった。片や日活の松之助、片や松竹の沢村四郎五郎でしょう。講談物とか忍術ものでね。それをマキノはテンポを早くし、若い役者を使った。

鈴木　それと、題名にも魅力があった。

荒木田　「魔保露詩《まぼろし》」「雄呂血《おろち》」とか……。

太田　マキノ作品で最初に観たのは藤沢座で、忘れもしない「鮮血の手型」。いままでだと伴奏はまず太鼓でしょう。それがいきなり洋楽ときた。驚いたね。これが阪妻をみたはじめなの。そのときは双生児を演じ二役でしたが……。この推理ものの、捕物映画の解説こそ、ここにおられる赤沢秋谷氏ですよ。いやもう、全巻名調子でね。映画もスピード感あるし、最後まで面白かったね。

赤沢　御園座でやった「首の座」――谷崎十郎と河津清三郎の――これはよく知っている。河村留吉さんに、映画の解説は、こうやるもんだ、とみんなの前でほめられましてね。

盛内　その後、昭和五年の正月興行から、藤沢座が映画常設館となり、ゲーリー・クーパーの「空ゆかば」が開館第一の番組だったんです。そのときの挨拶は、すでに藤沢三治さんの跡取りの藤沢直治さんで、今般、駒田好洋氏の熱心なるおすすめにより、というのでした。帝国館が御園座になる前のころの話（八幡町幸楽のご主人の話）ですが――プリントが代引で着く、しかし経営が苦しくて代引を取れない、お客さんは入場して早くやれと騒ぐ、窮余の一策で、映写室に積んであるフィルムの空缶を、ガラガラッと床に崩してから徐《おもむ》ろに、「ただ今、映写機が故障いたしましたので、本日はお引取りを」というわけで（笑）、お客さんに、本日の付け札を渡して急場を逃れる、これは、よく使われる手なんですね。

荒木田　映写係が擬音係に早変わり？（笑）

太田　しかし、プロを見ると、三十三号まで続いているね、帝国館は。

サイレントの映画美の再発見を

太田　いい映画が続くとなると、小遣い銭が足りない。われわれ中学の仲間が相談し、映画研究会を作って各館に交渉し、特別割引券を出して貰う算段をしたわけだ。まず、内丸座の勝浦紫浪弁士宅を訪れたが、そこでえらいものを見てしまった。昼だったが、仲間三人と戸をあけて入るとなんと、部屋の隅に、すっかり双肌を脱いでお化粧真最中の美人がいてね、奥さんだったと思うんだが、そっちにばかり気をとられて（笑）うまくしゃべれなかったが、まあ交渉は成立、割引して貰うことになった。しかし、美人だったなあ……（笑）。まあ、どんないい映画でも、弁士が下手だとつまらなくなってね。

盛内　そう。そのころの日本の映画は、人形浄瑠璃みたいなもんで、語り物ですからな。

赤沢　「キック・イン」のなかの名台詞に山野一郎の「あたし、チャップリンを見て笑ってくるッ」。また生駒雷遊の「人情、紙のごとく薄き現代に、聞くも床しき物語。キック・イン全篇の、終りにござります」とやる。うまかったな。

鈴木　まあ、無声映画の最後のあたりは、ちょうどテレビの始まる前の、ラジオドラマのように、日本映画もいいものばかりで完璧でしたね。

荒木田　形式美、映画美ともに、ほんとうに揃っていましたね。

赤沢　映画もまた、変ってゆくと思う。

太田　そう思うね。

荒木田　こりゃ心強い。私ね、サイレントの末期が一番進歩していると書いたら、叩かれたことがある（笑）。

鈴木　いやいや、私も同感です。伊藤大輔、山中貞雄、伊丹万作あたりは、すばらしかったですねえ。

太田　大型になっていけば、小技《こわざ》でみせる映画はできなくなってゆく。

プロマイド屋シネマ堂のおやじさん

盛内　つぎに、盛岡にきた最初の大物スターの、来演にまつわる話ですが、大正十三年の夏、松之助、松燕、吉十郎以下相当数が来盛した折、紀念館の満員の二階のてすりが壊れて何人か軽いケガをしたのを、鹿島建設の浦上さんが目撃しているんです。それから、その一行の歓迎会を、八幡の瀬川屋で開いたとき、お座敷をつとめた芸者の名前が、あとで届いた一行の役者からの礼状でわかったんです。俠次、ひな助、色奴、富勇、長蝶、蔦丸の六人で、現存者は、草カンムリ時代の都多丸姐さんただ一人ですよ。

鈴木　こりゃ珍しい記録だ、初めて聞きますな。

盛内　あとは昭和七年に諸口十九、つぎに伏見直江、信子の姉妹スター、同十六年には、愛染かつらで大当りの田中絹代、こんなところが戦前の主なるスターです。ところで鈴木さんの作品が、映画化されたもので、早かったのは、「殊勲の本塁打」と「悲恋心影流」です。あとは、盛岡と言ってもよいお隣りの紫波の胡堂さんの「銭形平次」ですね。平次もので最初に映画化されたのは、「七人の花嫁」と思われていますが、「振袖源太」が先で、そのときには、まだお静が登場していません。

鈴木　それよりも、盛岡の映画ファンにとって、忘れてはならない人をあげてみましょう。

盛内　大正期の赤沢さん、藤沢啓介さん、松本小四郎さんの杜陵映画クラブ、昭和初期、「新視覚」を出した川村公人さん、その後の盛岡映画研究会の山屋直司・盛内と三代続いている、大切にしていこうというのが、そのころ岩手日報を編集していた吉田源三（現在釜石東海新聞編集長）さんなんです。その吉田源三さんは、雨吉のペンネームをもち、日報に映画欄を作って、盛岡のファンのため尽してくれましたね。映画評のレギュラーは、高橋康文先生、荒木田さんの大煙逸太、赤沢さんの六華亭、川村公人さん、達増寛一郎さんなどに、私も盛商時代から書いていていました。

鈴木　戦争がなかったら、川村公人さんは直木賞作品をきっと、ものにされるほどの力はあったと思いますねえ。惜しい人で……。それから、釜石にいる、吉田源三さんは、いつか、ゆっくり語ってもらいたい人ですね。

盛内　びしゃもん橋から元の六日町角（現在の清水町）にあった、シネマ堂の簗田勝利さんは面白かったな。ご自分のひいきにしているスターのプロマイドを買うと、八銭で仕入たものを五銭で売るんだから（笑）愉快でしたな。こっちもそれを覚えておいて、よく買いましたが、これもオールドファンの語り草です。

荒木田　三笠映画劇場は？

盛内　昭和九年十二月三十一日の開館で正月興行から、新興キネマと洋画を組みましてね。その六カ月後、中劇ができて、そっちの方に洋画ファンが移ったり、あれやこれやの理由で閉館になりました。ところで、それまでの興行場の名称は、「座」「館」オンリイだったのが、三笠の出現で初めて映画劇場を名乗る映画館が盛岡に現われたことになります。また、次週予告を、女性の声でアナウンスしたのも三笠で、これは川村としちゃんがやったんですが、これも盛岡では初めてのこと。

鈴木　ほう、記録に残りますね。この、昔のプログラムね、レタリングといいますか、文字も割付けも、五十年前のものとは思えぬほど、うまいですねえ。

盛内　担当者に映画に対する愛情があり、仕事に誇りがあった。——時間外手当の計算ばかりして書いたんじゃ、いい仕事はできないということを、つくづく感じます。

〔一九六九年五月号〕

盛岡と映画人

工藤正治（随筆家）

モスクワの夏は短く、九月も半ば過ぎれば秋風颯々《さっさつ》、つるべ落しに冬へ駈け込むという。半年も母国の明るい太陽に包まれて、蘇生の思いに浸って帰った岡田嘉子には今年の冬は殊更冷気と孤独とが身に泌むことであろう。

二度と相見る宛てもなく再びカーテンの彼方に閉ざされた彼女は、母国の人々の目にはもはやしおれた〝氷花〟のように映る追憶の人でしかなくなった。

昭和二年の春、竹内良一と日活を脱走したあと岡田嘉子一座をつくって巡業して歩いた折に、一度盛岡劇場でミュージカル様のものを上演した以外には盛岡との縁はこれと言ったものはなかった。

然し私の追憶の端にふと二人の映画人の面影が浮びあがった。彼らは準盛岡人と言える奇縁を持ち、一方岡田嘉子と映画や舞台で顔を合わせたことのある人物だったからである。

一人は溝口健二である。彼の晩年の制作にかかる「西鶴一代女」「山椒太夫」がヴェニス映画祭で国際監督賞と銀獅子賞。「雨月物語」が英国エジンバラ映画祭で監督最高賞が与えられ、外に文部大臣賞はじめ国内賞は十指に余るという映画の巨匠である。

岡田嘉子との出遇いは大正十四年、丁度彼女が舞台協会を去って日活京都に入社したときで、溝口は二十七才の少壮監督であったが、嘉子の入社第一作「大地は微笑む」を手がけ、嘉子、中野英治を主演に予告篇と第一部を仕上げて村田監督に引き継いだのであった。以来二人の交友は彼女の越境前まで続いた。

ところでその溝口が盛岡と浅からぬ由縁を持つことはあまり知られていない。実は少年時代盛岡の親戚に寄遇し城南小学校を卒業しているのである。

彼は明治三十一年に本郷湯島の建設業の家に生れたが、父が倒産して浅草立姫町に移り住み、彼はそこの石浜小学校に通ったが、貧に苦しめられる子供心に「金持ちにならなくては……」と思い詰めるようになった。

たまたま母方の叔父が医師、薬剤主任として盛岡病院（今の中央病院）に勤めていたが、その頃停年で六日町角、今の下の橋町に薬局を開いていた。時たま東京に訪ねて来る叔父の身なりが子供の目にはいかにも裕福らしく見えたのか、健二少年はやみくもに薬剤師になりたいと志し小学校五年のとき家出のように飛び出してきて、盛岡の叔父の家に身を寄せたのであった。

小学生と言っても年齢はもう十四、五才になっていて体も大きく、幼い従妹たちをおんぶして店を手伝うような優しさもなくはなかったが、何を考えてか、夜更けまで公園や中津川や裏町などさまよい歩くことが多く、叔父も心配して小学校を了えると無理に東京の親許へ送り返したのであった。後に彼は「明治もの」の映画に多く名作を残したが、恐らくそれは城下盛岡で感じとった詩的幻想があづかって力があったと解しても無理がなさそうである。

彼が盛岡に転校するまで通った浅草の石浜小学校では川口松太郎氏と机を並べ、共に遊んだ仲であった。二人とも大成して計らずも川口氏が大映所長、溝口が同社監督重役として再会し、名作「お遊さま」などを生む劇的な後日物語も生んだ。

溝口は昭和三十一年、五十八才で病没し、池上本行寺に埋められたが「残菊物語」や「名刀美女丸」の制作で肝胆相照《かんたんあいて》らした花柳章太郎は遺言で本行寺の溝口の隣に眠った。川口氏は花柳の葬儀に列したときに初めてこのことを知り、それなら自分も二人の傍らに墓を持ちたいと住職に相談したら「この寺の名所になる」と喜んで承知してくれた。――という二人の墓所交友録のような随筆を川口氏は新聞に寄せている。

「大地は微笑む」に先立つ嘉子入社第一作は村田実監督の「街の手品師」であった。嘉子のユニークに鋭い演技と近藤伊与吉の飄々とした個性の強い無技巧の演技が巧みに噛み合わされて変幻の世界を描き出したということで現代映画の金字塔だとさえ賞揚された。多性格的な俳優として知られた近藤伊与吉がやはり十五、六才の少年時代に旧制盛岡中学、今の一高に在籍したことがあった。ということも溝口健二に似た耳寄りの話である。

近藤は鉱山技師の子として佐渡に生れたが盛岡に住むようになったのも父の仕事柄からであったことは言うまでもない。一両年啄木や賢治の学んだ内丸校舎に学んで詩想も養われ漸《ようや》く住み馴れたと思われた頃、またもや父の転住で盛岡から連れ去られねばならなかった。

育ち盛りから鉱山から鉱山へと転住転校を余儀なくされた根なし草のような生活が、結局彼から性根を抜きとって多感で飄々としたものに打ち替えたものであろう。が、その素《す》のままの〝巧まぬ技巧〟で舞台や映画に認められるようになった。彼のスタートは早く、赤坂ローヤル館で東花枝のノラ、青山杉作の医師、そして彼のヘルマーで「人形の家」を演じるという華やかさであった。

然し気紛れの欠点があって劇団を転々、大震災で劇界が壊滅したとき、舞台協会に新加入したのがきっかけとなり、嘉子と共に日活京都に移って「街の手品師」に登場したものであった。

折角名作をヒットしながら、日活京都も長続きせず、満洲事変に刺激されてプロダクション創設の夢を抱いて渡満したが、やはり成すところなく終り、あたら満洲に骨を埋めたということである。

〔一九七三年九月号〕

映画に扱われた啄木

盛内政志（中央映画劇場社長）

四月十三日は〝啄木忌〟である。

郷土出身の文人のなかでは、「雨ニモマケズ」の宮沢賢治とならんで、巾広い読者層をもつ石川啄木は、明治四十五年のこの日、東京小石川の借家で波瀾をきわめた短い生涯を閉じた。

近年、若い旅行者に啄木の遺跡めぐりをする人がふえているが、これは、夭折した〝情熱の詩人〟に対する若者の愛着の深さを物語るものであろう。啄木は賢治とは異なり、人間的に欠点の多い人だったと思うが、短詩型文学の純度において、後世の人々を魅了する多くの歌を残しているのである。

盛岡藩時代をふくめて、岩手県出身の人物で、その伝記なり事績が映画化された回数では、檜山騒動で知られる〝相馬大作〟に指を屈するが、それについで多いのが石川啄木であることは、あまり知られていない。

啄木忌が近づくと、私はいつも、啄木を扱った映画を思い出す。戦後の三本は、私自身、現地調査やロケに同行したので、監督や俳優とのエピソードも甦ってくる。

文学者の伝記を映画化するのは大変むずかしいらしく、成功した例としては、東宝の「樋口一葉」（昭和十四年、並木鏡太郎監督、山田五十鈴・高田稔主演）があるくらいだが、啄木にかぎって四度も映画化されているのには、それなりの意味があると思う。

最初は昭和十一年、日活が熊谷久虎の監督で、代用教員時代に焦点をしぼった「情熱の詩人啄木」（ふるさと篇）を制作した。主役の島耕二が凝り屋なので、小説「雲は天才である」の題字を書くワン・カットのため、啄木の筆跡をまねる稽古をした話や、進まぬ原稿に苦悩する啄木が、障子にとまった一匹のハエを筆で追う場面に苦心した話を、のちに「北上川の詩」で、一緒に仕事をしたカメラマン永塚一栄から聞いた。

父一禎（小杉勇）が口べらしのため家出をし、線路づたいにトボトボ歩く夜景や、

石をもて追われるごとく、啄木一家が渋民村を去るラスト・シーンは、盛岡市の時報チャイムとなった

春まだ浅く月わかき
いのちの森の夜の香に
あくがれいでて我が魂の
夢むともなく夢むれば
さ霧のかなたそのかみの
希みは遠くたゆたひぬ

の古賀政男作曲の歌とともに、いまだに、私の脳裏に刻まれている。

二度目の啄木映画、芦原正監督の松竹作品「われ泣きぬれて」のロケが行われたのは、昭和二十三年だった。渋民時代のほか、北海道の新聞記者時代から晩年の東京時代まで、ダイジェスト的に盛り込んだ沢村勉のシナリオに無理があり、印象が散漫だった。啄木（若原雅夫）よりも節子（津島恵子）に比重をかけた点に特色があったが、宮崎郁雨（細川俊夫）との関係が描ききれなかったのは、惜しまれる。

三度目の新東宝作品「雲は天才である」（昭和二十九年）は、中川信夫の監督で北海道時代を中心に、芸者小奴（角梨枝子）を前面に出しているのが特徴であった。小奴は前作よりも、啄木（岡田英次）の色模様の相手としては、よく描かれていたと思う。

ただし、北海道をさすらう啄木を描こうというのに、背景となる特有の風土がとらえられていないのは、残念であった。啄木の短歌が随所に挿入されていたが、亡き吉田孤羊さんは、

　東海の小島の磯の白砂に
　われ泣きぬれて
　蟹とたはむる

の用いかたに、疑問があると指摘していた。

四度目の「情熱の詩人啄木」は昭和三十七年の大映作品で、最初の啄木役者・島耕二が、監督として取り組んだものだった。

明治四十二年、朝日新聞社の編集室で校正の朱筆をすすめる啄木（本郷功次郎）の姿から展開するこの映画は、代用教員当時の回想を織り込みながら、晩年の悲惨な啄木を描いており、死の枕頭に詩人を見まもる金田一京助（宇津井健）の友情が点景となっていた。『啄木の心情が出ていたのは最初の人でしたが、風貌が似ている点ではこんどの俳優ですかねぇ』とは、金田一さんの感想だった。

このほか、昭和二十二年に山本薩夫が監督するはずだった東宝の「雲は天才である」は、啄木（池部良）や節子（飯野公子）の配役も決まり、数次のロケハンまで行いながら、社会主義にめざめる啄木を強調した久板栄二郎のシナリオがＧＨＱの忌避にあ

い、製作を断念せざるを得なかった〝幻の啄木映画〟となった。

もしも、この映画化が実現していたなら、〝啄木映画〟の歴史を大きく変えるような異色の作品になっていたにちがいない、と私は信じている。

〔一九八九年四月号〕

映画と盛岡と――

笠智衆（俳優）　久保明（俳優）　田中友幸（映画製作者）　丸山誠治（映画監督）
石浜淳美（岩手医大助教授）　司会・盛内政志

幻の啄木映画

盛内　みなさんは、どなたも一度以上は盛岡に来られたことのある方々で……それに、丸山さんとは学友の石浜さんに一枚加わっていただき、お仕事の話や盛岡の印象など、お話し願いたいと思います。

石浜　私は昔から笠さんのファンでね、近頃は老け役ばかり（笑）ですが、笠さんの出る小津作品などは、欠かしたことがなかったなあ……。

盛内　笠さんの持ち味はご存じの通り、敵役のできない方で――もっとも初期の二、三の作品には敵役もありましたが――いつも人間の滋味溢れる役柄ばかり……。

笠　いや、もう役者冥利につきます……。あの「花くれないに」のロケでは、長いこと盛岡の皆さんにほんとうにお世話になりました。あれは、ラジオの頃からご当地が舞台だったもんですから、田畠監督もぜひ盛岡でと……。こちらでは大当りだったようですね。

盛内　たしか五週間のロング・ランという大記録でしたが、あれですっかり、盛岡人には〝なじみ深い笠さん〟になってしまいました。

石浜　若い久保さんのは、燈台の立つ岬の小屋での、裸のシーンを覚えている。

久保　はッ、「潮騒」で――。私、盛岡は三度目のご縁です。この前は「忠臣蔵」のキャンペーンで……。建物や道路は立派に変わったところもあるようですけど、盛岡の街並には何かこう、懐しいものを、いつも感じるんです。

石浜　「潮騒」がデビュー作かな。

盛内　久保さんは、「鐘の鳴る丘」から始まって、本格的なデビューは「思春期」でしょう――丸山さんにスカウトされて……。

丸山　あれは、当時の北沢中学でね――彼、中学一年のときですよ――紹介なしでいきなりそこの演劇部の先生に会いに行ったんです。使えそうな生徒探しにね。演劇部の先生が推せんしてくれたのが、この久保チャン……。私のうけた第一印象どおりの子だったんですな。そうして、青山京子、岡田茉莉子、江原達治君たちと一緒に、田中さんのプロデュースで作ったのが「思春期」なんです。青山京子などは、まったくの素人でしたがね……。

盛内　丸山さんの新人発掘は、眼がきいて、お上手でいらっしゃるとかねがねお聞きしていますよ……。丸山さんは、終戦直後、山本薩夫さんと、啄木映画「雲は天才である」のロケハンで盛岡に来られましたよね。

丸山　渋民やご当地の皆さんには随分とお世話になったんですが、脚本のままおクラになっちゃいましてねえ。

石浜　今なら、もう構わんじゃない？

盛内　あれは、啄木の伝記映画といっても社会主義的な思想の面が強く押しだされている内容だったためでしょうか、何かの都合で映画にはならずじまいの〝幻の啄木映画〟になってしまって……。

丸山　映画づくりというものは、ロケハンや、そのほか金は少々かけてしまったものでも、やはり作らない方がいい、と結論のでる例が沢山あるものですよ。いろんな条件がありましてねえ……公開実現にこぎつけるまでは、大変なんですよ。

盛内　とにかく企画され、脚本もあがり、監督もつき、ロケハンまでやってなおかつ陽の目をみなかったという点で、あの「雲は天才である」は、盛岡の私達には、忘れられない題名ですよねえ。

八年間二十五円。昇給なし

盛内　田中さんは、「わが愛は山の彼方に」「激流」などで、いらっしゃいましたね。

田中　はい。あの……山の彼方に……のロケでは、遠い岩手まで出なくても、あゝいう情景ならどこにでもある、と会社に大反対されましてねえ。しかし、豊田四郎（監督）さんのイメージに、山王海がぴったりだったもんですから……ただ、七日の予定が天候悪く、四十日近くかかりましてね。その物資の調達に、毎日盛岡の街に出てきては皆さんのご厄介になった、懐しい記憶を持っております。……静かで好きな街でした。そのころは、盛岡もちょっと田舎に入りますと、交通は不便でしたなあ、まあ二十年も前のことですから……。

石浜　静かすぎるくらいでしたよ。山からみてもネオン一つない、温泉マークはもちろんない――驚きましたな（笑）。あの当時、県庁所在地の都市で温泉マークのない街って、初めて見ましたよ。そしたら、近くに本物の温泉があるからだ、というんでしょ。良風美俗の街でしたな（笑）。そんな盛岡でしたから、映画しか娯楽がない。当時、夏は暖房、冬は冷房の映画館（笑）――なのに、こども時代から映画キチガイだった私は、せっせと毎週……。

盛内　ご来館有難うございました（笑）。……で、みなさんも映画が好きで好きでこの道に入られたんでしょうか……笠さんは？

笠　私、東洋大学の印度哲学科を出まして大正十四年に、松竹の蒲田撮影所で研究生を募集中と聞きましてね、何となく受けてみようかということで行ってみたんです。そしたら、居並ぶ試験官のなかに、紅一点の女性がおりましてね、他の試験官の顔は覚えておりませんが、そのご婦人は忘れません――非常にいい点数をつけてくれましたからね――（笑）。それが、英百合子さんだったんですよ。

石浜　当時の大女優でしょ。

笠　のちのお話になりますが、山本嘉次郎さんのもので、ぼくの奥さん役に英百合子さんがなりましてねえ、いやあ、もったいなくって……（笑）。なにしろ大先生でしたからねえ。ま、映画会社入りはしたものの、役は貰えず通り抜けばかりでしたよ、何年という間は……。

盛内　当時随一の人気スターだった、鈴木伝明のスタンド・イン（代役）をやられたことがおありでしょう――笠さんの、長身でスマートな容姿が、伝明に似通っていらしたから……。

笠　よくご存じですなあ。「海人」という作品でした。……伝明さんの相手役だった押本映治さんのほうのスタンド・インは、カメラ助手の人がやりましてね、ぼくと二人高い所から海に落っこちる場面なんですが長いですねえ、途中が……（爆笑）。そのとき、ぼくは下にならずによかったんですが、助手の人が身体をちょっと打ちましてね、しばらく海面に浮いてきませんで、ドキンとしたことを覚えています。斎藤寅次郎さんの「仰げば尊し」が、最初の主役でしたかなあ。

盛内　そう、そう。国木田独歩の原作で、お相手は坪内美子ですね。ところで、月給は幾らでした。

笠　二十五円。そうして、昇給なしで八年間そのまま二十五円……（笑）。大スターの鈴木伝明、岡田時彦、高田稔さんクラスが六百円——伝明さんには日活からの引き抜き支度金として一万円出たといいますよ。あるとき池田義信さんが、日劇でドア・マンか何かやっている人を引き連れてきて、二百円でしたな。素人が二百円、ぼくは八年間いて二十五円。大変不満でしたが、しようがなかった……。

石浜　やっぱり芯から映画が好きだったからでしょうねえ。ぼくなんかも、大学の先生のくせに、映画やバーにばかり行っている、と近所の人に言われるんで（笑）、コソコソ隠れるようにして出かけますよ。

断絶時代の新しい芽

丸山　石浜君がコソコソ出かけると言いましたが、私の学生のころ、東京では、学校をサボって行くから映画はご法度になったんですね。私、無声映画時代の、伴奏の音楽が好きでしてね、よく金竜館の横で立ち聞きしたもんです。そのうちに、どうしても自分でやりたくなって、バイオリン弾きに、教えてくれと頼みこんじゃってね。中学一年のときですよ。やりだしたら病みつきになり、京都の大学に行っても一層病い昂じてね、学生なんだか、映画館の楽士なんだか判らない暮らし……。そのころはまだダビング・ルームも無かったでしょ。撮影所で衣笠さんの写真にも、よく使われましてね。そうして映画館に入り浸りしているうちに、だんだん映画を作ってみたくなりましてね――大学の法律学生がですよ――（笑）。

石浜　あのころは、映画批評をやったり、映画通の男は、女の子にモテテね……（笑）。

盛内　通にならなくっても、良い映画からは、読書とはまた違った深い感銘をうけるものですから、もっと若い人をひきつける作品がほしいですなあ。

田中　若い人の話がでましたが、この間、万国博の三菱館の、専属ホステスの選考がありましてね――これは、三菱関係の会社の部長以上のお嬢さんたちと、その関係者からの縁故募集なんですが、二百人に対して四千八百人もきました。で、約千二百人を残し、東京と大阪両方で、一週間がかりで審査したんです。まず、いいところのお嬢さんでしょ。大学、短大の学生か卒業生ばかりだったんですが、聞いてみて驚いた――まったく映画を観ていない。一応観たものといえば、「風と共に去りぬ」最近では「風林火山」だというんです。映画に興味がないのか、と訊ねると、答えは「ある」……そして、ふだん映画を観にゆくと言えば、家の者が嫌がるというんです。特に日本映画はエログロだと家族の者がきめこんでいるというんですね。友だち同士でもそういう傾向ですと答えた人もあるんですよ。こういう観客層を逃がしていることに、私たち日本の映画関係者は反省しなければならない。しかも、この層は、小遣いに困る人たちではないんでしょう。このような、健康な日本の中堅階層が、まだ残っているんです。この人たちを映画にひきつけないことには、映画のカムバックはあり得ないと、つくづく考えさせられましてねえ。彼女たち自身、日本映画を観にゆくことを恥ずかしいと思っていますよ。それでも外国映画は、割にゆくらしいんですよ。

丸山　家でも二人、大学に行っていますが、監督の家庭のこの連中さえ映画はさっぱり観ない……（笑）。

石浜　ここにも〝断絶〟の症状あり、か……。

田中　いや、そこに新しい芽がある、と私は見るんです。今から十年前の邦画と洋画のマーケット比率は八対二でしたが、今は六十五対三十五だというんです。若い人たちは、外国語だって第二外国語をどんどん身につけているんです。車がなくても免許は取る――意欲的で健康です。サラリーマンも、そのあり方についてよく勉強しているし、こういう人たちに、どういう映画を提供するか、一時の現象にふり廻されると、

盛内　そう思いますねえ。観客層は、まだまだ広く、可能性はありますよ。

過ちを犯すんじゃないかと……。

リンゴも美味、女性も美人

盛内　その、良い映画を作るために、盛岡周辺にはいろいろと格好な高原や川がたくさんありますから、きていただきたいんですなあ。

石浜　まげ物向き、現代もの向き、ありますねえ。八幡平高原もいいし、あの岩手山麓の姥屋敷あたりもいい。開発されてしまうと、変哲のない、それこそ〝どこにでもある情景〟にしかならないんで……。

久保　風景もそうですが、東北のひとってなにか気が休まるようで……お世辞でなく、女性もきれいです。東京でも大阪でもどこへ行ってもきれいな女性はいますけど、盛岡には、ゴテゴテ厚化粧した女性は少なくって、女らしく美しいひとが多いな、とつくづく思います。特に女学生をみますとぴちぴちして健康で、きれいですねえ。盛岡のひとをお嫁に貰おうかな、と考えています（笑）。

盛内　この「街」の座談会で、ジャーナリストだけ集まったときも、盛岡に赴任して三年いれば、みんな盛岡の女性を嫁にしてしまうという話がでたことがありますよ。

石浜　それだよ――製薬関係の人と東京で会ったとき、その奥さんが、〝先生〟と懐し気に声をかけるんでよく見たら、何と、私の大学に勤めていた女性なんだな、こいつ、いつの間に連れて行ったのかと……（笑）。盛岡人は、女性は美人だし、リンゴもうまいのに宣伝も、金儲けも下手なんだな。他所から来た人が、盛岡のリンゴはうまいと言うし、ちゃんと奥さんまで見つけてゆくのに……（笑）。

盛岡出身の映画人

笠　ご当地出身の映画人には、どなたがおいでです？

盛内　古くは田子明、南部耕作、宇佐美淳也、それに新興キネマの久慈行子、宮城千賀子、田口哲監督、日映の松本小四郎カメラマンなど……。

笠　そうだ、田子ちゃん――私と一緒でしたよ。

盛内　「肉弾相搏つ」で、城多二郎と兄弟になって……笠さんも出ていましたよ。

笠　それから、南部耕作って山吉鴻作のことでしょう……戦争で機銃弾を受け、脚を少し悪くしておりましてね。一時、撮影所の課長か何かやってましたが、いままた、俳優をやっていますよ。田子ちゃんも、やはり戦争でのどをやられ、声が出なくなりましてねえ……。

盛内　俳優をやめて、あとで助監督になりましたよね。新興キネマで、水谷八重子などが出た「唐人お吉」にね、助監督田子明と、名前が出ていたことがあるんですよ。

宮古で亡くなりましたが……盛岡中学（現盛岡一高）時代には、短距離の選手でしてね。学校で参加させなかった全国の大会にこっそりと出場、四百米か何かに入賞したものですから、新聞に出てしまって、ひと騒動起こしたエピソードの持ち主でした。

笠　惜しい人だったなあ。

盛内　最近では、真理明美、佐多契子、三原葉子といった女優も盛岡出身です。松山善三さんは、ここの岩手医専に、一年ほど籍をおいたことがありますね。カメラマンでは、谷口千吉の「銀嶺の果て」「ジャコ万と鉄」などを撮った瀬川順一と、最近「神々の深き欲望」で話題になった栃沢正夫がいます。古いところでは、近藤伊与吉も生まれは佐渡ですが、父親の勤めの関係で盛岡中学を卒業していますよ。

田中　いろいろな人が出ているんですね。私どもの調査でも、盛岡は観客水準の高い都市になっております。その意味で、盛岡のお客さんに大いに期待したいですねぇ。

〔一九六九年十月号〕

花くれないに半世紀

山田公一（会社役員）

昨秋、松竹映画「花くれないに」が約五十年ぶりに上映された。昭和三十二年（一九五七）、盛岡市にロケの打診があったとき、市勢振興計画や岩手公園・内丸官庁街都市計画、四号線盛岡バイパスなど都市基盤造りに着手したばかりの山本弥之助市長は喜び、全面協力を申し出た。もちろん、当時の私は小学校入学したばかりで、近所でのロケを見た記憶しかないが、町内の子供も何人かがエキストラ出演したので印象が強い。

元の盛商前（旧盛短付近・旧町名は加賀野新小路）、二高音楽室、八日町等でのロケは半世紀前の盛岡を知る良い素材であり、圧巻は何と大勢の高校生のデモ行進場面が当時の岩手日報本社前、現在の東北銀行本店前T字路（或る種の広場だった）で撮影されたことだった。いまでは考えられないことだが、一九五〇年代は若者の政治的関心も高く、〇〇反対などと都市部では積極的な意見表明が成された時代だ。戦争直後は教育委員を有権者が直接選挙で選ぶ方式だったが、現在の任命制に改変した頃で戦後民主主義に対する逆コースではないか、という世論の反映とおぼしきセリフも出てくる。

この映画では架空都市（今石市・盛岡のこと）を支配する五本松財閥が公営競輪場を開発することに対して、高校の共同運動場が欲しい、という素朴な若者の要望が対立軸として描かれている。

高校全部が男女別学、財閥にゴマをする教頭（中村是好・戦前エノケンミュージカル映画で好演）等の現実に反発する男女青年教師の淡いロマンスも交えながら陽だまりのような昭和三十年代が展開される。当時の岩手競馬はまだまだ牧歌的な時代で草競馬のようなもの、盛岡・水沢ともそこそこの利益が出ていた時代だ。

なぜ共同運動場が必要という筋書きがあったかというと、当時の実情では戦前から岩手公園等の広場を運動場として用いたり各学校とも敷地施設の確保に困難を来していた歴史があって市営野球場をどこに新設するか、など政争の具になる程深刻な施設整備の遅れが続いてきた現実を脚本にも反映させたと思われる。

だからこそ、高校生のデモという場面でも共感が得られた訳である。当時はこのシーンへのエキストラ出演を巡って生徒会での論争が繰り広げられ、この際は新時代の盛岡や岩手の街造りはどうするか、という若者らのトークが様々な形でロケと同時進行でも語られたとのこと。

私はロケ地のうちで外加賀野小路で撮影された旧S邸でのシーンがみたい、という亡父晩年の熱望によって何とか二十年前にビデオを入手し親子で検討会?を開いたことがある。健在だった伯父らの記憶も辿りつつ詳細なデータが得られた。

明治四十三年（一九一〇）護岸が不備だった中津川が大氾濫、市内の大方は浸水し祖父自宅も敷地とともに流失、本人は首長責任をとり辞任ののち、二十年近く住まいしたのが当時著名な菊地武夫氏所有の貸家だった。当然家族で写した写真もあるが亡父は出生の家を七十年後に動くカラー映像で見たことになる。後にこの家は電力会社草創期の技師S氏の所有となり、戦後「花くれないに」のロケがあった時は茶道師匠の未亡人が住んでおられた。亡父も茶道関係者だったことなどから、私も近年本業のケア付マンション業でS氏ご子孫の方が単身赴任して来られた時にご利用頂き現代へ繋がるご縁をも頂戴した。

様々な意味で不思議な映画だが、戦争直後の民主主義発展段階での若者意識と古い考え方との対立や街造りの方向性は如何にあるべきか?など現代にすら共通する課題が提示されている。単に昭和ノスタルジー、団塊世代に受けの良い映画などと理解して欲しくない内容が盛り沢山である。

〔二〇〇七年三月号〕

映写技士の心くばり

斎藤五郎（街もりおか編集長）

映画。そこには興奮や感動、笑いと涙があります。スターたちが演じるドラマに引き込まれ、映画館を出るときには自分が〝健さん〟や〝寅さん〟や〝ロッキー〟や〝スーパーマン〟になったような気分になっていたりします。そのスターたちに舞台裏ともいえる楽屋があるように、映画館にも舞台裏があります。映写室がそれです。普段は何げなく観ている映画ですが、舞台裏ではどんな仕事がなされているのでしょうか。今回は盛岡中劇の映写室を訪れて、藤沢武志さんにお話を伺いました。

まず盛岡中劇ですが、ここは昭和十年に建てられました。そのため、アンティック・マニアが見たら泣いて喜ぶような壁掛け電話器があったりします。他の映画館が芝居小屋みたいな座敷席だった当時に中劇は椅子席でスタートし、映写機も最新式を導入しました。

「それも今となっては旧式のロートル機械ですけど、まだまだ現役でがんばってます」と話す藤沢さんは映写技士歴二十七年というベテランです。「まず、映画がどんなふうに映写されるのか、その仕組みからお話ししましょう」

例えば二時間の映画は、だいたい六本のフィルムで配給元から送られてきます。そのフィルムを二台の映写機で順番に映写するわけです。藤沢さんは、この六本のフィルムを三本とか四本くらいになるようにつないで巻きます。そうすると映写機を交互に使用する回数が五回から三、四回になります。

「左の映写機にナンバー1のフィルムをセットして上映します。四十分ほどでナンバー1のフィルムは終わって、右の映写機にセットしたナンバー2のフィルムを切れ目なく映写し、交互にナンバー3、ナンバー4と映写していくわけです」と藤沢さん。「今は自動的にチェンジする映写機が主流ですけど、うちは手動なんですよ。フィルムのセットの仕方が悪いと、フィルムの頭についてる5・4・3・2・1という番号が写ったり、チェンジのタイミングが狂うと画面がとぎれますから、腕の見せどころですね」

チェンジのタイミングはスクリーンの右上に出るマークなそうです。今までは気づかなかったのですが言われて見ると、ほぼ四十分おきくらいに画面の右上に丸いマークが出ます。ところで藤沢さんはもともと写真や機械類が好きでこの道に入ったとのことです。「昔はフィルムの材質が今と違って燃えやすかったので危険物ということで映写技士の国家試験があったんですよ。映写機は強い光を出すので熱くなりますから、燃えることもあったんでしょう。今でも夏は暑いですね。クーラーがあるから昔のように裸で働くことはなくなりましたけれど」

藤沢さんがいつも心がけていることは、フィルムを丁寧に扱うこととお客さんに迷惑をかけないこと。「ここで使ったフィルムが他の館にまわるわけで、そのときひどい状態では困りますものね。送られてきたときと同じ状態で発送しますよ。それから、映写中のトラブルを画面に出さない、つまりお客さんに知られないようにするということですね」

たとえ機械が故障しようが手で回しても映写を続けるそうです。「お客さんは映画の中にひたりきってます。中断するわけにはいきませんよ」と、そのためにフィルムの点検や機械の調整には時間をかけます。藤沢さんのような舞台裏の確かなテクニックに支えられて、我々は楽しく映画を観ることができるのです。映画好きの藤沢さんは印象に残っている作品として『アラビアのロレンス』『ベン・ハー』などを挙げてくれましたが、「今やっているような映画なら何回観てもいいですね。それは『E・T』です。大人も子供も一緒に楽しめて、本来の映画らしさを取り戻した作品です。映画を観て泣いたのは久しぶりでした」と藤沢さんは照れたように話していました。

ところで盛岡中劇の盛内政志社長は、盛岡映画史の生き字引ともいえる方で、興味深いお話をたくさん伺ったのですが、それはいずれ別の機会に譲ることにしましょう。帰り際『E・T』を見終えた人々の目が明るく澄んでいるのが印象に残りました。涙のせいだけではないでしょう。水野さんではありませんが、いやぁ映画って本当に素晴らしいですね。

〔一九八三年三月号〕

映画祭が運んだ夢

六月十二日から十五日まで多くの作品を集めて《みちのく国際ミステリー映画祭'97 in盛岡》が開催されました。日本推理作家協会の協力も得てミステリー一色に染まった大通。そこに多くの出会いが生まれ思い出がつくられたことでしょう。盛岡は映画を愛し育てる街、あらためてそんな宣言をしたくなりませんか。

青木花奈子（映画祭事務局）　井上恭子（映画祭総合司会）
内澤稲子（映画祭推進市民会議）　帷子研（映画祭事務局長）　斎藤純（作家）
道又力（映画祭推進市民会議）　山田裕幸（映画祭推進市民会議）
司会・斎藤五郎　記録・和田貴栄子

斎藤(五)　まず事務局長に映画祭の成果についてお話しいただきましょう。

帷子　一万人来れば大成功だと言われていたのが一万四千四百人も集まりました。何よりボランティアが二百人近くも協力してくれた。推理作家が十人も来てくださったのも非常にユニークで全国的にも例を見ないものとなった。望外の喜びですね。

山田　大通に初めて映画祭のフラッグがずっと下がったのを見た時は嬉しくて、コンビニで使い捨てカメラを買って、はためいているのを撮りましたよ。
青木　私はちょうど通りかかったんですよ。おじさんが一人で取り付けていたんです。全部ですよ、あの量を。それで思わず「お疲れさまです」と言ってしまった。
斎藤(純)　東京から来た作家たちもあの区間しか動いてないでしょう。だから「盛岡は映画祭一色になってるねえ」って。
斎藤(五)　大通商店街の全面協賛だからできたんですよね。リリオも全面的に借りられたしイイヅカ跡地もシネマスクエアができてありがたかったですね。
山田　リリオの方が「大通がいつもと違う四日間だった、違う街になった」と話してましたよ。
道又　初日にシネマスクエアにいたら、通りを渡ってジョゼ・ジョバンニさんマリア・シュナイダーさんはじめゲストたちが歩いて来て、何か不思議な感じがしましたね。

ミステリー作家もやって来た

斎藤(純)　大沢在昌さんや宮部みゆきさんたちは映画祭に参加するのは初めてで、よく呼んでくれたと喜んでいたんですね。だから滞在を延ばして呼ばれていない日までいるんですよ（笑）。《ミステリー作家談義》にもあんなに沢山のお客さんが来てくださったし、東京から来た作家たちは大変喜んで感激して帰って行きました。

井上　ゲストの方達がすごくフランクだったので、開会式の時なども緊張しない良い雰囲気で進めることができたと思いますね。

山田　大森一樹監督を迎えに花巻に行ったとき、同じ世代の映画ファンなので気楽に行こうと、昔「キネマ旬報」を毎月買っていた話とか、池袋の文芸座のオールナイトに通った話などをしたら、あちらが逆に乗って来ましてね。

帷子　車の中で映画のクイズやって勝ったんだって？もうそういう伝説ができてる。

山田　あっと言う間に盛岡に着いちゃった。俳優では「眠る男」の安聖基（アンソンギ）さんと仙台からご一緒して僕すっかりファンになりました。なんかこう人を包み込むところがありますね。

井上　トークショーの時は楽しいお話をしてくださって。「眠るだけでギャラをもらった俳優は他にはいないだろう」って。

夢に逢えた四日間

斎藤（五）　さて今回フランスから二人のゲストを迎えたわけですが。

斎藤（純）　ジョバンニさんは四月にコニャックで会った時より元気でした。わんこそばを食べに行った時、足が悪いから床の間みたいに高くなっている所に腰かけさせようとしたら「日本人が座らない場所に僕が座るわけにいかない、そんな無作法なことをするくらいなら痛くてもこっちにいる」と言うんですね。ハードボイルドですよ。

帷子　どこかストイックな所があるね。

道又　マリア・シュナイダーさんはかなりお天気屋さんで、ボランティア同士の朝の話題が「今日のマリアさんの機嫌はどうです？」「今日はいいようです」と……。

斎藤(五)　小岩井や競馬場にご案内して喜ばれたとか。フランスの方が四日もいてくれるというのはよほど居心地がよかったのか面白かったのか。

道又　ジョバンニさんが「盛岡には東京に失われたものがある。エキゾチシズムがある」って。

山田　マリアさんも日が経つにつれて表情が穏やかになって来ましたね。

道又　北方謙三さんが「盛岡の映画祭に行ってよかった。俺はジョバンニに会えたから、それだけでいいなあ」と言ってましたね。

斎藤(純)　「あの世でしか会えないと思ってた。生きてる間に会えると思わなかった」ってね。

山田　大森監督が四本ぐらい持ってきたビデオが全部ジョバンニさんの作品。それにサインをもらうのが楽しみだって、全く一ファンの顔で、念を押すように「ほんとに盛岡にジョバンニくるの？」って聞くんですよ。

青木　お客さんでも電話ですごく興奮していて「ほんとに、ほんとに来るんですね」って。仙台からわざわざご夫婦でいらして、パーティーの券などもすべて買って行ってくれたんですよ。ジョバンニさんと握手したって泣いてらしたみたいですよ。

ミステリーの世界を楽しんで

斎藤(五)　井上さんは総合司会をやっていてどう感じました？

井上　よくこういうイベントをやるとお付き合いでくる人が多いですけれど、携わっている人、来ている人がみんな楽しんでいる。ほんとに好きな人達が集まったという感じがありましたね。

道又　お客さんもいろんな所からきていますよね。仙台、山形、東京、青森、横浜。

内澤　盛岡出身、東京在住で、帰って見たいからチケットをとっておいてほしいと電話がかかって来たり。

帷子　東京からわざわざボランティアで来た人もある。

内澤　大学四年生なのにずっと来てくれた人もいたし、役場を休んで来た方もいた。

山田　映画祭に来た各界各層の方がまた生活の場に戻って「あそこの映画祭楽しいよ」と色々な所で話してくれてそれが又新たな波をおこせればすごいと思いますね。

斎藤(五)　出版社の編集者も四十八人来たとか。

道又　映画会社とかプロダクションの方とか招待しなかった方も大勢来て、みんな喜んで帰って行きましたね。

帷子　ボランティアの人達に「あなたたちは映画好きだろうけれど、映画祭であなたたちは映画を見られないが、映画を楽しむ雰囲気を作ってくれ」って、わざわざ言わなくてもよかった、彼ら、ちゃんと分かってた。

道又　ここにいる人達は何一つ見てないんですよね。

帷子　誰も見ていない。

井上　私は盛岡にこんなにミステリー小説が好きな人達がいるというのが意外でしたね。トークショーなどもほんとに好きな人が集まってくるから、終わった後の本の売れ行きがすごいんですよ。

道又　毎回見事に立ち見でしたね。作家と映画人が親密に交流している図がそこかしこにあって、宮部みゆきさんと岩手出身の佐藤嗣麻子監督が姉妹のように仲良しになってしまったりね。

帷子　作家の先生方へ気配りが行き届かなくて機嫌悪くならないかと気にはしたんだけど。

斎藤（純）　北方さんも阿刀田高さんも、映画人が主役で我々はおまけという感じで来ているのにむしろ大事にされ過ぎたとおっしゃっていましたよ。

道又　北方さんは今回推理作家協会理事長に就任されましたけれど、その席上で来年も応援すると明言してくださって。

斎藤（純）　こういう映画祭に協賛できたのは協会としても自慢できることだから。

山田　呼ばれたから来たという雰囲気がどの方にもなかったんですよ。すごく楽しんでいらっしゃるという感じがして。

道又　宮部さんも「女優霊」を見たくてきたんですよ、おもしろかった！って。シネマパーティーでは逢坂剛さんにスペインギターまで披露してもらって。

山田　もし又来年いらっしゃるなら今度はガンプレイを見せていただきたい。

道又　西部劇マニアですからね。パーティーではギター演奏があり、一方では鈴木清順監督と岡本喜八監督が仲良くひそひそ話をしている、そういうのを見ているだけでも幸せな気分になった。

山田　清順さんは渡辺美佐子さんと一緒の舞台挨拶の時に「今は渡辺美佐子さんの後について役者をやっています」と言ったんですよね（笑）、照れ臭そうに。

内澤　記者会見では若い映画人へのコメントを求められて「ライバルだから若い監督なんてくたばっちまえ」なんてぽろっと（笑）。そういう気合の入ったことをおっしゃってましたよ。

道又　美佐子さんは鈴木監督の「野獣の青春」の出演者だということで、わざわざビデオを見直していらしたんですよ。それにしても清順監督はもてていましたよね。
内澤　若いギャルにも中年ギャルにも。
道又　今回新人監督奨励賞を受賞した中田秀夫監督が、「俺の作品も今回上映されたから、あるいはもてるんじゃないか」って大沢樹生さんのディスコパーティーに行ったら、「だめだった」って戻って来ましたね（笑）。

新しい才能、大きく育て

内澤　新人監督五人のトークショーでは会場からすごく質問が出ましたね。かなり突っ込んだ内容で、それぐらい新人監督という人達に興味をもっていたんですね。
道又　サブ監督は閉会式が終わって控室に戻って来たら、「チクショー！　来年は俺だ！」とか言って悔しがってた。でも来年は新人賞じゃないでしょうって（笑）。
山田　それはみちのく国際ミステリー映画祭の奨励賞をほんとに真剣にとらえているということですよ、嬉しいことですよね。
斎藤(五)　盛岡の映画祭の目玉になるね。
道又　海外の映画祭でも余りないらしく、非常にいいことだとマリア・シュナイダーさんも感心していました。今回のノミネートの五人は間違いなくこれからの日本映画界を背負って立つ人材だと思います。

斎藤(五)　しかし映画人も変わりましたね。学究の徒だなと思った、おごらず一生懸命学問を修めているという感じ。

帷子　昔はいわゆる活動屋でね。

内澤　中田監督はお客さんと一緒に並んで映画館に入って見ていたんですよね。脇からご案内しようとしたら「いいです、並びますから」って。

道又　全部プログラムをチェックして見るものを決め、暇なときは車借りてロケハンに行っていました、偉いなと思った。大森監督は「映画人が愛されてると感じる場所は映画祭しかないから、続けてほしい。今回の映画祭はやっている人の思いが伝わってくるからいいな」と言ってくれましたし、俳優の神山繁さんに来て頂いたお礼を言ったら、「映画が衰退している今、こういうことを映画のためにやってくれる皆さんに、こちらからお礼を言わなくちゃいけない」と言われて。

内澤　それで道又さんが泣き出したのね。女優の赤座美代子さんは以前から私たちのやって来たことを少し知ってくれているじゃないですか。

道又　第一回のプレイベントの時に来ていただいたからね。「牡丹灯籠」の女優さんということで。

内澤　「女優をやっていると仕事だと思ってつい流してしまうところがある。だけどあなたたち四年半もかけて一生懸命やってそれが形になってよかったわね。私たち教えられました」って言ってくださった。お世辞を引いても、嬉しいな。

新しい祭りが始まった

山田　全国にある映画祭で中には主催者だけ楽しんでいるような、街から冷ややかに見られているものもあるんですよ。盛岡の映画祭は老若男女を問わず興味をもってもらいましたよね。

斎藤(五)　ＳＣＣ（シニアシネマクラブ）を作って映画で育った人達を引っ張り出したりしてね。

斎藤（純）　若い衆だけの集まりじゃなく世代に架けるということも。

内澤　ビデオしか見たことのない大学生も映画館の大きなスクリーンで見ましょうって誘って。

斎藤(五)　人が集まったお祭りになっていましたね。チャグチャグ馬ッコに行ったり、《夢灯り》やシネマスクエアをやったり。映画というメカを借りて本当のお祭りをやってくれたなというかんじ。

道又　今いろいろな所で話が出るんですよ、こういうことがあったとか何を見たとか。来た人にそれぞれに物語が生まれているのですごく嬉しい。

帷子　日本の伝統的な祭りというのは必ず市民が全員参加するんですよ。その中でみんながいいものを作って行くから伝統が生まれて行く。今回のよかったことは、手作りで市民全体を巻きこもうみたいな雰囲気があったこと。それを来年あたり又よく考えてボルテージ上げていけばいいね。

斎藤(純)　ハタから見ていると宣伝下手だとも思うけど、それでいい。そうでないと広告代理店の仕事になっちゃうんだよね。

道又　代理店は絶対入れないぞという気持ちがありましたからね。

斎藤(五)　一関出身で東京ファンタスティック映画祭のプロデューサー小松沢陽一さんも「よそで商売やっても岩手ではやりません。こっちは皆さんでやってください。東京は俺が引き受ける。俳優も駆り出してくる。岩手のためだ」って言っていた。

道又　四年前から全く無報酬で手伝ってくれていたんですよ。

内澤　お客さんから「みちのくって言うからには来年はどこなんですか、仙台ですか」って聞かれましたよ。

山田　秋田の方が「盛岡とせず、みちのくとしたのが気に入った。東北を代表してこういうことをやってくれたのがいい」って言うんですよ。

帷子　ところでコニャック映画祭は復活祭の後のお祭りですか。

斎藤(純)　三月にコニャックの仕込み等すべてが終わっちゃうんです。全部樽に詰め蔵に入れ醸造機が空になって、それでみんな仕事が終わる。だから映画祭は、日本で言えば稲刈り後の祭りという感じでしょうか。

道又　来年こそはコニャックと姉妹提携を結びたいですね。酒とコニャックという関連もあるし。

斎藤(純)　南部杜氏とコニャックの職人と。

斎藤(五)　大迫でワインを飲ませて。映画を通じた文化の姉妹都市ができるといいですね。

道又　それから群馬県の行政で作った「眠る男」みたいに岩手県で映画を作るといいですね。来年は無理でも五周年の映画祭にかける運動を起こしたい。オープニングに上映するんですよ。

内澤　今回ファン投票で選ばれた「砂の器」には車椅子のおじいちゃんがいらして、ボランティアさんたちが一生懸命対応してくれたので「ありがとう。久々に映画をみました」って帰られたんですよ。

道又　ふだん映画を見る機会のない方に一人でも映画体験をしていただくというのは何より嬉しい。ただ、一回しか上映できなかったから見たい映画なのに満席で入れないというクレームがありましたね。ある意味では嬉しい話なのですが、入れなかった方には申し訳なかった。

斎藤(五)　一つの建物に多数の映画館が入るシネマコンプレックスが話題をよんでい

るけれど、映画館通りは大きなシネマコンプレックスみたいなもので、だから映画館をダシにして大通を再生させようというのが久木田実行委員長の考え方だった。そのとおりだと思う。

帷子　盛岡に十三も映画館があるというのはやはり市民が映画が好きなんじゃないのかな。そこで映画祭をやって、市民が満足できた。映画文化というのがこの地にあることが証明されたのだし、市民の誇りが増えた、それが一番大事。そうであれば何回でもリピートできるんじゃないかな。

斎藤(五)　映画祭のお礼に伺ったら桑島市長が「あの（ミステリアスな）手が出てくるコマーシャルはよかったねえ、あれは来年も使えるね」と言ったんですよ。これは来年もやろうというナゾかけですね

〔一九九七年八月号〕

カクテル・ド・モンジョ

細越麟太郎（映画評論家）

ことしの映画祭も、沢山の思い出を残してくれた。
わたしはミレーヌ・ドモンジョとの、トーク・ショウが予定されていたので、手ぶ

らで会うのも心配なので、直前に神田の古本屋に行って、彼女が表紙を飾っている「映画の友」誌を探してみることにした。つい最近、渋谷の東横デパートで開催された「古本市」でも見かけていたが、実際にあるかどうか心配で、午前中のうちに捜索を始めた。

幸いに、八冊ものドモンジョを見つけることができた。

しかし、それを全部買うのも難儀である。値段ではなくて重さである。そこで五冊だけを買い求めて盛岡に向かった。これを見せたら彼女は喜ぶだろう。その顔を見たい。

実際、一九六〇年代の彼女の人気は凄かった。年に何度も表紙を飾るし、本誌の中には新作の紹介からプライベートなパパラッチの写真まで、毎号のように賑わしていたものだ。

映画祭のオープニング・セレモニーの始まる前の楽屋で、初めて彼女に挨拶をした。あの「女は一回勝負する」のミレーヌ・ドモンジョが目の前にいた。

これは映画ファンの幻覚である。ご本人はもうかなりの、といっても、かくいうわたしとは誕生日が一週間も違わないのだが、わたしの目にはあの頃のミレーヌがいる。「あしたの朝に、トーク・ショウをする者ですが……」と名乗ると、「まだ時差があって、頭の中が眠っているの。このあと一緒に食事をして、相談しましょう」というのが、いきなり彼女からの提案であった。わたしは、勝手に盛岡の旧友たちと食事をする約束をしていたので、一瞬戸惑ったのだが、海外からのゲストの希望は最優先である。事務局の人の目は〈ぜひ一緒に行ってください〉と光っている。

食事は「カフェ・ドゥ・ソレイユ」で、フランスからのゲストと、映画祭の実行委員長村田源一朗氏と身近なスタッフ達による、ごく内輪のものだから、実に家庭的な暖かいもの。なごやかな接遇でミレーヌ・ドモンジョも、少しずつ時差から解放されていた。

わたしは彼女の横で、いろいろと映画の話を持ちかけて、明日の打ち合わせのふりをするのだが、彼女は新しい料理が出てくるたびに「マニフィク」「トレ・ボン」の連発で、さっぱり映画の話はつながらない。たしかに美食は言葉の違いを飛び越える。「こんな美味しいフレンチは、パリでも珍しい。ぜひ、シェフを呼んで……」と、もっぱら話の中心はシェフの福士さんの素晴らしいセンスに集中してしまったのである。

やっとデザートの時間になって、何とか「現金に手を出すな」や「深夜の告白」の話題が共通のテーマであることに、彼女とわたしは深い友情を感じたのだが、デザートのアイスクリームの味が、またしてもミレーヌの口を封じてしまった。かすかに茶の香りのするアイスクリームを、彼女は手元のコニャックのグラスに入れて掻き混ぜたのであった。「これを試してごらん。とてもいい味よ」。すすめられるまま、わたしは舐めてみた。

それはフランスのコニャックと、日本茶の香りがカクテルされた、実に味わいの深い美酒である。生まれて初めて味わう静かで魅惑的なインターナショナルな風味。「何という名のカクテルですか……」とわたしが尋ねたのだが、彼女はニヤニヤとするばかり。わたし達はそれを〈カクテル・ド・モンジョ〉と呼ぶことにした。そしてそれはこの素晴らしいレストランの正式なメニューとして、加えられることになった。

美味は言語を超越して、その宴は最高に盛り上がった。わたしが持参した「映画の友」は、ミレーヌが「ホテルでゆっくり見るわ」と強奪されてしまったのである。結局、旧友たちは怒って帰り、雑誌は丁寧なお礼のサインと共に、三冊が戻ってきた。でも、わたしはこの夜の美酒の酔いを、絶対に忘れない。

〔一九九九年十月号〕

わが街に還る女優 三原葉子の魂

山田裕幸（社会保険労務士）

昨年十一月、二軒の建物が「盛岡市都市景観賞」を受賞した。うち一軒は市内の二人の篤志家の手で蘇った女優三原葉子（本名藤原正子）の生家である。彼女が所属した映画会社新東宝の倒産は五十年以上も前、没した二〇一三年は映画界を去って三十七年後のこと。多くの市民が彼女の名を知らず、出演した映画を観たことがなくとも致し方ないが、実は戦後日本映画史を語る上で欠かせない新東宝という厳しい財政事情を抱え続けた映画会社にあって、倒産の土壇場まで健気に出演し続け、屋台骨を支えた伝説の女優、そのカルト的知名度は全国区ものである。

三原葉子は、会社の営業政策により〝グラマー女優〟として売り出された。しかし、映画評論家淀川長治は、類い稀な女優としての資質を見抜き彼女を高く評価、東映で長らく名宣伝コピーを手掛け〝惹句師〟の異名をとる関根忠郎氏は昨年「肉弾パワーのグラマー女優」という彼女に関する一文でそのふくよかな魅力を「三原葉子の肉弾パワーは健全で嫌らしくない。きっと心身ともに大らかな女性ではなかろうか」と讃えている。

彼女のデビュー作『風雲七化け峠』（監督並木鏡太郎／一九五一）の主演アラカンこと嵐寛寿郎はこう褒める。「この作品であの三原葉子がデビューしましたんや。日本の女優にはめずらしいグラマーや。ほんまに切れるような石清水に、裸で入りよったんです。もう血の気がひいとる、よう演《や》りました三原葉子」。彼は、経営苦境の中にあってもスタッフの和が支えた新東宝を懐かしみ、「みなが大切にしてくれます、三原葉子やさしかった」とも振り返っている。新東宝最末期の彼女の主演作品『女王蜂と大学の竜』(監督石井輝男/一九六一)撮影時の思い出として「ワテの娘に三原葉子、役柄とはまるで逆で、三原葉子はやさしい、よう気のつく子です。真夏の撮影でっしゃろ、汗かくとさっと拭いてくれるんです。へえそばにつきっきり。自分の出番が終っても、まるで実の娘のように世話を焼いてくれる、これにも惚れました。それが、ギャラをもらっておらないんですわ、ず〜っとたまっている」とも述懐する(いずれも『聞書・嵐寛寿郎一代/鞍馬天狗のおじさんは』より)。

盛岡市立第一高等女学校(現盛岡市立高校)卒業後上京した彼女は、一九五一年難関の新東宝第一期スターレットに天知茂、高島忠夫、左幸子らとともに合格、倒産までの十年間、同社で頑張った。その前には大衆演劇の世界では名うての大江美智子一座に在籍した。おそらくここで大衆の喜怒哀楽を体現する役者道を叩き込まれ、プロ根性が培われたのであろう。

『網走番外地/悪への挑戦』(監督石井輝男/一九六五/東映)では、酒浸りの亭主、前夫との間に生まれて今や不良少年の息子に挟まれ、生計を支えるため港湾の重労働に明け暮れる健気な女性という難役を演じ、『緋牡丹博徒/お竜参上』(一九六八/東映)では、三原の名演技を目の当たりにした主演藤純子(現冨司純子)が「あんな風に演じられると、自分はやりにくい」と監督加藤泰に言い、監督は「あれでいいのだ」と説得したというエピソードがある。

三月四日（土）には、彼女を語れば右に出る者なしの、わが街を愛する評論家川本三郎さんと元『キネマ旬報』編集長植草信和さんが「三原葉子を語る会」の招きにより来盛し、鉈屋町の生家でその魅力を語り合うイベントが行なわれる。これぞ彼女への供養。わが街盛岡は、愛すべき三原葉子の魅力の全国への発信地になるのだ。

〔二〇一七年二月号〕

夢の中に生きる

大村公二（特殊メークアーティスト）

暗闇から感じる蒸し蒸しとした湿気、そこに恐る恐る入っていくとともに響く金切り声、それとともに襲い掛かってくるエイリアンの数々、そこから必死に逃げて見えてくるものは……映画が終わってエンドロールに監督、映画会社名。そして、特殊メイクアーティストとして出てくる自分の名前、Koji Ohmura。

正月、盛岡に帰省し、両親兄弟を連れて大通にある映画館へ。自分の手がけたエイリアンたちが大画面に映し出されるたび気になるのは家族の反応。気づかれないように横目で彼らの表情をうかがう。エンディングに自分の名前が出るとともに家族の拍手と笑顔。この瞬間を目指してやってきた自分の仕事。ハリウッドという盛岡から離れている地で働き、家族に自分の作品と名前を見てもらう、これが自分の夢だった。そして自分は、その夢の中に今生きている。

特殊メイクというこの仕事。高校時代に「メイクをしたい」と母に伝えると「女性の仕事じゃないの?」と聞かれ、進路相談でも「しっかり将来性のあるものを」と言われるばかり。どうしてそんな仕事につきたかったのか。理由はシンプルだった。そのころ流行っていた職業が美容師。自分もしっかりその流れについていき、専門学校に見学へ。そこで見たものは特殊メイクアーティストとしての美容師の作品。小さいころからファンタジー映画が大好きだった自分にとってはこの発見が人生を変える瞬間だった。

しかしながら、当時特殊メイクを学べるのは東京のみ。しかも学費が超高額。まわりの賛成がまったく得られなかったために、自分の力でやって見せると決意した。高校卒業後に盛岡の居酒屋にて資金稼ぎのアルバイト。夢を語っても誰にもわかってもらえなかった悔しさをバネに「それなら本場のハリウッドへ行って成功してやる」、これが渡米へのスタートだった。

渡米して大学、弟子入り時代を経て、ハリウッドへ。そこには今まで築いてきた練習の糧も恥ずかしいと思われるくらいの優秀なアーティストたちばかり。それでも、誰もが腕を広げて自分を迎え入れてくれる。競合しながらも平等であり、お互いを尊敬しあってみんなで最高の映画を作り上げようというモチベーションがそこにはあった。ここ何年間でやってきたのは傷メイクからモンスター製作まで、楽しいものばかり。

ある映画でジュリア・ロバーツさんと働いたときのこと。老人メイクをするために仕事場へ着くと、すぐに自分たち一人ひとりの前へ。

「今日は自分のために時間を割いてくださってありがとう」

作業をしている最中もスタッフのことを気遣ってくれた。作業途中に少々トラブルがあって、自分が率先してジュリアさんのケアに終始していたことを覚えてくれていたようで、最後に自分のところにわざわざ来て「Koji、本当にありがとう。今日は助けられたわ」とハグ。この瞬間は今までで一番の良い思い出として自分の記憶にしっかり刻み込まれている。

ある偉大なアーティストから言われた言葉がある。

「自分のやりたいことなら十年間必死にやってみなさい。そのあとに何かが見えてくるから」

自分がこの世界に入りたいと思ったのは十七歳の夏。それから十二年間、この言葉は今も自分の背中を押してくれる。何が見えてきたのか。

最近、小さいころから大好きだったアートも再開。自分の心の中に潜ませていたファンタジーの世界をみんなにも知ってもらいたいという気持ちからやっているが、楽しくてやまない。

夢の映画界で楽しみ、大好きなアートを楽しむ。これが自分の「何か」なのではないか。またさらに「十年後」が楽しみだ。

〔二〇一〇年十月号〕

演劇

盛岡の演劇界を語る

加藤英夫（劇団主宰　演出家）　小林和夫（劇団主宰　演出家）　佐藤好文（劇評家）
真木早苗（女優）　鈴木彦次郎（作家）　司会・荒木田家寿

荒木田　終戦前後から、ずうっと盛岡の演劇界を背負ってこられたみなさんですが、一体、盛岡で素人演劇が始められたのはいつごろなんだろう。

鈴木　古い話で、私の父方のいとこと、母方の又いとこの二人が新派でね、盛岡や東北地方を巡業したらしい――明治時代にね。それから、谷崎潤一郎さんの「大活」が始まったころの、最初のアマチュア倶楽部――葉山三千子（谷崎氏義妹）とか、岡田時彦がまだ「高橋英一」時代に内田富（内田吐夢）、私の父のいとこで中尾徹也というのが出ているんですよ。こりゃ、家系からいえば、私も俳優なんですな。

佐藤　道楽っ気あり、ですかな（笑）。

荒木田　大正時代はどうかな。

鈴木　「旧劇」といってね、そら、海沼さんとか、職人さん達が集まって、よく藤沢座でやったんだそうです。

佐藤　私のいとこに当るのも、壮士芝居の残党めいた芝居ッコをやってたようだ。

荒木田　「演劇」ということになると、敗戦直前に名乗りをあげた盛岡演劇会があったんだが、例の翼賛会というやつで、思うに任せなかったでしょう。

鈴木　しかしその後の演劇運動の源泉の一つとはなっていますね、盛岡演劇会は。

荒木田　戦後に入りましょう。

佐藤　もりあがる労組運動に併行して生まれた「盛岡文化懇話会＝略称・文懇」の役割は大きかったと思うよ。なにしろ新築地劇団にいた豊島宏、演劇の指導者盛内政志、職場には専売局の織笠由太郎、貯金局の及川昌雄、当時岩手殖銀の照井清三郎、県庁の沢野耕一郎、世話部の雫石好春、東北配電の横沢才吉、松尾鉱山の松田幸夫、農業会の外岡元一、中村滝製薬の原正恭といった連中が会員でね、よく動いた。

荒木田　文懇の演劇部門には、あと、吉田英美、伊藤俊夫、鹿内祐介、それに当時国劇支配人だった秋山耕作（松竹京都の時代劇監督）、この人は落とせない。

佐藤　ずいぶん助けて貰ったね。あの会場難――今でもそうだが（笑）――の時代に何かやるといえば、まず国民劇場とくる。秋山君は、当時、国鉄盛岡施設部の従組委員長をしていた伊集院兼一と、早稲田で同期だった関係もあったりしてね……今は亡き秋山君は、盛岡の演劇界にとって恩人だろうね。

荒木田　戦後の演劇ののろしは職場からあがっていったわけだが、中央からも何かきたんじゃない？

佐藤　二十一年の一月に「かもしか座」が「次郎物語」を、六月に「東童」が「ドンキホーテ」。あと自由座もきたと思う。

加藤　八月になって早稲田大学の「研技座」が、「熊」「結婚申込」など持ってきていますね。これも刺激になりましたでしょう。その後、盛岡演劇会が、戦後第一回と銘打って、八木隆一郎の「湖の娘」を沢野耕一郎さん演出で、「ドモ又の死」は大内正さん演出で、十一月九日に国劇で公演しています。

鈴木　「ドモ又」というのは、よくよく第一回に縁があるとみえますな。私、大恥をかいた、あの第一回の文士劇でも、出し物は「ドモ又」でしたよ。

荒木田　その年の最後だな。あの賑やかだった第一回の労働者芸能祭のあったのは……。

佐藤　そう、十二月二十二日の昼夜、超満員の国劇で――岩手県始まっていらいの歴史的なことだろうね。労働組合の名のもとに、あれほど華々しく芸能祭をやったのだから……。まず産別の工藤貞四郎委員長の挨拶、つぎに盛内審査委員長代理の挨拶――これも記録に残るな。「真に正しい芸能は、働く人民自らの手で築かなければならない。戦時中われわれは、最も低調な旅役者的娯楽を押しつけられてきたが、これは戦犯情報局の憎むべき責任である……」まずは大拍手――みんなぼろ服だったが、生き生きとした連帯感で身内がほてったな。

鈴木　そのときのおもな審査委員は？

佐藤　秋山耕作が委員長、それに太田俊穂、伊藤喜佐夫、芦野文雄、川村金一郎、田村綱一郎、堀川善雄、勝又武といったメンバー、もちろん盛内、豊島も入って……。

荒木田　明けて二十二年から、翌二十三年いっぱいが、一番の花ざかりじゃなかったかな。

佐藤　そう。二十二年の一月に、多賀会館のホール（現在の盛岡日活のところ）で、「自立劇団連盟」ができ、二月には、さっそく国劇で記念公演をやるという張りきり方でね。つづいて六月には、第二回の労働者芸能祭があった。

加藤　学生の方も、女専、医専、農専などで「学生演劇同盟」をつくり、同じ六月に、これは県公会堂で第一回の公演をやっていますね。

荒木田　「海に行く騎者」とか「光の門」それに「群集」だったかな。

加藤　高校の方では、「新制高校演劇連盟」が生まれ、十一月に発表会がありました。

荒木田　一般の劇団も、ぞくぞく名乗りをあげたんじゃない？

加藤　細越広人さんの「杜陵演劇集団」、牧川潮さんの「劇団詩人部落」、内堀禎一さんの「青年劇場」、それに、ここにおられる真木さんが活躍された「表現座」……。

佐藤　盛岡では、たった一つのプロ（職業劇団）でね、キャップは石川由紀女史だ。

加藤　この年の六月は賑やかでした。労組、学生につづいて、表現座が「太陽の子」で創立公演を開いていますね。九月に、自立演劇連盟が第二回の公演をやり、十月になって、盛岡演劇会では、荒木田さんの書きおろされた「病める啄木」と、オニールの「鯨」――これが第二回公演だったわけですが、同じ月に「ドモ又の死」もやっている……。

佐藤　それだ。仙台の第二回北日本コンクールで一位をとり、文部大臣賞も貰った。ここにおられる鈴木さんに、菊池暁輝、元橋俊彦氏などが審査委員で予選で一位、仙台に送ったわけだ。まずは記録に残るな。仙台での審査員は、たしか北村喜八と山本安英だったと思う。このとき大内正は、演出賞も貰っている。

加藤　十月に、表現座が「だるま」。十一月になって、岩手県の自立劇団コンクール――これには、新協の松尾哲治さん、陣ヶ岡鎮さん（気仙郡出身）が審査で来られている。

鈴木　あれは「サンデー毎日」の二十五周年記念でしたか、毎日新聞の主催でね。批評もなかなかよかった。

加藤　あと、表現座の「花咲く港」「愛と死の戯れ」、こんなところで二十二年は終っているんじゃないかな。

荒木田　ピークはやはり二十三年かな。

佐藤　秋の全岩手県自立劇団コンクール。これには「テアトロ」の染谷格（盛岡市出身）や劇作家の関口次郎、新築地の佐々木孝丸の三氏と鈴木さんが審査員――盛岡の演劇界も相当なものだと思ったね。

荒木田　「ベニスの商人」をもって前進座は来るし、宇野重吉も指導にきているね。そのころかな、ワイルダーの「わが町」とか、三好十郎の「廃墟」――これには盛岡演劇会が、表現座の由紀さんなどにも出て貰った、なかなかの大作だったな。それから、小林さんのいた詩人部落――牧川さんもいいものをやったよね、「堕胎医」とか「栄養失調」とか……。

小林　ええ。私、牧川さんと、よく、糊の缶をぶら下げて、ポスター貼りをして歩きました。

荒木田　飄々とした人でね。

小林　舞踊研究所も持たれて、城南小学校の練習場には、お弟子さんが百人近くも……。

真木　四、五年前でしたか、亡くなられましたけれど……。

鈴木　そうでしたねえ。あと、石川由紀さんなんかも、特異な存在といえましょう。

佐藤　盛岡における、大女優だ（笑）。それと、プレイボーイとぼくらが冷やかしていた雫石好春も忘れられないな。

鈴木　その石川由紀さんの表現座にはね、宇部政文さんも応援されるし、この間まで岩手放送におられた吉田政一郎さんも、おそろしく肩を入れましてね。
佐藤　そういえば、阿部千一さんもひどく熱心だったな。
鈴木　そら、娘さんの関係ですっかり巻き込まれちゃって、県としても、この劇団を育てよう、とかいいましてね、私も何べんか、県に呼ばれましてねえ。
加藤　しかし、表現座の功績じゃなかったかな、あの公会堂の舞台を伸ばしたのは……。
佐藤　いや、あれの火元は、小幡弘志だ。川村庶務課長に吉岡総務部長といった時代に、自立劇団の連中が、片方善治君と組んでやらせた仕事でしたよ。
荒木田　片方？　ハアあの、カーテンの上げおろしまでうるさかった人だな（笑）。
――加藤さんは演劇畑にはいつから？
加藤　ええ、学生のころからです。長岡輝子さんと親戚関係でしてね。河竹黙阿弥の本をおばあさんに読んであげたのがそもそもの始まりでして……そして輝子さんの芝居を見よう見まねしているうちに段々とね。
鈴木　本読みから入られた……（笑）。
荒木田　真木さんは？
真木　昭和十七年、ＮＨＫの茂木さんに芝居はできないんですが、放送なら顔がみえないからいいだろう（笑）ということで、放送劇に出たのがきっかけなんです。その後、大政翼賛会の演劇部にも籍をおいたり、終戦となってからは石川由紀さんの「太陽の子」に出たりしまして……。

荒木田　真木さんのキャリアも古いねえ。小林さんは？

小林　戦争中からやっていたんですが……岩手日報の二階に、北光映画社というのがありましてね、そこが詩人部落の生まれる温床でしたよ。そのころ、表現座の「愛と死の戯れ」をみて、つまらないなあ（笑）もっとみんな楽しめる芝居をやりたいと思っていたものです。しかし、真木さんの演技だけはずうっと印象に残っています。

荒木田　加藤さんは、高校関係で、女だけの演劇部をつくられたんだが、スターはどんな顔振れだったかな。

加藤　ＩＢＣに入った栃内さん……。

真木　三沢さんや細田さん、それに松島圭子さん（現在三原）、戦後の学生演劇の始まりの人たちですわね。

荒木田　ところで、ここにおられる加藤さんはテアトル・ド・ディマンシュの主宰、小林さんは、詩人部落を主宰されているわけだが、演劇活動は、なかなかむずかしくってねえ。職場の方はどうなの？

佐藤　駄目になったね。専売が文化祭でやっている程度だ。

加藤　息が長く、実質的な活動をされているのは、小林さんのところだけですね、立派です。

小林　儲かるなんてことはまずない、税金は十五割も遠慮なく取られるし（笑）、夏はアイスクリームを売ったり、移動演劇をやったりして、費用かせぎしなけりゃねえ。

加藤　経済面もそうですが、稽古場探しがまた苦労の種です。

鈴木　表現座ではどこを使ったんです？

真木　石川先生のお宅なんですが、下台の住宅街でしょう、私のせりふで「バカヤロー」と大声を出すところがありましてね、稽古の順序でそれが毎日同じ時間に叫ぶことになる。近所では「あの家に気違いが引越してきた」と噂したというんです（笑）。

加藤　私も初めて学生演劇をやるとき、夜の二高でしょう。せりふの中で男と女が「私あなたを愛しています……」といった場面もあるもんですからね、天神町界隈は静かですから声が通る。宿直の先生がハラハラして飛んできて、静かに願いますよ……（笑）。

荒木田　真木さんは、もうどこへでもいいんでしょう？　フリーだから……。

小林　マッキ、ソウデス……（笑）。いや、この人は中央に出る人ですよ、もう……。

荒木田　例の「伸びゆく若葉」では、最初からのレギュラーだったしね、認められているよね。

荒木田　話が変わるが、文士劇はいつからかな。

鈴木　これはね、文藝春秋がやる一年前にもう盛岡でやった。早いといえば、芸術祭だって中央より盛岡が早い——昭和二十二年だ。そういう意味では、盛岡はパイオニアですよ。

佐藤　盛岡演劇協会というのが生まれたのも、東北では盛岡が一番早い。

鈴木　財力は仕方ないとしても、せめて劇場がちゃんとしたものがあれば、もっと演劇は伸びたと思いますね。

荒木田　しかし、演劇でも文学でも、やはり「疎開文化」の感があった岩手だが、どうです、先細りになっていないかな。

佐藤　そうは思わないな。二十二、三年ころひと花咲かせ、少し落ちついて、三十三年ころにはいい人が出ている。それから十年めの今年、だいぶ中央で花を咲かせている人がでているもの……。

鈴木　岩手県は、住み心地のよい所なので、ついぬるま湯に浸りっ放しになる傾向はあるにしても、しかし、いいものを生み、育てる土壌でもあると思いますよ。

荒木田　ところで、盛岡のアマチュア演劇の発展の可能性はどうです？

小林　私のところの若い人の熱意をみると、やらなきゃならない、と思いますね。

加藤　高校生でも、秋の発表会という目標があることで示す熱意ね、打たれますよ。

佐藤　最近、「ぶどう座を観る会」とか、宮古の「麦の会」が盛岡で公演するとか、演劇の交流を通じて、これが新しいものへの芽生えと思われるんだが……。

鈴木　それを伸ばすためにも、どうしても、よい舞台、よい装置が必要ですよ。

佐藤　戦後、中央の劇団が盛岡公演した数は六十をこえているんです。それが異口同音に、小屋が狭い、設備が悪いと不満をいわれ、盛岡は敬遠されているんです。盛岡の演劇人口からみて、千人から千五百人収容できる中型ホールがぜひ欲しいな。

加藤　そして、今晩話題に出た方々みんな集まって、そのこけら落しに何かひとつやりましょうよ。

荒木田　安心した。加藤さんにその意気があるなら、小林さん、演出の方頼みます。「街」主催でやりますから（笑）。

〔一九六九年六月号〕

旧盛岡劇場を憶う

大正二年産声をあげたハイカラな劇場は、この街とそこに息づく人々に新しい風を送ってくれました。七十年の歴史は一旦閉じたものの、今また、確かな胎動が感じられます。思い出の座談会です。

及川ヒデ（明治三十五年生　八幡・魚心）　大沢謙吉（岩手県官報販売所長）
佐藤サダ子（盛岡演劇鑑賞会事務局長）
千葉正（前盛岡市市議会議長　盛岡劇場復元地域協議会会長）
都多丸（明治三十七年生　幡街・芸妓）　司会・斎藤五郎　記録・和田貴栄子

川上貞奴もやってきた……

斎藤　まずは盛劇の思い出ということで……及川さんの亡くなった御主人の望月仙太郎さんは鳴り物の名人で劇場の主みたいな存在でしたね。
都多丸　歌舞伎座にもでたことありあんしたんだよ。
斎藤　都多丸さんは、マダム貞奴が来た時に、子役で出たと聞いたことありましたけど。
都多丸　私、十歳くらいでねかえんかな。大正五年か六年……藤沢浅次郎が来たった。村の子供らになって、ちょこっと踊りっこ踊るのに、八幡のわらしゃどが五、六人かり出されたわけだ。おもしぇがったよ（笑）。
斎藤　田谷力三が来たの知ってますか。
都多丸　さあ、来たえんともなっす……。
斎藤　すごい人出だったという……。

都多丸　私、松井須磨子は覚えてあんす。「カチューシャ」なっす。

斎藤　当時は「座」の時代。帝国劇場が日本で初めて明治四十四年にできた。大正二年には盛岡劇場。いかに盛岡が新しがり屋だったか。三階建てなんて地方にはないし、三階に上がれば盛岡中見えると良く言われたそうです。

千葉　盛岡の人口四万三千人の時に二万五千円の資本金でできた。全くの民間主導で豪傑たちが集まって造った。市内の実業家、料亭、飲み屋さん、貸席の皆さんも加わった。それから芸妓の方々も一株ずつでも持って……。

都多丸　株なっす。私もあったたった。

千葉　設計が辰野金吾と葛西萬司。職人の代表四十人と菊池美尚社長以下総勢十二人の名前をかいた棟板が残っていました。

及川　劇場はいずれガッチリと建ったもんでがんすな。それでも壊しはじめたと思ったらちょっとき間で、すぐ壊れて無くなってしまっていたった。

千葉　最終的には昭和四十年の四月二十四日に新馬町の解散総会やって、以来使われなかったわけだが、昭和五十八年の三月二十日解体ということで、お別れ会をやりあんした。

斎藤　盛劇は、私の父や母の仕事場で、私もそこで育ったようなものです。

及川　盛岡は昔から芸どころと言われてやんすが、大道具なども、今のようにトラックで運べながんしたから、みんな地元で作ったわけでがんす。斎藤さんのお父さんの勝つぁんは大道具の名人でがんした。先々代の幸四郎さんに誉められたのも自慢でがんしたっけ。

斎藤　大正二年にオープンした時に幸四郎が「勧進帳」持って来てるんです。十日公演でしたけど、人が入ったのは初日だけだったって。人口四万やそこらではね。

佐藤　劇場は貸すほうが主だったんですか、自分たちで呼んできたんですか。

斎藤　戦時中は貸小屋専門だったけれども、自分でやらなければ儲からないわけだから小屋主がやってたわけです。川村留吉さんが東京から随分スターを呼んできたようです。

佐藤　私ら子供の頃、昭和の初期、一週間ぐらい玉之助とか玉太郎とか、来ましたったね。

大沢　どさ回りでね、まあ半月ぐらいやってたね。入場料十銭。当時としてはなかなかたいへんな額だった。

佐藤　楽屋に寝泊りするもんですっけね。

大沢　あの頃は顔見世というのがござんしたね。人力車に乗せてなっす。あれがまたお祭り気分というか、いいもんだったな。

及川　興行かかればなっす。第一に幟立ったもんでがんすおんなっす。顔見世というと、人力車十五台か二十台くらい役者を乗せて、名前のついた幟もって歩いて、帰ってくれれば劇場の前さ立てて……。

大沢　太鼓打って歩いたのなっす。

及川　そうして町回りすると、大入り満員になるんだおんなっす。そうすれば大入り袋というもの出たもんでがんす。

大沢　なんぼぐらい入ってるのす？

及川　大正から昭和の初めで五銭。売店の人たちから案内係から、皆に出すんだおんなっす。

大沢　縁起物だべからね。

斎藤　袋を神棚に貼っておく。

大沢　よく見たもんでがんすな。

「おせんにキャラメル」……

大沢　あのころ、できたあたりは警察官席あったのすか？

都多丸　あったった。

及川　二階のすみっこ、あそこが警察官の席だった。

大沢　やはりね、検閲でもないけれども……。

都多丸　いるっけね。

斎藤　売店はいくつあったんですか。

及川　二階には洋式の食堂、三階は和式の食堂と売店。良い芝居だば商いあったもんだし、やすい芝居のときは売店料代も売れね時もあったし。昔は、三人常連の案内人がいて座布団運んだりしたもんだ。名指しすれば、良い場所に案内するわけでがんす。

斎藤　場所取りでね。芝居茶屋の名残りが残っているわけ。座布団置いて火鉢も置くのね。

大沢　炭をちょすのは割り箸でやるんだっけ。近所に芝居掛かれば必ず行くおばあさんいたが、その人は、焼けばブーッと膨れるせんべいとスルメ持ってね、さあ賑やかなんだ。煙はモンモンとたつ。「こちらのおがさん、おあげ」とかって言ってやたらと立つし、芝居見ないでそればっかりやってる（笑）。

及川　私らで、中売りを五、六人ぐらい使ってたもんでがんす。皆、芝居見れるから、「中売りに使ってけろ」って来るんだおん。子供たちのアルバイトだなっす。それで学校のこづかいを稼いだもんでがんす。

大沢　あまり真っ白くないエプロンを着てであんすえん（笑）。

及川　白いのだば大変だからなっす、黒く染めてやらせたもんだ。枡席の枠の上歩いて売ったもんでがんす。

斎藤　盛劇は火事騒ぎしたことはなかったんですか。

及川　大正の頃……丁度おらほの三階の売店の窓から夜中に煙でたったずなっす。行って見たっけ、布団がブスブスってらったって。十枚ぐらいブスめってらったのを消したそうでがんす。座布団さお客さん火落としたの。

千葉　ボヤ騒ぎが何回かあったので、稲荷さんを楽屋に置いてたそうだ。ところが、東京から来る役者さんたちが、楽屋の中に稲荷さんを置くのもおかしいというので大正十二年に稲荷神社が後ろに遷座した。歌舞音曲の稲荷さんなものですから……。そこに来た中村歌右衛門をはじめとする役者さんたち、皆してご寄付をした。また民間の有志は毎月三十銭ずつ稲荷講という無尽講やった。その帳面が残ってあんすよ。

劇場は不夜城だった……

及川　興行始まると、伊賀さんていう人が木戸にデンといてなっす。「おめどこだ」なんて聞かれるわけでがんす。そしてまず私らだば「売店でござんす」って言えば「はあ」って皆通されて入ってなっす。

都多丸　私ら〈忠信〉だって言われて。タダばかりで入りあんすえん。まだペッコな時す。見ると回り舞台でもなっす、なかなか回らないっけおんや、ピーッと笛っこなるっけおんなっす。そうしたら、私らも下りて行くの、奈落さ。そしてまず何ぼどもいわれない、押して手伝うの（笑）。また、昔はあそこで連鎖劇ってあったんだおん。芝居っこしていて面倒くさいとこは映画になるの。

斎藤　忍術とかの面倒なところね（笑）。

都多丸　町を走ったりするところも映ったりする。そしてまた芝居っこになるのす。

及川　外国映画もやったもんでござんす。

都多丸　トーキーの時「なんぼしたたって誰かしゃべってるんだ」と思ってなっす、ソッコソコと行って、そっと幕の裏見たっけ誰れもいながんすのす（笑）。

及川　劇場だば十二時過ぎまでかかりあんしたったなっす。

斎藤　夜明しで、十時か十一時から始め、朝の四時頃までやったことありますよ。

及川　民謡の時、随分田舎からも来て、飛び入りで一等取った人さタンスくれるの。桐のタンスを担いで、太田あたりまで唄っこ歌いながら帰ったもんでがんすよ。

大沢　わらしながらも涙っこ流しながら見たのは「お初地蔵の由来」あんたなの見ると、なんもかんも泣くもんだっけな。

及川　「阿波の鳴門」やればお母さんたち泣いてなっす。それに、すわらじ劇団、前進座、そういうのにも入るもんでがんすっけよ。

都多丸　なんたって入りっこ悪かったのは鴈治郎す。だって仕方ながんすんだ、原総裁来盛とぶつかったんだから。あの時には八円だかの、たいした高い木戸銭だったなっす。大正十年でがんすよ。今の一万円くらいだえんか……。

大沢 もっと高いかも知れない。

都多丸 引っ越し興行で、皆、背景からなにからなっても持って来たわけだ、役者も良い人たちいっぱい。それでも入る人なくて替わり狂言までしあんしたんだよ。

大沢 やっぱりそれでもやるもんでがんすか？　なんぼお客さんなくても。

都多丸 四日間の予定を三日間で終わり。

及川 歌舞伎が掛かると、いいとこの奥さんたちが入るからなっす、丸まげゆった奥さんだの、お茶屋のおかみさんだの、商いも随分あったもんでがんすよ。

斎藤 昔は正装して着飾ってきたものだ。

及川 桟敷の特等席に芸者さんたち並ぶんだもの、旦那さんたちと一緒に、きれいな人たちなっす。

都多丸 師交会って、私らのおさらい会も毎年やったもんだった。

斎藤 隣の太陽軒と二階に橋かけてつないだって話を聞きましたが。

都多丸 高橋是清さん来たとき。

及川 劇場二階から太陽軒の二階まで板渡して、お客さん、食堂さいったべおん。

木戸札制から前売りキップ制へ

大沢　当時の新馬町は馬検場のおせりが九月の何日かにあって……。

都多丸　お八幡さんの祭りすぎればすぐ。

大沢　とにかくおせりと劇場に芝居っこ掛かるのがぶつかれば、あの周辺は大変なもんでがんした。

及川　それさ、昔は鉄道の慰安会というのが劇場であったもんでがんす。玉太郎なんかよんで。一週間もやるもんだから、ダンゴ売ってても串さ刺す間もないわけで、仕方ない、どんぶりさ入れてなっす、十本分入らなくても十本分だって……（笑）それでも誰も文句いう人ないもんでがんした。お祭りにかけて随分郡部から来たもんでがんす。

大沢　劇場の料金は当時どこが一番高がんしたのす、まず特等席とか一等席とか……。

都多丸　花道の脇の桟敷で高くなってるところね。あのあたり劇場はなんぼ入りあんしたったえん。

斎藤　定員は八百人くらいだけど、詰めれば二千人は入る。

千葉　二千五百入ったのが記録では最高。

都多丸　切符をうんと買ってくれたお客さんを、入るところなくて三階さ上げたの。そしたっけ、そのお客さん、ごしゃいで。ひとっつも見えねがったって（笑）。

及川　聞くのだば三階はよがんしたなっす。
千葉　浪花節は三階で聞けって教えられたもんだおん。
都多丸　米若だかきたときね……「佐渡情話」だのが好きで……。
斎藤　盛劇がなんぼ盛んでも、新馬町というのは淋しい町でしたね。
大沢　八幡は女郎屋も相当あるし、料理屋もあるし、やっぱりお客さん、なんたって
あっちさ行くんだおんな。
及川　田圃道だったんだおんなっす。私ら小学校の四年生頃、都南村から、劇場さピアノがきたって見にきたもんでがんす。細い仮花道の方を渡って、舞台さ上がって、ピアノをポンポンと一つか二つ鳴らして、今度は大きな花道を渡って出たもんでがんす。
斎藤　ピアノだけを見に来たの？
及川　小学校で連れて来たの。オルガンだば学校にあったんともなっす。ピアノは足で踏まなくても鳴るずって（笑）それが珍しくて見にきあんしたの。
都多丸　飛行機が来たとき、劇場さ飾って見せったたったんでねかえんか？
及川　んだ見るさ行った。
都多丸　しかし、なんでも劇場さ来るっけなっす。
斎藤　佐藤さんはすぐ裏に住んでいたからタダで入ったんでしょう。
佐藤　裏口が開くのを待ってるの。

千葉　私も金出した経験ない（笑）。
大沢　昭和六、七年あたり、わらしたちは「決死隊」と称してその中に一番に入ったやつは偉くなる。胆だめしみたいなものだな。たいした競ってやったもんです。体小さいから便所から入った経験もある。随分難儀して入ったもんだ。
佐藤　留守番の方いましたでしょう。あの人は割りと見ないふりしてくれるっけ。
大沢　女性だからでないですか。
斎藤　常に番してるから常番さんっていうのね。裏に家あってね。思えば悠長なもんですね。木札の下足札貰ってね。
及川　下足番も履き物随分無くすもんでがんすっけ。必ずいいの無くするんだからなっす。「俺、安いのはいてきた」って言わないんだもの（笑）。

柝がまた響く……

千葉　市内の青年団体の演劇大会。「椿姫」とか「どん底」とか色々やって、大沢さんは劇場がないと結婚しねがった（笑）。
大沢　戦後、復員してきて青年会こしらえた。芝居をやることが、殺伐とした世の中で一番慰めになるというので全市から募集したわけですよ。その時に「湖の乙女」とか、「どん底」とかをやった。それが市内で一等賞取って、東京まで代表がいってやってきたはずだ。

斎藤　それでロマンスがあったとか。

大沢　いやいや、おれもあの頃はさかんと下手くそなギターっこ弾いたりす、マンドリン弾いたり。マイクがなかったからなっす、幸い聞こえないんだおん（笑）。

斎藤　佐藤さんもあそこの舞台でおやりになったことあるんですか。

佐藤　大沢さんよりちょっと後で、やっぱり学生会っていってね。「狸御殿」やったりしました。着物なんかも全部借りて。

千葉　我々は、青年会に劇場取られたから、馬検場の二階さあがってやったんだ。

佐藤　谷村文化センターになったのは？

千葉　三十四年。

佐藤　演劇鑑賞会も使っているんですよ。三十三年に薄田研二の「無法松の一生」やってるし、小さんと三木助で寄席もやったり。黒人バリトン歌手も呼んだ。東京大歌舞伎の「五人男」は失敗で入らなかった。

斎藤　いいものやってるね。

佐藤　初めてあそこに来る役者で「こんな汚ない所でやるのか」って、入らないうちは小言いう人いたけど、使ってみたら「こんなに使いやすい小屋初めてだ」ってすごく喜んだの。それまでは、いつも公会堂でやってたったからね。

斎藤　今思えばよくあんな使いにくいところでやってたんだなと思いますよね。

佐藤　杉村春子の「鹿鳴館」やったときなんか、もう人が来てたいへん、切符が直ぐ売れてしまってね。やっぱり随分使いやすい小屋だって言ってましたよ。

大沢　谷村になった時には舞台は小さくなったんだっけか？

佐藤　舞台は変わらないでしょうけど椅子にしたら見えにくくなったのね。二階三階からは乗り出すみたいで、落ちそうで。

都多丸　後ろのほうからは全然見えない。大入りになればなっす「お互い様だから、あなた、その首をちょっと横の方にして下さいませんか……」っていって笑ったことある。後ろさ行ったら見えないのだおんなっす。前の人の首がちょっとこっちさ寄れば、そこの間っこから見えるわけだ。三階の立見など、昼寝しておきるようなもんだ、ひとっつも見えねんだものなっす（笑）。

及川　前のてすりのところだばこそ一番良いところでなっす。

斎藤　客席の傾斜がないですものね。

千葉　谷村さんに渡る前後、歳末助け合いの文士劇を寒い中よくやったもんです。中村知事も「勧進帳」の弁慶をつとめたが、斎藤さんのお父さんのツケ拍子で六法を踏んで大喝采を受けたもんだ。

都多丸　新しい劇場はいつできあんすの？

千葉　まず、順調に行けば、この秋には着工、六十五年の春でないかな。
都多丸　写真こさ見せるようだばわかねなっす。
及川　頑張って生きてねばならねなっす。
佐藤　新しい盛岡劇場のこけら落とし考えないとね。皆それぞれ、色んなことを。
斎藤　まず八幡のお姐さん方にはパッと踊っていただくのが、一番実感がでていいんじゃないかな。まず、幕開けにズラッと並んでやってもらいたいですね。

〔一九八八年五月号〕

盛劇の緞帳が上がった

松尾町に盛岡劇場・河南公民館が誕生しました。かつて芸術・文化の粋を集め輝いていた旧盛劇、その跡地に生まれたユニークな複合施設。昔を知る人にも、これから思い出をつくる人にも待たれていた新盛岡劇場を語っていただきました。

浅沼久（アクト・ディヴァイス代表取締役）　坂田裕一（盛岡劇場管理係）
志村滋（八幡第一町内会青年部会・八青会会長）　千葉正（盛岡劇場通り地域振興会会長）
水本光夫（盛岡市教育次長）　司会・斎藤五郎　記録・和田貴栄子

それぞれの盛劇

斎藤　まずは自己紹介からお願いします。

浅沼　照明・音響・舞台美術の会社をやっておりますので、盛劇には業務委託という形でお世話になっています。私的には劇団「九月とアウラー」で演出をしています。実際動いてみても使いやすい素晴らしい劇場だと改めて感じているところです。

坂田　私は劇場の管理係で、主に利用団体のお世話をしています。私も劇団「赤い風」に所属しています。

志村　八幡町の第一町内会青年部会・八青会、会員は百三十人程おります。私自身はここに来てまだ五、六年なんですが、昔の良い時代の話はお袋や親父から聞いていますので、古くからの良い所を今風に受けとめながら盛劇を利用したいと思っています。

千葉　私はなにせ劇場の真ん前に生まれ育ちましたので、劇場からは逃れられない運命です（笑）。

水本　私は長いこと社会教育課長として、盛劇の復元という各方面からの期待を具体化する仕事をしてきました。これからは盛劇がうまく運営されるための条件を整える立場になるのかなと思っています。

斎藤　盛劇の歴史をふりかえると、二という数字に縁があるとか。大正二年誕生、昭和三十二年に谷村文化センターになり、四十二年に閉鎖、そして今年は平成二年。加えて昭和十二年頃から一番繁盛していた。

千葉　昔、三万円で株式会社盛岡劇場として始まり、谷村さんの時は四千万円かけたと聞いている。そして今度は三十二億円かかったという。

水本　予算の枠、というのはどうしてもはみ出すものだが、これ程はみ出したのも初めてでしょう（笑）。

浅沼　帝国劇場の次に劇場という名のついたのが盛劇。「座」が普通だった時代で築地小劇場だって更に後になってからです。

斎藤　今回、こけら落としの歌舞伎の切符を売り出した時、劇場を一回り並んだそうですね。「買うわけじゃないが、みんなで並んでるから俺も並んでるのス」って、酒っこ飲んでた町内の人が沢山いたそうです。「代わりに買ってあげあんス」と言ってくれた人三人に頼んで六枚も手に入れた人から聞きました（笑）。つられて並びたくなるくらい町内の人たちは面白くて面白くて仕方がなかったんですね。

坂田　丁度あの晩、黒テントの俳優斎藤晴彦さんが公演で来ていたんです。徹夜で並ぶ騒ぎなのに誰も文句を言わない。この地域の人達のとぎれていた思いが蘇ってきたような気がする。東京で新しい劇場ができてもこんなことはありえないって感激しているんですよ。

斎藤　六月二十九日が開館の式典。七月一日がこけら落としだったわけですね。

浅沼　私は芝居をやってきた関係で高校時代から谷村文化センターに出入りしていたんですよ。思い出も多いです。だから似たような劇場ができて、ここでまたやれるのかと思ったら、落成式の時に背筋がゾクゾクするような感じがしました。

千葉　五十七才の今までいろいろな人生の喜怒哀楽があるが、落成祝賀会のくらいおもしろいことなかった（笑）。まずほんとに嬉しかった。

坂田　八幡の芸妓、都多丸さんが涙流して「こんなおもしろいこと」なんて言うんです。旧盛劇のこけら落しも見て、今回もまた見れた。人生で二回おもしろいことに出会ったと喜んでました。

拍子木が響く

水本　こけら落としには松本幸四郎・染五郎親子にお願いしたわけです。当日彼らが劇場に着いた時、法被《はっぴ》姿の地元の人に迎えられ花束を贈られた。帰りにはお神輿とお囃子に送られた。思いもよらないことで感激したと、帰り際に駅で話していきましたよ。

千葉　到着前に町内から百人以上も見に集まったの。幸四郎と俺とどっちが男振りが良いかと（笑）。

水本　どっちも役者には違いない（笑）。

千葉　それで突然だったが挨拶をお願いしたわけ。旧盛劇のこけら落としには先々代の幸四郎、つまりおじいさんがやってきた。その場所で今また自分が……という思いだったんだね。しばらく劇場の三角屋根の辺りを見上げていたっけ。また、天気も日本一だった（笑）。

斎藤　町内の人が着た法被は前もって用意していたんですね。

千葉　五十着作って祝賀会の時に使おうと思っていたの。当日はその辺を歩いている人達も止めて着てもらった。そうしたら大勢集まって法被が足りなくなった（笑）。

斎藤　帰りは八青会の方々が送った……。

志村　催し物が沢山ある中で我々はいつやろうかと思っていたんですよ。一日は日曜で会員も集まりやすかった。なにしろ落成記念というのは一生のうちあるかないかですし、年よりたちから昔の様子も聞いていましたから、賑やかな方が良いだろうと鳴り物、お囃子の連中にも声をかけたんです。

浅沼　下町の人たちが心を一つにした。

斎藤　お役所が建てたものに町の人が自発的に盛り上げお祝いをした。良いですね。市の方もうるさいことを言わず、何も拒否しない。鷹揚なんですね。

水本　だって我々も嬉しいもの（笑）。

斎藤　市長が一番太鼓を叩きましたね。

千葉　花道を一番最初に歩いた。気分が良かったと思う。太鼓も立派に叩いた。

坂田　練習は二回だけ。合わせて一時間半程です。あとはビデオで家で練習されたんじゃないですか。

千葉　こけら落としの舞台では幸四郎・染五郎ばかりを見がちだが、その陰に裏方として大勢の人がいた。そのことも再認識してほしいですね。

坂田　五十数人やってきましたからね。

水本　人間国宝も二人いらした。

斎藤　三十日の立ち稽古の時、幸四郎さんが人間国宝の方に言ったそうです。「盛岡は芸にうるさい所なんだから手抜きしちゃいけないよ」って。本舞台のようにきちんと衣装をつけてやる間、奥さんが客席で四時間身じろぎせずに見ていたそうです。

水本　お客さんでは着物姿の方が多かったですね。

斎藤　ああいう演《だ》し物には正装でという八十年前の伝統がまだ生きている。

坂田　八月に近松座の中村扇雀がやってきます。これも〝幸四郎さんがこけら落しをする良い小屋だそうだ〟と評判を聞いて来ることになったんですよ。

水本　幸四郎さんに頼んでイメージアップができました。

千葉　秋のお祭りには幸四郎・染五郎の「連獅子」を振興会の山車として出す予定です。

舞台と一つになれる

斎藤　今後の劇場は機構的にはどうですか。
浅沼　メインホールは舞台両脇のソデが広い。奥行もある。調光室やミキサー室が舞台正面にあるからとてもやりやすい。タウンホールは防音に配慮してありますから、ジャズやロックにはもってこいです。
斎藤　使ってみると客席の明かりは顔が見える程度が良いようです。闇にむかうより客の笑顔が見える方がいい。役者が楽しみながらやれば客も楽しむ。
千葉　昔は窓明かりが入ってきたのだし、マイクも無くても良いくらいだった。
水本　そこが良さなんだな。
坂田　客の入りが少い時は暗くして、大入りの時は明るくしましょう（笑）。
千葉　幸四郎と染五郎の玉の汗が見えたとお客さんが喜んでいた。
水本　幸四郎さんが盛劇を褒めていったことがいくつかあるんです。まず観客と一体になれるような雰囲気。お客の反応がこれほどわかる劇場は初めて経験しましたって。もう一つ、公共ホールで花道がまっすぐな劇場は無いのじゃないかとも言ってました。
斎藤　私の知る限りでは歌舞伎専門の国立劇場と浅草公会堂の二つだけ。
水本　五百席というのは丁度良い規模で、客席と舞台の目の高さが良いのだそうです。

坂田　舞台が普通より二十センチ程低いんです。だから花道も目の高さになるわけ。

水本　そこからも来ているんでしょうね。観客と一体になれるというのは。

坂田　花道一つとっても賛否両論ありましたが……。

水本　要望があったのを全部織り込んだようなもので、設計した方は苦労したと思いますね。

斎藤　客席が少いのは興業するには採算面で大変だと思いますが、お客さんにとっては一番良いんです。

千葉　それで設計する人は困った困ったと言いながら、結局昔はどうだったかなというのに戻るわけだ。

坂田　小さいから興業が難しいわけでもなく、それなりに工夫してやっていけると思います。

斎藤　芝居は盛劇でやらないと東北では認知されないというくらいにまでしたい。小劇場劇団のメッカにしたいですね。

最高の記念事業

斎藤　本誌七月号の表紙が開場前の盛劇でした。今は幟が立って賑やかですね。

志村　オープンの時にお稲荷さんの幟を見て懐しんでいる人がいました。劇場とお稲荷さんをセットで考える人が多いですよ。

千葉　市の公共用地に神社があるのが難点なんですよ。私が阿国《おくに》稲荷の奉賛会長をしているので、今は綱取の家の山に仮遷座して拝んでいます。

斎藤　初めは劇場の中にあったんでしょう。

千葉　大正十一年頃にはすでに楽屋の中にあったそうで、役者たちが金を出しあって稲荷講を始めたそうです。歌右衛門たちは来る度に十円の寄付をしている。後に外に出した。

志村　中にあった時に、さっぱり拝んでもらえないと、お狐さんが暴れたそうです。大道具の太鼓を夜な夜な叩いて、うるさいから外に出したという話を聞きました。芸者さんたちが拝みに行ってお座敷がかかると、お稲荷さんの御利益だと喜んだとか。

千葉　なにしろ出雲の阿国は日本の歌舞伎の創始者。だから歌舞音曲の神様なの。

水本　盛劇を建てる前に似て非なるものはつくらない方が良いと言われました。でもイメージは一人一人違うもの。だから正確に同じでなくても、三角屋根とか丸い窓とかあちこちに当てはめれば、そのイメージを通して一つの歴史を残すことになるのではないかと考えたわけです。

千葉　市は皆さんの声を聞きながらよくやったと思いますよ。

坂田　全国の市町村・議会なども毎日のように見学に来ています。那覇市からも来ましたよ。

水本　公民館や先人記念館等、施設づくりに色々関わってきましたが、落成の時の雰囲気が今回は全く違う。今までは構想から建築まで専門家でなければ参加できなかったが、盛劇は各界各層の人達がすごく期待し参加できた。「俺たちのもの」という熱気が全然違いますね。

千葉　衣食足りた時代で次は何かとなれば文化面。心の豊かさを求めているのにピタリと合ったともいえる。十年前なら例えば道路整備が先決だった。百周年を迎えた市は三十七市あるが、劇場は最高の記念事業じゃないかな。

水本　文化活動の拠点としての八十年の歴史を蘇らせるというのは、百周年にふさわしい事業でしたね。

若く新しい歴史を

千葉　劇場の職員の方々はみんな初めての仕事なんだが、何十年もの歴史を引きついでいかなきゃならないという厳しさがある。それが勤務の張りにもなるらしい（笑）。

坂田　私の配属が決まった時に親父が言ったんです。「内丸に新しい市民会館ができるというのと訳が違う。あの場所にできたということをよく考えて行けよ」と。

斎藤　歴史とはありがたいものですね。盛劇の歴史がなければ、興業できない単なるホールの付いた公民館が建ったのかもしれない。

坂田　今、劇場の職員は非常勤合わせて十数人いるんです。こけら落しの一カ月は地域に支えられワッと盛り上がって過ぎようとしてる。この気持を風化させないよう、職員も利用者も最初の思いを大切にして、良い劇場に育てていきたいですね。公民館の社会教育活動の一つとして、発展だけでなく創る過程も合わせて、全国に誇れる施設になっていけば良いなと思っています。

千葉　祖父母と孫と一つ屋根の下で偶然会うのは盛劇だと思う。俺たちは歌舞伎、私はロック、というように。孫もいずれはじいさんばあさんになる。昔は良かったというが、今日だって必ず昔になる。だから若い人を育てない社会はうまくない。盛劇のタウンホールもどんどん利用してもらいたい。

坂田　実は先日ロックフェスティバルをやる前に、風紀が乱れるんじゃないかと心配した人もいたんです。ところが終ってみると、これまで何団体も利用した中で、ロックの若い人たちが一番一生懸命働いて、きちんとやったんです。

斎藤　若い人たちも河南にもっと目を向けるようになると良いですね。八青会でもいろいろ利用計画があるでしょう。

志村　公民館で総会を、タウンホールでダンスパーティを……などと考えています。今まで消防の屯所で八青会主催の寄席をやっていましたが、せっかく劇場ができましたから、今度是非お借りしたいですね。

普段着でおでんせ

斎藤　それにしても狭い敷地によくあれ程コンパクトに入れたと思いますね。

浅沼　中で仕事していてもそう感じますね。昔のことを知っているからなおさらね。

斎藤　エントランスホールもいらないからもっと客席を増やせ、という声もあったようですが、できてみるとあれで良い。敷地を考えると広すぎる程のホールや喫茶コーナーだが市民の集まる場所、地域の人の遊び場になるから。

千葉　河南一帯に飲み屋さんを始めとする集会所はありますが、公共の場がなかった。〝オラたちのたまり場〟というのはなかったんだね。

水本　朝から晩まで様々な人が自由に出入りするコミュニティの場が待たれていた。

千葉　先日、明治四十年頃生まれた方々が見学に来たんです。催し物の無い時だったのに、タンスの底から出した一張羅を着て涙っこ流して見ていきました。

斎藤　良いものができましたね。

千葉　こしらえた。おもしろい。だけでなく、いかにやっていくか。職員も、貸してやるという姿勢だと反発される。〝普段着で長靴でも下駄でもまあ良いから、おでんせ〟というような雰囲気でないと……。

水本　劇場文化の発信地にするには何か新しいアイディアを織り込む事業も組まなくてはね。
千葉　できたところで予算が打ち切りになるとせっかく建てたかいがない。より良くしていくために金を惜しんでくれるなと市長さんにお願いしたいの。
斎藤　仏つくって魂を半分入れた段階。すっかり入れてもらうために、よろしくお願いしたいですね（笑）。
水本　お役所がする工事には、うるさいとか交通混雑するとか苦情が必ず出るのに、今回は全く出てこなかった。それだけ劇場への期待感があったんでしょうか。
千葉　今も毎日写真を撮る人が来ているようです。
浅沼　どっしり重厚な外観と幟の動きの対照も良いんですね。
志村　ここで何より良いのは駐車場が無いことですね。
斎藤　行き帰りに肴町から八幡を歩いてもらおうという……。
志村　それが一番気に入ってます。まっすぐお客さんを帰すことはない。そのためには八幡も南大通も、もう少し遅くまで店を開けておくとか、町内のお店の努力も必要だと思いますが。お客さんが流れてくると思うとこれからはやはり違ってくると思いますね。
斎藤　ああいう施設ができると環境が変わってきますよ。県民会館の周りがそうですから。合わせた建物、合わせた商売になってくるもんです。

浅沼　あの近所にプレイガイドをつくれる所がほしいですね。ポスターを貼りＰＲできる所。今度どんな催し物があるかすぐわかり、人が気軽に集まって来れるような所がほしい。

志村　催し物をどんどんやって頂きたいですね。協力できることであれば、私らの会もすぐ出ていきますから。

千葉　町内の人から聞いたんだが、大正二年以前に「盛岡劇場建設予定地」と書かれた杭が出てきた。大事にしまっておいたものなのか、檜に墨痕あざやかなもの。

水本　そういう物を皆さんからお借りして、毎年七月一日をはさんで劇場祭りのような事をすればいいですね。市民が総参加できることを考えていきたいと思います。

〔一九九〇年八月号〕

開演五分前

斎藤五郎（劇団帯の会）　坂田裕一（劇団赤い風）　田村隆（タムタムオフィス）
畑中美耶子（盛岡子供劇団ＣＡＴＳきゃあ）　福地千恵子（オンシアター自在社）
宮川康一（演劇集団九月とアウラー）　司会・藤村亀治　記録・和田貴栄子

プロローグ・七月、杜の都社応接間

藤村　本日は、盛岡で結成され活動を続けている劇団の主宰者の中から六人の方にお集まりねがい、語り合っていただきたいわけですが、まずそれぞれの劇団の紹介などからどうぞ。お話の進行役は斎藤さんにお願いします。

宮川　「演劇集団九月とアウラー」です。

斎藤　この中では一番早くできたんだね。

宮川　おととし十周年でした。四十六年に公会堂で大岡信の「あたしの」で旗上げ。

坂田　一番コンスタントに公演してる劇団ですよね。

宮川　子供向けのものをやっていた頃は年に三、四回公演していたから。今はミュージカルが多く、それ以外のは二回だけです。

坂田　「劇団赤い風」です。盛岡のアングラの走りって言った方が分かりやすいでしょうね。今までの演劇の系譜から離れてポッと出てきた系図が書けない劇団。スタッフいないから劇場が使えないし金も無い、じゃあ自分たちの空間でやるしかないというわけで、五十四年、北点画廊でオリジナルの「バーン！」で旗上げ。団員は二十人位。

福地　うちは「オンシアター自在社」です。十人位。スタッフには男の人もいますが、普段稽古に来るのは女の子ばかり。他の劇団にいた四人が野田秀樹の『怪盗乱魔』をどうしてもやりたくて、おととしの秋結成し去年三月旗揚げ公演をしました。

坂田　赤い風がアングラ第一・第二世代なら、自在社は第三世代という感じ。

斎藤　あなたの劇団は女性だけの劇団ということでそのユニークさを売れば……。

田村　うちは劇団ではなくて、「タムタムオフィス」の代表兼小使い兼雑用係の田村がこういうものやりたいな、この指とまれ、で集まってくるメンバーでやるんです。

斎藤　プロデューサーシステムね。それで『サウンド・オブ・ミュージック』のような大きなものもやったから。

田村　去年の暮、喫茶店で『アップルツリー』って四十分ほどの小品をやりました。

畑中　大人が子供のためにやるのでしょ。

田村　子供たちを出すこともありますね。

畑中　うちは子供が子供のためにやるので「盛岡子供劇団ＣＡＴＳきゃあ」。今五十人位います。今年一月に斎藤純オリジナル作品『空飛ぶ教室』を第一回定期公演としてやりました。

斎藤　子供の劇団って地方には無いんでしょう。

畑中　東京以外には山形にありますけど、あれは市がバックアップしている劇団なんです。

斎藤　うちは「劇団帯の会」。盛岡は戦後職場の自立劇団がすごく盛んなところだった。それで当時やってた人たちを集めて、今活躍している若い人たちとのジョイント公演やろうという発想で、OBの会をもじって連帯感の帯の会とした。去年プロデューサーシステムで太田俊穂原作、小林和夫脚色の『白萩の庭』を成功させる会をつくってやったんです。今年は佐藤竜太作・演出で十月に『老人ホームの話』をやります。

坂田　市内に劇団と名のつくものが十一あるんですね。詩人部落、九月とアウラー、亜季、舞酔《まよい》、赤い風、自在社、夢羽《むう》、盛岡ろう劇団、タムタムオフィス、CATSきゃあ、そして帯の会。

宮川　私思うに、都市の中には劇団が無きゃだめだね、それも複数に。

坂田　八戸には四つあるね。仙台で十くらい。だから盛岡は人口の割に多いんです。

斎藤　詩人部落が戦後すぐできて三十数年の歴史あるんだけど、演劇を通して他の文化活動も育ってきた。そういう土壌あるから皆さんの活動も生まれてる、直接間接に影響与えてると思う。

第一幕・新日鉄ラグビー部

斎藤　ところで、劇団とか演劇ってファッションじゃないかと思うことがある。やる人たちは仲間作り、集まる楽しみでやってるみたいでね。そこに一つ演劇理論が入ってくると解体していくんだよね。

宮川　どっちにウェイトを置くかが難しいんだよね。芝居だけでやってると入ってくる人間が少なくなってくるのね。

畑中　アマチュアの場合、そこが難しい。

坂田　うちが目標とする劇団は、劇団でなく新日鉄ラグビー部なんです。つまり、新日鉄は日本一をめざしてる。学生には負けない。きちんと五時まで仕事をして残り二、三時間をきちんと練習する。練習は学生より厳しいよ、日常生活でもイメージトレーニングを重ねなさい、何も考えないで世の中送ってたんじゃ良い芝居はできないよ、それでついてこられなかったら仕方がない、ということですね。

畑中　アマ劇団としてはすごいことよね。でもなかなかできないでしょ。おたくは皆さんできてるわけね。

坂田　長くいる人は皆そう思ってますね。
田村　感心するのは、赤い風ではよその劇団を全部見ている。他の公演を見ない人って多いなかでね。
坂田　うちは単純なんです。互いの芝居を見合って、素面の時は大いにけんかしよう、飲む時は一緒にパッと飲もうという発想。
宮川　公演の時期は皆一緒だし、見なきゃいけないけれど、自分たちの練習時間をそこにあてる余裕がないんだよね。
斎藤　皆、練習所も含めて公演の場所では困ってるんでしょ。
田村　演劇関係に貸すことに対してあまり良い顔しないということもありますよね。同じ音を出すのでも合唱とか吹奏楽なら良いけど、演劇は河原乞食的に見られる、演劇やると不良になる、みたいな偏見がまだあるようで……。
畑中　年頃の娘がそんなに遅くまで何やってるんだろうって思うのかしらね。
斎藤　亜季も赤い風もアトリエがあるね。
福地　自在社も稽古場は持ってるんです。普通のアパートの部屋で、声をちょっと出すと響いちゃう。役者自身がこの程度で良いんだなって思うと困るんですが……。
坂田　うちは向いが病院でしょ。去年の夏、戸開けてやってたらお巡りさんが来た。内丸病院の患者さんがノイローゼになるって困ってますって言うんです。

畑中　どうして？うるさくて？
坂田　いや、気違いがいるんじゃないかとか夫婦げんかしてるんじゃないかとか。だから盆暮の付け届けだけは欠かさずやろうと……（笑）。暮には餅つきをやって近所に配り、来年もよろしくお願いします！　芝居は仁義の世界だから（笑）。

第二幕・スポーツセンター

畑中　今、テレビ時代になったら、何でも見せてもらうだけ、あるものを受け取るだけの子供たちがすごく増えたの。自分たちで協力して作ってみるって学校の学芸会くらいでしょ。それも同じ学年だけの横割りになってる。
田村　今はどうしても同じ年代しか付き合わないからね。
畑中　だから、うちはベビー科とか高学年科とか年令で分けないの。二歳から十二歳までゴチャゴチャといるわけ。
斎藤　複式学級みたいに。
畑中　そうすると上の子供たちは小さい子たちにとっても優しくなって、一生懸命教えてるわけ。
田村　一番の苦労って何ですか。
畑中　子供たちって同じことを何回かやるとできるようになるけど、言われた通り以上にすることが無いの。覚えるまでも時間がかかるけど、やっと覚えると今度は繰り返すと飽きちゃう。

坂田　大人もそうですよ。

畑中　でも大人は一カ月の公演は公演なりに毎日変化してるって言うでしょ。子供はそれがきかないし、アドリブがきかない。芝居っていう空間は別の世界なんだよって教えなきゃ分からない。

宮川　難しいだろうね、大人以上に子供は想像力あるでしょ。型にはめてはつまらないし、型にはめなきゃ芝居にならない。

坂田　うちに高校演劇終って来てる子がいるんですが、その癖のようなのが抜けるまで一年はかかるんです。だから逆に、子供たち妙に型にはまらないで、そのまま中学高校と行ってくれれば良いんですが。

斎藤　畑中さんの所の子供たちが成長して大人の劇団に入っていくんだろうか。

福地　まだわからないでしょうね。これからもっと他の方に目が行くかもしれないし。

畑中　ただ思い出は大人になっても残るでしょうから何かの下地にはなるでしょうね。舞台が好きになってほしいとは思うけど、子供たちはゲームと同じに楽しんでいるのだから……。

斎藤　少なくとも演劇好きのお客さんにはなってくれるだろうね。

畑中　今、お母さんたちがなってます。

宮川　子供たちには遊びなら、私ら、芝居はスポーツだって感じがするね。

畑中　子供はまさにそう受け取ってます。

宮川　芝居は肉体労働ではあるね。頭はごく一部。

福地　頭でこう動こうって考えても、体が自由に動かない時のもどかしさ。

斎藤　基本は頭脳だけど、体で覚えてしまうんだから、その意味ではスポーツだ。

幕間・劇場、観客席

斎藤　公演の際の入場料だけど、昔は素人がお金をとって見せるというのはあり得なかった。

宮川　プロとアマの定義は、いつも考えることだけれども……。

坂田　趣味とかプロアマ、老若問わず、それぞれの世界を表現しようと思っているはずで、自分たちの表現活動を成立させるため入場料をとってるにすぎないと思う。

宮川　どうしても付属的に金はかかってくる。アマでもその金額に値する芝居すれば良いんじゃないか。来る人が満足する芝居を見せようという所でプロに近づくという所もあるんじゃないかと思う。

田村　御祝儀の一種でもあるんじゃないですか。

福地　頂いたことに対し、どうも有難うっていう意味でも恥ずかしくない芝居をしたい。

宮川　芝居って銭食い虫だと思う。無いから銭かけない芝居もあるけど、必要だからっていえばどうしてもかかってくる。

福地　妥協はしたくないですものね。

畑中　その辺も演劇の評判悪くなる所じゃないの、お金かけてやるのに後に何にも残らないわけでしょう。

福地　見る側の批評ということでは、私たちのは両極端で「何が何だかわからなかったけど楽しくて良かった」というのと「あんなのは芝居じゃない、あんたたち何やってるんだ」っていうのでしたね。

坂田　うちも最初は「演劇じゃない、あれは違うよ」とかね。

斎藤　うちみたいのもあるからね、「まさにあれは芝居だ、芝居そのものだ」(笑)。

畑中　芝居って一言だけど難しいわね。

坂田　価値感が全然違うからね。

畑中　でも、やりたい物をやればお客様が集まってくる土壌があるのは良いわね。

坂田　私、常々思ってることで、岩手には劇評の場が無いっていうことなんですが、いつも一作品一回公演で終ってしまうけど、できれば何回かやるシステムとれないだろうか、その間に初演を見た記者がきちんと劇評書いて、客の反応としての劇評がまた舞台にはね返るような芝居作りができないだろうか。そういう場があれば盛岡の演劇もこの頃書き手が増えてきたこともありますし、もっと良くなっていくんじゃないかと思いますね。

宮川　アウラーも『ノアの箱舟』は七ステージやったことあるんだよね、何回も本番公演やっていくとやはり良くなっていく。反面、一回限りでセットもバラしちゃうという魅力もあるんだね。

第三幕・稽古場、役者たち

斎藤　魅力といえば、皆はどうしてこんなことやってるの？

田村　うちでミュージカルをやるのは、演劇人口の底辺を増やそうと思ったから。合唱ならクラシックの合唱ばかりでなく、もっと楽しい歌い方もあるし、ブラスバンドにもミュージカルのオーケストラとして手伝ってほしい。互いに助け合っていこう。どうして子供向きのかっていうと、自分の子供がそういう年になってきたし、アウラーさんが子供ミュージカルをやらなくなってきたから。

宮川　なんでやってるかっていっても、そんなに大層なことやってる訳じゃない。マージャン、パチンコを仕事終ってからやるのと一緒じゃないかという気持が一つ。

あと、一人じゃ作れないという魅力だな。

福地　勿論好きだから！というのが一番。あとは、自分がある芝居見て、今まで受けたことのない衝撃受けたことあるんです。何だか知らないけど、大きな見えない固まりみたいなのをボンと投げられて、つかんだ途端に何かしなきゃ！って気持になったことがあって。今度はそれを私から見てる人にも与えられるようになりたい……。

斎藤　昔から文学少女だったの？

福地　体育が2で、いつも運動会は人の背中見て走ってた。だから必然的に学芸会の場で目立ちたい、ということです。

坂田　私の場合はほとんどビョーキ（笑）。別に演劇じゃなくてもよかったんですけどもね。

斎藤　坂田さんは演劇にすごくつっ走ってるけど、ちゃんと脇見しながら走ってるから余裕があるのね。

畑中　私は個人としてならあだ花が好き、というか、世の中に無ければ無くても良いものを大事にする人種でありたい。そこに花があっても良いんじゃないか、という指向があるわけですよね。子供たちに対しては、私自身が子供の時やってて、自分にとって良かったたから、他の子供たちにもやらせてみたいと思うから。

宮川　芝居って無い物ねだりというのがあるのね。芝居作るってかなりシビアなことで、やんたくなる。やんたくなってもなぜやるのかっていうのは、それだと思う。

坂田　練習中に、俺、今回の舞台で役おりるからな！っていうのあるのね。

畑中　途中でいやになっても、終った途端からまたやりたくなるのよね。

福地　さあ、次はナンダ?!っていう感じ。

宮川　終ってすぐはならないよ。

坂田　なりますよ！

宮川　一カ月はかかる。

坂田　年をとったんだ、宮川さん（笑）。

宮川　昔からだもの。うちの劇団は終ったら次の発表しないの。自然に、そろそろ練習ないかって言ってくる。

斎藤　大変なんだね、賭けてるんだね。

畑中　でも、皆そうよね。時間のかかるものよね、芝居なんて。

斎藤　帯の会は、都合わるけりゃ来なくてもいいよ、やりたい人だけ来れば良い、遊びなんだからって、全くのんびりしてる。

宮川　芝居って二人いるとできるからね。

畑中　でも、終った途端に次っ！て思う人思わない人いるって面白いね、賭け方の差とも思わないけど、性格かな。

宮川　ミュージカルだと六カ月かかるからね、六カ月もやってて次の話なんかしたら叩かれるよ。
畑中　子供たちはその点は元気ね。終った途端に、先生、あしたもやるの？って。
坂田　僕ら子供と一緒だ。次の舞台見えないと不安だもの。

エピローグ・九月、盛岡

斎藤　皆の次の公演予定は？
畑中　うちは来年一月。
田村　七月末の『青い鳥』。
坂田　八月に『ザ・ダイサク』、新渡戸稲造をモチーフに、五千円札を主人公にしてね。旅公演では普通盛岡が最初だろうけど、仙台で初演です。それを東北演劇祭でもやる予定です。
福地　うちは十月末、演劇祭と同じ物を。
宮川　演劇祭でミュージカルを。
斎藤　東北演劇祭は今回は盛岡で開催というわけだね。
坂田　東北演劇祭というのは、対東京というのがあるわけですよね。自分たちの手で作品を作っていかなければ、地域性のあるいい物は育たないんじゃないかということで、オリジナル作品に限っての上演です。去年八戸で初めてやって、今回が二度目ということになります。

宮川　九月二日、あと十五日から二十四日まで、全部で十一ステージあるんですが、札幌、新潟、千葉からも来ます。伊藤楽器、川徳ダイヤモンドホール、肴町の中央広場でやりますし、湯田でぶどう座が会期外公演をします。通し券は三千円、個別券が千円です。

斎藤　九月といってもまもなくだけど、方々から様々な芝居がやってくる。こんなチャンスは無いわけだから、ぜひ見たいね。

坂田　盛岡の人には各地の芝居を見てほしいし、東北各地の劇団の人たちには、盛岡のお客さんを見てほしい。

宮川　演劇祭のテーマの中には、地域を超えての交流と同時に、新規市場開拓的な意味もあるんですよ。岩手の芝居は見てる観客も、他県から見たことの無い劇団が来て芝居するなら見に行くか、という要因にはなると思いますね。

〔一九八四年八月号〕

芸術文化都市・盛岡

吉野英岐（岩手県立大学教授）

盛岡に多いもの、それは喫茶店と芝居ではないだろうか。

市内の喫茶店の数を電話帳で調べると百五十を超えている。また、喫茶店が画廊やギャラリーを併設するか兼ねている例も少なくない。ＭＯＲＩＯＫＡ第一画廊、ギャラリー彩園子Ⅰ・Ⅱ、正光画廊、喫茶ママ、六分儀、画廊喫茶村井、シャトンなどである。店内には盛岡出身や在住の作家の作品が飾られている。美術館などの広く大きな空間もいいが、こじんまりとした空間で気軽に芸術に触れられることは、盛岡という街の大きな魅力であろう。街の中にいくつもの小さな美術館が埋め込まれているようだ。コーヒーや紅茶の香りに包まれ、ゆったりとしたＢＧＭを聴きながら、空間を彩る絵画やリトグラフが楽しめることは、盛岡ならではの贅沢な時間の使い方である。

市内で上演される芝居の数も多い。年間四十本にもなり、上演回数は百五十回にも達する。東京の名の知れたプロの劇団の盛岡公演もあるが、多くは地元のアマチュア劇団の芝居である。主な劇団は、劇団風紀委員会、劇団赤い風、劇団帯の会、プラシーボ、香港活劇姉妹、演劇集団九月とアウラー、よしこ、劇団ゼミナール、架空の劇団、トラブルカフェシアター、現代時報、オンシアター自在社、ワイーヤーワーク、たつ2000などであり、ほかに大学の演劇サークルもある。巧拙はともかくも、生きるエネルギーにあふれた十代や二十代の若者の芝居から、定年退職後に取り組み始めた高齢者の芝居まで色とりどりである。盛岡劇場や風のスタジオを拠点に毎週のようにいずれかの劇団の上演がある。料金も千円ほどで、気軽に演劇を楽しむことができる。

喫茶店や演劇への興味がきっかけになって、盛岡という街に埋め込まれている芸術文化の存在に関心を持ち始めた。そうすると絵画、演劇、映画、音楽などのさまざまな芸術活動が盛岡という街空間に埋め込まれていることがわかってきた。喫茶店、ギャラリー、カフェバー、ライブハウス、ジャズ喫茶、ホール、保存建築物など、街のいたるところで創造的な活動が繰り広げられている。

盛岡は市内中心部に鮭ののぼる川がある自然環境が素晴らしい街として評価が高いが、絵画や芝居など芸術文化活動が盛んな街でもある。そして、その作品の多くが地元の市民や学生によって作りだされている点が、ほかの街にはない特徴である。東北地方の最大の都市である仙台には、人口のみならず企業、店舗、大学、イベント、情報の多くが集中している。盛岡の人口はおよそ三十万人で仙台の三分の一にも満たない。しかし、盛岡を舞台とする創造的な芸術文化活動は、盛岡の魅力を高める大きな要因になっているのではないだろうか。

芸術の都＝パリ、音楽の都＝ウイーン、映画祭の街＝カンヌといった一般的な評価があるように、文化芸術は都市の魅力に大きく寄与している。近年の都市研究のなかで、芸術文化活動に焦点をあてる創造都市論が注目を集めている。創造都市に関する研究は芸術文化活動にみられる創造性に着目し、その意義や効果を都市再生や地域活性化の観点から分析する。盛岡は創造都市としての資質が十分に感じられる街である。

〔二〇〇九年一月号〕

いま盛岡の演劇シーンが熱い！

知る人ぞ知る、盛岡は「演劇の街」。三十年以上の歴史を持つ老舗劇団から旗揚げ間もない劇団まで演劇集団は約二十団体、年間で四十公演余りが市内のホールで上演されています。「三度の飯より芝居好き」の若手演劇人が盛岡の演劇シーンについて熱く語り合います。

遠藤雄史（トラブルカフェシアター代表）　くらもちひろゆき（架空の劇団代表）
沢野いずみ（観劇地図編集委員）　司会・斎藤純　記録・菅原伊保子

私が芝居にはまる理由

斎藤　まず初めに、お一人ずつ所属劇団と演劇歴をご紹介ください。

沢野　岩手の劇評紙「感劇地図」の編集をし、「もりげき八時の芝居小屋」（以下・八芝）の制作委員もしていて、六月に八芝のプロデューサーを務めます。

斎藤　「感劇地図」に携わって何年くらいになりますか。

沢野　「感劇地図」は一九九四年の発行ですが、私は一九九九年の秋からです。中三の時、一番最初に観た演劇が岩手大学の「劇団かっぱ」でした。その次に観た公演にくらもちさんが出ていて、くらもちさんが書いたものは、地元の大学生の脚本なのに面白かった。盛岡にいてもこれくらいできるんだという驚きがあって、高校に入って演劇部に入りましたが、役者はやったことがありません。

くらもち　私は一九八四年に岩手大学に入学して、その時から「劇団かっぱ」に入って演劇的なキャリアが始まるんですが、小学校の時に教科書に出ていた狂言を学芸会でやってみたりと、演劇には早くから興味がありました。仲間が卒業していなくなって、盛岡に残って芝居をしようか、東京に出て行こうか悩んだあげく、面倒なので盛岡に残りました（笑）。

斎藤　「劇団かっぱ」というのは岩手大学の演劇部のことなんですよね。

くらもち　そうです。部活です。ずっとその名前なので、いい加減変えたらと思うんですが。

沢野　今の団長は、二十六代目とか言っていますね。

くらもち　僕が四代目団長。

遠藤　そして僕が十五代目団長。

くらもち　東京の劇団の入団試験も何箇所か受けたけど落ちたので、まあ、盛岡にいろってことかなと（笑）。その間「かっぱ」に関わったり、老舗の劇団の「赤い風」に出たりして、満を持して一九九〇年、二十四歳の時に「架空の劇団」を旗揚げしました。東京で四回、北九州でも公演しました。大体六年間で二十四公演やり、枯渇してきたんでしょうね、いろいろ人間関係が破綻してきて（笑）。

沢野　月一本とか、やっていましたね。

くらもち　そう、ひとつき一本勝負というのを一九九二年から九三年にかけてやった。みたけに稽古場を借りて、毎月一本新作をやるぞって。それで枯渇して一九九六年に一回解散。その年に盛岡で劇作家大会がありました。劇作家協会ができたのは一九九三年で、北九州で第一回劇作家大会が行われた。その時に面白そうだなと思って、そこに行って演じたんです。解散後は八芝で芝居をしたり、盛岡劇場創作舞台の演出をしたりしながら二〇〇一年に「架空の劇団」を復活させました。

遠藤　僕は一九九五年に岩手大学に入学しました。もともと芝居がしたかったわけではなく、映画を撮りたかった。でも、残念ながらそのころは映研がなかったので、近いところで演劇だろうと。脚本書いたりするわけだし。

斎藤　役者志望ではなかったんですね。

遠藤　書きたいほうで入ったんですが、いざ入ると映画と全然違う。二年生のとき、初めて「かっぱ」で書いた脚本の劇評をくらもちさんに書いてもらったんです。私も大学三年でやっぱり人間関係が破綻して（笑）。芝居に疲れて「かっぱ」を引退しました。先輩のくらもちさんはずっとおっかない人だと思っていました。

くらもち　あっ、そう！

遠藤　「かっぱ」を退団した時にくらもちさんからいろんな面白いものがあると言われたんです。ちょうどその頃、中三ＡＵＮホール十周年公演があり、脚本を書いてみないかという話があった。それからきちっと芝居をやろうと思い、卒業公演をしました。その時は「劇団ゼミナール」に所属していましたね。卒業してみんな散り散りになって、そのメンバーと飲んでいたときに旗揚げしようという話になった。それで「トラブルカフェシアター」（以下ＴＣＴ）を結成したのが二〇〇〇年末、二十四歳の時です。でも、また人間関係に疲れて（笑）。僕は江刺に住んでいるので、仕事をしながら芝居をするには遠いんです。で、やめようかなと思ったときに、またくらもちさんが登場して盛岡市文化振興事業団の演劇ワークショップを手伝ってみないかと声を掛けられました。そこでやっぱり芝居は面白いと再認識して、もう一回きちっと芝居を作っていこうと。やめようかなと思うと、なぜかくらもちさんが現れる（笑）。

淋しい人は演劇をやろう！

斎藤　ＴＣＴの団員は今、何人ですか。

遠藤　十七人です。

くらもち　「架空の劇団」は、名簿上は十五人ですが、実際に活動しているのは八人くらいですね。もっといるか？（笑）。

斎藤　盛岡市内にアマチュア劇団はいくつあるんですか。

沢野　公称二十劇団ということになっていますね。公演数は年間四十ぐらい。

くらもち　十年くらい前まではかなり活発でしたが、最近は名前だけあって活動していないところも増えてきましたね。特に僕ら世代の三十代後半から四十代になってくると、仕事の責任も増すし、忙しくなって、という人も多い。活動が活発なところは「劇団ゼミナール」「ＴＣＴ」「赤い風」「よしこ」、うちも年一回か二回は公演していますし、「たつ２０００」も年二回、「帯」は去年解散しました。

沢野　「かっぱ」も頑張っていますよ。

斎藤　演劇人は熱い人が多いから、人間関係が破綻するということをよく聞きますが

（笑）。常に熱く議論しあっているイメージが強い。

くらもち　だから、議論しないようにしています（笑）。これぐらいになると、あまりしないですよ。（遠藤さんに）若い頃は多分したかなあ。

遠藤　だから、本当に恐かったんですって（笑）。

斎藤　劇団員は女性も多いんですか。

くらもち　男性より女性が多いですよ。だからモテない男は来ればいいと思う。芝居をやりゃモテるかどうかは別として、周りに女の子はいますよ（笑）。なのに男性は意外と来ない。淋しい人は演劇をしよう。

遠藤　うちは今年三人の希望者がありました。女性が二人、男性一人。

盛岡の演劇活動は日本一

斎藤　盛岡はほかと比べて演劇が盛んだといわれますが、実際のところどうなんでしょうか。

くらもち　特異といっていいほど盛んだと思います。同じくらいの街で考えると、間違いなく日本一でしょうね。三十万都市の規模で、これだけ毎週のようにお芝居をやっているところはないでしょう。

斎藤　それは何故だろう？

沢野　盛岡には小劇場演劇を早くから手がけてきた歴史がありますね。
斎藤　観客がいないと演劇は成り立たないと思いますが、その辺はどうですか。
沢野　最初の頃はひどかったですよ。作品自体もひどかったし、観客も入らなかった。私自身、「感劇地図」を手伝ってくれと言われるまで地方演劇は観ていませんでした。東京へ行って芝居を観ると、ちょっと差がありすぎて。昔は稽古もしないでそのまま舞台に上がっていたりしていたし。実験演劇っていえばいいだろうという芝居もずいぶんありました。けど、今はお客さんを意識して、宣伝もちゃんとしていますよね。
斎藤　きちんとやればお客さんも入るし、お客さんの反応があるとさらに舞台もよくなるという相乗効果なんでしょうね。
くらもち　言ってみりゃ演劇に対するハードルが若干低いかもしれない。
斎藤　入り口のハードルは低いけれども、いいものをちゃんとやっているから出口は高くなっている。だから、盛岡の演劇はすごいと思うんです。
一同　そうありたいです。
斎藤　ＴＣＴだって、何でこんな面白いものを書けるんだろうって、いつも感心しています。ああいうエンターテインメントをやれるのはすごい。盛岡の劇団は割にエンターテインメントですね。
沢野　それに限らず実にいろんなジャンルがありますよ。

くらもち　自分としては難しいものもやりたいけど（笑）。小難しい系は、最近は少ないかな。東京でも訳のわからない変な芝居をやっているところは少ないもの。そんな時期から揺り戻しが来たんですよ。八十年代の野田秀樹、鴻上尚史あたりから訳がわからないけど面白いというのができて、その前のアングラなんて何をやっているかさっぱりわからなかった（笑）。そちらに傾斜していたのが、三谷幸喜が出てきて、もっと上のレベルが面白いのだよと。そこから訳のわかる芝居のほうが多くなりましたね。

遠藤　最初にＴＣＴを旗揚げしたときは「香港活劇姉妹」、「劇団風紀委員会」、「劇団ゼミナール」、「よしこ」など上の人たちがきちっと芝居を作っていた時期で、同じジャンルで勝負しても仕方ないなと、僕は殺陣を使ったアクション系を選びました。ジャンルの住み分けはどこかで意識しながら作っていますが、年齢を重ねてくると違う傾向の芝居もやってみたいという欲も出てきますね。

厳しくても劇評は必要だ

斎藤　沢野さんは制作一筋ですか。

沢野　演劇から離れていたので、演劇人と言われることがほんとはこそばゆいです。高校時代は脚本も書きましたけど、演劇人ではないんですよ、私。

くらもち　そういうスタンスでいいの。私は演劇人ではないと言って演劇に関わっているからいい。そういう人がいないとみんな身内になってしまう。

沢野　できるだけ客観的な視点は持ちたいと思っています。

斎藤　「感劇地図」はどなたが書いているか知りませんが、結構厳しいですね。

くらもち　そんなことないですよ。

沢野　昔に比べたら全然やわらかい。

遠藤　学生のころはもっと辛らつで手厳しかったですよ。

沢野　依頼するときに何を書いてもいいけど、文章に責任は持っていただきたいということはちゃんと伝えています。逆にほめてばかりでも、劇団側は物足りないこともあると思います。

斎藤　以前は地元新聞もかなり厳しい評を書いていたけど。

くらもち　昔は劇評的なことも書かれていましたが、このごろは情報的なことしか出なくなったので、やはり批評が必要だと思う。最初は相互批評でもいいから、ないよりあったほうがいいと、「感劇地図」を始めたんです。だんだん芝居に関係ない人も書いてくれるようになりましたが、未だに書く人を探している状況です。芝居を観て書くことは、普通の文章を書くのとも違って大変なんですよね。

斎藤　そりゃ大変ですよ。僕だって断ったくらいだ（笑）。

遠藤　「感劇地図」でほめられた覚えはないですね。いつもやっぱりなあって感じ。でも、やはり観てくれて、何かを書いてくれるのはありがたいです。

くらもち　僕らは「感劇地図」を始めた側だから大したものじゃないと思ってやっているんだけど、受け取るほうは、特に若い人たちは意外に気にしていて、えっ、ある種権威持っちゃっているの？というのもある。

沢野　紙面のボリュームからいって一つの作品に対して一つの劇評しか載せられない。いろんな意見があると、ああ、いろんな見方があると思えるんですけどね。

遠藤　東京で公演したときに感じたんですが、東京のお客さんはすごく手厳しい。観客が五人しかいなくても、その五人全員から「これは何なんだ」とかいろいろ書かれて（笑）。盛岡のお客さんはみんなありがたいというか、温かくしか書かないですね。

斎藤　それは演劇に限らず、音楽でもそうです。東京のコンサートに来るお客さんはどこで失敗するかを聴きに来るわけ。音楽を味わうのではなく、穴を見つけようという感じですが、盛岡は違う。

遠藤　加点法式で上げていく。

斎藤　失敗があろうが何であろうが、感激させてくれればそれでいいと。

くらもち　柄本明さんが盛岡劇場で一人芝居をなさったとき、僕がアフタートークの司会をさせていただきましたが、地方は会場全体がホワッとしている。東京だと楽しもうとしている人が少ないというか、斜めに構えて観ている人が多いとおっしゃっていました。

遠藤　甘いアンケートだけだと自分らの修正がきかなくなるので、劇評で評価をされることによって、作り手として何を意識していけばいいかを探れる。だから、「感劇地図」は必要な存在ですね。

それぞれの演劇道がある

斎藤　さっき解散の話も出ましたが、劇団を主宰すると苦労も多いでしょうね。

遠藤　もっと上を目指したい、もっともっといいのを作りたいとなったときに、団員に無理をさせなきゃならなくなる。それをどこまで通せるのか。今、ここを目指して俺たちは作っているのだと、その気にさせるのが難しい。正直言って、僕は東京でもやってみたい。でも、自分たちの芝居を持っていくとなると、いろんなことを説得しなければならない。お互いに仕事を持って、家庭を持ち始めているときに、どれだけ東京に行く価値を見出せるのか。団員の中には今、盛岡でやっているだけで楽しいという人もいる。それをどうすれば変えられるのか？　自分も欲が出てきて脚本も書きたいし、演出もしたいし、役者としても出たい。その差が出てくるんですね。

くらもち　「よし、行こう！」という人と、「え〜っ」と尻込みする人と。

遠藤　そこが難しいですね。

くらもち　お互いに生活も演劇に対する姿勢も違う人たちが集まって芝居をする。カルト宗教のように、行くんだと主宰者が言えばみんなそっちに行くという状態になっているときはいい。でも、それは余り健全な状態ではないんです、実は。お互いが異なる生活なりリズムを持っていても、なおかつそれを一緒にやっていこうというほうがむしろ健全な状態なんだと、この年齢になって思いますね。

遠藤　演劇に対する考えや姿勢は、それぞれ違いますからね。

くらもち　地方で芝居をやっていくにはそれが非常に大きな問題で、東京だと五十歳ぐらいまではがむしゃらに行けちゃうんです（笑）。そこでハタと気づいて俺の人生何だったんだろうと思う。地方の場合は、それよりもっと前に現実がいろいろと教えてくれる（笑）。それでも芝居をやっていきたいとなったときに、どのように自分の生活と折り合いをつけ、どのように自己実現を求めていくか。一人一人芝居に関わるスタンスが違うんです。芝居は単なる趣味だと言い切れない。お客さんに対する責任もあるし、一緒にやっている人たちへの責任もある。スタンスの違う人たちが、どのようにそれぞれが満足できる結果を持って帰るか。個々の関わり方を尊重しつつ自分の思いを実現していくのは非常に難しいです。

子どもたちをシアターに

沢野　盛岡には劇評紙があり、市民演劇賞があり、文士劇もあって、広がりがありますよね。

くらもち　もりげき演劇アカデミーとして子ども向けの演劇ワークショップあり、一般向けもあり、六十歳からの芝居づくりもあり、子どもからお年寄りまでお芝居を楽しんでいるのがいいね。

遠藤　僕は今、奥州市の小学校に勤務していますが、自分の芝居はきちっとやりつつ演劇のワークショップにも関わらせてもらっていて今が一番いい状態です。

くらもち　人口減の社会が現実になってしまった。知らない人がどんどん増えていかない時代が来る。そう考えたとき、子どもだ、教育だって思ったのは二十年ぐらい前でしたね。次の世代の子どもが芝居を観に来るようにならないと、演劇は誰も観に来なくなる。そういう演劇の側から発想したことだったけど、実際子どもと一緒に作っていると学ぶことが多い。演劇をやることによって子どもたちはびっくりするほど成長するんです。その過程たるや、毎回面白い。子どもって演劇をやらせればとりあえずすくすく育っていくなと妙に納得していますす（笑）。

遠藤　できてなくても、ほかの人に見せるということがすごく大事なんですよね。

くらもち　子どもなりに工夫する。よそのグループを見て刺激を受け、もっと面白くしたければ話し合いをしないといけない。自分が我慢したり主張もしないといけない。演劇を教える立場になって、演劇の力を知ることにもなりましたね。これからの社会生活の中で、演劇は非常に重要な要素になると思います。

斎藤　結構、幅広く指導する機会があるんですね。その裾野の広さも演劇の盛んな街を支える基盤になっているのかもしれませんね。

くらもち　それは大きいと思います。六十歳以上で初めて芝居をした人が十五人いたとして、その後ろには一人当たり三十人くらいのお客さんを連れてきますから。演劇の面白いところは、プロのすごい役者さんだから素人よりいい芝居をするかというと、そうでもない。芝居は初めてという人の芝居なんか見ていて、この人のこの芝居はほかにどんな名優をもってきても敵わないだろうということもある。

遠藤　くらもちさんのすごいところは、演出家としての総合力だとずっと思っていて、面白い場所で芝居をするし、いろんな人もきちっと生かしている。総合的に芝居を作る力が素晴らしいと思うんです。

くらもち　大変は大変なんだけれど、その人の生活感覚というか、若い子だったらその世代にしかないであろう、その時代の雰囲気がある。それはほかのどういう役者を持ってきても追いつかない。そういうところに出会えるのが、俺みたいなことをやっているやつの幸せなところでしょうね。技術はプロの役者に届かないけれども、その人が舞台にいるだけで、どんな役者も敵わない空気をまとったりする。これは音楽とか舞踊ではあり得ない演劇の面白いところなんです。

見所満載、劇場に足を運ぼう

斎藤　ではこれからの公演予定をどんどん宣伝してください。

くらもち　五月に「さいごのおひるね」を四公演やります。構想三年、今度は保育園が舞台です。盛岡市の保育園が民営化されるわけですが、どういうふうに民営化しようと、変わること自体が子どもには負担なんです。民営化そのものがダメだというのではないけれど、やり方があるだろう。無視できない障害児の問題もある。データには出てこないことも、きっちり書いていきたいですね。

遠藤　ＴＣＴは六月の最初の金・土・日、風のスタジオで「ラッシュ！ラッシュ！ラッシュ！」を公演します。オムニバス風な作品で、目薬差しながら殺陣をします。

斎藤　聞いただけで面白そうだな。

沢野　六月の八芝も見ものです。六月五・六日の土日に開催されるイッセー尾形の一人芝居を、次の週の水・木・金に盛岡の三人の役者が演じます。無謀な企画ですが（笑）。

斎藤　今、五月、六月の近いところのお話を伺いましたが、これからやってみたいことと、こういうふうにしていきたいと思うことがあったらどうぞ。

遠藤　僕はやはり東京進出ですね。今、自分が持っているものは正直、どれぐらいなのか試してみたい。知らない所でどういう評価を受けるのか。ただ、盛岡は自分たちのホームグラウンドなので、盛岡でどうやったらみんなで芝居をしていけるか、地域を意識しつつ、一人一人がどういうふうに芝居に関わっていけるかを模索していきたいと思います。

くらもち　その手があったかという企画にどんどん挑戦したいですね。一月の八芝で「リストランテ」を上演したんですが、これはやったという気がした。メニューを読む芝居なんですけど、ずっとやろうと思っていた企画でした。

沢野　今後も演劇に関わっていくかどうかは、ずっと問い続けていきたいですね。私は心臓が悪いので、介護や福祉にもっと税金を回してよという思いもあるんですが、それでも必要な演劇は何だろうということも考えていきたい。今度の八芝も、例えば今失業中の、ふだん演劇を見ていない人たちにも見に来てもらい、「今日、本当に観に来て良かった」という芝居になればいいなというのが本音です。演劇が私にとってどれだけのものであるか、今後は模索しなければいけないと思っています。

くらもち　私は演劇で食っていきたいと思っているんですが、その志はまだ半ばにも達していません。でも、演劇人としての役割はきちっと果たしていかなければと思っています。盛岡という場所が、演劇をやることによって、いい人たちが多ければいいなあ（笑）、楽しい人が多ければいいなあと思います。

〔二〇一〇年五月号〕

文士劇が帰ってくる①

昭和二十四年、歳末助け合いの一助として始まった文士劇。文人、芸術家、名士たちの迷演迷優ぶりに暮れの一夜は明るい笑いに包まれたという。三十数年の休演期間をおいて、今年また文士劇の幕が上がろうとしています。まずは思い出話から……。

太田幸夫（盛岡劇場・河南公民館館長）　菊池昭雄（ＩＢＣ岩手放送代表取締役専務）
佐々木初朗（盛岡市教育委員会教育長）　宮永弘守（岩手日報社）　三好京三（作家）
盛内政志（岩手県芸術文化協会会長）　司会・斎藤五郎　記録・和田貴栄子

夏の一夕、蕎麦屋の二階。いわくありげな男たちか顔を揃えて何やら相談の体

斎藤　盛内さんは第一回から関係されたんですね。
盛内　岩手日報社主催の「文士劇の夕」は昭和二十四年十二月が第一回でした。有島武郎の「ドモ又の死」で演出は当時岩手日報の整理部長だった工藤正治さん。配役を決める時に橋本八百二さんが「おれは余りしゃべね役だばいいんとも」と言った。だからご希望通りあまり喋らないドモ又をやった。それから鈴木彦次郎さん、深沢省三さん、堀江赳さん、一番若い役が私。そして当時図書館に勤めておられた村田野枝さんが出演者です。

斎藤　それは公会堂ですか。

盛内　公会堂ホールでお客さんが超満員。暮れの歳末助け合いで、歳末同情週間のチャリティを兼ねてやりましたので比較的低料金の五十円でした。普段芝居には無縁の方々も詰めかけたんです。冷やかそうと面白半分でくる者も当然あるわけだしね。

佐々木　文士劇では、冷やかしてやろうという客層を大事にしたいですね、真面目に演じられるとちょっと面白くない。

盛内　鈴木彦次郎さん、深沢省三さんあたりで当時五十一才。私が三十才でね。五十も過ぎれば台詞覚えも容易で無くなるわけです。それで台詞の数もちょっと多かった鈴木さんがつかえましてね。プロンプターがいくら大声を出しても駄目。その声が客席へ通っても本人はあがってしまって思い出さない。やおら尻のポケットから台本を出して読もうとしたが、今度は目が言うことを聞かない、老眼ですからね（笑）。それで眼鏡を出して読んで何とか格好を付けた、それがまた大変な受け方をしまして。そ宮静枝さんが著書「不犯の罪」に「――それはあらかじめ計算されたものだったかも知れないが――」と思い出を書かれていますが、あれは演出ではなかった。全く度忘れして一端つかえたが最後もう全然出てこないというものでした。まあ、そういう場面だけでなく、ちゃんとやったところも受けまして、まあまあ第一回としては自画自賛ですが大成功で、それもあってか後々十数年も続いたんですよ。

太田　地方でシリーズになって十四年も続くというのは希有なことですよね。しかもプロでもセミプロでもない普段は芝居に何の関係もない方々が集まってやるのですから、やはり観客に支えられてなんですね。

盛内　昭和二十四年ですから敗戦後まだ世情混沌としていて、市民は何かを求めていた時代だったわけです。そこに「新聞や雑誌にちょくちょく名前の出る人達が役者をやるんだそうだ、どんなことをやらかすんだろうか」という期待感もあったでしょうし憧れもあったでしょう。

菊池　偉い人達だから稽古の時間も取れないままに舞台に立った。台詞がいっこうにきちんといかない。プロンプターの大きな声に客席がわあっと沸く、それでも分からない（笑）というふうに本当に爆笑の連続なんです。しかしそれでもまあ何となく芝居は進んでシャンシャンと終わるわけ。そのあたりが文士劇の雰囲気だなぁと思い出しますね。

斎藤　当時、菊池さんはまだ学生ですね。

菊池　しばらくたって会場が移ってから仕事で係わったんです。

太田　谷村文化センターに移ったのは昭和三十一年ですね。

菊池　ラジオ岩手に技術の方で入社したもので、ラジオの舞台中継を担当して「新撰組」だとか「白浪五人男」を録音とって流したの。会社の太田俊穂さんと鈴木彦次郎さんが仲間ですからそういう話が進んだんですね。太田さんは照れ屋で絶対舞台には立たなかった、裏方や世話役をやったり、本を書いたりという形で係わっていたものです。但し、社員たちは出演しました。局長クラスだった小綿さん、林陽一さんを始めアナウンサー達。アナウンサーは人気がありましたから、名士と絡ませてお客さんを集めようと言う魂胆だったんですね。

斎藤　スタジオで演じてテレビで放送したことがありますね。

菊池　三十五年一月三十一日。「風流文士劇」のタイトルで二本立て一時間の生放送。何しろテレビが始まったのが三十四年ですから小さなスタジオ一つしかないし、テレビカメラもたった一台だったんです。カメラを換えるにも資料みたいなものを用意して、それを一旦録って又もとに戻すという離れ業をやったのを覚えています。鈴木彦次郎さんや工藤正治さんはもちろん阿部千一知事、小川秀五郎副知事、中村直総務部次長、山本弥之助市長、そういう顔触れで「弁天娘女男白浪」と「幡随院長兵衛精進俎板」が演目でした。

ここで宮永氏　押っ取り刀で登場す

斎藤　宮永さんは岩手日報にいらして陰から文士劇を支えられたわけですね。

宮永　事業部で七年くらい文士劇を担当し座長の鈴木彦次郎先生にかなり怒られながらやったものです。先生もお年でしたのできりのいい十五回で止めようということだったように思います。何しろ十二月に入ると練習が始まりますが、先生たちが集まるのが大体午後七時半から八時。要職にある方々ですから、宴会でお酒を飲んできてそれから始まる。私が家に帰るのがいつも午前二時三時でした。本番前日にはみんな谷村文化センターに入って一日練習して当日を迎えたものでした。

斎藤　すると随分稽古はなさったんだ。

宮永　はい、十二月の八日頃からはポツポツと練習はしてたんですね。本番は大体が二十六日あたり、末の日曜日でした。最後になったのが昭和三十七年の「新撰組始末記」で鈴木先生はもう脚本を頭に入れることは出来ないと、巻物式に書いたものを置いてそれを読んだんです。

斎藤　要するにカンニングペーパー。

宮永　そうは見えないんです。ちゃんと紫の物を敷いてその上に置いて読むのでカンニングではない。口上を述べているような感じでね。私は三十一年頃からしか係わっていませんが、一番頭に残っているのは「魚屋宗五郎」「仮名手本忠臣蔵」「白浪五人男」などですね。
菊池　やはり、鈴木彦次郎さんと日報社の工藤正治さんの二人はスターでしたね。
宮永　小僧をやらせて面白かったのは橋本八百二さん。一番上手だと思ったのは元盛鉄局長の山崎武さん。山崎さんが「勧進帳」の富樫になった時は弁慶が中村直さん。義経が工藤巌さんでしたよ。
菊池　太田俊穂さんは出ませんでしたね。
宮永　駄目だって言うの。ヤンタって（笑）。中村元知事も初めのうち嫌がっていたのを無理無理鈴木先生が引っ張り出してきたんです。
盛内　太田さんはズクナシの恥ずかしがりやなんです（笑）。だから出なかった。
宮永　女性では西川鯉嘉さんや若柳吉津奈さん。若柳力代さんは三味線で裏のほうをやった。鳴り物では望月さん。カツラは北上の橋本カツラさん。装置とツケ打ちは斎藤さんのお父さんの勝洲さん。
斎藤　そうでした。演出は加藤英夫さんがかなりなさっているんでしょう。
宮永　細越広人さんが一番多いですね。それから戸田芳鉄さんや佐藤好文さんも。
盛内　初めの頃は私も二本ぐらいやって、「自由学校」などは私の演出でした。
菊池　最後が「新撰組始末記」ですね、ちょうどＴＢＳの番組で中村竹弥がやった時ですから、人気ドラマを即舞台に移した。「自由学校」も獅子文六の連載小説をすぐに舞台化したということで、これはすごいことですよね。

盛内　新聞連載小説で大変受けたもので、東宝と松竹が映画で競作したんです。マスコミを賑わした作品をさっそく捕まえた。大星肇君が扮する泥棒をヤッと投げ飛ばす米屋は、東宝映画では大スターだった藤田進の役なんですよ。それが間際になって私に回ってきた。演出兼米屋のへいさんをやったんです。新派や新劇あるいは歌舞伎調のものの中に、第三回で「自由学校」のような一番新しい物もやっている。当時の関係者に時代に敏感な考え方もあったということですね。

佐々木　NHKの「吉宗」が若い人にも人気があって見られていますね。そういうもののエキスをもってきて上演する。それもまた大事なことです。ただし、今文士劇をやれば年配の方ばかり集まって若い人は来るのかなとも思います。昔はどういう人が見に集まったんでしょう。

盛内　歳末助け合いですから志ある市民はとにかく来てくれたわけですよ。老若男女を問わず。

宮永　改めて芝居を観賞しようということでなくて……映画などで「忠臣蔵」とか「金色夜叉」をやると、その劇なら行ってみようかということが多いわけですよ。芸者さん達がお客さんを連れてくるんです。ですからとにかく二階三階までびっしりなんですよね。

菊池　役者は様々ミスもやるしおかしいこともやる。しかし、セットや衣装は絢爛豪華でしたね。これはもう本職のようなね。

宮永　細越広人さんという人はものすごく厳しい方で、その下に村井良吉さんが助手としていたんですよ。そのお二人で決まれば私に衣装の手配などが来るわけです。昔の着物など田舎の方を回って借りてくるわけです。

菊池　そういう裏の苦労があったからこそ成功したんですね。

盛内　芝居はなんといっても裏の方々の苦労がなければ成り立たない。

宮永　ですからもう始まると寝れねの。もう酒飲んで寝ても目が覚めるんですよ。ホントにハァ……（笑）。

料理が運ばれ、しばし無言で箸を動かしてのち

斎藤　当時稽古をしてると食べ物の差し入れなどがあったそうですが。

宮永　すごかったですよ。私は鈴木先生に届くお酒はほとんどいただいて帰りましたけれどね（笑）。三十一年頃で私達は二級しか飲めない頃に超特級の酒を五本も持ってくる。先生は飲まないから「持って帰れ」って言うんです。でも、雪が降っている時にそれを抱えて歩いて帰らなきゃない。タクシーなどあまりない時代です。

斎藤　これからは望むべくもないな、そういうことは（笑）。そういう差し入れとい

うのは芸者さん達などからですか。

宮永　あとは会社等から色々と来るし、自分で持ってくる人もいる。鮨なんか大きな桶で五つも六つも来ると残るんですよ。

斎藤　稽古の時も一つの社交機関だったようで、昔の文士劇というのは華やかだったんですね。

菊池　年末の助け合いですから、時期もいいし、非常に華やかさがあったものです。「吉例歳末助け合い文士劇」でしたものね。

日報さんが事業としてなさったから大きかったし続いたと思うんです。「吉例歳末助け合い文士劇」でしたものね。

宮永　結局歳末助け合い運動だから税金払う必要もないし、純益は共同募金に持っていきましたから。

佐々木　お客さんからいただいた入場料は皆寄付するということになる。しかしお金はかかるわけでしょう。

宮永　一応、経費は計上できますからそれは落として。でも衣装は安く作ってもらったり縫うのを奉仕してもらったり。谷村文化センターになってから谷村貞治さんを役者に引っ張り出したら会場費がものすごく安くなったの（大笑）。普通ですとね、二日間借りますとなんぼ安くても十万円なんです、電気料から全部入れて。それを「何とかお願いします」っていったら「いいですよ、ただでも」って。「ただじゃ、悪い」

というので一日一万円の二万円ということにしてもらって……。

斎藤　そうすると河南公民館の館長さんを出すと盛劇の使用料もただになる（笑）。

太田　私より教育長さんの方ですよ。

佐々木　お話をお聞きしていると朝の二時までも練習なさったわけですから、これからやると言えばだいぶ練習の時間をとるわけで、しかも昔より今は忙しくなっているでしょう。なかなか大変なことですね。

宮永　他の人達が考えているよりずっと大変だと思います。出演者も裏方も。私が一番困ったのは縞の着物を探せと言われた時にどういう縞を探せばいいのか、これがわからない。小道具を借りてきて、それがなくなったりする時もあるしね。

盛内　最初は物書きと絵描きで始めた文士劇がだんだん名士劇になって、盛岡の第一級の名士が出るようになり、また出たがるようにもなった。そして稽古も熱心にやるし、うまくなったんですよ。そこでかえって文士劇の魅力が薄れてきたのではなかったか。第一回で彦さんがやったようなとちり方はしなくなり、いかにうまく演ずるかというふうになった。そのため最初の頃の魅力が幾分薄れて来た。それが十数回で一応のピリオドを打たねばならなかった理由ではないかと私は思うんですね。

宮永　台詞に詰まるとね、ごまかし方も上手なんですよ。慣れてきているから、咳しちゃうんです。すると後ろに黒子が来ては「こうです」と言ってパッとつながる。

斎藤　文藝春秋社の文士劇でも段々と漫画家集団のほうがたくさん出るようになったという話でしたが。

ウーロン茶を飲みつつ話に聞きいっていた三好さん、おもむろに口を開いて

三好　私らが出た時は漫画の方と一緒だったね。ある記者が藤本義一氏に質問したの「文士劇なのにどうして漫画家が出るんですか」って。そしたら「文士はみんな恥ずかしがったり、陰気なんだ。文士だけでやったら陰気劇になるから漫画家の方から明るくしてもらわなくちゃ困るんだよ」って答えてた。確かにその通りでしたね。田中小実昌が馬方になり、俺が馬に乗って女郎買いに行く役。富永一朗が女形になったら便所も女便所を使ってやがる（笑）。ところがそういうことがまた伝統みたいになってる、それだけ本気になっていると言えばなってるんだね。

斎藤　三好先生は文藝春秋最後の文士劇に出られたわけだけど、稽古はどうだったんですか。

三好　私はその頃は暇だったのか、東京に用事があったのか、稽古は二、三回出ましたね、劇場はどこだったかな。

斎藤　文士劇はいつも東京宝塚劇場です。

三好　練習といってもどうせあまり真面目なものじゃないだろうと思って行ったの

ね。そしたら歌舞伎の役者がいてね、真面目になって教えるんだっけ。川口松太郎などは本気で役者気取りでやるの。本当に上手な人は上手になっていくわけですよ。名優と言われた人は咳ばらいをしたりしてごまかすのもうまいんだ。もとは間違えば愛嬌だったのがね、間違いが恥になるようだと、ちょっと面白くないね。しかし歌舞伎役者からきちんと教わるという伝統も一方ではあったわけですな。

斎藤　ＩＢＣの河野社長は「社内報であれ何であれ手紙以外の公の文章を一度でも書いた人は皆、文士という解釈なんだ」と話されていました。文士劇は文化人や作家に限らない。文士劇だけではお客さんの来ない時には最後に本街と幡街の芸者さん総上げで特別賛助出演してもらおうかというお話などもありました。

佐々木　今のお話伺っても、やる題材を選ぶのにもよほど吟味しなくちゃならないですね。台詞が適度にあって効果的で、しかもいろんな人に出ていただけるもの。

太田　お忙しい方ばかりなので数回程度の稽古で本番ということでしたが、それもなかなか大変だと思いますね。

斎藤　教育長さんはこの後予定がおありですが、席を立たれる前に伺います。いかがですか、うまく行くかどうかの感触は？

佐々木　皆さんの文士劇への思いが非常に強いですね。二十年ぐらい前から復活させよう復活させようと言っていたということで、今回ようやくやることになった。うまく行くのじゃないですか、またうまく行かせねば駄目ですよ。頑張って、工夫して。

宮永　今から五年前に、文士劇をやるということを耳にしたんですよ。「絶対これはやる」というから、俺は「止めたほうがいい」と（大笑）。「とにかく衣装探しが大変だ、黙阿弥の物などやるなら衣装がなきゃ出来ませんよ」と言ったんですよ。

三好　今度は「白浪五人男」で浴衣でしようと言う話だったね（笑）。

宮永　浴衣でやれる芝居ならそれが一番いいんじゃないですかね。

ここで教育長は心を残しつつ花道を行くように退場。

さて「五人男」の配役はいかに……果たして文士劇の新たな幕はいつ切って落とされるのか……。

続きは次号、乞御期待！

〔一九九五年九月号〕

文士劇が帰ってくる②

太田幸夫（盛岡劇場・河南公民館館長）　菊池昭雄（IBC岩手放送代表取締役専務）

宮永弘守（岩手日報社）　三好京三（作家）　盛内政志（岩手県芸術文化協会会長）

司会・斎藤五郎　記録・和田貴栄子

蕎麦屋の座敷。襖を隔てて、わんこそばの椀の音、掛け声などが聞こえる中、話はいよいよ佳境に入り……

斎藤　昭和二十四年に歳末助け合いの一助として岩手日報社主催で始まった文士劇。その思い出話などを伺ってきましたが、文士劇復活の日も迫ってきましたので、これからのお話を伺ってまいります。

宮永　今度の文士劇は来年やるんですか。

斎藤　今年です。

宮永　今年……大変ですね（笑）。いつごろですか。

斎藤　十一月二十六日、会場は盛岡劇場。

宮永　まぁ（首を捻る）まぁ……夫丈夫じゃないですか（笑）……しかし大変ですよ、あれは。

斎藤　でも、役者も裏方も「もうハ、懲りた」と言っても終われば又すぐ血が騒いでやりたくなるものだから。

盛内　役者となんとかは三日やれば止められない。

宮永　裏方はきついですよね。岩手日報の事業部にいて係わった私の場合は冬場だったけど、草履、素足ですよ。とにかくどこだり走ってあるかなきゃないでしょ。ですから今のようなツッカケなんか履いてたもんなら歩けないです。谷村文化センターの中は寒い。そこを素足で歩く、それで寒くなるとわざと雪の中に足つっこんでまた戻る。そうするとポッポとほてるでしょ。

斎藤　暖房なんてなくて、火鉢の時代。

宮永　支配人室に酒を二升くらい置いて、寒くなるとそこに行ってコップでぐっと引っ掛けてまたはせ廻る。

太田　最初の会場は公会堂、それから谷村文化センターでの公演だったのですが、稽古場としてはどこをつかったんですか。

宮永　私らは今の中央公民館。

斎藤　まだ南部さんの別邸だった頃だね。

盛内　私達は県立図書館でしたね。公会堂の向かいに在った頃ね。今、小さな公園のようになっている所です。

宮永　秀清閣も借りたことがあるんじゃないですか。今のテレビ岩手の所ね。とにかく金を掛けないでやることを考えて……。

斎藤　切符を売るのが財源となったのでしょうからね。

宮永　まだ二十代。若い時でしたから無我夢中でしたものね。衣装や小道具ひとつ揃えるにも、手探りしながらで。鈴木彦次郎先生の所にいって「先生、浅葱色ってどういうのですか」「浅葱色って言うのはこういう色だ」って小さい布切れをもらって生地屋に行くんですが、そこで探しても無いんですよ。

太田　宮永さんの御苦労を聞きながら、だんだん実感が湧いてきましたね。

斎藤　三好先生は直木賞受賞の翌年に文春の文士劇に出演されたんですね。

三好　昭和五十三年ね。岡本綺堂の「新宿夜話」で盛岡から馬で新宿に行く役だったが、その年が最後で翌年から文春文士劇は取り止めになったの。俺、これまで盛岡で文士劇があったということを全く知らなかった。文士劇といえば文春のものしか知らなくて、少年時代から、いつか東京で憧れの作家たちの舞台を見たいとずっと思っていたものだった。

太田　宮永さんの頃は非常にオーソドックスなお芝居をちゃんとした演出家がいて、プロデューサーがいてやっていらしたということですね。

菊池　その文士劇が昭和三十七年の「四千両小判梅葉」と「新選組始末記」で一旦終わる。三十数年たった今は観客たちの価値観も変わってきているでしょうし、作り方で一工夫も二工夫も必要だろうね。

斎藤　出し物も考えなくてはならない。新しい作品も取り上げられるだろうが、歌舞伎の物を一本は入れていきたいですね。

太田　そのうち「勧進帳」は是非お願いしたい。音楽が大変ですけれどね。盛岡で長唄をできる人がいないでしょう。生でないと合わせられないのでしょうから。

斎藤　今、八幡と本町の芸者さんを合わせても長唄はできない、清元だけなんです。ただ、今回も芸者さんたちはみんな「手伝いますよ」といってくれました。

三好　私は教師あがりですがね……中央のいわゆる文士というのは教師みたいにきちきちしたのはいないわけ。昔の文士は、無頼派というか、遊びが好きで、菊池寛だってそういう傾向があったわけ。文化とはこういうもんだなんていうのでなく、遊び好きな三文文士が集まって芝居をして遊ぶというような気分もあったんじゃないですかね。それは盛岡でも同じだったんじゃないかな。勿論、盛内さん達が脚色なされたエネルギーや実力も中央には劣らない。そんな人材がいっぱい揃っていたんですね。昔のような遊び心を我々は思い出して、みんな三文文士やヤクザ文士になったつもりでやろうじゃないか。忙しければ忙しいほど何も儲からないことでやはり遊び心がほしいわけですよ。

菊池　それが見ている人にも伝わって、見てる人も遊べるという雰囲気がほしいね。

斎藤　第三回の時ですか、国分知事が花束ならぬ大根を贈呈したといいますね、遊び心でさぞ盛り上がったことでしょう。

「お勘定お願いします！」 隣室の客がはや満腹して帰る気配……

宮永　最初は入場料はいくらでしたか。
盛内　昭和二十四年で、五十円。
宮永　私の頃で二百円くらいだったかな。
太田　資料を見ると第十三回で前売では二百円、当日二百五十円ですね。
宮永　映画の料金からみれば高かったんでしょうか。
太田　あの当時、映画は百五十円くらいじゃないですか。
宮永　面白いことに、出演する人が切符を五十枚百枚とまとめて売ってくれたんです。銀行や企業のトップなども出演者ですから「社長経費で落とせ」ということでまとめて引き取ってもらったり。かなりあの頃はよかったんじゃないかな。
盛内　社長、専務が出演するようになるとＰＲになりますから企業としてもいい。こちら側としては切符対策になる。
斎藤　ＩＢＣの河野社長に今回「ダブルキャストを考えていますか」と聞かれたんですよ。出演者が多いとそれだけ範囲が広くなりスポンサーも広がる。
盛内　では昼夜二公演というわけですね。昔は夜の一公演だけでした。
宮永　私達は出演者の名前も入れてポスターも作ったんです。するとそのポスターに広告を付けてくれないかという話もありましたよ。

三好　文春の文士劇では出演者はそれぞれの地方で台本を読んだりしている。それが東京に集まって、本番を翌日に控えた舞台稽古はお客さんに見せたんだよ。本番の切符が手に入らない人は舞台稽古を見る。ただ見る側はいいが舞台稽古からお客さんが一杯で演ずる側のこちらは初めから上がりっぱなしなの（笑）。練習の時も上がっているの。

盛内　予告編もかねていたわけでしょう。

斎藤　我々も総合練習をお見せするかという話もありますね。いろいろと演出がクレームを付けたりするから、練習の方が面白かったということにもなるかもしれない。

菊池　テレビも稽古風景からドキュメンタリー風の番組を作ったら生の姿が出るから面白いと思うんだね、それなりのメンバーが出てきて忙しい中、一生懸命やっているのだからね。

太田　ダブルキャストだとテレビ中継のときに困りますね。

斎藤　河野社長は「両方録ります。片方はビデオにして売りに出します。出演した本人が絶対買うんだから」と言っていた（笑）。

太田　ただし、どちらが放送されるかが問題。終わるまで内緒にしたほうがいいかもしれない。

斎藤　放映した時に「俺のほうじゃなかった」ということになるとまずいから半分半

分で……。

菊池　前半と後半で分けて、途中から変わればいい（笑）。今回、切符はすぐ捌《さば》けると思いますよ。盛岡劇場は何席ですか。

太田　花道を作ると四百六十五。移動席なども含めて五百ちょっと、昼夜二回ですから大体千席ですね。

宮永　文士劇というと今の若い人達はわからないでしょうけれど、場所が盛岡劇場、昔の谷村文化センターといえば、「お父さんたちが若い頃、あそこでやったんだよ」ということで案外お客さんは入るんじゃないでしょうか。やはり我々の年代だと行こうかなという気はおきるでしょう。

斎藤　宮永さんの年代が行ってみようかなと思う。一方で若い世代も引きつけたいという思いもありまして……。

菊池　そのためには若い人達にヒットするような演出も考えて。

斎藤　そこで各局の若いアナウンサーにも出演していただきたい。興行的な政策ということも考えて。

太田　盛岡文士劇復活公演、今回の演目はチェーホフの喜劇「結婚の申し込み」これは盛岡弁でやっていただく。それから「口上」そして河竹黙阿弥の「白浪五人男」となります。

三好　いかにも賑やかで楽しい舞台になりそうだが、問題は今度の役者が夜中まで練習する情熱と体力があるかどうか（笑）。

宮永　鈴木彦次郎さんたちが張り切ってやっていた頃は、けいこの終わるのが午前二時三時でしたからね。終わった日、打ち上げをするんですが私が小道具を片付けて上がるのが大体十一時、十二時なんですよ。谷村センターの上に部屋があるんですが、そこに鈴木先生が飲まないで待っている。誰かカタカタと降りてきて「早ぐせ！」って言う。「早くしろったたって道具全部片づけねうちは、いがね！」て答えるわけですよ。「先生が待ってるから」「じゃあ顔だすか」って顔だして一杯引っ掛けるともうね……打ち上げの日まで大体二時ころですね、帰るのが。

斎藤　三好先生は二時までの耐久力はあるわけですね（笑）。

盛内　原稿書かない所であれば二時三時はおろか夜通しでも大丈夫でしょう（笑）。

三好　まず一番先はその他大勢に出していただいて……。

斎藤　いやいや、三好先生は「白浪五人男」の日本駄右衛門にイメージしていますので。台本は早目に差し上げますから御自分の所を覚えて戴ければ……。今はビデオがあるからいいですが、昔は歌舞伎の様式美など演出なさった方は大変だったと思うんです。元知事の中村直さんは「勧進帳」で弁慶を演ずる時に東京へ何回か観劇に行ったと話していましたね。河原崎長十郎を手本にしたそうです。「長十郎の弁慶が一番私にあっていると思った」って。

盛内　体型的にね。やはりやや共通性があるから。

宮永　酒も入って心地よく、舌も滑らかに回ってきたが……当時は裏方も役者も、とにかく熱心でしたよ。脚本をもらうと全部暗記してくるんですよ。但し練習の時にはとちるんですよね、で本番になるとスラスラスラスラ行くの。

三好　その台詞が困るんだ。台詞をテープに録っておいて、後は分かられないように日本駄右衛門の大きな衣装の陰で流して口パクパクさせてればいいかな（笑）。

斎藤　では三好先生ももう日本駄右衛門のおつもりで……。

三好　冗談じゃない（笑）。

斎藤　盛内さんはやはり浜松屋の大旦那かなと思っていました。

盛内　いやいや、私は今回は裏方ですよ。出たのは四十六年前ですから。

斎藤　昔出た画家の海野経先生も「何かあれば出てもいいぞ」とおっしゃっているのですから、ぜひお二人にはお願いしたい。それとも口上で「隅から隅までズズずいーっと」という座長の方をおやりいただけますか。

盛内　今晩ここで御馳走になりましたので、何もやらないというわけにもいかないでしょうが、ヨロヨロして馬の足もできないでしょうから、それ以外の何かをね。

斎藤　よくニンが合っているという言い方をするんです。三好先生の日本駄右衛門、盛内さんの浜松屋の大旦那、それぞれニンが合ってる。ですから宜しくお願いいたします。菊池専務さんは学生演劇をおやりになった方だから何でもこなせる。

菊池　私ではなく河野社長を出してください。あの人がいいだしっぺだから。

斎藤　では河野社長は口上で、菊池専務は「結婚の申し込み」のお父さん役。そういうことにしましょう。

菊池　昔、太田俊穂さんは裏方ばかりで絶対に出ると言わなかった。私も同じですから勘弁してくださいよ。

太田　三好先生、「五人男」では高橋克彦先生は何の役がよろしいんでしょうか。

三好　やはり弁天小僧じゃないでしょうかね。「白浪五人男」に克彦君が出たら文彦君も出ねばねな。ダブル彦でね。

太田　中津文彦さんは忠信利平がいいですね。

三好　弁天小僧は女役もやらなきゃならないから、若い斎藤純がいいと思ったが、あんな大きな女はいないというからね。……俺、本当は芝居っこは分からねの。分からないけど「五人男」には弁天小僧の次に若くて美男子がいるはずだね。

太田　赤星十三郎ですね。

三好　純はそれでいいや。やっぱりいいだしっぺの克彦君は弁天小僧だ。
斎藤　すると南郷力丸は及川和男さん。作家はこの五人に無理無理やらせると（笑）。三好先生もこんなふうに揃うのなら「俺もやってもいい」と思われるでしょう。
太田　メンバーが揃ったら東京で文春ビルあたりで記者会見ですね（笑）。それだけでニュースですよ。
斎藤　三好先生に核になっていただいて。だからなんたって日本駄右衛門です。
三好　台詞がね……どうもね……。
斎藤　台詞は短くしますよ。
宮永　「五人男」だとそんなに台詞は長くないよね。後ろにちゃんと黒子がついてバババババと喋っていきますから。
斎藤　三好先生、プロンプターが付きますから大丈夫です。それから、喜んでください。後ろにがらーっと並ぶ捕り方は全部若い女性を予定してます。踊りをやっている若い女性に華やかに並んでいただく。捕り手は若いアナウンサーにお願いし、一言台詞を言ってもらおう。「テレビ岩手代表で召し捕りに参りました」などという具合にね。
盛内　やはり台詞がないとね。ただ立っているだけではお客さんも満足しない。
太田　問題は当時と今の文士の忙しさの違いです。鈴木先生はまだ悠々と盛岡にいらした。克彦さんは盛岡にいらっしゃるけれどあの凄まじいスケジュール。気持ちは同じでもね。

斎藤　そこをどう物理的にクリアするか。台詞を全部飲み込まなくてもいいようにとか……まあ、アドリブのきく芝居なんですね。黒子が出て後ろにいてもいい場面ですし、忘れたら相方と適当にやっていればいい。あとは、全員揃わなくても稽古できるように考えて。

宮永　昔の「白浪五人男」でも一人が休んでもそれなりに隣の人が抜けた人の分まで言うんですっけ。

盛内　相手役の台詞まで覚えないと芝居は出来ないからね。特に「白浪」は渡り台詞で一人一人が台詞を渡すから、自分の台詞が何処までいったら次の人の台詞になるかね、覚えていなきゃいけないから。

太田　七五調の台詞で非常にリズムがいいですからね。覚えやすいでしょう。

斎藤　今回は休演から久々の復活、再出発ですので、ここを乗り切れば来年からは楽だと思います。

盛内　ここまでは止めたんじゃなくて、ちょっと長目に休んでいたんだね。

宮永　やり始めの頃は良い時代だったと思うんです。でも、私がやった三十一年から三十七年はしんどい時代。というのは鈴木先生がもう腰がいたい、老眼鏡持たないと字が見えない、という頃でしたからね。もう六十代。

盛内　第一回の時、五十一才だから、その頃は六十五才くらいだったでしょう。

斎藤　でもよかったです。宮永さんがおやりになっていて下さったからそれが全て次の世代に生きます。次へ引き継げます。

太田　ご苦労されたお話を伺うと、ひょっとすると我々がやってきた盛劇創作舞台公演より大変なのかなとも思いますが、なんとか面白くて楽しいものにしていきたい。札止め大入満員御礼の文士劇にしたいものです。

チョンと柝《き》が入りチョンチョンチョンチョンと幕がしまる……といった気分でひとまずお開き。

出演者の皆さんお疲れさまでした。

〔一九九五年十月号〕

初舞台の記

金田一秀穂（言語学者）

文士劇に出演した。仕事で会った内館牧子さんに誘われたのだ。

私は実はひどい人見知りで、団体行動が大の苦手である。みんなと一つの仕事をするということは、中学校卒業以来、ずっと敬遠してきた。自意識過剰だから、衆人環視の前で芝居をすることは、ほとんど罰である。

しかし、盛岡である。盛岡は、私の父祖の地である。盛岡に生まれて育った京助の孫であることで、私は未だにいろんな形で恩恵をこうむっている。市の先人記念館には、小さいころ私も遊んだ記憶のある部屋が移設されて、大切に保管されている。祖父がとても大事にされている。ありがたいことである。文士劇に出ることが、そのお礼のひとつになるかどうかわからないけれど、喜んでくださる人もいるに違いない。二つ返事だった。

それにしても文士劇である。タカをくくっていたのだ。十一月に一度だけ練習に参加できた。新幹線の中で初めて台本を読み、出番が最後のほうに一回しかない。私はアテにされていない。すっかり安心して練習場に行ったのだが、それは大きな誤解だった。私以外の出演者たちはすっかりセリフを覚えている。その役のしぐさや心持ちなども表現できるのだった。

公演前日の金曜日の夜に盛岡入りした。その日の午後、鎌倉で仕事があったのだ。七時ごろ駅に降りたら、雪だった。驚いた。タクシーに盛岡劇場まで頼んだら、「文士劇ですか、ごくろうさんです、楽しみにしてます」と運転手に言われた。町が文士劇になっている。びっくりした。心を入れ替えなくてはならない。

ゲネプロは、へろへろだった。初めてお客さんが入っている前でやったのだ。セリフを言うのは罰ゲームである。なるべく早く終わらせたいと早口になるのだ。松本伸さんが心配してくれて、セリフ合わせの稽古をつけてくれた。一人でするのと全然違う。松本さんは、劇の最後に最も重要な役どころがあって、人のことどころではないはずなのに、気を使ってくださる。なんとありがたい。

セリフを言うのは、真央ちゃんの三回転ジャンプと似ている。一回目でふらつくと、次々と連鎖反応でミスを引きずってしまう。私のパートは全部で三分足らず。しかし、決められたセリフを数行発するのは、九十分の講演をするよりはるかに疲れる。

みなさんのおかげで、夜の本番はなんとかできた。翌日の二回の公演も、著しい醜態をさらすことなく終えられた。

劇場の反応がとても優しい。もっといいのは、楽屋の雰囲気である。いろいろな人が出入りして、おいしいものが並ぶ。皆さんが優しい。丁寧である。昔聞いた祖父の言葉とそっくりの話し方をする人にも会えて、涙が出そうになった。そうして、毎晩、飲み会をする。楽しく会話が弾む。おいしい肴が並ぶ。ずっと前から仲間であったように、分け隔てなく迎えてもらえる。こんな風に人と遊んでもらえることは、もう数十年なかったことである。四十年ぶりに、みんなで一つの仕事をまとめることをした。これも案外悪くない。

誰にも言わないのだが、来年もやりたいと秘かに思っている。

〔二〇一六年二月号〕

やめるわけにはいかない

内館牧子（脚本家）

盛岡文士劇――。これはスタッフがどんなに大変であろうが、採算が合わなかろうが、もはややめることは許されない「文化」である。

かつては、文藝春秋が主催していた文士劇が話題と人気をさらっていた。しかし、昭和五十年（一九七八）に幕を閉じた。

今や、毎年継続して行う文士劇としては、この盛岡文士劇が日本唯一なのである（道又力『天晴れ！　盛岡文士劇』荒蝦夷刊）。

この重み、やめるわけにはいかない。

さらに、チケットの入手困難なこと、ハッキリ言ってジャニーズの「嵐」かポール・マッカートニーのコンサートかというほどである。出演者でさえ、最大六枚しか購入できない（六枚配布されるのではない。購入するのである）。これではとても足りず、私は毎年、脚本家の道又力さんに「何とかして」と泣きつく。

ところが、脚本家本人が何十枚も往復ハガキで申し込み（あろうことか倍率が例年十倍とか）、そればかりか、発売日の朝、自転車で九か所の売り場を回るという。脚本家本人がだ。それも一か所で一人限定二枚しか買えない。

この人気、やめるわけにはいかない。

そして、県内の人ばかりではなく、東京の各出版社の作家担当編集者が、とにかく楽しみにしている。この夏、私の担当を外れた編集者は「もう文士劇に誘ってもらえませんよね……」とつぶやいた。誘いたくてもチケットがなく、またミチマタに泣きつくわけである。

編集者の多くの本音はわかっている。「さァ、編集長の目を離れて盛岡でうまい酒とメシを食うぞォ！　ついでに作家たちのコスプレも見られるし、命の洗たくだァ！」に決まっている。

だが、彼らは毎年、夜の街やホテルや市内に、多少なりともお金を落としてくれる。

この活性化を考えると、やめるわけにはいかない。

ということで、座長の高橋克彦さんを筆頭に、多くの方々の懸命の尽力と努力でついに二十年を迎えた。盛岡文士劇はもともと昭和二十四年に始まっているのだが、十三回目で休止。しかし、文藝春秋もやめた中、平成七年（一九九五）に、盛岡という北東北の一地方で復活させたのだから、惚れ惚れするような「文学の国いわて」だ。

もうやめるとか引退するとかいう気持は捨てて頂くしかない。墓場に片足つっこんでも、続けていく運命《さだめ》なのだ。

私自身もそう決めた。だが、さすがにぶっ飛んだことがある。

平成二十年（二〇〇八）に、私は文士劇の初日の舞台が終わるや、急性の血管と心臓の病に襲われ、倒れた。すぐに救急車で搬送され、岩手医科大学で十三時間近くにわたる緊急手術を受けた後、二週間にわたって意識不明が続いた。集中治療室に二か月もいて、意識不明中に臨死体験までしている。

死んで当然だった。が、岩手医大の循環器センターは全国でもトップクラスの力を持ち、かつ岡林均教授という屈指のカリスマ外科医がおられ、私はありえないことだが、墓場の手前で戻って来たのである。

そして奇蹟的復帰を果たした文士劇は「世話情晦日改心《よわなさけみそかのかいしん》」。私の役を聞いて驚くな。幽霊である。それも暗い墓場で、卒塔婆の陰からユラユラと出てくるのだ。せっかく墓場に行かずにすんだ私に、よりによってよくやらせたものである。

もっとも、招待した岩手医大の医師たちには大受けで、私も「これは臨死体験した私しかできない役だわ！　燃えるわ！」とさらに元気になったのだから、やはり文士劇はやめるわけにはいかないのである。

〔二〇一四年十二月号〕

音楽

華麗な音楽都市

工藤正治（評論家）

上野の文化会館にも劣らない岩手県民会館が中津川畔に近代的威容を添えてから、盛岡はにわかに華麗な音楽都市の面影を濃くした。

およそ来日する世界的な交響楽団や声楽器楽のほとんど、それに、国内一級のオペラやソリスト達を含めて続々と来演し、市民は居ながらにして古今東西の名曲をほしいままに出来る。その刺激で、聴くだけでは能でないと市中音楽家たちが呼び合って、ベートーベン第九という大オーケストレーションに取っ組むハプニングも生んだ。

驚かれるのは公演のたびに宛《さなが》ら「幸福駅」の切符を競うように若い人達が押しかけて、忽ち千五百の観客席を埋め尽すことである。

それで思い起すが、昭和二十七年の冬に世界的名声あるフランスのピアニスト、コルトーが県公会堂でワーグナーの名曲に沸かせた。そのあと彼は「素朴な地方都市なのに意外に聴衆からの反応、マナーは東京大阪などの大都と変らない洗練されたものだ」と語った。

盛岡がいつからそんな音楽都市になったか――。それは半世紀余り遡る。大正初めに市外太田の佐々木休次郎中心に原彬、梅村保、館沢繁次郎、赤沢長五郎ら音楽好きの青年が集っていち早く「太田クワルテット」と名づけて四重奏団を組み、精力的な音楽運動を起した。東京から色々の専門家を呼んで勉強もし、県下に巡演もした。なかでも効を奏したのは有力な「榊原トリオ」の招聘であった。ピアノの榊原直、ヴァイオリンの多忠亮、チェロの平井保三に武岡鶴代を加えて毎夏のように来盛し、熱心に実地指導をし、傍らトリオのシンフォニアやソプラノ歌唱を市民に公開した。

そのことがたしかに盛岡市民の洋楽熱に点火したのだと言ってもよさそうである。事実今は白髪になっている「その頃の青年」達の中に音楽好きが多いし、それよりも岩手声楽史に残るコロラトゥーラ・ソプラノ伊藤敦子、バリトン照井栄三の二人が軌を一にしてその頃の盛岡を巣立ったことを見逃すことは出来ない。

伊藤敦子は大正七年に白梅校から一気に上野音楽学校の狭い門を突破した。むろんみめ美しく才たけた人だったから自力合格に違いないが、裏に太田クワルテットの励ましがあり、武岡鶴代が受験準備のレッスンを与えた事実がある。

最優秀の成績で卒業したのちは「カルメン」ラジオ放送でミカエラ役に選ばれたり、藤原歌劇団旗あげ公演「ラ・ボエーム」の主役ミミで大好評を博したが、自分の力を試したさに、戦雲あわただしい海を渡って渡伊、イタリアオペラに身をもって挑戦し、プッチーニの「蝶々夫人」に定評をかちとってイタリア諸都市はもちろん、フランス、スイス、ベルギー、トルコ、ハンガリー各国を巡って蝶々夫人だけ六百回も歌ったという輝かしい記録を残し、今はミラノに隠退、安住している。

照井栄三のスタートも伊藤敦子と同時代であるだけに、太田クワルテットの影響に無関係とは言えないようである。放浪詩人的な一面があって、少年の頃歌に一念発起するや、気の向くままにアメリカ次にフランスと遍歴、昭和四年帰国すると、折も折山田耕筰がはじめてオペラに手を染め、坪内逍遙の楽劇「随ちたる天女」に作曲、歌舞伎座に長期公演を計画して、そのひと役に照井の叙情性の強いバリトンを買ってくれ、照井は思いがけなく関種子、四谷文子らに伍して文字通り檜舞台でデビューした。それほど嘱目された歌手であった。

然し彼のいのちは長くなかった。伊藤敦子は昭和十二年春、盧溝橋事件の直前日本を〝脱出〟したが、照井栄三は昭和二十年早々のB29の空襲に、痛ましくも高円寺の避難先で爆死を遂げた。(死の二、三カ月前に、歌の縁で親しかった池野藤兵衛さんが四谷新宿間バスの中で彼と奇遇し、今生の別れとも知らずに撮った写真が文字通り忘れ形見となったエピソードがある)

伊藤、照井時代とは遠い昭和っ子であるが、やはり大正はじめの音楽勃興期に影響された母堂の血をひく歌姫である、という意味でメゾ・ソプラノ青山三保子に触れないわけにいかない。彼女は昭和九年十一月生れ、小学校も女学校も荒れ果てた戦中戦後に繋がり歌どころではなかったに拘らず、たゆみない母堂の指導で芸大声楽科にパスした。卒業後、ヴェルビエ・コンクール第二位を得て、昭和三十五年ウィーンに進出、国立アカデミイ音楽大学で磨いてフォルクス・オペラ劇場と専属契約し、何度かフットライトを浴びた。

やがて劇場を離れて独立、先のミュンヘン五輪でオペラ劇場の前夜祭に選ばれてベートーベン第九のアルトを高唱した。それが契機となり、昨年暮に新日本フィルの同じ第九の三会場連続公演に招かれてきて、アルト歌唱に本領を示した。

さてそれに続く郷土出身の若手歌手は、花巻北校、武蔵野音大、ローマ音楽院を経て、いま昭和音大の講師をし、長門歌劇団で歌っている細川久美子や、盛岡下の橋小校から東京に転住、音大を経て国民歌劇協会に属している川村登美子らぐらいで少しく寂しい。

然しいま盛岡は県民会館による第二の音楽勃興期を迎えて、音大進学者が急増しているというから、これから先が楽しみである。

〔一九七五年二月号〕

夜ごとのジャズ

さかのぼれば十九世紀、アメリカはニューオリンズに始まったと言われるジャズ。聞く人の心を熱くしながら時代をこえて生きてきた音楽は、ここ盛岡にもスイングしなけりゃ日も夜も明けない人達をつくりました。春宵一曲値千金。五月はジャズの座談会です。

宇都宮誠（宇都宮総合保険事務所）　黒江俊（黒江歯科医院）
瀬川正人（元ジャズ喫茶経営「伴天連茶屋」）　野坂幸弘（岩手大学教育学部教授）
藤川由利子（ジャズ喫茶経営「ＮＯＮＫ ＴＯＮＫ」）
司会・斎藤純　記録・和田貴栄子

ジャズ喫茶が青春だった

斎藤　まず皆さんのジャズとの出会いから伺います。伴天連茶屋《ばてれんちゃや》のマスターだった瀬川さんからお願いします。

瀬川　私が中学生時代はまだジャズとポピュラーの区別がなくて、エレキギターが出はじめたあたり。でもトランペットのマイルス・デイビスがいいなと思っていた頃ですね。その後、東京でジャズ喫茶という専門の店があることに驚いて、その頃からジャズを意識し始めたんですね。

野坂　私は生まれが北海道です。アメリカの音楽は何でもジャズと言っていた頃が子供時代。映画と一緒に音楽に熱中し、ジャズを意識したのは昭和二十九年ぐらいだと思います。小樽の映画館でジョージ川口とビッグフォーが映画の合間に実演ということをしたんです。未だに懐かしく思い出しますね。うちの叔父のところにジャズのレコードがありまして、そればかり聞いていました。

宇都宮　私は人生の一部という以上のものをジャズから受け取ったと思う。二十代前半に出合ったジャズ喫茶のパモジャ、伴天連茶屋、それらのマスター達を通して人間のハートとか、色々な情報を植えつけられ一種の信者みたいになる。生きたジャズを聞かないと満足できない。だから人がやらなければ自分がやるしかない、ということでライブやコンサートの企画をしているわけです。

藤川　私は二十才すぎての出会いです。スポーツに夢中だったのが健康面で挫折して落ち込んでいる時に友達が一関のジャズ喫茶ベイシーに連れていってくれたんです。音の良さや雰囲気に一瞬にして新天地が開けたという衝撃的な出会いだったんですよね。それで毎日ジャズを聞くために自分で喫茶店をやり始めたんです。

黒江　私は中学の時にテレビでホレス・シルバー・クインテットを見て虜になってレコードを聞くうちにジョン・コルトレーンに出会い、以来病気になった。一九八四年にジョン・コルトレーンメモリアルバンドというのを結成したんです。今年の七月十八日には没後二十五年のコンサートをやりたいと考えています。

斎藤　野坂先生は学生時代はジャズ喫茶に通っていらしたのですか。

野坂　大学時代は六十年安保の頃で殺伐とした時代でした。札幌でしたが、当時ライブというのはほとんどなかったし、ジャズ喫茶でしたね。

斎藤　岩手にはジャズ喫茶が多いと思うのですが。

瀬川　五十五年あたりまでは各市にジャズ喫茶があったのじゃないかな。

斎藤　盛岡ではダンテは残っていますね。八の六は無くなった。パモジャの前身のリッチというのもありましたね。

瀬川　今はカラオケを置かない店ではBGMでジャズを入れたりするから、だんだん必要性が薄れてきたんですね。昔はジャズを流しているところが少なかったから目立っちゃった。日活ビル横のモンタンが一世を風靡した時代がありましたね。あの頃が東京でも全盛期。モダンジャズという表現をしたのは東北ではモンタンが最初かもしれないね。中央通りのキャバレーとかクラブにバンドが入っていた。その人達が休憩時間などに集まっていたりしたものです。

野坂　四十五年に盛岡に来たときにジャズ喫茶を探したんですよ。でも見つけられなかった。モンタンが終わり伴天連茶屋ができる前の年ぐらいだったんですね。

斎藤　そこが一番空白の時期だったのかもしれませんね。NONK TONKが開店したのはいつなんですか。

藤川　一九八九年です。

斎藤　今まではどんなコンサートをなさったんですか。

藤川　オープニングがレイ・ブライアント・トリオですね。それから秋吉敏子バークリートリオ。ルー・タバキン、ランディ・ブレッカーのカルテットなど。後はアマチュアの人達が日曜にやっています。

斎藤　どうしてこういうお店まで持ってしまうくらいになったんですか。

藤川　十年前にニューヨークに行き、半月ほど朝昼晩、聞き歩きました。ところがジャズ喫茶というのがないんですね。ライブだけ。それは衝撃でした。素晴らしい昔のレコードが聞けるとしてもライブは今この時だけのものだから、それがやれる場所がどうしても欲しかったんです。

ジャズが人生　今はファッション

斎藤　僕が伴天連に行き始めたのは十五、六才の頃だったんだけど僕はあそこで人生を踏み外したんですね。怪しげな人達が結構集まっていたから（笑）。

藤川　ジャズというのは男の世界みたいな雰囲気があったでしょう。〈酒。タバコ。深夜〉最初は行きたいんだけどなかなか行けなかった。

野坂　ジャズ喫茶に通う理由って音楽もあるが人もあるのでしょう。

黒江　昔はみんなレコードが買えない時代だった。大きな音で新しい音楽が聞けて、マスターに蘊蓄があって選んでくれて……でも今はマスターが選んだ何かしらのメッセージをもったものを聞く機会がなくなってきたね、それは残念だね。

宇都宮　世の中が情報過多になってジャズ喫茶にいかなくてもむしろ客のほうが知るようになった。必然性はないかもしれないけれどやはり人との出会いという面をジャズ喫茶に求めて欲しいなと思う。

藤川　私の店を作るにあたって、ジャズはこういうものだと皆さんに伝える、底辺の拡大でいいと思ったんです。朝から晩までバンバンかけているとお客様が来ませんから、ＢＧＭでジャズを流しています。次の段階で一度本当にいいものを聞いてみて下さいとライブへお誘いする。ファンが少しずつ増えてくれればいいなと思うんです。

瀬川　私の店も、伴天連という宣教師の意味に託して、底辺の拡大を頑張ったんだけどやはりだめでしたね。

野坂　若い人の反応はよくないですか。

藤川　上辺だけですね。この人ならずーっとファンで来てくれるなという手応えが全然ないんです。
瀬川　今の若い人って彼とか彼女の趣味に迎合しちゃうの。ファッション性がちょっと落ちるともう駄目なのね。
藤川　今東京では新しいジャズ喫茶ができましたね。
斎藤　若い人もただ〈おしゃれだ〉というだけで来ている人が多いですよね。
宇都宮　デートスポットになっている。
斎藤　今はジャズのCDも口当りがいいのを集めたオムニバスのようなものが売れているんですね。
宇都宮　若い人達の間でジャズのカラオケがはやっているんですよ。
瀬川　そういうことを聞くと本当に悲しくなりますね。無理して聞かなくてもいいしジャズと書かなければいいのにと思う。違うジャンルですよ。もっともミュージシャンのほうもアドリブを三分の一くらいに減らすと受けると思ってる時代です。一時代を画した新宿のPIT INNがなくなったのも仕方がないかと思ってもやはり寂しい。自分の人生ってこんなものだったんだろうかという区切りが見えるんですね。うちの店がなくなるときはだれも何もいわなかったですよ（笑）。
斎藤　瀬川さんのようにジャズを生きるという立場になると辛いと思うんですよね。

僕なんかは骨董品を撫で回して楽しむような立場でジャズを見てるから辛さというのはないですもの。

ジャズ　イコール　文化に

野坂　斎藤さんの時代はジャズははやっていましたか。

斎藤　そうでもなかったです。僕が行き始めたのは河野典生や五木寛之を読んで、これはジャズを知らないと駄目だなと感じたから。分かって聞いていたわけでもなく伴天連がかっこいいというだけで通ったようなものです。当時ジャズ喫茶は一種の文化基地で、盛岡の中の東京だったんですよ。

瀬川　昔はジャズ＝（イコール）文学とか絵とか、そういう芸術＝ジャズというとらえ方があったんだけど、この頃あまりジャズに芸術を求めなくなってきたね。

野坂　昔は芸術のほかに理想性も求めていた、時代がオーバーラップして、気負いがあったのかもしれない。

瀬川　これからはジャズ＝文化にしようと思う。常に日常的にやるべきです。

黒江　ＮＯＮＫ ＴＯＮＫで継続的にライブをやっていることは長い目で見ればいいことです。若い人もきているでしょう。

藤川　ただね、今日はライブだというと、では帰ります。という人がいるんですよ

（笑）。出直しますって。

斎藤　まだ珍しいのでしょうから。

藤川　それにジャズのライブですって言うと、「うちの子はクラシックしかやりませんしジャズなんて聞きません」と言うお母さんも多いですよ。ジャズという言葉の響きでそういう反応をする。まだ偏見があるんですね。

斎藤　バーンスタインだってジャズを勉強したんだ、と言ってやればいいんですよ。

黒江　アンドレ・プレビンという指揮者だってジャズメンだったんですよ。気持ちは同じだと思うんですね。演奏する人の表現スタイルが違うだけ。

瀬川　クラシックをやっている人は皆ジャズをやりたがるね。自由な部分がいっぱいあるから。

黒江　即興演奏がこれだけ最大限に許されている音楽ってないですよ。

斎藤　レッド・ツェッペリンも自分達のお手本になるものなどないからジャズを聞いてた。でも今のロックミュージシャンでジャズを聞いて勉強する人はいませんね。

黒江　ローリングストーンズはブルースを聞いていた。それらを乗り越えて後世に残るすごいのを出すというのは大変なこと。百年後にどういう位置付けになるか。

瀬川　若いジャズミュージシャンはあまりクラシックを気にしすぎるの。だからつまらない。型にはめることを考えるから。昔みたいに譜面読めなくて耳だけでやっていた人達が面白味があったけどね。

黒江　元々音楽って楽譜があったわけじゃないからね。

時代を乗り越える音楽

斎藤　盛岡は地方都市としてはコンサートが多いと思うけれども必ずしもお客さんが一杯入っているわけではないんですね。

瀬川　ジャズのお客さんは三百人です。

斎藤　ジャズはいま全体に斜陽だから。

瀬川　斜陽というよりも聞く側がちょっと停滞しているんですよね。たぶん三十年ぐらい前から頭の中は変わっていない人がいっぱいいるんです。ジャズというのはある程度人を乗り越えていく音楽です。聞く側もどういうことをやるんだろうという期待感、何か失敗したらそこを突いてやろうという、スリルとサスペンスの世界。ところが感覚が五十年代で止まっているとしようがないんですよね。そこを乗り越えると初めて、たとえば文化という名前がつくんじゃないかな。

野坂　コルトレーンがはやった頃は実に新鮮でしたよ。

黒江　時代がどんどん前に進んでいく。コルトレーンは次に何を出すのかなという期待感。彼はすごかった。今はそういうミュージシャンはあまりいないですね。時代と一緒に自分が生きているという実感を知っている人は止められない。

斎藤　岩手には大御所たちがポンと来てくれるんですね。特別のコネなどあるんでしょうか。

藤川　コンサートで顔見知りになったりすると、割に気安く来てくださるんです。

宇都宮　ツアーで東北を回るような場合、盛岡って割と中継点に当るわけですよね。一日空いたりするんです。すると通常のギャラよりは安くてもいいや、という感じで突発的に決まったりするのもありますよ。ミュージシャンと主催する側、聞く側との関係においても芸能界とジャズの世界はまた違うようですね。コンサートで楽しみ、終わった後みんなで打ち上げして楽しみ、私生活の話が出て人間的な付き合いができる。そういう部分がジャズの熱さのような気がします。

瀬川　オフの盛岡、と言われてツアーの休みを盛岡で取る。遊ぼうかっていう形で一緒にセッションしたり。コンサートの打ち上げだとどうしても深夜にかかっちゃうからちょっときついし疲れちゃうけれど。

斎藤　最近NONK TONKでウィンストン・マルサリスの打ち上げをしたとか。

藤川　朝の四時頃まで。まあうちならあまり音も漏れないし大丈夫ですけど。

黒江　ドラムの人がピアノを弾き、トロンボーンの人がベースを弾いて、面白かったですよ。みんなうまい。他の楽器もちゃんと弾ける。実力がある人達が中でももっとも得意な物をいつもやっているわけだ。

宇都宮　一時期コンサートがわーっと一世を風靡して月何回もやったこともあったけど、それも長続きはしなかった。

黒江　でも岩手のジャズ愛好会は人数は日本一なんですよ。去年は百五十人ぐらいでした。年二、三回会報を発行して、それは他の県にないことですね。

瀬川　それがあるからコンサートの交通整理ができるんですね。かちあわないようにできるんです。

斎藤　重なるとお客が散るだけだからね。

瀬川　客とは思えない。百人くらいだとスタッフに見えますよね（笑）。

宇都宮　チケットをいつも同じ人が同じ方法で販売してるから同じ人しか来ない。その幅を広げるという一つの壁をうちやぶれない。そこをどうやってクリアするかが課題じゃないですかね。

斎藤　野坂先生は学生にジャズを聞いてみろというようなことはおっしゃらないんですか。

野坂　言いますよ、たまに。何人か人が欲しいなというときに（笑）。ノルマを消化しないといけないから。学生を誘ってみると良かったというケースが多いんですよ。普段全然聞いていないから新鮮なんだな。

黒江　ライブの良さというのはダイレクトに聞けるということですよね。生で聞いたらみんな感激すると思いますよ。凄く迫力があるでしょう。ステレオでは味わえない臨場感もあるし、ミュージシャンからのメッセージが伝わってくる。だからいろいろな人を誘って聞かせないと駄目ですね。すると若い人も感受性が強いから感じ取ってくれると思うんですね。どうやって引っ張ってくるかが問題なんですよね。

野坂　最近では山下洋輔、坂田明。あの時は引っ張りやすかった。後はミュージシャンの名前では引っ張れない。聞いたことないっていわれます。生で聞く良さが分かって続けていくといいのだけれど。

藤川　アメリカではコンサートの入場料も安くて聞きやすいんですが。

黒江　日本は高すぎますよね。

宇都宮　一番ネックだと思うのは時間ですね。六時半から始まるのでは大人は行けない。八時とか九時くらいから始められる大人のためのコンサートホールがあってもいいじゃないですか。例えば子供を預かる所もなくては、今時ホールといえませんよ。ゆっくり着替えて出かける。そんな時しか夫婦で楽しめる時間ってないでしょう。その辺がまだ文化的に貧しいところですね。

野坂　早く帰る人もいますね、やっている最中に。まだ終わっていないのに。

藤川　うちのライブは七時か七時半に始まるのね。だけど十時前にみんな帰るんですよ。不思議でしょうがないですけどね。

瀬川　バス時間があるからね。どうしてもバスの時間によって動くんですよ。

宇都宮　もったいないね。これから良くなる時なのに。来たら最後までいてほしい。歩いて帰ったっていいじゃないですか。

演奏者も育てたい

黒江　盛岡はアマチュアバンドで結構うまい人が多いんですよね。以前伴天連茶屋があった頃そこに集まった連中が今それぞれ自分でグループをもっていて頑張っているんだけど、よその地域から来た人はグレードが高いのにびっくりするんです。

瀬川　そうですね。一人一人がうまいんですよ。ただちょっとミスマッチでバンドを組んでしまうところがあるからアンサンブルの点で問題が出てきたりするけれど。

黒江　伴天連でよくジャムセッションはやったけど、その頃はきちんとしたバンドのスタイルでやるのはなかった。僕あたりからユニットのバンドでやるきっかけとなったかなと思う。僕たちが六十年代当時のすごさの語り部になろうかと思っています。

野坂　コルトレーンバンドはそういう意味では随分役割を果たしていますね。

瀬川　来年国民文化祭で矢巾の田園ホールでジャズが初めて入るんです。やはり全国規模になるとうまい人達が多いです。文化の国体ですから、黒江先生たちにいいオリジナルを作ってもらって一生懸命練習してもらいたい。来年十一月ですのでね。
藤川　来年五月には都南にコンサートホールができるでしょう。田園ホールはクラシックというイメージがあるので都南のホールはジャズホールとしてのイメージでもっていけるといいなと思っています。
瀬川　これからアマチュアバンドが方同性をちゃんと持ったバンドに育ってくれればいいですけれどね。アマチュアだからできるというのもあるんですよね。
藤川　ライブの回数を重ねているグループはチームワークも音もいいし、セッションのときも面白いですね。もっと若い人達にきっかけを作る何かがあればいいですね。
野坂　国民文化祭も一つのきっかけになると思いますよ。
斎藤　ＮＯＮＫ ＴＯＮＫも受け入れ場所の一つだし、拠点の一つになっていただきたい。プロもアマチュアも育てていきましょう。

〔一九九二年五月号〕

イーハトーヴタイム

あんべ光俊（シンガーソングライター）

盛岡は僕にとってやはり特別な街だ。

音楽の世界に飛び込んで以来、盛岡は四十年余にわたる旅の始発駅であったし、出会いと別れを重ねた思い出の街でもある。今でも中津川あたりや八幡などを歩くといろいろな人の顔が浮かんでくる。そんな風にして、忘れていたことをもう一度胸に温めながらこの街をそぞろ歩くのもなんだかいい。

ところで、この不器用な男は帰るたびにいつもこの街で多くの人たちに励まされてきた。おかげで今の自分がある。

それらの恩人の一人が、今は亡き北口惇夫さんだ。岩手放送ラジオの名プロデューサーとして、「IBCトップ40」を始めとする人気番組や、今も続く「ラジソン」、そして数多くのドキュメンタリー受賞作品などを手がけ、ラジオの一黄金期を築かれた。

北口さんにお会いしたのは一九七四年。まだ僕は早稲田大学の学生で、自主制作した「しょうよう歌」を聴いてもらうためにその日、北口さんを訪ねて行ったのだ。「しょうよう歌」はゼミの仲間二人と組んだバンド「飛行船」の解散記念の自主制作レコードで、バンド活動の間に続けて得たアルバイト代を皆で出し合って作ったもの。訪問はプロモーションでもあったが、それ以上に僕たちの歌がプロの耳にどう響くのかを知りたかったたし、また、あわよくばプロデビューのきっかけになれば、との浅はかな思惑もあってのこと。

北口さんは歌を聴き終えると「普通です」と言ってタバコをくゆらせてしばらく黙

りこくった。どうやらレコード作りが金持ちの学生の戯れと思われたようで、やがて「なぜ芸能界に棹さすのか」などと厳しい口調で苦言を呈すと、席を立って行ってしまわれた。若かった僕はお話を聞きながら北口さんの言葉一つ一つに内心、反発したことを覚えている。闘争心に火がついたのだ。

その成果が一年後「遠野物語」に現れる。

北口さんは思いがけないことにいち早く、また誰よりも評価して応援してくださった。

次いで「星の旅」が、そして「イーハトーヴの風」が北口さんとの語らいから生まれる。いつしか北口さんは僕にとって作品作りの羅針盤のような存在になった。だから北口さんに旅立たれてからしばらくは難破船のような有様で、辛い日々が続くことになった。

先日、北口さんとよく行った菜園の今はない居酒屋あたりを歩いていると雪になった。遠い雪の夜、その店でやはり今は亡き天野滋と北口さんと三人で飲んだことがあった。二人の笑顔を思い出す。盛岡を歩くとこんな夜に出会う。盛岡はやはり特別な街だ。

〔二〇一七年一月号〕

やけに真白な雪がふわふわ

北口惇夫（岩手放送・放送部長）

デビュー記念パーティという華やかな席に主役の若者は朴歯の下駄で登場した。奇をてらってのことではない。彼は、この日の主役であることの不満を表現したかった。昭和四十八年の初秋の或る日、仙台のホテルで開かれたNSPデビュー記念パーティでの出来事。朴歯で現れた若者はNSPのリーダー、天野滋。

吉田拓郎、井上陽水ではじめたIBCのスタジオ・コンサート・シリーズが、県内各地の体育館に場所を変えた頃、NHKが県内アマチュアの発掘をはじめたときいて、そのフォローを「ライダース・ジャンプ」という番組のディスク・ジョッキーをしていた岩大生の野村静夫に依頼した。野村は今、気鋭の出版ジャーナリスト。角川書店で「ザ・テレビジョン」「東京ウォーカー」を創刊した。

野村は岩手のアマチュアで力があるのは一関高専のグループ、NSPしかいないと断言する。まもなくヤマハ音楽振興会が県内のアマチュアの音楽を紹介する番組を提供したいといってきた。ヤマハが集めた曲を聴いた担当ディレクターが素晴らしいグループがいると駈けこんできた。NSPだという。応募リストの作詞作曲者の欄に天野滋とあった。これは嬉しかった。天野は「ライダース・ジャンプ」の常連の投稿者で、その鋭い感性には、ずっと前から注目していた。さらに曲を聴いて驚く。〝やけに真白な雪がふわふわ／真っ裸の木をこごえさせ／蝉の子どもは土の下／あったかいんだね／ぐっすり眠る〟という「さようなら」に心が震えた。

体育館シリーズのメンバーを一関で開くことになったら会場をアマチュアのグループが押えていた。主催者のメンバーにNSPがいて、事情を話し、彼らに前座で出てもらうことにした。加川良、三上寛という地味な顔ぶれだったが、会場は満員。その中には今、音楽プロデューサーとして活躍する高橋研（当時、盛岡一高生）もいた。

そこで僕はNSPと対面したかったのだが叶わなかった。女性ファンが彼らを独占していて楽屋に入れなかった。

やっと対面したのは翌年の三月、花巻の体育館。陽水、古井戸、かまやつひろしのコンサートで、会場にNSPが来ていると聞いて場内アナウンスで呼び出す。アナウンスしたとたん、満場の拍手が湧いた。

NSPは「ポピュラー・ソング・コンテスト」に入賞、ヤマハ、キャニオン・レコードはデビューを決めた。ところが、NSPはデビューに応じない。彼らは、芸能界ではなく普通の会社に就職したかった。しかし、彼らは就職試験に失敗する。喜んだ企業は三人をヤマハに就職させるという条件を出し、デビューが決定する。夏休みを利用しての日本縦断コンサート。どこでも大歓迎と僕は聞いていたが、天野には心痛む日があったという。そこで例の抗議行動となるのだが、僕は、その日、初めて芸能界のパーティなるものに出席した。天野が「もう辞めたい」といっているという。その決意を何とかしてくれないかとレコード会社はいう。

その夏、僕はアメリカ研修旅行を命じられ帰ったら「さようなら」がレコードになって机上にあった。すぐに一関に行ってくれという。NSPのデビュー・コンサートがある。

それに立ち会えというのだ。一関の体育館は山口百恵の時と同じように満員のにぎわい。郷土が生んだヒーローに熱狂する若者たちがいた。

パーティが終って、僕はNSPの三人をバーに誘った。「一関のコンサート、良かったな。みんな期待しているよ」。それしか言わなかった。長い沈黙の後、天野が言った。

「練習しようぜ、俺たち下手だからさ」

NSPは「夕暮れ時はさびしそう」「赤い糸の伝説」をヒットさせ、二十枚のLPを出し、東北新幹線開通イメージソング「めぐり逢いはすべてを越えて」、IBC開局三十周年記念映画「遠野物語」のテーマを作り、一昨年、自然解消した。

十月十九日、中三AUNホールの天野滋コンサートの客席にNSPのメンバー平賀和人のお母さん、お姉さんがいた。平賀は今、レコード会社のディレクター。ことしゴーバンズの「あいにきてアイ、ニード、ユー」というヒット曲を出し、多忙である。「お盆には帰って来なかったんです。少し遅れて家族みんなで来ました」「未来ちゃん、大きくなったでしょう」

未来は、みく。早く結婚した平賀の長女である。「中学三年生になりました。来年は高校」と言って、平賀のお母さんは顔をクシャクシャさせて笑った。

彼らの三枚目のアルバムを特集した時の、まだ声変りしていない少年の声が今も耳に残る。「NSPは僕らに思春期の気持ちを伝えてくれます」

〔一九九〇年十二月号〕

松任谷由実

姉帯俊之（岩手放送・編成局制作部長）

僕がラジオ局の駆け出しディレクターだった頃、一九七八年の五月、プロデューサーからユーミンの取材に行って来るよう命じられた。ワクワク感と緊張感が交錯する中、Tアナウンサーとデンスケ（録音機）かついで岩手県民会館の会議室にお邪魔した。なぜ会議室かと聞いたら大ホールの楽屋では狭いので特別に会議室を借りたという。

その理由は、事務所持ち込みのソファーや冷蔵庫など特別仕様のケータリング関連物を用意したからだとか。

　午後なのに業界らしく「おはようございます」と一通りの挨拶を交わしたら、ユーミンが「紅茶いかがですか?」と言うので、僕自身の緊張感をほぐすため、いただくことにした。そしたら、なんとユーミンが直々に紅茶を入れてくれ、ツアー中も持ち歩いているという銀のカップで御馳走になったのだ。

　十五分ほどのインタビューを終えて雑談に入った。岩手の景色が印象的だと強調するので、僕も調子に乗って「だったら、その感動を歌にしてくださいよ」なんて気軽にお願いしたら、半分生返事が返ってきた。こちらもあまり期待せず、その夜のコンサートを楽しんだ。鈴木茂の赤いストラットキャスターが「あの日に帰りたい」をボサノバ風に奏でていたのが、やたらと思い出に残っている。

　翌一九七九年、初夏だったと思う。昨年の出来事など忘れ、再びユーミンのコンサートに出かけた。そしたら、弾き語りのコーナーで「まだ未完成だけど盛岡の歌を創りました」と言うではないか。「ウッソー」と思いながら、目をつぶってしっかりと聴かせてもらった。

　コンサート終了後、打ち上げの会場でユーミンに感想を求められ、つい本音で「盛岡という詩は嬉しいけど、サビがもう少しわかりやすいほうが」なんて言ってしまった。若僧のディレクターが。
その年の十一月のある日、翌月リリースのアルバム「悲しいほどお天気」の試聴版が手元に届いた。即、レコード室に飛び込んで、三曲目に針を落とした。
イントロ完璧。サビOK。アレンジ最高。ギターはまた鈴木茂が控えめに入っていた。

♪輝く緑の草原を
　さざなみ遥かに渡ってゆく

花巻空港着陸前の飛行機からの風景で、田植えが終わったばかりの水田がキラキラと輝いていたという。

♪MORIOKAという
　その響きがロシア語
　みたいだった

本来は花巻空港なので、「ハナマキ」としたかったらしいが腹巻に聞こえるので、盛岡に変えたという。

♪セロファンのような
　午後の太陽
　綾とる川面を
　　ゆっくり越えて

県民会館から見る中津川。確かに、あの日は五月晴れだった。萌える山々と緑の風、そして緩やかに流れるせせらぎ。そんな風景がユーミンの心に響いたのだろう。いつか、ユーミンにお礼をしなければと考えていたが、物じゃつまらない。僕なりにできることがないだろうか。やっと思いついたのがＩＢＣアナウンサー全員が出演するラジオドラマ『緑の町に舞い降りて』だった。同録テープを送ったのに、未だに感想はもらえていないのがチョット残念。

蛇足になるが、一九九三年に行われたアルペンスキー大会のイメージソングも盛岡大好きのユーミンにお願いした。本人も事務所も快諾してくれたのは改めて言うまでもない。

五月になるとラジオでこの曲を耳にすることが多くなる。賢治や啄木も愛した盛岡。五月は特別に輝いている街だと僕も思う。都会でもない、田舎でもない、程よい生活空間が他のアーティスト達にも好かれているようだ。

〔二〇〇八年八月号〕

バイオリン作りの松本伸さん

斎藤五郎（街もりおか編集長）

今回はユニークな仕事場に参りました。関東以北ではここだけではないかと思われる弦楽器の製作・修理・調整の松本伸さんのバイオリン工房です。盛岡市本町通一丁目カメラのキクヤさんの二階にその工房があります。松本伸さんはキクヤさんの社長松本源蔵さんの二男なのです。

「東京で六年間バイオリン作りの勉強をして帰り、今年の一月から道具作り、材料集めなど準備にかかり四月に工房を開き実質的に仕事に入りました。実はあまり注文はないものと覚悟していたんですが、意外と修理や調整の仕事が多く、なかなか製作の方まで手が回らなくなってしまい、でも、いつでもいいからというような、ありがたい注文などもいただいたりして、やはり盛岡は芸術性の高い芸どころと改めて感じました」

バイオリンの製作という仕事もユニークですが、松本さんの経歴もかなりユニークです。盛岡一高から室蘭工業大学建築科に進み、大学三年の時に一か月半ほどヨーロッパ旅行をして、大学のオーケストラをやっていたこともあって、イタリアではバイオリン作りに強く魅せられたということですが、それが現在につながることになります。

そして卒業年となり、成績も優秀で、ある設計事務所に就職も決まるのですが、一年間卒業設計（論文）を制作しながら松本さんがいつも考えていたことは、誰かが設計して、誰かが作って、誰かが販売するということでなく、設計・製作・販売を一貫作業で全部自分でやってみたいということでした。それでフッと思ったのがイタリアで見たバイオリン製作のことです。松本さんは高度な技術と豊かな感性を要求され、終始一貫自作の仕事はこれだと悟ります。（ちなみにバイオリンの型には定型はありません。全部製作者のオリジナルです。そこに設計の仕事もあるのですが、ただ、バイオリンの名器で有名なストラディバリが千七百年代前半に現在の標準型バイオリンを創始し、それが現在絶対的基本型になっています）

今は大量生産メーカーのバイオリンがほとんどです。手作りのバイオリン製作者は東京でも数人しかいません。その一人に松本さんは弟子入りして六年間研鑽を積みます。松本さんのそのような行動力は帰省の際に東京・盛岡間を自転車で往復させ、富士登山を東京から乗り物いっさい使わず徒歩で、寝袋一つで登頂するなど、実に逞ましいのです。

「東京で弟子入りしたその工房で一年ほどした頃〝作ってみるか〟と、ポンと師匠が材料をくれまして、それから一つのバイオリンを作るのに一年半かかりました。九時から六時までの勤務で、その時間帯は師匠の方の仕事、ぼくのは時間外の早朝とか夜だけの製作でしたので。それに修理関係の仕事はやっていましたけれど、あとは門前の小僧です、特別に教えてはくれません、見よう見まねで研究です。時間はかかりましたが、この習得法でほんとうに技術が身につきました。勤めた当初はとにかく毎日毎日ノミ、カンナ、小刀などの刃物とぎでした。刃物が生命の仕事ですから。刃物とぎというのは簡単にみえて実は練習や慣れだけでは培われない天性的なものがあるようで、この時点ですでにやめていく人もいました」

どこにでもある仕事でない稀な仕事なので道具類も全部手作りです。工房を開くのに準備に数か月を要したのもそのためです。工房の棚には小刀、ノミ、カンナ、ヤスリ等、種類や型の異なったものがちょっと数えきれないほどありますが、先づこの道具類を作れなければこの仕事はできません。修理や調整の済んだ大小のバイオリンが天井から吊り下がった仕事台の前で、松本さんはその手作りの手の平の中にすっぽり入ってしまいそうな小さな舟型のカンナでバイオリンの胴の表板を削りながら話を続けます。

「ストラディバリやアマティ、グァルネリが出たイタリアのクレモナで楽器のコンクールがあるので、今それに出品するバイオリンを全力投球で製作しています。いま胴の表板、裏板を削っているのですが、この縁の線に添った模様のデザインに注目ください。普通はプリントなんですが、これは○・二ミリ毎に溝を彫って黒檀を三列に埋め、その上に菱型の象牙をはめ込んだものです。仕上げにこのカンナで二・三ミリ削っても下まで埋まっているので同じ模様で生きています」。材料のカエデ、マツは全部イタリアからの輸入ものです。「根気の仕事ですが楽しいので疲れません。今は終日工房にこもりきりですが、クレモナ出品作が完成したらまた山にでも行って来ます」と松本さんは実におおらかで明るいのです。

〔一九八六年八月号〕

魂のギター製作者を想う

秋山　繁（音楽評論家）

若手ギター製作者として盛岡市に工房を開設し、将来を嘱望されていた水原洋さんが、四十歳代の若さで逝去されたのは平成十八年の早春だった。彼の製作になるギターは、日本のクラシック・ギター界の次代を担うと期待されている若手奏者達に広く愛用されており、専門家筋では、いずれ数年後には日本を代表する名工の一人として、いわゆる水原ブランドを確立し、世界にその名を知られるギター製作者になったであろうと語られており、その早世は真に惜しまれることであった。

水原さんは優しいお人柄で多くのギタリストに愛された人でもあり、昨年開催された一周忌追悼演奏会はそれを如実に物語るものであった。親友だったギタリストの一人は、F・タレガの名曲「アルハンブラの想い出」を悼惜の思いを込めて演奏したが、その美しいトレモロは出席者すべての心を一つにし、正に「水原洋さんの想い出」そのものであった。その演奏に感動した出席者の一人が、

トレモロよ天に届けと友弾けるアルハンブラの想い出響く
追悼の調べにのりて遥かなる御魂光りぬ友らのうえに
――追悼演奏会にて――

と、短歌を詠んだ。この追悼演奏会の感動のひと時は、名工・水原洋さんの名とともにいつまでも語り継がれることだろう。

ところで、ギターという楽器は、元々わが岩手には深い縁がある。戦後、昭和二十

年代後半に彗星のごとく登場し、北東北随一の若手奏者と称されて活躍した岩手クラシック・ギター界の先達、花巻市出身の小原佑公は、世界的名製作者として名を馳せたパリの名工「ロベール・ブシェ」製作の名器の所有者であった。

昭和四十年代に単身渡欧し、国際的に権威のあるギターコンクールに次々と入賞を果たし、一躍国際的若手ギタリストとして脚光を浴び、ヨーロッパで活躍していた平山政幸が、数年後に凱旋帰国した。その彼が日本各地で演奏会を開催した時、その演奏会で使用した楽器は、スペイン三大名工の一人として余りにも有名な「ラミレス二世」の名器であった。

しかも、それは借用したものだった。この「ラミレス二世」の名器を、帰国演奏会を開催する平山に一年間貸し与えたのは、「心のギター」「ギターの詩人」と讃えられ、ギター界の第一人者として活躍した花巻市出身の秋山実である。秋山実が同じ岩手のギターの系譜に連なる平山政幸に、愛用の名器「ラミレス二世」を貸し与えた音楽家同士のエピソードについて、知る人は皆無であろう。

昭和三十七年、後のスペイン国立音楽大学ギター科教授、ホルヘ・アリサ氏が来日した。そして秋山実と親交を結び、帰国を前に秋山宅を訪ね、感謝と記念の気持ちを込めて、愛用の「ラミレス二世」の名器を譲りたいと申し出た。お互いギタリスト同士ということもあるが、何より秋山の人柄がアリサ氏の心の琴線にふれたらしい。

スペイン国立音楽大学ギター科は首府マドリッドにあって、クラシック・ギターの正則の教授を行う六年制の大学であり、ホルへ・アリサ氏はレヒノ・サインス・デ・ラ・マサ教授の後をうけて教授になった名ギタリストである。レヒノはホアキン・ロドリゴの「アランフェス協奏曲」を初演した世界的名ギタリストであった。

秋山実は同じ岩手出身の若きギター製作者の水原洋さんを知っていて「いつかお会いしたい」と話していた。ギターを作ってもらいたいと思っていたのである。

願いは叶わず秋山は病死した。私は秋山実愛用の河野賢（日本三大名工の一人）のギターを所持していて、いつの日にか水原さんの工房を訪ね、河野のギターを見ていただきながら、ギター談義に花を咲かせるのを楽しみにしていたが、その望みも叶わなかった。私達岩手のギター愛好者は、これからも改めて失ったものの大きさを知ることになるだろう。

〔二〇〇八年十月号〕

アート

竣介のいる風景

太田俊穂（岩手放送会長）

松本竣介展が六月の二十八日から七月二十日まで県民会館で開かれる。久しぶりに竣介の絵にふれることができる。

竣介は旧姓佐藤、名前も「俊介」[註]であった。兄の佐藤彬は若いころ平凡社で百科事典の編集にたずさわったが、終戦後、海軍から復員して私が岩手日報の出版の責任者時代に入社し、創刊当時の「東北文庫」の編集に当った。その後、県の地方労働委員会の事務局長となって当時の県労働界で重きをなした。

昭和三十年ごろ、再び平凡社へ戻り、創立者である下中弥三郎伝を執筆していたが、いまは亡い。昭和五十年の夏、花巻空港へ客を迎えにいこうとしているところへ、ひょっこり現われ、やはり飛行機で帰るところだというので、会社の応接で食事をして空港まで送っていった。そのあと、まもなく発病したときいた。盛岡中学時代から弁論の雄で大いに鳴らし、才人でもあった。

竣介兄弟と私は、花巻の小学校のころよく遊んだ。彬は小学校から盛岡中学を通じて一年上、科はちがうが、東京外語でもそうだった。もっとも私は中退して卒業しなかったが、彼は独語科を出た。私の父が、この兄弟の父勝美と若いときからの親友だった関係で、家族ぐるみのつきあいであった。佐藤家は早く花巻を去って盛岡に移ったので、私が花巻から盛岡中学に入ったとき、盛岡在住の保証人が要るというので、父の勝身になってもらった。

竣介が「松本」姓を名乗ったのは奥さんの禎子さんと結婚して以来である。松本家に入籍したからである。

彼は私より二年下、自画像にあるように亡くなるまで童顔を失っていなかったが、少年のころはとくに可愛らしかった。私の母など、どんな機嫌の悪いときでも、竣介が遊びにくると急にニコニコして一生懸命もてなした。兄弟の母は東京の人で、二人とも東京生れなので、一種の清潔感とハイカラさがあった。

父の勝身は南部藩士族の出身で、東京に遊学中、結婚したらしかったが、この人もなかなかの美男で、どこかイキなところがあった。後年、盛岡貯蓄銀行の支配人時代は、花柳界でも大いにもてていたようである。

わが家もあとで盛岡に移り住み、佐藤家との交友は再びはじまったが、そのころ同家は紺屋町の銀行の近くに住んでいた。竣介が脳脊髄膜炎をわずらい聴力を失ったのは中学に入った直後であった。やはり一緒に入学した友達のお祝いによばれての帰り、激しい頭痛を訴えたのがはじまりだったと見舞いにいったとき両親が語っていた。私の母は「俊ちゃんが可愛想だ。あんないい子がどうしてまた」といって泣いていた。家の近くに神社があったので、そこへ毎夜いって祈願しているらしかった。命はとりとめたが、聴力は終生戻らなかった。しかし、後年、画家として大成する道はこのときに開かれたのかもしれない。

私が編集した昭和三年の盛岡中学の校友会雑誌（四二〇号）の部報欄を見ると竣介はスケッチ競技会に出品して二等に入選している。油絵とある。学校に絵画倶楽部が創設されたのも、この年である。

この時代、竣介は弓道もやっている。念のため、この校友会雑誌を見ると、岩手師範主催の秋季弓道大会に彼もふくめて五名の選手が出場して盛岡中学チームが優勝している。前年の雑誌にもやはり弓道の選手として活躍していることが報じられている。秋季大会での競射で一等になっている。この年は二年生である。絵画に弓道に、なかなかいい線をいっているのが目立つ。

竣介の展覧会をはじめて見たのが、日中事変のはじまった直後の昭和十二年九月である。応召する新聞社の先輩を送りに上野駅へいった帰り、同行の学芸の婦人記者かららいま二科展をやっているから見にいかないかと誘われて美術館へ寄った。そこで見たのが、竣介の名作の一つといわれる「郊外」であった。線いっぱいの中に別荘風の洋館が建ち、その後方にも何軒か点在している。洋館の前で子供が、二、三人遊んでいる。それがなんともいえない情緒と美しさをもっていた。身びいきの故か、他の絵に比べてきわ立っていた。私はその婦人記者に「この画家とは幼な馴染だよ」と誇らしげに語った。

　文化史に残るエッセーとデッサンの月刊誌「雑記帳」の第一号を発行したのがその前年である。これが第十四号まで続き、高見順、佐藤春夫、中野重治、亀井勝一郎、室生犀生、高村光太郎、萩原朔太郎らに執筆させているが、いま考えると大変なことである。

　私の手許にその合本がある。開いて見て事変前後の冬の時代によくこのようなリベラルな雑誌を出せたものと。その勇気にはただ舌を巻くばかりである。

　彼と最後に会ったのが二十年の秋おそくである。川徳画廊で岩手美術連盟の展覧会があり、それに出品のため、来盛したときだったと思う。兄の彬と三人で会社の裏の小さな店でうどんを食べたのをおぼえている。喫茶店もない終戦直後のことで、これがやっとだった。童顔がそのまま残っていたのが嬉しかった。

　亡くなったのが、三年後の六月、三十六歳であった。

　　㊟昭和十九年以降、竣介に改める。

〔一九八六年六月号〕

岩手美術研究所と美術工芸学校

大宮政郎（画家）

昭和二十年の敗戦を迎え、物はない、食べ物もない、戦地よりの帰還も遅れ途方に暮れる毎日ではあったが、盛岡は幸い空襲による物的被害は少なく、街の空気は、むしろ、戦争も終わり、気の抜けた明るさにホッとしていた。そんな時、米駐留軍は大通りの教育会館に移り、今のサンビルは空き地で米軍の車置き場になっていた。

接収が解かれた県公会堂は、夜の社交ダンスや、どんちゃん騒ぎのやくざ踊りの場となっていた。その公会堂の地下室を借りて岩手美術研究所が始まった。そこは戦前から倉庫となっていたので、壁は白チョークを塗ったような薄汚い白壁で、手で触ろうものなら手が真っ白になるようで、大きさは二十畳くらいか。同じく白い天井から裸電球が一つか二つ下がっていた。

私が入所した開設二年目には、大きな火鉢一つと破れそうな三人掛けソファがおいてあった。そのほか、モデル用の教壇くらいの台と、木製の椅子が十個くらいはあったろうか。

そこにビーナス、メジチ、カラカラの三個の石膏像が在り、その周りに二、三十人がイーゼルを立て木炭画のデッサンをしていた。

研究所での研究、行事はデッサンばかりではなく、クロッキーや裸体デッサン会、デパートでの展覧会と批評会、クリスマスパーティーとスケッチ旅行会等など、いやいや、男女一緒での温泉旅行会もある楽しいものであった。

岩手県立美術工芸学校は、研究所に一年遅れて、隣の県工業指導所の二階に新築され、完成も待たずに昭和二十三年三月に開校した。

教授陣は、校長の森口多里をはじめ日本画の池田龍甫、洋画の深沢省三、彫刻は堀江赳。講師として橋本八百二、深沢紅子、舟越保武、舟越健次郎、他。講師の佐々木一郎は全体のマネジャーのようであり、工芸科は下の工業指導所より十名以上も参加していたと思う。

授業内容は一般教養のほか、声楽、西洋、東洋美術史、色彩学、解剖学、製図、文様学、工芸など盛り沢山で、高校生の頭脳では、とても消化しきれるものではない。

なぜ美校で「声楽」か……などと面白い。

一年生の午後は石膏デッサン、二、三年生になると裸体デッサンと油彩画か彫塑となる。

今でいえば高校二、三年になると午後の毎日、三時間ほど女性の裸を見て暮らすことになる。女体といってもみな美しいとは限らない。当時、盛岡にモデルになる人は少なく、三段腹のオバサンとか土偶のような人など、どうしてこれが美術・芸術なのか？と思える女性もいた。

ただし、割り箸のようなモデルは解剖学や骨格の勉強には良いのだぞ……とは先生の辯。あまりヌードばかり見ていると、街ですれ違う女性が裸に見えてきてしまう錯視状態を、透明人間になった気分で不思議を楽しんだものである。

私の心がよこしまだからか……と友人に聴いてみても、みな同じであった。こういう勉強をした画家の眼は、厳しいものを持っているので、画家に会うときには、少々厚着をされた方が無難であるかも……。

このように、昼飯もろくに食べないで五時、六時までデッサンを繰り返した体には、帰り路の空気の密度が重く、何とか、空気の割れ目を探しながら、夢遊病者のように泳ぐそぶりで帰路についたものである。

青春は遠くなりにけり……ではあるが、遠い昔を見るズームレンズが有るうちは、時たま青春を楽しんでみたいものである。

〔二〇一五年八月号〕

橋

村上善男（美術家）

何故だろう。

近頃一向に姿を見せない。かつてスピッツなる犬がいた。どこに消えたのか。といっても、今時の若い人達には、スピッツに馴染みがなく、この疑問そのものが成立し難い。四、五十年前には、スピッツ犬の人気は、凄まじいものだった。鼻先きが、つんと尖《とんが》り、真白なふさふさした毛が、全身を被っている。いかにもプチ・ブル的（通じますか？）で、街をつれ歩く飼主も目立った。あく迄も私見である。鳴き声がよろしくない。きゃんきゃんと吼《ほ》えたてる。声に金属音が混っていて、耳に残るのが不快だった。こうなると、既に偏見か。つい先頃、ＴＶのモーニング・ショウが報じていた。スピッツ種は絶えたわけではなく、それなりに生き続け、現在なんと一匹十万円の値段がついているらしい。あの犬がねえ。

犬種差別の謗《そし》りを免れないので、スピッツ考はこの辺で止めよう。

画家・奈知安太郎先生が、ある日突然スピッツを飼う事になった。五十年ほど前の話である。

先生ご自身が求められたか、優子夫人がどこからか貰ったのか、経緯は詳《つまび》らかではない。ともかく、加賀野の新居にスピッツがやって来た。可愛い小犬だったが、御多分に洩れずよく吼えた。加えて落着きがない。

犬の名前の記憶があいまいである。先生のアトリエの一隅を、一時的な寝所としていた富田喜平司君（盛岡短大美工科生）か、同級の小野泉君なら、もしかして覚えているかも知れない。ともかく小犬は、奈知家の家族となった。

秋も深まったある日、先生は優子夫人に、オーバーをプレゼントなされた。事件である。画業一筋の先生は、収入のほとんどを、画材に振り向けておられた。生活は傍目にもかなり厳しく映っていて、オーバーの件は、先生を慕って集う仲間内でも、話題となった。先生の夫人に対する愛の形か、それとも大いなる浪費か。

とまれオーバーの夫人は素敵だった。

黄色味の勝ったヴェージュのウール地の、襟元《えりもと》に黒いステッチが入っている。

――まだ少し早いような気もするが、着初めといこうか。

先生は夫人を促す。たまたま居合わせた私に、よっちゃんも一緒に、とおっしゃる。

茶のホームスパンの上着に、タータンチェックのシャツで、赤いスカーフの先生と、小犬を引いた貴婦人の、絵に描いた様な御一行に三歩遅れてお供をした。

アトリエを出発し、川留稲荷神社のほの暗い小道をぬけ、さあっと陽の射す中津川畔に出る。これはさながら、パリの河岸風景ではないか。上の橋手前の皀莢《さいかち》の巨木をマロニエに、中の橋を、サンルイ島と右岸を結ぶフィリップ橋に見たてれば、まさに小さなパリだ。

呉服町に誕生したばかりの、喫茶「文化」でコーヒーを飲み、われわれは同じコースを戻った。ただそれだけのプロムナードが、今も鮮やかに甦るのは何故だろう。

奈知先生は、橋のある風景を好んで描く。上の橋、中の橋が対象となった。確かに画家は、川岸にイーゼルを立てて、紛れもなくそこは写生の現場であったが、キャンバスに描かれているのは、日本風景ではない。先生は眼前に拡がる光景の先の先に、若き日のパリを重ねておられたのだと思う。

色彩の濁りを嫌い、点描法を採用し、存分に彩管を揮《ふる》う先生の背に、描く喜びが溢れている。ベレエ帽の一番似合う画家さんだった。

後年、長年の念願が叶い、先生のパリ個展が開催される事になった時、モンパルナッスのホテル「リベリア」をお訪ねした。

夕刻、メトロのエドガール・キネ駅あたりを御夫妻と散策する。昔、中津川畔を歩いたね、と奈知先生がふと呟かれた。

〔二〇〇三年八月号〕

モンタン賞

村上善男（美術家）

藪から棒の話だが、「モンタン賞」というのを御存知だろうか。恐らく耳にされている方は少ないはずだ。「モンタン賞」を企画した「モンタン」店そのものが無いのだから無理もない。

菜園の、喫茶「モンタン」（小瀬川了平氏経営）が、シャンソンを店内に流して一定の層を得ていた。その後、モダン・ジャズに転じ、店内の空気が一変する。ざっと四十年以上も前になるので、記憶がうすれがちだが、手元のスナップ写真や、月例の、清水俊彦氏（ジャズ評論家・詩人）をゲストに招いたコンサートの記録を繰るなら、当時の盛況が甦ってくる。

五十年代から六十年代にかけ、戦後日本でもっとも芸術運動が高揚した時代。盛岡にもそれに呼応した動きが、ないわけでもなかった。「モンタン」店は、そうした情報の受信地にして、中央への発信地でもある。

当時、まだ無名の舞踏家である土方巽（暗黒舞踏派創始者）と、モダン・ダンスの若松美黄が、「キャバレー・ソシュウ」のショーの仕事で来盛し、休憩時間のとき「モンタン」に現れた。二人を私に紹介してくれたのは、上飯坂清子氏（モダンダンサー）で、前衛美術を模索中の私は、大いに刺激された。

大急ぎで付け足せば、〝6人のアバンギャルド・650エクスペリエンスの会〟（D・リチィ、若松美黄、土方巽、金森馨、諸井誠、黛敏郎）で、土方作品に衝撃を受けたのは、「モンタン」の出合いから、どれだけ後のことになるのか。因《ちなみ》に、650とは、会場の東京第一生命ホールの座席数である。満席であった。

私の一列後の席に、三島由紀夫、武満徹が居て、玉三郎が三島に挨拶に来られた。そんな時代である。

冒頭の「モンタン賞」は、店主の依頼により、私も企画に参加した。現代美術作品を県内に公募し、審査員・中原佑介（美術評論家）唯一人の眼によって選びだす。一席の作品の作家の個展を、銀座「サトウ画廊」で開催する、というものであった。「サトウ画廊」の佐藤友太郎氏と、ディレクターを勤めていた画家、馬場彬氏が、企画に賛意を表し、一応の話題となった。一九六三年のことである。ただ、第二回の一九六四年に全国公募をした後は、持続させることができなくなる。個人の店が、文化運動をすることで、結果的に経営を脅かすのでは話にならない。挫折は辛いが、仕方がなかった。

振り返ると、貴重な経験に思える。いずれ、どなたかの手によって、戦後岩手美術史が綴られることがあるとすれば、「モンタン賞」に数行でも言及してほしいと念じている。全国の、この種の企画の、先駆であったと自負するからだ。

〔二〇〇〇年九月号〕

画家の執念

吉岡　誠（前盛岡市長）

一昨年十月、加賀野才ノ神に「盛岡橋本美術館」が開館して約二年、一日平均三百人の入館者を得て、盛岡の観光拠点の一つに定着したようである。

館長の橋本八百二氏は、盛岡農学校から東京美術学校に進んだ油彩画家で、昭和六年の帝展で「交代時間」が特選となり、大正デモクラシー末期の傾向画として話題をさらった青年時代を持っている。以来五十年、「労農時代」から抜け出て、ピカソや萬鉄五郎の影響を受けた一時もあったが、専ら風景、静物、群像等の自然描写に主眼をおいて、生涯に一万点を超える作品を残すつもりで、七十五才の今日も絵筆をとっている。橋本氏の趣味の広いことは驚くばかりで、美術工芸は勿論、古陶磁、銘石、釣、魚拓、鳥獣民芸など生涯をかけた蒐集品を蔵している。

橋本氏はまた政治の方面でもかなりの活動をし、県議会議長を最後に引退をした。

昭和二十二年の統一地方選挙のとき、農政社をバックに知事選挙に出馬した国分謙吉氏を応援するために、出身地の紫波郡から県議に出たのが最初で、後には自民党県議団の領袖として活躍した。在職中に県立美術工芸学校の開設に尽力し、県立美術館の設立を提唱したり観光施設の整備に貢献した。

昭和三十六年頃、岩山の麓に観光美術館設立の提唱をした際、自力で用地を買入れ、山王海ダムで水没する鷹ノ嘴氏の曲り家を手に入れるなど、着々と準備を進めた。昭和四十五年遂に自力で美術館を建設する決意をし、敷地の造成、建築資材の調達、大工、左官、庭師の雇い入れ、曲り家等の移築など、一切は橋本氏の考えから生まれたが、完成までに五年の歳月と三億を超える資金を要した。

三千平方メートルの沢を抱いた傾斜地の用地に、五千平方メートル（五十室）の美術館を一人で指図して建てた画家は、全世界で橋本氏の他にはあるまい。

加賀野才ノ神とは、市水道の「新庄配水池」の裏手に当る岩山道路の頸部一帯の字名で、道路を境として南側の頂上に達するまでの林地が、都市計画で風致地区に指定されている。いわば盛岡市の築山に相当し、頂上は展望台となっていて、市民の行楽地となっている。岩山道路の沿線には、頂上からスカイ・ハイツ、ゴルフ場、スキー場、パアーク・ランド、美術館、岩手飯店等があり、近くつつじ一万本の植樹と市の「老人の庭」の設置が予定されているレジャー・エリアである。

美術館の用地となった杉林の北側へ傾斜した原野には、岩山道路沿いでは唯一の沢水の流れがあり、この水を用水にし、噴水、池などにも使っている。池では錦鯉、ハヤ、ヤマベ等が飼われている。

この場所の近くの小字《こあざ》名に「小鳥沢」とある位で、東側の山林から西側市街地に渡る小鳥の通路であるらしく、この沢水が小鳥の水呑場に当るらしい。館前の池には小鳥の水呑みの足場の石がしつらえてあるのはその為である。

常識では大きな建物の敷地には不向きと思われる三十度近い傾斜地が、橋本氏のイメージに乗って、大きな手を加えずに、館の環境として風景化している点が面白い。

特に、管理部分や油彩の展示室等に当る部分は、鉄筋コンクリート造であるが、骨材に使われているのは石屋の切り屑であり、切り口の凹凸のあるもの、滑らかなものの使い分けで、壁面、通路、階段が構成されている。

この鉄筋コンクリート部分は傾斜に従って土台基礎の効用を持ち、その上に前述の鷹ノ嘴氏の巨大な曲り家が移築され、農家の生活用具がそれぞれの場所に展示されている。更にもう一つの曲り家が第一民芸館で陶磁器、漆器、郷土玩具等のコレクション、材木町近勘の倉庫を移築した第二民芸館には、丁印の台車、紡ぎ車、古家具の類から、のれん、刺し子衣裳等の陳列がある。

第一、第二民芸館の地下室に当る鉄筋コンクリート造の八室には、彫刻、銘石、鉄器等が展示されている。鉄器は県の名産品でもあり、県外からの客に優秀品を鑑賞して頂くことが大切なことなので、明治初期の砂鉄鉄瓶のコレクションと鈴木盛久氏の作品を中心とした代表的な湯釜、鉄瓶等が蒐められている。恐らく南部鉄器を一堂に見られるのは、ここを措いて他にはあるまい。

油彩は、フランスのバルビゾン派が二十四点、十九世紀末の「パリスの審判」と「貴婦人」の二点がある。東北・北海道の公私立美術館で、フランスの絵を見られるのは、ここだけである。

特にコストーの「バルビゾン風景」クールべの「エトルタの海」ドービニーの「黄昏の水辺」などは、時価各一億円を超える評価が行われている大作である。ブリュアンテの「木挽のいる風景」も優れているし、ルノー、メージュ、ミレー等も小品ながら見落すことは出来ない。

これらの絵の所有者だった人が、この美術館が自然の風景を大切にして建てられた現場を見て、「この絵のすみ家はここだ」と感激して売って呉れたという。

勿論橋本八百二氏の「交代時間」等三十三点の代表作も網羅されているし、在京画家十五点の油彩も見られる。

この美術館へ橋本氏が寄附した総額は、時価で十億円を超えるものであり、橋本氏の所有品で無償で展示に供しているものは時価三億を超えると思われる。彼の絵筆は、美術館設立のために残った債務と彼の生活を支えて行く。
画家の執念は恐るべきものだ。

〔一九七七年九月号〕

店の名は、あんぽん

北口惇夫（岩手放送・放送部長）

その縄のれんの店は肴町と六日町を結ぶ露地にあった。私たちラジオのスタッフが、三年の間、通い詰めた店である。

私たちを最初に案内したのは、番組を手伝ってくれている岩大生や劇団員のメンバーだった。総勢十名ぐらいで出かけたのだが、迎えたのは大柄の女主人と、アルバイトをしている岩大生。その何人かは私も取材で知っていた。

帰り際、女主人は「明日からは毎日のように来なくちゃ」と艶然と、しかし、命令調でいった。いささか、ムッとしたのだが、既に店の常連である仲間によれば、気難しい女主人に気に入られた証しであり、それは、メッタにないことだという。次の夜から、私たちは仕事を終えれば、その店に直行した。

ある日、店を手伝う岩大生の若者が「あした、上京します」という。この店には借金がある。返済するための上京だといった。

上京して、どうやって金を工面するのかといえば、いま大手マンガ誌「ビッグ・コミック」が新人のマンガを募集している。そこで友人の部屋にこもってマンガを書く。賞金が十万円、それを店の借金にあてたいという。

コンクールである。どんなに力があったとしても、クジを引くようなものである。それでも若者は「自信があります」と、きっぱり言う。

彼の作品は当時、学生世代に人気のマンガ誌「ガロ」に採用されていたから、その実力については私も承知していた。しかし、「ガロ」と「ビッグ・コミック」では読者層も読者数もちがう。「ガロ」の林静一えがく「赤色エレジー」は、これをベースにした、あがた森魚の曲がヒットして多少、世間に知られたが、同じシチュエーションによる「ビッグ・コミック」の上村一夫の「同棲時代」は映画化され、ブームになった。メジャーとマイナーのちがいは、はっきりしている。

若者の主張は極めて非論理、かつ無謀。しかし、私は何故か同意した。それだけ、若者は自信にみちていて、ひょっとすれば、ひょっとするという思いに、「うん」とうなづいてしまった。すると若者は「お願いがあります」と思いつめたようにいう。

「私のいない間、毎日、この店に来ていただきたい。心配なんです」といった。

それはそうだ。既に、店が、この若者で持っていることは、客の誰もが思うようになっていた。しかし、私に彼の代理がつとまる訳はない。どうやら、女主人の愚痴をこぼす役まわりに、私ということかと思い承知した。そして、彼は、彼の予定通り入選して十万円を得て、店の借金を返済した。

その頃、私たちは、広島で若者たちの支持を得ていた歌い手を、たびたび招いて小さなコンサートを開いていた。吉田拓郎である。何度か、彼とも、その縄のれんをくぐった。

当時、ＩＢＣラジオでは大晦日から元旦にかけて終夜放送を実施していて、ある年、吉田拓郎を招きたいというのがスタッフ全員の意見で、その願いが実現した。

なにしろ四時間を超える生放送。拓郎はテレビスタジオにいて、何回かに分けて唄うという構成だった。番組も終わり近く、「さあ、テレビスタジオの拓郎コンサート、どう盛り上がっているのでしょうか」とスイッチを切り換えたら、聞こえてくるのは、なんとも、かぼそいアマチュアの声。頭に来て、どなりこんだら、拓郎の声が、かれている。なんと彼は満員の熱気に、四時間、唄い続けたという。

それでも拓郎には、翌日も唄ってもらった。「ＩＢＣはギャラが安いよ」と叫んで唄い終った拓郎は、前夜来、何も口にしていないという。ホテルの食堂が元日は休みなのだということを私たちも忘れていた。

それではと、スタッフともども、その縄のれんの店に行き、メシより酒の人である拓郎は、大いに酔って、ギターかき鳴らし、「背広姿の渡り鳥」などを唄った。夜行で帰る彼を、私たちは駅のホームまで送った。拓郎は「こんなアホな奴らとつきあっていられないよ。二度と来ないぜ」といって去った。

その一言に、私たちは、シュンとなったのだが、拓郎は、この夜の体験を「雪」という曲に書き、「雪」は猫というグループが唄い、ヒットした。

十万円の賞金を店の借金にあてた若者と女主人は結婚した。届けを出した夜、私は、縄のれんの店の名を〝あんぽん〟といった。若者は画家の藤井勉さんであり、女主人は藤井夫人の智恵子さんである。

なけなしの金をはたいて、ささやかな花束を贈った。

昭和四十年代後半の話。オンリー・イエスタデイ、ちょっと少し前の出来事。

〔一九八九年六月号〕

上田浩司さんのこと

中村光紀（萬鉄五郎記念美術館館長）

盛岡で長年にわたり、現代美術の紹介と多くの県人作家を育てたＭＯＲＩＯＫＡ第一画廊主の上田浩司さんが六月二十五日に享年八十三で亡くなられた。ご冥福をお祈りします。

上田さんとの出会いは、私が岩手日報社へ入社まもない昭和四十三年、盛岡の有名専門店十店で「盛岡トップチェーン」を組織して、毎月文化的なイベントを行い、展覧会に取り組んだときである。上田さんや村上善男氏の協力を得て、この年の一月にパリで亡くなった藤田嗣治の県内にある作品を集めた『いわてのフジタ展』を、十一月八日から十二日まで中央通の明治生命ホールで開催した。藤田嗣治の弟子澤田哲郎や畑山昇麓、細川泰子らの県人十五人のコレクションに、東京のコレクターからも出品してもらい、六十三点を展示した。そのとき、藤田作品を持っている数人から見てほしいと言われて、畑山、上田さんらと訪れたが、すべてが贋作であった。「藤田の線は長いのが特徴で、ためらいがない」ことが真贋の一つの決め手となると教わった。

そのころ上田さん経営の「盛岡画廊」は、公園下の菜園にあり、彼が東京で見出した『相笠昌義の銅版画展』が開かれ、私はその作品に一目で魅了され、ささやかなコレクションの始まりとなった。まもなく、大通二丁目の日活横通りの平屋に移った。周囲は飲食店が多く、にぎやかなところであったが、いつも作家や美術愛好家が集まって、五時過ぎにはウイスキーなどを飲みながらの談笑が始まり、延々と午前様になるまで続いた。翌日に出す酒瓶の多さに飲み屋と間違われたと言っていた。上田さんは、深い学識を持ち、話題も豊富でユーモアもあり、座談の名手で、多くの人が画廊に集まる芸術サロンであった。

　昭和四十年代の盛岡で、吹田文明、オノサトトシノブ、高松次郎、駒井哲郎、福井良之助、脇田和、司修やニューヨーク在住の池田満寿夫などの作品を居ながらにして見ることができたのは刺激的なアートシーンで、美術愛好家にとって印象深い。

　その後、昭和四十六年に元第一書店の三階に移転、ギャラリー名を「ＭＯＲＩＯＫＡ第一画廊」と変えた。床面積二百平方メートルの展示スペースは画廊の規模としては全国的にも最大級である。なかでも県立博物館のオープン時に設置されたマイヨール「トロワニンフ」を記念して『マイヨール展』を開催し、美術関係者から称賛された。保険、運送などの経費が大きくかかるので、本人もかなり覚悟を決めてやったと言っていた。

　平成二年に、テレビ岩手の当時の伊勢卓夫社長から一階を文化的空間にしたいと請われて出店し、現在で二十六年になる。優れた現代美術の作家を紹介し、本県美術家の多くを取り上げた展覧会の総数は六百六十展を超えている。これは、地方都市では稀有である。九月七日に偲ぶ会が行われ、会場の画廊には東京から著名な美術関係者や県人作家ら立錐の余地がないほどの人が集まり追悼した。

〔二〇一六年十月号〕

野の花美術館

盛岡に生まれた画家深沢紅子さん。夫省三氏とともに大正、昭和、平成と活躍し続けてきました。強さを秘めながらひっそりと咲く野の花の画家としても知られています。その「野の花」作品シリーズが故郷に寄贈されることになりました。

菊池直木（北ホテル代表取締役）　佐々木一郎（画家）
長谷川信子（社団法人白梅会理事長）　深沢門太（画家）
司会・斎藤五郎　記録・和田貴栄子

斎藤　野の花美術館設立準備会が今活動されているわけですが、そこに至る経緯などからまずお話いただきたいと思います。

菊池　元々は旧市内を見直そうという南都心活性化委員会の事業計画の中で、文化ゾーンを意識したまちづくりのためプライベート美術館を紺屋町界隈に呼びたいという話があった。そこから盛岡にゆかりの深沢先生の美術館が具体化してきたわけです。

斎藤　建設予定地はもう決まっているのでしょう。

長谷川　県民会館対岸の中津川沿いの市有地六十坪を無償でお借りすることになりました。

深沢　母が育ったのが内丸でしょ。子供の頃から中津川で遊んでいたんですよ。もしそういうものを造ってもらえるのなら中津河畔ならとても嬉しいということはしょっちゅう話してはいたんです。実は軽井沢から深沢省三や紅子の美術館を建てたいという話を持ち込まれたことがあるんですね。でも母とすれば生まれ故郷に何とか恩返しをしたいという気持ちもあり、それが一致したということで、何もなければ軽井沢にできていたかもしれないですね。

菊池　冬季五輪誘致に続いて長野に二連敗では情けない、とにかく軽井沢に持っていかれるのは食い止めなくちゃ、との気持ちもありましたね。

長谷川　よそからきた方に盛岡はまちづくりに川を十分利用していない。川に背中を向けて商店街などがある。何故こんなきれいな川に表を向けたまちづくりを考えないのかといわれたことがあります。今度の企画は旅人の目から見た盛岡に応えられるのではないかなという気がしていました。中津川というのは本当に美しい川ですので。

佐々木　鮭の遡上する清流中津川になぜもっと親水性を持たせ活用しないか。市民はなかなかそこまで目を向けない、緑にたいする意識は高いが水に対する意識は意外とルーズなんですね。しかしこれからは中津川の文化ゾーンの将来性を考えていくべきだ。そういう見方に立つと美術館を深沢先生のもっとも好きな花のわすれな草のある場所に決めたのは当を得た話です。

長谷川　紅子先生は大正八年に県立盛岡女学校を卒業されたのですが、大先輩として私はお慕いしています。二科展に初入選された絵でしょうか「緑陰」という若い女性が木陰でお帽子を被っている絵が学校の階段の踊り場に飾ってありまして、私達は在校中その絵を眺めて暮らしてきました。ずっと何代もそうしてきたと思います。校友会誌にエッセイなどをお寄せいただくと文章もお上手でいらっしゃる。芸術教育にご夫妻で一生懸命携わっていらっしゃる姿も拝見しまして同窓生として尊敬してきました。仰ぎ見るのでなしに身近に親しみを込めて大好きな大好きな紅子先生という気持ちなんです。

斎藤　佐々木さんはお弟子さんに当たるんですか。

佐々木　両先生が盛岡で日曜図画教室をなさっていたときアシスタントをしたんです。絵の上での恩師として尊敬しています。

斎藤　菊池さんはお父さんの代からお付き合いでしょう。

菊池　名づけ親なんですよ。親が〈直樹〉と付けたいがどうだろうと省三先生におみせしたら、先生が酔っていらして、「ぼっきの木がいい、ハンコ彫るとき造作無いんだから」（笑）と言った。紅子先生がそばから「そうだそうだ」と言ったからそのままぼっきの木になったということで。

佐々木　普段、家にいらっしゃるときにはちゃんちゃんこなど着ていておばあちゃんの感じだけど、この間帝国ホテルのパーティーで、別に良く見せようとするわけでもない普通のポーズなんだけど一人入ってくるのを見ると名優が来たような雰囲気を感じてね。ああいう場でも存在感を強くみんなに印象付ける何かを持っているんだな。

長谷川　だんだん美しくなられるのね。

佐々木　お年も感じられないし、あの時はたまげたな。あの印象はまだ忘れない。

斎藤　紅子先生はクリスチャンですか。

深沢　私はクリスチャンですが母は違うんです。でも聖書の話もとてもよく理解してくれてます。聖書には偶然という言葉はないんですね。すべてが主がなさっていることだという話をしたら真面目に「そうだよ。世の中に偶然なんて言うことはないよ。全部必然だよ」とバシッと言ったのでびっくりしたんですね。読んでもいないのに聖書の言葉を頭の中で理解している。主が一番嫌うのが自分を偉く見せようということなのですが、母を見ているとそれが全く無いでしょう。聖書に沿った生き方をしているなと感じますね。

佐々木　いつも感じるのは常に相手に自分を合わせるのね。それでいて不自然さがないの。ちゃんと心得て合わせられる。本物だなと思いますね。

長谷川　飾り気が全くなくてね。画文集の出版記念会のときもご挨拶を聞いていていて涙が出ましたね。特に立派な言葉を使うのではなく、誠に誠に今日の会が嬉しいと普通の言葉で語られるけれど心がこもっていてじーんと来るんですね。

深沢　うまいことを言おうとか自分を飾ろうという細工が全く無くて思っていることを素直に言うんですね。祈りに通じる。だからみんなに分かってもらえると思うんですね。

佐々木　それが紅子の絵であり野の花の絵につながると私は思うな。人に見てもらうために咲こうとか、人の気持ちを引くために咲こうというのではない。黙々と咲いてしかも生命力が強靱で、地味だけれど強さというものをもっている。そういうことを感じるな。

人柄を映した絵

菊池　この建設計画が世間に聞こえるようになったのは白梅同窓会のおかげです。

長谷川　白梅会は同窓会として全面的に協力しようということですね。一万六千人の卒業生があり、あと五年で百周年を迎えます。支部の東京白梅会が非常に強力でこれは長岡輝子さんのお母様が始めたんです。冷害で飢饉の年に岩手にゆかりのある人達で救援活動をしようと深沢紅子さんにもお声がかかって、持っているもの着るもの食べるものを集めて岩手に送った。それに係わった方々で東京白梅会が誕生して去年が六十周年だったんです。

斎藤　野の花美術館は単なる美術館でなしに顕影の場でもあると思っていました。紅子先生の芸術活動は社会的な広がりを持っているんですね。視野の狭い芸術家ではなかった。先生の伝記のようなものも当然あってしかるべきだと思うんです。美術館が建つ時に合わせて記念に出版してもらえればいいと思っています。

佐々木　個人の単なる顕影でなく盛岡の街を見直しさらに良くするための意義あることだというのを知って欲しいのですよ。

長谷川　同窓会は幸いネットワークを持っていますので何かあれば協力のお願いごとができるんですね。去年北ホテルでの展覧会の時も呼びかけて八千人を動員したんですよ。画期的な人数だったと思います。

菊池　それで自信が付いた。やらなきゃならないと、それがきっかけになったような気がします。

佐々木　難しい絵でもないし、上品で美しく楽しい絵。ということはとりもなおさずお人柄が絵に映っているのですからね。展覧会の会場に記録的な人が足を運んだのも絵の魅力を通して深沢先生への理解があったからではないですか。アトリエが火事で焼けた時、もしも救える絵があったら修復したいと思ったのだが、みんな焼けて絵にならない。展覧会はできないのだろうと思ったのだけれど、敢然として県公会堂で個展をなさった。あの時は一週間で入場者が一万人近かったのじゃないかな。

深沢　自分の親のことで言いにくいが、あの時みんなが絵が全部焼けてもったいないと話している時に母が言ったんです。「私の絵が下手だから神様がみんな焼いちゃったんだ。これからもっといい絵を描きなさいということなんだよね」って笑ってたんです。それを聞いて自分の親ながらすごいことを言うなと感心したんです。それからまたどんどん描いてね。

佐々木　先生の気前の良さ、決断の早さ明快さで驚いたことがあるんです。都南役場からさんさ踊りの百号の絵の依頼がきて紅子先生を紹介したんです。翌日に電話があって「構想をねったら一枚では描けない、三枚でなきゃできない」という。ところが村では予算がない。そうしたら「百号を頼まれたのでその値段で描く、ただ三百号でないと納得のいく絵にならないから三枚に描くのだ」とおっしゃった。役場が完成したときの話でずっと村民室に置いていたんですね。あれも美術館ができたら入れて欲しい絵だな。

斎藤　芸術家であって竹を割ったような爽やかな決断性というのは珍しいのではないですか。まして女性で……。

佐々木　私はさすが紅子先生と思ったね。

長谷川　会った人はみんなほれこんじゃう。

佐々木　義をみてせざるは勇無きなりという感じかな。自分でこうと思ったら躊躇しないで決断を下すのね。

深沢　日本の女流洋画家で最初に二科展に入選したのが甲斐仁代さんという方で大正十二年なんです。ところが発表の九月一日、関東大震災でせっかく女性第一号の入選者は発表されないでしまった。翌年はまだ復興しないで二科展が無かった。大正十四年に母の絵が入選したわけで、女流画家の絵が世の中に発表されたのは初めてだったわけです。出先から帰ってきたら家の前で大勢の人が集まってワアワア言っている。火事でも出したかなと思ってびっくりして行ってみたら、二科展に通ったというので新聞記者が集まっていたって笑い話に言っていましたよ。

斎藤　それは余り知られていないんじゃないですか。

菊池　初めて聞きました。

佐々木　野の花というのは大体が生命力が強靱。先生はまもなく九十才におなりになる。いろいろ苦労されてこられたんだろうが表情に表さないし話したこともないと思う。苦労を人に見せずいつも明るい心で微笑んでいらっしゃるのがわすれな草の花に共通するように思う。長岡輝子さんもおっしゃっていたが妻として母としてしかも芸術家として最高のところまでいかれた先生の足跡を盛岡に何らかの形で存在させる意義が深いことを改めて感じますね。

深沢　三月で九十才になりますが「婦人之友」という雑誌が九十周年なので、一年間その表紙を描くといっています。区切りのいい年で今またものすごく元気でびっくりするくらいです。

佐々木　紅子先生は岩手の女性を代表する一人ですよ。

深沢　うちの母は我が子は勿論、どの人でも可愛がる、愛するんですね。私の友人を含めて絵を描く若い連中がみんな自分の母みたいに慕って家に集まったんですね。私も一人の子供であり弟子であるという感じでした。

佐々木　お人柄だね。

長谷川　来年のカレンダーは最近お描きになったのですか。

深沢　そうです。

長谷川　あれを見たみんなが、またまた高みに上がって神々しいみたいねと言ったんです。無駄なものがもう全部無くてね。去年のも素敵だったけれどさらに素敵になった。九十才でも止まっていないんですね。

深沢　古いものをもってきてこれを出して新しいものとして組み直すというようなことをしないんです。いちいち新しく描く。

佐々木　無駄がない。枯れてきてエキスだけで描いている。それが一つの説得力でもあるんじゃないですか。

斎藤　本当にお元気ですね。

長谷川　省三先生の御葬儀のときは随分お疲れになっていらしたけれど。

菊池　盛岡での法事のときは挨拶はいいのじゃないかと周りが言ったのですが、どうしても話したいことがあるといって「盛岡の人はお酒の飲み方が下手だから上手に飲んでください」って。それが挨拶だったんですよね（笑）。たまげた人だなと思った。

佐々木　しかも声が朗々としていてね。

野の花がテーマの館

斎藤　さてそれでは美術館の進捗状況を伺いたいんです。今どういうふうに具体化されつつあるのか。

菊池　白梅会さんの協力を得ながらだんだん世間にも浸透してきました。当初は北ホテルが事務局になっていましたが、盛岡を知らない方たちも募金をしてくださるようにもなりましたし、事務局を岩手日報社にお願いすることになりました。いまレンガ一個分一口三千円のレンガ募金運動を行っており、すでに約二千名の方々から寄せられています。他に画文集や絵はがきテレホンカードやカレンダーなどの売り上げを加えて二千万円位のお金は集まっているんでしょうね。

斎藤　どのくらいの規模で建てるのですか。

菊池　三階建、延床面積九十六坪。総工費の目安は二億円です。財団の設立には三千万円必要なので一般募金でそれ近くまで努力してみようという段階です。財団法人「野の花美術館」設立前の準備会の段階で全員が手弁当でやっている状態ですね。

斎藤　ただね。美術館は募金などで造るものではなく、芸術というのはもっとリッチなもののような気がするんですよ。まあみんなに知らしめるため協力をあおぐための運動だとは思うのですが。

菊池　当初、深沢家は軽井沢のほうに目を向けていたと思うんですね。それを盛岡にふりむかせるため、軽井沢に美術館がいくのを食い止めるためには市民の声が必要だったわけです。

斎藤　こういう運動をしているのを県や市や大企業も気付いてるわけですけどね。

佐々木　美術館とは彫刻や絵を並べて行儀よく観賞する場、教育の場だというような堅苦しい先入観があるが、最近はレジャー的な要素が入って美術館も憩いの場のような日常生活の延長に変わってきている。すると中津川という市民に愛されている川べりに紅子先生の美術館ができることの相乗効果はどうだろうと市民に問いかけると反響が違ってくると思うな。今の時代の美術館の認識。盛岡にあることのメリットをちゃんと理解してもらうのが必要と思う。

長谷川　私達もまちづくりの一つの市民運動という呼びかけをしております。単に同窓会のというのではなく市の将来にとって大事なことだからということで。それに野の花のカレンダーは同窓生でなくても一目見て欲しいと言う方が多いんですよ。

深沢　仙台の方が岩手銀行で出している母の絵はがきが欲しくてわざわざ岩銀に預金しているという。ありがたいことだと思ってカレンダーを差し上げると言ったら買いますとおっしゃるんですよ。

菊池　秋山ちえ子さんが軽井沢の駅のキヨスクで野の花の絵はがきを買ってきて「菊池君あなたたちはなにしてるの！」っておこられたんですよ。何で軽井沢で買ってこなけりゃならないんだと。

佐々木　作品というのはそれだけ説得力のあるものなんですよ。省三先生がいつか海外の美術館巡りをしてこられた時に「その国の人が自慢して見せてくれるのは美術館だ。海外に出て痛切に感じたのは美術館というのは永遠性のあるもの。子孫に残すべきものだから私達に責任がある」と言ったのが忘れられない。

菊池　よく宿泊のお客さんに手づくり村がどこか聞かれるんです。そこの川を渡れば本当の盛岡の手づくり村がある。紺屋町には職人さんがいて商売をしている。と教えると見にいって喜んで帰ってくる。そういうロケーションに文化的な要素が点在すればいいなと言う気持ちはこの地域の人は皆持っています。中津川のロケーションは日本一だと思いますからね。

深沢　よそからくる人がなるほどなと思うもので盛岡の人が知らずにいる。毎日目にしていてもそうとは思わないんですね。

菊池　何でもない中津川の石垣に感動したり、鮭が遡るのを見てたまげて帰ってきたりしますよ、お客さんは。

斎藤　盛岡の人でも視点を変えてみなおしてみると盛岡は実に面白い街なんですよね。

佐々木　文化を核としたまちづくりのポイントとして、野の花美術館も夢のある発想です。早く実現させたいものですよ。

〔一九九三年一月号〕

第三章　大震災と盛岡

困難なときだからこそ

斎藤　純（街もりおか編集長）

三月十一日に発生した大地震ならびに大津波の被災者のみなさまに衷心よりお見舞い申し上げます。また、失われた多くの尊い命に哀悼の意を表します。

震災後二日目の盛岡では、早くも通常の営業をはじめるお店を見ることができました。「復興の狼煙を盛岡から上げる」という意気込みを、とても心強く感じました。

被害の少なかった盛岡のような地域が、もとの日常を取り戻すことが、被災地の復興の後方支援につながると誰もが口をそろえます。自分たちにできることを、できるところから立ち上がったのです。

もちろん、ガソリン不足や物資不足のため、営業したくてもできないところがまだたくさんあるのも事実です。一日も早く、営業が再開できることを願ってやみません。

私たち『街もりおか』も、通常通りに発行していいものかどうか、検討を重ねました。何よりもまず発行できるかどうかが問題でしたが、川口印刷工業株式会社の多大なる努力と協力によって、発行可能となりました。

維持会員や読者のみなさまから「休むことなく発行してほしい」という声をいただ

き、大いに励まされました。感謝するとともに、期待に応えるべく尽力しようと編集部一同決意を新たにしたしだいです。

すでに多くのところで語られているように、日本はこれまで幾度も困難に立ち向かい、克服してきました。私たちも力を合わせて、この困難を乗り切っていきましょう。

〔二〇一一年四月号〕

キャンドル営業

馬場洋子（街もりおか同人・東家会長）

厳しい冬からやっと解放され、春の兆しに心和ませている午後を、ふいに襲った激しい揺れ。それは、たちまち日本はおろか世界中を震撼させる、千年に一度の大災害の前触れだったとは。次々に報じられる被害情報は、悪夢としか思えない悲惨なものだった。

三月十一日午後、私は盛岡商工会議所で観光部会の打ち合わせの最中であった。先行き不透明な景気の低迷は、当然、観光にも深刻な暗雲をもたらしている。観光都市として活路を見いだすことが盛岡市の当面の課題とされていた。冷え冷えとした状態に陥っていることを憂慮し、官民連携して、営業宣伝、受け入れ態勢を整えようという会議内容だった。

起死回生のチャンスは間近に訪れていた。平泉世界遺産登録の審査結果待ち、さらに来年にはＪＲのデスティネーションキャンペーンの企画が岩手に予定されている。大規模作戦で岩手が全国の注目を浴びる好機が訪れようとしていた。

まさに千載一遇の観光ビジネスチャンスが用意されている。飛躍の準備は整いつつあり期待感は高まり、活発な討議が始まったその時だった。

ガタガタガタ、大きな音とともに会議所全体が怪物の手にわしづかみされたように揺り動かされている。ただちに解散宣言が出され、揺れの収まらない会議所の階段を駆け下りた。杉土手から茸手町の店舗までは車で七、八分の距離である。すでに信号は消えていて、見慣れた街はモノクロームの映像のようにひっそりと静まり返っていた。心にブレーキを掛けながら、はやる心を押さえて家路を急いだ。

昭和初期建造の木造二階建は、度重なる大きな揺れに必死で耐えていた。ギシギシ音を発しながら全身を震わせている。長い年月風雨にさらされ、かなり古びている。でも、しっかりと脚を踏ん張り、多くの人を守ってきたこのお店。力尽きずにどうか踏みとどまって欲しい。一心同体、祈るような気持ちで恐怖の揺れを凌いだ。

幸いこのあたりの地質は岩盤で強いと言われている。過去の地震でもさほど影響なく過ごしてきた。

しかし、今回の揺れは未経験のものだ。必死に祈りながらも、私には確信していることがあった。それはこの街に面して睨みを効かせている不動明王像の一対。地震があるたび、「お不動さんが守ってくれているから大丈夫」と勝手にそう思い、信じてきた。長い年月この街に暮らしてきた私には、唯一、困ったときの「神様、お不動様」となる。義母から引き渡され、私の人生の大半を過ごしてきた年老いた家は、傾くこともせず、何事もなかったように残ってくれた。人生の同士よ、ありがとう。

連日報じられる大災害の報道。家屋もろとも飲み込まれた幾多の尊い人命、画面からは阿鼻叫喚も伝わらず、静かに出来事だけが映し出され続けた。ただ甚大な被害に目を奪われて釘付けになっていた。恐怖、絶望、悲嘆にくれる被災者、その苦しみは想像を遥かに超え、悼む言葉さえ見つからない。

せめて復興は被害地周辺の街から起ち上がらなければならない。災害の少ない盛岡に暮らす幸運をバネに、直ちに震災以前に戻られるよう行動しよう。

通電したその翌日から、当然のごとく東家全店の暖簾は出された。

余震もかつてない激しさと頻度で東北、関東を怯えさせている。なかなか安心感を与えてくれそうもない。四月七日深夜、その大きな余震は追い打ちを掛けるように人々をまたも混乱に陥れた。大きな揺れの証しに、すぐに電気はぷつんと切れて、私たちを暗闇に閉じ込め、不安を増幅させた。

翌八日、電気の復旧の見通しは報じられなかったが、お店はいつでも開けられる状態に準備をしていた。ほかの選択肢はなかった。私たちが今すぐできることは一日も早く日常を取り戻すこと。ここで働く人を守りたい。笑顔でお客さまをお迎えしたい。でも、停電では店内は手探り状態の闇の世界だ。

お店の前に佇む家族があった。暗い店内を覗き込みながら、

「やっぱり無理ですか？」

仙台で被災されたその家族は親戚を頼っての来盛だった。

「暗くてもよかったらどうぞ」

躊躇なく店内に招き入れた。

かき集めたキャンドルのほのかな灯りがあちこちのテーブルに広がった。優しい光が店内に揺れる。同じ苦難を味わう同胞の心を結ぶ明りである。日本人としての魂を呼び起こす明り、家族の愛おしさをしみじみ思う明り、非日常の連帯意識が尊い明りとなりそこに居る人達の心に灯った。

この明りを絶やさず静かに根気強く灯し続けたい。明日を信じて一歩一歩進むことができたらそれ以上の何が要るだろう。ほのかだけれど確かな光が、それぞれの一筋の道を照らしてくれるに違いない。無常を味わい、いかに今日、今の幸せが大切かを再確認している私たち。沿岸の人々の苦難と悲しみを、我が事のように感じている盛

岡市民だからこそ、今後の街づくりの方向がはっきり見える。今が大切なことをすべて教えてくれている。

私たちの人生をしっかり受け止め、育んでくれるこの愛すべき大いなる岩手、永遠に。

〔二〇一一年六月号〕

あの日を想い出して

菅原昌子（大槌町出身・盛岡市在住）

三月十一日が近づくと、あの悲しくいまわしいことがまた脳裏に浮かび、思いがつのります。忘れようとしても、忘れられず、今後の課題も残ります。

その日、私は気管支炎で、注射の後、大槌町の自宅で休んでいました。今まで感じたことのない震動、家がつぶれると思いました。そのとき、ありがたいことに隣家のSさんが「車を持って来たから早くお乗りください」といって、小学校まで乗せてくださいました。Sさんは孫を捜しますからと、別行動になり、一人で苦しい呼吸をがまんして、やっと公民館の入口にたどりつきました。入口は人々であふれていましたが、奥の方から友人の呼ぶ声がして、中に入ることができました。

千人の人が避難した体育館は、寒さと飢えに耐えていました。そこに食べ物が届いたのは二日目の午後でした。玄米で作った小さな卵くらいのおにぎり。最高においしかったことを今でも覚えています。

三日目、頭痛と発熱がひどく、救護室に行きましたが、怪我人の対応しかできませんと告げられ、ここで死ぬのかもしれないと覚悟しました。でも、翌日、盛岡からお母さんを迎えに来た友人の娘さんが、私にも一緒に行きましょうとのこと。救いの神様でした。山火事の中を静かに火を避けてゆっくり走り、一〇六号線に着いたとき、そこは別世界。何ごともなかったかのような平静な景色。大きく深呼吸いたしました。

盛岡に着くとすぐ同郷の人の病院を訪ね、なんとか命を拾いました。肺炎をおこしかけていたそうです。入院中には、知人が盛岡の住まいを見つけてくれました。こうして私は盛岡に住むことができました。

盛岡に来てからは、「もりおか復興支援センター」にお世話になっています。私が初めて参加したセンターの催しが、岩手町にある岩手町立石神の丘美術館への招待でした。私は絵が好きで、石神の丘美術館は以前から行ってみたかったところでした。震災後、疲れた状態が続いていた中で芸術に触れられたことは、この上もなく嬉しいことでした。

センターで毎月開かれている大槌町出身者のお茶っこ飲み会にも必ず参加しています。ここに行くと故郷へ帰ったような気持ちになります。私にとって大切なこの集まりが続いていることも、ありがたいことだと思っています。

盛岡は、空気も澄んで、城下町だけにやはり人々皆様方は、心優しく、温かいお気持ちで接してくださり、良いところに住まわせていただき、つくづく感謝をしております。何かで恩返しがしたいものだといつも思っていました。

大槌町から盛岡に来た友人のうち、三人が津波でご主人を亡くされています。集まるたびに涙していた彼女たちですが、このまま落ち込んでいてはいけないと始めたのが折り紙の八角箱作りです。手先を使っていると気持ちも落ち着きます。「これを何かに使ってもらえないだろうか?」と思いついたのが、支援してくださった方々へお礼としてお渡しすることでした。私たちの八角箱を受け取ったスペインの陶芸作家から励ましの手紙をいただいたこともありました。また、ドイツの合唱団、ロシアのオーケストラと、八角箱が支援への感謝の気持ちとともに国内外に渡っていきました。始めた頃には思いもよらないことでした。

今は九十歳という年齢もあり、年に数回しか大槌町を訪れることはできませんが、行くたびに、たくさんの方々が大槌町を良い町にしようと努力されていることを実感します。たくさんのご縁と支えがあって、今こうして暮らしています。私も、私にできることを続けていきたいと思っております。

〔二〇一六年三月号〕

3・11絵本プロジェクトいわて

末盛千枝子（絵本プロジェクト代表）

東京から八幡平に引越してきて一年にもならないうちに起こったあの大震災でした。とんでもないことが起こったのだ、ということはすぐにわかりました。そして、だんだんその恐ろしさの輪郭が見えてきて、コンピューターが使えるようになると、世界中の友人たちから、お前は大丈夫か、何かできることはないか、というメールが届き始めました。それは、私が長い間、子どもの本の国際的な組織、IBBY（国際児童図書評議会）に関わってきていたからです。IBBYは皇后様がインドのニューデリーの世界大会で、後に『橋をかける』という本になる基調講演をビデオでなさったことで知られています。

そもそもIBBYは第二次世界大戦が終わった時、英国に逃れていたユダヤ人の女性ジャーナリスト、イエラ・レップマンがドイツに帰って、敗戦国ドイツの子どもたちの魂の糧になるはずの本がまったくないと知ったことから始まりました。彼女は、すぐに「ドイツの子どもたちに本を送ってください」と世界中に手紙を書いたのです。そうして、世界中からたくさんの絵本が寄せられました。それが、IBBYの始まりで、今では世界中で七十四カ国が加盟しています。

私は、出版の仕事をしながら、ＩＢＢＹの組織にも深く関わってきていて、世界中の紛争や災害の時に、怯える子どもたちが誰かの膝の上で、絵本を読んでもらうときだけ、嘘のように落ち着くということを各国の仲間の経験として聞いてきました。そういう仲間たちが、こんどは日本を心配して、メールをくれたのです。困難の中で絵本の果たす役割を知る者として、しかも、いま被災地である岩手に住む者として、黙っているわけにはいきませんでした。それで、いろんな人にメールを出し、絵本を送ってくださいと呼びかけました。

すると、驚くほど自然に、「３・11絵本プロジェクトいわて」が盛岡の中央公民館を拠点として、どんどん具体的にできていきました。

ちょうど、日本中の人たちがこの未曾有の災難を前にして、何かしたいけれど何をすればいいのだろうと思っていたところに、このプロジェクトに関する報道が届き始め、盛岡の中央公民館には、あっという間に、何万冊もの絵本が届くようになりました。日本中の人たちがこれほど、絵本の重要性を意識したことはなかったと思うほどです。

幸いなことに、盛岡には野の花会という素晴らしいボランティアの組織があって、その方たちを中心に、毎日二百も三百も届く段ボール箱を、手際よく受け付け、開梱し、子どもの本に精通している保育士さんや学校図書館の読み聞かせグループの人たちが絵本の仕分けにあたってくれました。それは、本当に見事なものです。これを書いている八月末現在、開梱した本はすでに二十三万冊ほどになり、九十二日間で作業にあたったボランティアの人たちは延べ二千二百二十八人にもなりました。

スタッフが直接知っている人たちのつてを通して、絵本を届け始めながら、この貴重な絵本を有効に被災地の子どもたちに届けるために、特別にデザインした絵本カーが、支援金や、郵便事業年賀はがきの助成を受けて、六台ができあがりました。すでに一台は大槌町に贈られ、次は宮古にも届けることになりました。海沿いの狭い道でも絵本を届けに行けるように、そして、免許のある人なら誰でも運転できるように、小型のかわいらしい自動車です。冬期のためにスノータイヤの用意もしました。

いままでに八十一カ所に四万九千四百五十冊を届けることができました。そして、流された学校図書館などが整備された時にすぐに届けられるように、学校別に仕分けされた本が、郊外の空き教室をお借りして、いつでも届けられる状態で保管されています。

このプロジェクトは、まだまだ長く続くと思いますが、嬉しいことにＩＢＢＹが、世界中の支部を通じて、このプロジェクトを正式に支援することを決め、彼らのホームページでもこのプロジェクトを紹介してくれています。七月三日にはレザ会長自身が、作業の様子や絵本を届ける現場を見にきてくれました。そして、各国の絵本作家や画家を中心に集めたお金を送ってくれ、このプロジェクトの動きを見守ってくれています。

世界中の子どもの本の関係者が、このプロジェクトに連帯してくれているのです。

〔二〇一一年十月号〕

芸術にできること①

寺崎　巌（指揮者・日本弦楽指導者協会理事）

六月二十三日、二十四日「いわてフィルハーモニー」の面々はバスに揺られながら県北沿岸をめぐり、被災地でオーケストラ公演を行いました。

コンサートマスターは九州交響楽団コンサートマスターの近藤薫さんです。トップサイドはドイツでダルムシュタット州立歌劇場、ベートーヴェン・オーケストラ・ボンのコンサートマスターを務めた甲斐摩耶さん、コントラバスにはＮＨＫ交響楽団の稲川永示さんなど一流ゲストを交えたオーケストラでした。

しかし、なんと言っても主力は岩手在住プロ奏者の皆さんです。緊急に創られた臨時管弦楽団ではありましたが、二〇〇二年からのメサイヤ連続公演や二〇〇八年のモーツァルトのレクイエム、そして昨年と今年のベートーベンの第九などで実力をつけてきた岩手の若手プレイヤーの出す響きは、決して中央の楽団に見劣りするものではありませんでした。

子どもたちの反応が音楽の素晴らしさを如実に物語っていました。今回のように被災地からの要請で、子どもたちと音楽を通して触れ合えたことは本当に有意義な活動だったと思います。聴きにいらしていただいた方の感想は、「仮設にいると頭が痛くなります。演奏がとても良く、気持ちがすっきりしました」、「被災して避難生活を送っているが、ここまで（会場まで）来るのにおっくうだった。でも、思い切って来て本当に良かった。澄んだ音色に心が洗われる思いでした」、「新日本紀行の曲を聴いていたら涙が出ました」、「これまで聴いた中で一番感動しました。音の柔らかさ、暖かさ、心の中がホンワリとしました。本当に素晴らしかったです」、「心の傷が癒された」、「大変レベルの高い演奏でした。何とかこのメンバーでオーケストラを結成し、いわてフィルとして活躍してほしいと思います」……。

被災地からの要請を受けてコーディネートを行った「いわて文化支援ネットワーク」は、休む間もなく次のプロジェクトに取り掛かります。楽器アシストプランなど地域の要請に、きめ細かな調査のもと対応を行っていきます。

三月のあの日、私はグループレッスンのため宮古に向かっていました。ＪＲ山田線に乗り遅れたため、車で国道一〇六号線を走っていました。走行中だったため地震に気がつきませんでしたが、異常を感じたのは、区界を過ぎてトンネル内が停電し、表示が「トンネル内火災発生」となり、緊急車両が通りだしたためです。

　川井付近では、車と同じぐらいの大岩が路上にころがり、土砂崩れも起きていましたが、4WD車なので何とか通れました。そして、宮古に着くと、信じられない光景が広がっていました。私の実家は栄町ですから、海からは程遠い距離にある場所です。しかしながら、目の前にある光景は、家の前まで水……。数十メートル先は車が水没しています。自宅前まで車では行くことができず、車を止めるところを見つけて停車。歩いて実家に向かいました。

　家中探しても母がいないことを確認して、母の自転車にまたがり、市内を探しに出ようとしました。しかし、警察と消防の誘導で、とにかく指定避難場所方面に行くように指導されました。

　指定避難場所の山にはおらず、もう少し先の山口小学校まで行きました。多くの避難民でごったがえし、着の身着のままで右往左往する人たちをかいくぐりながら体育館の中を探しました。

　やっと近所の方と一緒にいるところを発見。それまで自分が体験していることは現実なのか、夢なのかもわからず、息をしているのか音が聞こえているのかもわからないような不思議な感覚からやっと目が覚めたのです。

〔二〇一一年八月号〕

芸術にできること②

寺崎　巌（指揮者・日本弦楽指導者協会理事）

多くの避難者でごった返している山口小学校体育館（宮古市）で、やっと母と会うことができました。とっさに盛岡につれて帰ろうと思いましたが、母は、兄弟や知人の安否がわからないままでは離れられないと強く拒んだため、諦めました。

それから、親戚や私が主宰する教室の生徒の安否確認をしようと、行ける範囲で自転車で動き回りましたが、水没してしまった市内にはまったく入ることができず、小山田方面に向かうと、閉伊川が逆流し、船やいろんな物が上流に向けて流れています。

災害を目の前にして、まったくもって無力であることを思い知らされ、結果的には連絡が取れない息子を探しに、いったん盛岡に戻ることにしました。盛岡もまったく連絡が取れず、家は倒れていないだろうか、家族は無事だろうか……と、とにかく不安要素ばかり思い浮かび、鳥肌が立って虚脱感に苛まれながらひたすら盛岡へ向かいました。

何とか妻と東京から帰省中の息子が携帯で連絡を取り合うことができ、停電ながらも自宅で四人揃って夜を迎えることとなりました。

キャンプ用品やガスコンロ、灯油のストーブが大活躍して蝋燭生活が始まりましたが、車のテレビで見る映像は凄まじく、目を覆いたくなる状況で、前日の宮古を思い出すと、涙が止まらなくなりました。

母は岩手医大で受診が必要だったため連れ戻さねばならないのと、親戚や知人と全然連絡が取れず、安否確認を行わなくてはと再び宮古行きを決断しました。ガソリンスタンドに五時間並んで何とかガソリンを調達。救援物資を積めるだけ積んで宮古に向かいました。検問があったため、迂回して山道を通り一〇六号線へ抜けました。

宮古に着くと、また余震で津波警報。親戚や生徒、知人の家には行けず、道路で会った同級生に食料品を渡しました。家が流され、避難所生活だと言っていました。兄弟の安否がわからない母はまだ離れたくないと言いましたが、そんな訳にも行きません。父方の叔父の家は一階が水没したため、食料だけでも届けようと思いましたが、やはり津波警報のため検問で追い返されました。母方の叔父の店は鍬ケ崎なので壊滅していると情報が入り、とにかく無事に避難していることを祈るのみでした。知人宅に食料などを届け、その日は母と盛岡に戻りました。

震災の翌々日、三回目の宮古に向かいました。一〇六号線は他県ナンバーの救援車両、パトカー、消防車、自衛隊の緊急車両で溢れ、ほんとうに多くの人たちが救援に向かっていました。

やっとのことで被災した地域も廻ることができ、親戚や生徒の安否を確認することができました。同級生の死、知人の死、生徒の被災、生徒の親の行方不明など事態は深刻でした。やがて盛岡は電気が復旧し、津波の映像を何度となく見ることになります。ガソリンや食品の不足による異常な生活は、音楽どころではない……という私の芸術家としての生き方の根本を問う環境となりました。

しかし、転機が訪れます。すべてのコンサートや教育事業が中止となり、自粛ムードも手伝って音楽家としての歩みをまったく止めざるを得ない状況の中で、徐々に連絡が入り始めました。今回の事業は中止ではなく「延期にします」とか、練習もままならないかもしれないが、何とかコンサートを実施したいというものでした。選曲の候補に挙がっていた冨田勲氏の「新日本紀行」を聞くと、とめどなく涙が流れました。それまでまったく受け付けなかった音楽を聴くことができ、スコアも読めるようになったのです。やがて「いわて文化支援ネットワーク」の立ち上げに参画し、芸術による復興を目指して動き出すことができました。

今できることとは何なのか問い続けていましたが、半ば被災地にいる自分ができることは重要なのだという自覚が湧いてきました。私の「ふるさと」陸中海岸が再び輝くためには、地元の人間が元気にならなくてはどうしようもないのですから。

そして、全世界からの支援や善意を受けながら復興の序曲が鳴り始めています。今は被災地支援に奔走する日々が続きますが、やがて全世界に向けて支援への感謝の意を届けるために「ありがとう」コンサートを開くつもりです。

〔二〇一一年九月号〕

あの日から

藤原　哲（岩手日報社学芸部長）

東日本大震災から四年七カ月の十月十一日、『あの日から』東日本大震災鎮魂　岩手県出身作家短編集」（道又力編、岩手日報社）が刊行される。県内外在住の作家のほぼ書き下ろしによるアンソロジーである。収録作家は、被災地支援を目的に震災から五カ月後に発刊された県内在住作家による自選短編集『12の贈り物』とかなり重なる。さらに、今回編者の呼びかけに応じて新たに加わった作家もいる。

参加作家は掲載順に、高橋克彦さん（盛岡市）、北上秋彦さん（軽米町）、柏葉幸子さん（盛岡市）、松田十刻さん（盛岡市）、斎藤純さん（盛岡市）、久美沙織さん（盛岡市出身）、平谷美樹さん（金ケ崎町）、澤口たまみさん（紫波町）、菊池幸見さん（盛岡市）、大村友貴美さん（釜石市出身）、沢村鐵さん（釜石市出身）、石野晶さん（岩手町）の十二人である。

震災後すぐに、現場の実情をさまざまな側面から発信するため、多くのジャーナリスト、研究者が被災地に入った。その結果、ノンフィクション、研究書、小説、写真集とさまざまな形態の書籍が刊行され、現在も一時の勢いはないものの、出版は続いている。福島での原発事故という被害が被災地だけにとどまらない災害も発生し、国民の関心が広範囲に高まったことも一つの要因だろうと思う。

散文に加え、詩集、句集、歌集も数多く発表され、「震災詠」という言葉もよく聞かれた。しかし、こうした震災関連図書の中でも、小説の占める割合は、それほど多くないと感じた。芥川賞候補になった、いとうせいこうさんの『想像ラジオ』などもあったが、被災地の作家にとっては、編者の道又さんが「あとがき」で記しているように「非常の際にあっては、文学など何の役にも立たないと思い知らされた」のと同時に、自然の猛威と悲劇が、作家の想像力をはるかに超える衝撃を与え、物語として昇華させるまでに時間がかかったためであろう。被災県の作家にとっては、苦しい状況だったと思う。

「あれから四年が過ぎた。作家は小説を書くことで、現実と向き合うしかない。そこで『12の贈り物』の続編として、岩手生まれの作家による、震災を扱った短編集を企画したのである」(道又さん)。震災を乗り越える、被災者に寄り添うために作家ができることは書くことしかないという決意をあらためて感じた。

収録作品は、犠牲者の思いをくみ取ろうとする人々を描いていたり、故郷を離れていた人々が、後ろめたさを乗り越えて、再び故郷と絆を結ぶ姿を描いている。読み比べると、被災地と作家の距離(地理的な距離も含め)の違いが感じられて興味深い。

地元のメディアでは震災のニュースが日常的に流れていて、被災地は、まだ復興の途上にあるというのが実感だ。しかし、国内の他の地域では、震災の記憶の風化が進んでいる事実は否定できない。その現状認識に一石を投じる作品集になってほしい。

〔二〇一五年十一月〕

転機を迎える避難生活

金野万理(もりおか復興支援センター長)

東日本大震災から五年を迎え、もりおか復興支援センター(以下、センター)にもメディアからの取材要請が増えている。特集が組まれ、この五年を総括する報道がなされることだろう。これまでの経過やさまざまな数字は、それらに任せることとして、ここではセンターで感じる内陸へやってきた被災者の状況と、これからの支援について書こうと思う。

現在、盛岡には約六百五十世帯、千三百人の被災者が住む。センターでは生活相談員が日々、それらの世帯を巡回訪問し、暮らしの状況を伺っている。訪問して留守であれば、電話をかける。詳しい相談はセンターで面談したり、それぞれの行政担当の窓口や専門機関を紹介し、必要であれば同行する。

そこで相談員が感じるのは、被災者には被災者の数だけの状況があり、悩みや不安、葛藤があるということだ。

市内のみなし仮設に住む被災者には、元の市町村へ戻りたいという気持ちを持つ人も実は多い。それを阻むのは被災地の復興の遅れと、多くの人が言う。しかし整備の遅れだけではない。二十五歳で避難した人が三十歳に、七十歳の人が七十五歳になったのだ。この五年という歳月が、被災者を現実に立ち返らせ、帰還に二の足を踏ませている。

被災地では新たなまちづくりのために、若い世代が帰還することを望んでいる。しかし、この五年でやっと転職を果たし、子どもたちは盛岡の学校になじんでいる。年老いた両親は近くの病院を頼りにしている。これまで慣れない盛岡で、なんとか暮らしてきた人たちを帰還に向かわせるための何かはまだ見つからない。

被災地の災害公営住宅の建設や、かさ上げの終了に伴う住宅団地の整備が進み、やっと帰れると、帰還する人もいる。その一方で、上記のような理由で帰りたくても帰れない被災者は多い。

そういう被災者に対し、被災各市町村の情報を提供し、暮らしの再建に向けた支援と、日々の暮らしの安心や、少しの安らぎを提供しようと活動してきたのがセンターだが、この五年を機に、状況が大きく変化しそうな気配を感じる。

福島・宮城から始まったみなし仮設制度の終了、また昨年末から動きの見える内陸の災害公営住宅建設の可能性によって、内陸に住む被災者にとって、今後の住居の問題は、大きな決断を迫られるものになるだろう。これまでも支援制度という一律の基準の中で個別の相談に対応していくことには、大変難しい側面があった。これがさらに厳しいものになる可能性がある。

支援は被災者それぞれに寄り添ったものでなくてはならない。私たちは最善を尽くすしかない。そしてこの課題は、この震災で得た教訓として今後に必ず活かされなくてはならない。

また、盛岡市に定住を決めた世帯への支援を前向きに考えていきたい。「暮らす」というのは、住宅の確保だけではない。その町とともに暮らして、初めて安定した生活を感じられる、と私は思う。被災者の方々は「盛岡は人が温かく、いい町だ」と言う。私たちこそ、あの非常時に混乱することなく、分け合い励まし合った被災者の方々の姿に学びたい。盛岡市民と新たな市民が出逢い、話し合い、学び合う場を作りたいと思う。そして被災地をずっと一緒に想いたい。

〔二〇一六年三月号〕

東京盛岡ふるさと会

首都圏で暮らす盛岡人が懐かしいふるさと訛りで語り合い、心を通わせる集まりが「東京盛岡ふるさと会」です。ここ数年は、女性の参加者が増えているとか。「ふるさと会」の皆さんに盛岡に寄せる想いを語り合っていただきました。

鈴木文彦（東京盛岡ふるさと会会長）　山崎慈三（東京盛岡ふるさと会幹事長）
北神有子（東京盛岡ふるさと会会員・フラワーデザイナー）　司会・斎藤純

「東京盛岡ふるさと会」との関わり

斎藤　「東京盛岡ふるさと会」（以下「ふるさと会」）とは、どういう集まりなんでしょうか。

山崎　「ふるさと会」は、盛岡一高の白堊会、盛岡二高の白梅会、盛岡三高の鵬会《おおとりかい》、盛岡農業高校の柏葉会《はくようかい》、盛岡工業高校同窓会、盛岡商業高校同窓会、盛岡市立高校、白百合学園高校、岩手高校石桜会《せきおうかい》、岩手大学同窓会など、さまざまな同窓会が母体となっています。私は盛岡三高出身者として出させていただいて、今年の四月から幹事長を務めています。

斎藤　山崎さんはいつから入られたんですか。

山崎　「ふるさと会」は平成八年にできたのですが、盛岡三高が入ったのはその時のようなんです。

鈴木　他の市町村に比べると盛岡の「ふるさと会」ができたのはどうも遅いらしい。もう百年以上やっているようなところもあるようですよ。

斎藤　例えば岩手町の場合ですけれど、集団就職で毎年かなりの数で東京への移住者が増えていったという背景があったようですね。岩手町のふるさと会は昔から活動が盛んだったそうです。

鈴木　県庁所在地の盛岡は事情がちょっと違うのかもしれません。「ふるさと会」の差配はすべて盛岡市東京事務所がしてくれています。他ではできないことでしょうね。

山崎　首都圏にはほかにも岩手県関連のふるさと会などが八十五団体あるんです。

鈴木　ですから県の団体は「岩手県人会」ではなくて「岩手県人連合会」の名称になったそうです。

山崎　これは、きわめて珍しいんですよ。鈴木さんは今年四月に「岩手県人連合会」の会長にも就任なさっています。

鈴木　本来その任につくべき先輩が急逝されたものですから。ピンチヒッターですね。昔お世話になった井上ひさしさんがされていたこともあって……。

斎藤　北神さんと「ふるさと会」の縁は？

北神　結婚して専業主婦として東京に住み始めて四、五年経ったある日、都内で電車に乗っていたら、当時の東京事務所の照井所長さんとばったり会って。それがご縁で、東京事務所で一年間働きました。当時、東京事務所は有楽町にありました。そこで「ふるさと会」の名簿も担当していました。子どもができたので辞めたんですが、去年から復帰しました。

斎藤　じゃあ、これからこき使われますね（笑）。会員は何名くらいいらっしゃいますか？

鈴木　平成二十八年三月現在の資料で、千三百九十四名になっています。

斎藤　定期的に集まっているんですか。

鈴木　年に一度の総会があり、それの準備やら報告やらで、三、四回ですか。

山崎　総会は毎年十月の最終土曜日を基準日にしていますが、市長選挙と重なった場合は、日をずらします。市長にはぜひ出席していただきたいので。

鈴木　一昨年からは講演会を始めまして、情報を聞きつけて「ふるさと会」に参加してくれる方が増えたようです。

斎藤　一昨年が浅田次郎さん、昨年が内館牧子さんでしたね。

鈴木　そうです。今年は金田一京助さんのお孫さんの金田一秀穂さんです。

山崎　そのあたりは鈴木会長ならではの企画ですよね。ほかの「ふるさと会」が同じことをやろうとしてもできないことです。だって、浅田さんに「ギャラないんですけど、講演会をお願いします」なんて言えないでしょ（笑）。

斎藤　あり得ないです。門前払いです（笑）。鈴木さんだからできるのです。

鈴木　いやいや、実は浅田さんと内館さんはすでに盛岡市のふるさと大使になっている方々なんです。そういうご縁で、しょうがないなあ、と来てくださる（笑）。

山崎　講演会を企画するようになってから、女性の参加者が増えました。

鈴木　せっかく集まるのですから、飲み会だけでなく、何かあったほうがいいだろうと思ったのが講演会のきっかけです。いものこ汁とかいわて短角牛とか、ふるさとの味も増えています。

斎藤　みごとに当たったわけですね。

山崎　今年は十月二十八日（土）十一時から九段下のグランドパレスで行われます。男性一万円、女性八千円、ご夫婦は一万五千円。ついでに申し上げると、この会は入会金とか年会費はないです。

北神　内館牧子さんといえば、『終わった人』の盛岡ロケはクランクインしたんですか？

斎藤　始まっています。

山崎　去年の講演では、そのお話をしてくださったんですよ。

斎藤　盛岡文士劇の東京公演に出演していた人が何人か出演します。岩手日報社の菅原和彦論説委員、ＩＢＣの菊池幸見さん、それに岩手めんこいテレビの米澤かおりさんも。

鈴木　米澤さんというと、あの義経役の？

斎藤　そうです。実は『終わった人』のプロデューサーの明石知幸さんも、監督の中田秀夫さんも、みちのく国際ミステリー映画祭で何度かお会いしている顔見知りなのに、なぜか私には声がかからなかった（笑）。中田監督は文士劇東京公演も見にいらしてたそうですから、私の演技は認めてもらえなかった……。

北神　それは残念（笑）。

斎藤　冗談はさておいて、盛岡に縁のある方々が関わっているのが面白いですよね。桜の時期に高松の池でロケをしていましたよ。

鈴木　公開は来年の秋だそうですね。

斎藤　楽しみです。「ふるさと会」に話を戻しますが、大学生でも入れるんですか。
山崎　入ろうと思えば入れますよ。あまりいませんが。
斎藤　社会人になってからですかね。
北神　子育て世代も時間的には難しいですね。
鈴木　それに、ふるさとを懐かしむというのには、やはり「遠きにありて思う」ための時間が必要なんですよね。

震災とふるさとと

斎藤　鈴木さんは「ふるさと会」の会長になって五年になりますか？
鈴木　ええ、二〇一一年六月まで文藝春秋にいて、それまでは岩手にも盛岡にも関わってこなかったんです。まさかその年に東日本大震災が起こるとは思ってもいなかった。あの大災害に対して僕は何もできなかったんですよ。そんな時期に声がかかったわけです。ヒマになるでしょう、時間があるでしょうって。
斎藤　震災がきっかけだったんですね。
鈴木　そうなんです。震災がなかったら逃げまわっていたかもしれません。でも、やってみて、決して後悔しているということはなくて、いろいろな方にお目にかかれて、今はこれまでの過去を反省中です（笑）。

斎藤　北神さんは震災のときにはどこにいらしたんですか。
北神　家にいましたが、大きな揺れだったので外に出ました。あれ以来、意識が変わりましたね。
斎藤　どういうふうに？
北神　家の中の盛岡化が進んだっていうか（笑）。
斎藤　え？
北神　いつ電気・ガスが止まるかわからないので、まず石油ストーブを買いました。
山崎　計画停電がありましたものね。
北神　すぐ近所で停電になったところがありましたから、暖房に石油ストーブを用意しておくほうがいいなと。そうなるとストーブの上に乗せるのは南部鉄瓶しかないと。それで盛岡に帰ったときに、熊谷志衣子さんの鉄瓶を買いました。
斎藤　それはお高いものを！
北神　それで、南部鉄瓶を置くと、お湯が沸く音などによって子どもの頃のことがどんどん蘇ってきました。小学校のときって薪ストーブの上に金タライを載せて牛乳を温めたりしたなあって。薪当番ってありましたでしょう。薪運びして廊下に積み上げた思い出なんかがどんどん蘇ってきました。そんなふうに盛岡化が進んだんです。南部鉄瓶の次は南部風鈴が欲しくなって（笑）。

斎藤　ふるさと回帰ですね。

北神　ですよね。それと三陸のワカメ。母に送ってもらっていたんですが、震災直後は採れなくなって送ってもらえなくなったんです。それが、だんだんに採れるようになったことで、復興を感じたりしました。

斎藤　山崎さんは震災のときは？

山崎　ちょうど渋谷の東急プラザ前の横断歩道橋の上にいたんです。

斎藤　そうとう揺れたでしょう。

山崎　すぐには地震だとわからなくて、脳卒中かなんかになったのかと思いました。

斎藤　ああ、なるほど……。

山崎　でも、おかしいな、こんなに揺れるわけがないなと思っていたら、向こうから来るご婦人が手すりに掴まっておろおろしているのが見えて、やっと、ああ地震なんだと思いました。それで慌ててプラザ側に下りたら、シャッターがガタガタいってて、振り返ると建設中のビルのクレーンがメトロノームみたいに揺れていて、これは大変だと……。坂の上の高層ホテルもゆっくりゆっくり揺れているんです。三十分以上揺れていました。中にいた人たちは気持ち悪くなってトイレに駆け込んだと後から知りました。

斎藤　船酔いみたいな感じでしょうか。

山崎　そうですね。あの日は山手線が動かなくなって、駅にも入れない。道に人が溢れていました。駅前にJRの運行状況を示すでっかいモニターがあり、そこに仙台空港あたりに津波が押し寄せる映像が流れていたんです。

鈴木　あれは凄かった……。

斎藤　我々地元にいたものは停電だったので、地震直後にはテレビ映像をほとんど見ていないんですよ。

北神　うんうん、そうでしたね。

山崎　私は五反田に事務所があったので、どうやって帰ろう、歩いていくしかないと思っていたら、東急バスが動いたんです。それに飛び乗ったんですが、大渋滞で歩いた方が早かった（笑）。コンビニはすぐに売り切れてしまい、何も食べ物を売っていないし、牛丼屋も売り切れ。そしたら居酒屋が、今晩は帰れないという人のために開放していたので、そこで大勢の人が飲んでました。大きな企業の人たちは、防災ヘルメットを被り、防災リュックを担いで家に向かっていました。それから一晩経って、翌朝十時頃、山手線が動き出したらしいという情報があったので、駅に向かい、やっと帰れました。

斎藤　盛岡との連絡はすぐつきましたか？

山崎　難しかったですね。まず携帯が全然だめで、釜石の友人のことが心配でメールをバンバン打ったんですが、返事が来ませんでした。一週間くらいしてから電話があって、公衆電話からだって。メールが来ていたのは知っていたけど、携帯はもうバッテリーがないし、自分のところには避難者がいっぱい来ているから一週間連絡できなかった、申し訳ないって。そのときに、盛岡は停電した程度だったと聞いて安心しました。

北神　連絡はなかなか取れなかったですね。実家は幸い無事でしたが、あのときを機会に、七十歳過ぎの両親にお願いして携帯を持ってもらいました。何かのときに一言「無事」だけでいいから、連絡をとれるように……。

斎藤　東京都庁から支援に来ていた職員の方が言っていたんですが、あの揺れを都庁で経験したとき、首都圏直下型地震だと思ったそうです。とうとう来たか！　と。まさか東北だとは思わなかったそうです。

北神　それに長かったですよね。すぐにテレビをつけました。

山崎　実は私も3・11で劇的に変わったんです。名刺に「マルシェ・コーディネーター」という肩書きを付けさせていただいています。それまでずっと広告宣伝の仕事をやってきましたが、3・11の後、自分は盛岡や岩手のために何ができるんだろうと考えたときに、一応、首都圏の事情も岩手の事情もある程度わかるし、それを繋げようと思ったんです。繋げるには、何がいいかなと考えて、切り口としては食べ物が一番いいだろうと。岩手の県産品を首都圏に知らせる活動のお手伝いをしようと、マルシェという形でイベントを始めました。例えば、盛岡りんごを首都圏で販売するようなことをしています。3・11がなければ、こういうことはやらなかったと思います。

斎藤　そういう活動はこれからも続けていただければありがたいですね。

ふるさと盛岡への思い

斎藤　鈴木さんが「ふるさと会」に関わったのには震災のことがあったからというお話でしたが、それまではふるさと盛岡に対する思いは、それほどなかったんでしょうか。

鈴木　ええ、それはどうしてなんだろうと考えてみると、出版社で仕事をしていると、普通の人はお正月、お盆にしか戻らないとかいうのと違って、純さんに会いに行ったり高橋克彦さん、亡くなった中津文彦さん、三好京三さんを訪ねたりとかなり頻繁に行き来があるわけです。すると盛岡を懐かしむという気分にはなりませんでした。実はこの間初めて知って驚いたんですが、「旧盛岡藩士桑田《そうでん》」という法人組織があるんです。戊辰戦争が終わった後に、禄を失った武士の救済のために、雫石川の河川敷の土地が与えられ、それが今もずっと続いている。現在は不動産会社みたいになっていて、盛岡駅の西側の土地に野球場やゴルフ場、菜園などがあったり、行政にも土地を貸していて、その支部が各地にある。関東支部、北海道支部、仙台支部とか。それで、関東支部の集まりに行ってみたんです。ところが、彼らは盛岡には行ったことがないとか、親からは言われていたけれど、盛岡とは一切関係してこなかったと言うんですね。株券みたいなものを親が亡くなったときに受け継いで、そのときに初めて「なんだ、こりゃ」と（笑）。僕の隣に座っていた方は、お父さんもおじいさんも盛岡を毛嫌いしていたらしくてね、そういうことはまったく聞いていなかったんですって。報恩寺にお墓があるというので行ってみたりしているうちに、盛岡との縁を感じ始めたと。そして、何度か行くうちに、盛岡の人たちが自分を受け入れてくれることから、すっかり盛岡ビイキになってしまって、桑田の集まりにも積極的に出るようになったそうです。やはり何かがきっかけとなって、ガラリと変わるんですね。

斎藤　一昨年、金田一秀穂さんが初めて盛岡文士劇に出演されました。金田一さんは生まれも育ちも東京で、盛岡にもほとんど来たことがなかったわけです。ところが、盛岡に来たら市民が「おかえりなさい」という感じで迎えてくれた。それがとても居心地がいいと、すっかり盛岡を気に入ってくださったんです。文士劇では相当苦労されていたので、次回は断られるだろうなと思っていたんですが、終わったとたんに「来年も出たいです」と（笑）。

鈴木　へえ！（笑）。

斎藤　秀穂さんはとても盛岡を気に入ってくださって、お稽古の後の飲み会にも必ず参加してくださいました。ですから、今度の「ふるさと会」の講演も楽しみですね。

盛岡、岩手の良さを伝えよう！

斎藤　震災もあって、ふるさととの繋がりをもう一度持ってみようと思った人や、さらに深く感じた人もいたんだと思います。会長としては「ふるさと会」のこれからをどのように考えていらっしゃいますか。

鈴木　実は盛岡、岩手っていうのは、実際に訪れた人にはとても評判がいいんですよね。僕らが何かできるとすれば、盛岡、岩手の良さをお伝えして、機会があったら行ってみてくださいっていう「人の縁」を繋いでいきたいと思っています。

斎藤　やはり人の縁ですね。

鈴木　こうやって自信を持って言えるのは、盛岡、岩手が実際に自慢できるような街だからなんです。私が子どもの頃に比べたらね、公園だってきれいになったし、北上川もサケが上がってくるようになったでしょう。街が以前より格段にきれいになりました。

斎藤　そういえば、南部のお殿様はふるさと会にいらっしゃいますか？

山崎　最近、いらっしゃいますね。

ね。

斎藤　南部利文さんは、東京生まれ、東京育ちで、叔父さんにあたる先代の南部利昭さんが亡くなられて継いだのですが、盛岡にはあまり来たことがなかったので、ちょっと躊躇があったそうなんです。ところが盛岡に行ったら、みんなが大歓迎してくれるので盛岡が好きになって、いらっしゃる回数も増えたそうです。また、利文さんのお姉さんが、櫻山神社の宮司さんに嫁いだので、それでまた縁が深くなりましたね。

鈴木　ご縁ということで、今日ぜひお話したいことがあります。いつか講演をお願いしようと思っていた方に、検事総長をした原田明夫さんがいました。残念ながら今年四月に亡くなられてしまったんですが。

斎藤　盛岡地方裁判所にいた方ですね。

鈴木　そうです。そのときの縁で「みちのくふるさと盛岡大使」だったんです。野村胡堂がお好きで、十五年ほど前に胡堂あらえびす記念館でお会いしました。原田さんは盛岡がとても好きで、離れてからも毎年盛岡に行っていました。昨年のふるさと会の浅田次郎さんの講演にご夫婦でいらしてくれて、またお会いできました。そのとき「盛岡好きは、実は僕よりも女房なんですよ」とおっしゃっていました。奥さんが盛岡の街を歩いていると、観光客に道を聞かれるそうです。どうもこの人は、雰囲気から何から盛岡人になりきっているみたいなんだ、ってね（笑）。盛岡の知識もあるから、観光客に観光案内ができるくらい、盛岡人化してるって。それだけではなくて、そういうお二人を盛岡の人たちが柔らかく受け入れてくれたことを喜んでいらっしゃったんです。

斎藤　盛岡人のいいところですね。

山崎　盛岡の悪口って聞いたことがないですよ。

鈴木　斎藤さんたち、盛岡に住んでいらっしゃる市民の人たちが作り上げたものだと思いますよ。

斎藤　ここ十年ばかりで変わったと思います。

山崎　東京でも盛岡、岩手を感じられるところが増えてます。今週、高校の同期で都内で集まることになったんです。僕が幹事だったんですが、店は九段にある「郷酒（ゴーシュ）」にしました。

斎藤　おお、ゴーシュ！

山崎　奥さんが石鳥谷の出身で、そこで飲みました。必ずそういうふるさとに縁のある店で飲み食いするようにしているんです。

斎藤　そういう店は東京にもいくつかあるんでしょうね。

山崎　ええ、たくさんありますよ。詳しくは、岩手県のホームページ「黄金の國、いわて。」応援の店というコーナーで紹介されています。

斎藤　ヌッフ・デュ・パプも六本木店がありますしね。

山崎　山田町の「三五十（みごと）」の息子さんが浅草で「浅草茶寮」っていう店をやっていますし、岩手のご出身ではない方なんですが、渡部さんという岩手ファンの方が三軒茶屋で岩手の食材を使った「さくら茶屋」という店をやっています。

斎藤　「ふるさと会」にはいろんな業種の方々がいらっしゃるでしょうから、知り合いの方に盛岡はいいところだよと広めていただければいいですね。宣伝係になっていただいて。

山崎　うちの家内も岩手には縁がないんですが、何度も連れて帰っているうちに、もういい歳ですから「お父さん、最後は盛岡に帰りたいでしょ。帰ってもいいよ」なんて言ってくれるんですよ。まあ、もう少しはこっちかな、なんて言ってます。家族も盛岡大好きですね。

斎藤　僕はオートバイに乗っているんですが、仲間が毎年、春秋と二回くらい来るんですよ。本当は盛岡に仕事があれば引っ越したいんだと。ところが、ＢＭＷの高級オートバイを乗り回しているような高給取りなの。盛岡にはあなたたちを雇ってくれるような会社はないから、自分で起業したらって言うんです。

山崎　働き方改革じゃないけど、だんだんネット社会になってきて、住みやすいところ、子育てのしやすいところで、仕事自体はどこでもできるという時代が来るんじゃないでしょうか。

斎藤　職種によっては可能ですよね。

北神　子育てと言えば、子どもを連れて里帰りをしたときに、肴町のななっくの上に、子どもを預けられる市のプレールームみたいなところがあったんです。七時くらいまで無料でやっていて、すごく助かりました。アイーナにも県の子どもスペースがありますし、盛岡の子育て環境も良くなったなと思いました。

斎藤　そういう点を含めて、「ふるさと会」が盛岡の良さを広めてもらえると嬉しいです。今日はどうもありがとうございました。

〔二〇一七年九月号〕

協力
株式会社 杜の都社
高橋克彦（作家・「街もりおか」発行人）

※初出「街もりおか」掲載各号からの転載にあたり、執筆者並びに座談会出席者がすでに故人となり、または所在不明のため収録のご連絡できなかったものがあります。したがってご遺族、ご関係者、当時所属の事業所などへも発刊の趣旨をお伝えし、意向をお伺いしました。本書により、お心あたりの方はお手数ですが、発売元までご連絡くださいますようお願いいたします。

編者紹介

道又 力（みちまた つとむ）

脚本家。昭和三十六年、遠野市生まれ。大阪芸術大学映像学科卒業。テレビ、ラジオ、演劇、漫画の脚本を手がけるほか、『開封 高橋克彦』講談社、『梅沢富美男と梅沢武生劇団の秘密』平凡社、『天晴れ!盛岡文士劇』荒蝦夷、『芝居を愛した作家たち』文藝春秋、『野村胡堂・あらえびす』文藝春秋、『あの日から』岩手日報社、『岩手の純文学』東洋書院、『文學の國いわて』岩手日報社、など著書および編著多数。所属団体は日本推理作家協会、日本脚本家連盟、日本放送作家協会。盛岡市在住。

愛《いと》しの盛岡《もりおか》 ― 老舗《しにせ》タウン誌「街《し》《まち》もりおか」の五十年《ごじゅうねん》 ―

2018年7月18日　第1刷発行

編　　者　道又 力
発 行 者　吉田 裕昭
発 行 所　謙徳ビジネスパートナーズ株式会社
〒020-0824
岩手県盛岡市東安庭2-2-7
TEL 019-651-8886　FAX 019-601-7795
発　　売　盛岡出版コミュニティー
栃内 正行
〒020-0824
岩手県盛岡市東安庭2-2-7
TEL&FAX 019-651-3033
http://moriokabunko.jp
印刷製本　杜陵高速印刷株式会社

ISBN978-4-904870-44-0 C0195